Accounting Classics

Accounting
Classics

21 世纪会计系列教材

毛华扬　编著

会计信息系统原理与应用
——基于金蝶 K/3 WISE

Principle and Application of Accounting Information System

中国人民大学出版社
·北京·

前 言

本书主要讲述会计信息化的一般原理、会计信息系统的建立与运行管理、日常管理和会计软件的具体应用方法。

本书通过财务和购销存业务一体化案例，在金蝶 K/3 WISE 14.0 上实现业务处理，主要涉及应用准备、数据初始化、总账和现金、采购与应付、销售与应收、仓存与存货核算、固定资产、工资、期末业务与报表等业务。通过本书的学习，能了解我国会计信息化的发展过程，掌握会计信息系统的构成和建立方法，懂得会计信息化的一般原理，熟练掌握金蝶 K/3 WISE 的应用方法，为实际工作和进一步的学习打下良好基础。

本教材在应用部分完全按照一个统一的案例，分模块按步骤进行操作，在关键环节和阶段留有操作结果对照，可以进行自我验证，学习者可以独立完成并掌握主要方法。教师在讲解本部分时，主要对流程、各类业务处理方法和技巧、模块之间的联系等进行深度讲解，以提升学习者对会计信息系统架构、数据流、业务处理方法的理解。

本书提供每个阶段的实验账套，如果某些部分不安排实验，则可以直接导入某阶段的账套，然后在该基础上继续进行。

本书主要用作会计、财务管理、审计、会计信息化等专业的会计信息化课程教学和实验教材，还可作为金蝶 K/3 WISE 用户的培训用书。

有关本书的实验账套、教学参考 PPT 等资料，请在中国人民大学出版社网站下载（也可直接联系作者，作者提供网盘下载地址），也会在 http://landmao.blog.163.com 发布；对于读者提出的通用性问题，不定期在上面回答。为方便读者，特建立 QQ 群（273361852）交流探讨。

本教材在编写中还参考了一些资料，主要参考资料见本书的参考文献，在此对文献作者表示谢意。在写作中，特别参考了金蝶 K/3 WISE 的相关技术资料、培训资料、帮助信息，在此向金蝶国际软件集团有限公司（www.kingdee.com）表示谢意。在具体的写作过程中，特别得到了金蝶 K/3 WISE 产品部门的专门支持和帮助，在此一并致谢。

对于本书存在的不足之处，欢迎业界同仁和读者指正，有什么意见和建议请反馈至 landmao@163.com，以便在下一版中修改。

目 录

第 1 章 会计信息化概论 …… 1
1.1 会计信息系统基础 …… 1
1.2 会计信息化的基本内容 …… 13
1.3 会计信息系统的构成 …… 16
1.4 会计信息系统的模式 …… 22
1.5 会计信息化下的会计核算方法 …… 35
1.6 复习题 …… 38

第 2 章 会计信息系统的建立与运行管理 …… 41
2.1 会计软件的开发方法 …… 41
2.2 会计信息化工作的基本要求 …… 49
2.3 商品化会计软件的选择 …… 54
2.4 会计信息系统实施 …… 57
2.5 会计信息化组织及岗位 …… 69
2.6 会计信息化后的使用管理 …… 73
2.7 会计信息化后的维护管理 …… 75
2.8 会计信息化档案管理 …… 77
2.9 复习题 …… 80

第 3 章 金蝶 K/3 WISE 应用准备 …… 84
3.1 金蝶 K/3 WISE 管理软件简介 …… 84
3.2 安装和应用环境的准备 …… 86
3.3 安装金蝶 K/3 WISE …… 92
3.4 金蝶 K/3 WISE 操作流程 …… 93
3.5 基础设置 …… 95
3.6 复习题 …… 130

第 4 章 数据初始化 …… 132
4.1 总账期初数据 …… 132

4.2 供应链期初数据 …… 141
4.3 固定资产初始数据 …… 152
4.4 工资基础资料设置 …… 159
4.5 启　用 …… 174
4.6 复习题 …… 174

第 5 章 总账和现金业务处理 …… 177
5.1 总账处理的基本功能和流程 …… 177
5.2 凭证录入与处理 …… 178
5.3 常用账表 …… 185
5.4 现金业务处理 …… 189
5.5 复习题 …… 197

第 6 章 采购和应付业务处理 …… 200
6.1 采购管理 …… 200
6.2 应付款业务 …… 232
6.3 复习题 …… 237

第 7 章 销售与应收业务处理 …… 240
7.1 销售管理 …… 240
7.2 应收业务处理 …… 288
7.3 复习题 …… 295

第 8 章 仓存和存货核算业务处理 …… 298
8.1 仓存管理 …… 298
8.2 存货核算 …… 311
8.3 复习题 …… 314

第 9 章 固定资产业务处理 …… 316
9.1 基本功能与参数设置 …… 316
9.2 固定资产日常业务处理 …… 317
9.3 固定资产查询 …… 325
9.4 复习题 …… 327

第 10 章 工资业务处理 …… 329
10.1 基本功能和流程 …… 329
10.2 工资录入 …… 329
10.3 工资报表 …… 336
10.4 工资费用分配 …… 338
10.5 银行代发表 …… 341

10.6　复习题 …… 342

第11章　期末业务与报表 …… 345
11.1　期末业务 …… 345
11.2　报表编制 …… 355
11.3　复习题 …… 369

参考文献 …… 371

第1章 会计信息化概论

Chapter 1

1.1 会计信息系统基础

1.1.1 会计信息系统

会计信息系统（Accounting Information System）是企业信息系统中的一个重要子系统，它是以提供会计信息为目的，采用现代信息处理技术，对会计信息进行采集、存储、处理及传送，完成会计反映、控制职能的系统。

在整个会计信息系统中，会计信息处于核心的地位，从会计信息的收集、处理到会计信息的输出，最终传递给决策者和使用者，都是一个信息流动的过程。而在这个过程中，伴随着对会计活动的管理与控制。

1. 会计信息的收集

会计数据是指在会计工作中，从不同来源和渠道获得的记录在“单、证、账、表”上的各种原始会计资料。会计数据的来源广泛，既有企业内部生产经营活动产生的，也有企业外部与企业相关的各种经济活动产生的诸多资料。会计数据的数量繁多，不仅是指每个会计期间需要处理的数据量大，更重要的是会计数据是一种随着企业生产经营活动的持续进行，而源源不断产生并需要进行处理的数据。

会计信息是指会计数据经过加工处理后产生的、为会计管理和企业管理所需要的经济信息。它包括反映过去所发生的财务信息，即有关资金的取得、分配与使用的信息，如各种账、资产负债表、利润表等；管理所需要的定向信息，如各种财务分析报表；对未来具有预测作用的决策信息，如年度计划、规划、资金预算等。会计通过信息的提供与使用来反映过去的经济活动，控制目前的经济活动，预测未来的经济活动。

会计信息的收集，实际上是根据会计工作的目的汇集原始会计数据的过程。随着信息技术的发展，现代会计信息收集已成为管理信息系统的一部分，会计信息收集不再局限于会计核算方面，而更多趋向于会计管理、决策等多个方面。

2. 会计信息的处理

会计信息处理从手工处理发展到利用计算机、网络等信息技术进行处理是一个重大变革。这种变革对会计理论和会计实务提出了一系列新课题，在推动会计自身发展和变革的同时，也促进会计信息化的进一步完善和发展。

现代会计信息处理是指应用信息技术对会计数据进行输入、处理和输出的过程，主要表现为用计算机代替人工记账、算账和报账，以及替代部分在手工环境下由人脑完成的对会计信息的分析、判断。现代会计信息处理不仅引起了会计系统内在的变化，强化了系统的能力，同时也提高了会计工作和会计信息的质量。

现代会计信息处理的特点如下：以计算机为计算工具，数据处理代码化，速度快、精度高；数据处理人机结合，系统内部控制程序化、复杂化；数据处理自动化，账务和业务处理一体化；信息处理规范化，会计档案存储电子化；增强系统的预测和辅助决策功能。

3. 会计信息的输出

一个完整的会计处理系统，不仅需要有灵活、方便、正确的输入方式和功能齐全的数据处理功能，还必须提供一个完善方便的输出系统。

会计信息系统的主要输出方式包括显示输出、打印输出和数据文件输出。显示输出的特点是：速度快、成本低，但输出的会计数据的应用者局限在会计信息系统内部，不易交流。打印输出的特点是：速度慢、成本高，适用于输出必须打印的情况。数据文件输出的特点是：速度快、成本较低，易于转换，但不直观，存储介质易受损坏，安全性较差。

随着声音、图像等多媒体技术的应用，会计数据的表现形式将越来越丰富。同时，随着对会计信息系统数据接口的标准化，数据文件输出将越来越重要。如记账凭证、会计账簿等，可以数据文件的形式存储在存储介质中，需要时调用会计软件的显示输出功能进行查询或者打印。

1.1.2 会计信息系统与会计信息化

1. 会计电算化

“会计电算化”一词是1981年中国会计学会在于长春市召开的“财务、会计、成本应用电子计算机专题讨论会”上提出的。它是指将电子计算机技术应用到会计业务处理工作中，用计算机来辅助会计核算和管理，通过会计软件指挥计算机替代手工完成或手工很难完成的会计工作，即电子计算机在会计应用中的代名词。

广义的会计电算化包括与实现会计工作电算化有关的所有工作，如会计电算化软件的开发和应用、会计电算化人才的培训、会计电算化的宏观规划、会计软件的应用和维护、会计电算化的制度建设、会计电算化软件市场的培育与发展等。

会计电算化在我国从启蒙到现在，已经走过了30余年的历程，取得了很大成效。实施会计电算化的企业数量逐步上升，形成了商品化通用会计软件产业，同时政府的管理和调控作用也得到加强，这些都体现了会计电算化带来的新思想、新方法和新作用，使会计工作的作用和地位得到很大的提升。

2. 会计信息化

1999 年 4 月在深圳举行的“会计信息化理论专家座谈会”上，根据当时会计电算化的发展状况，会计理论界的专家提出了“从会计电算化到会计信息化”的发展方向，首次明确提出“会计信息化”这一概念。

会计信息化是指企业利用计算机、网络通信等现代信息技术手段开展会计核算，以及利用上述技术手段将会计核算与其他经营管理活动有机结合的过程。

会计信息化是采用现代信息技术，对传统的会计模型进行重构，建立信息技术与会计学科高度融合、充分开放的现代会计信息系统。这种会计信息系统将全面运用现代信息技术，通过网络系统，使业务处理高度自动化，信息高度共享，能够主动进行和实时报告会计信息。它不仅仅是信息技术运用于会计的变革，更代表的是一种与现代信息技术环境相适应的新兴的会计思想。

3. 会计信息化与会计电算化的主要区别

（1）目标。

会计电算化是立足于会计核算业务的计算机处理；会计信息化是为了实现会计业务全面信息化，充分发挥会计在企业管理中的核心作用。

（2）理论基础。

会计电算化是以传统会计理论和计算机技术为基础的，而会计信息化的理论基础还包含信息技术、系统论和信息论等现代技术手段和管理思想。

（3）功能范围。

会计电算化以实现业务核算为主；会计信息化不仅进行业务核算，还有会计信息管理和决策分析，并且能够根据信息管理的原理和信息技术重组会计信息处理的流程，与企业资源计划（ERP）、电子商务等构成一个一体化的信息管理系统。

（4）信息输入输出方式。

信息输入方面，会计电算化强调由会计部门自己输入，而在会计信息化下，大量的数据可以从企业内外其他系统中直接获取；信息输出方面，会计电算化强调由财务部门自己打印输出，并且报送其他机构，而在会计信息化下，企业内外的各个机构、部门都可以根据授权直接从系统当中或从 Internet 上获取财务信息。

1.1.3 会计信息系统的基本目标

会计信息系统的目标，就是通过信息化的手段，提高工作效率，提供更加全面、准确的信息，为管理决策服务，从而促进管理水平的提高，最终获取更高的经济效益。其基本目标主要有以下几个方面。

1. 减轻会计人员工作强度，提高工作效率

利用计算机技术，把繁杂的记账、算账、结账工作交给高速的计算机处理，可以减轻会计人员的工作强度。同时会计软件具有很高的精确性和逻辑判断能力，可以避免手工操作产生的误差，通过高速的数据处理达到提高工作效率的目的。

2. 促进会计职能的转变

在手工情况下，会计人员长期处于繁重的手工核算工作中，没有时间和精力来更好地参与管理、决策。应用会计信息系统后，会计人员可以从繁重的手工操作中解放出来，有时间和精力，也就有条件参与企业管理与决策，为提高企业现代化管理水平和提高经济效益服务。

3. 准确、及时地提供会计信息

手工条件下，由于大量会计信息需要进行记录、加工、整理，会计信息的提供速度较慢，也难以全面提供管理所需要的信息，一定程度上影响了经营决策工作。实施会计信息系统后，大量的信息都可以及时记录、汇总、分析，甚至实现实时跨地域传送，向企业管理者、股东等有关方面提供准确及时的会计信息。

4. 提高人员素质，提升会计管理水平

会计工作的信息化给会计工作增添了新内容，要求会计人员提高自身素质，更新知识结构。第一是必须掌握会计信息系统的有关知识；第二是为了参与企业管理，要更多地学习经营管理知识；第三，实现会计信息系统后，会计工作由会计软件系统和会计人员共同完成，这样就强化了会计规范化工作，提升了会计工作的管理水平。

5. 实现企业管理信息化，提高企业经济效益

会计是价值管理的主要手段，实施会计信息系统的根本目的则是通过核算手段和会计管理决策手段的现代化，提高会计信息收集、整理、传输、反馈的及时性和准确度，提高会计的分析决策能力，更好地满足管理的需要，提供管理所需的会计信息，从而更好地发挥会计参与管理、参与决策的职能，为提高现代化管理水平和提高经济效益服务。由此应认识到两点：第一，满足管理的需要、为管理服务、提高经济效益是实施会计信息系统工作的出发点，是会计电算化的核心；第二，实施会计信息系统不是单纯的数据搬家，而是按管理的需要对会计工作的改革与发展，是会计管理工作的一个飞跃。

会计信息系统是企业管理信息化的重要组成部分。企业管理信息化的目标和任务，就是要用现代化的方法去管理企业，以提高经济效益。因而，实施会计信息系统不仅要使会计工作本身现代化，最终目标是要使企业管理信息化，达到提高企业经济效益的目的。

1.1.4 现代信息技术对会计工作的影响

现代信息技术包括感测技术、通信技术和计算机技术。感测技术扩展人的感觉器官的功能，主要指信息的识别、检测、提取、变换，其目的是高精度、高效率地实时采集各种形式的信息。通信技术延伸了信息传输系统的功能，主要指信息的发送、传输以及接收的技术，其目的是高效、不失真地传递和交换各种形式的信息。计算机技术扩展了思维器官的功能，主要用于信息的数字化输入、存储、处理、分析、检索和输出。

现代信息技术在会计领域的应用及其迅速发展，使得会计系统成为一个全新的对会计数据进行收集、加工、处理和存储的会计信息系统，这样许多在手工业务中无法解决或者相当烦琐的会计问题在计算机环境中迎刃而解，同时信息技术也给会计学科带来深刻的影响，不仅表现在数据处理工具和信息载体的巨大变革上，还表现在对会计核算方法、会计理论等方面的巨大冲击与挑战上。

1. 会计行业面临的重大挑战

社会的发展、市场竞争的加剧、信息技术在非会计领域的成功应用、企业数据库的不断完善，使得会计行业面临重大挑战。目前会计工作的流程与数据处理是基于手工处理环境的，会计数据单调、反映面窄，传统会计报表简单，详尽性和及时性差，会计系统所提供的信息质量远远不能满足管理的需要。会计系统如果不根据企业管理发展的需要重新整合，那么会计工作将不能满足现代企业管理提出的要求。

2. 会计职能的发展与变革

会计职能是会计目标的具体化，会计的基本职能是反映和控制。现代信息技术对会计的这两大基本职能将产生重大的影响。

从会计反映职能上看，现代信息技术条件下，由于计算机处理环境的网络化和电子交易形式的出现，基于计算机网络的会计信息处理系统已经成熟。在这种会计信息处理系统中，企业发生的各项经济业务都能自动地从企业的内部和外部采集相关的会计核算资料进行实时反映。

从会计控制职能上看，由于会计信息系统实现了实时自动处理，因此，会计的控制和参与经营决策职能将显得更为重要。会计控制职能主要是监督自动处理系统的过程和结果，监督国家财经法规和国家统一会计制度的执行情况，通过网络对企业经济活动进行远程和实时监控。会计参与经营决策职能主要是通过建立一个完善的、功能强大的预测决策支持系统来实现的。

3. 对会计理论体系的影响

现代信息技术的发展使传统的企业组织形式、会计基础理论体系等都遭受了前所未有的冲击和挑战，具体表现在以下几个方面。

（1）对会计理论基础的挑战。

对会计核算的理论前提—— 4 个基本假设提出了质疑。

会计主体："虚拟企业"的出现、企业对会计信息的多元化需求，使传统会计主体的概念大大延伸。

持续经营：网络"虚拟公司"为了完成一个目标，可在短时间内组建起来，而在完成目标任务后便解体。

会计分期假设：会计信息的实时性可以及时产生所需的数据（如"产品日成本"、"日报表"），不受会计期间的任何限制。

货币计量：经济社会的一体化、数字化、网络化，电子商务中电子货币、虚拟货币的出现，会计职能由核算型向管理型的转变，使会计系统能够采集和提供货币与相关非货币形态的信息。

（2）收集会计信息的变化。

收集信息可以通过以下几种方式：手工编制的凭证；其他业务子系统（如生产部门、人力资源部门）对业务（入库单、工资表）处理后，自动编制的机制凭证；账务处理子系统定期（月、年）对固定业务（如计提折旧、结转损益）产生的机制凭证。

收集信息的内容不同：通过对各个部门的信息接口转换和接收信息，现代化工具（如扫描仪、电子笔、传感器、脉冲信号式数据采集装置）的应用，使系统收集信息的深度和广度都大大提高，其内容包括货币形态的与非货币形态的信息、历史的或未来的信息。

（3）记账规则的变化。

利用同一基础数据便可实现会计信息的多元重组，消除信息处理过程中诸多分类与再分类的技术环节。在手工条件下的所谓总账、日记账、明细账、辅助账的配置已失去其存在的意义，与之采用的根据记账凭证汇总表登记总账、平行登记、错账更正（划线更正法、红字更正法）、结账、对账、试算平衡等记账规则（技术方法）的重要性也将逐渐降低或被新方法替代。

（4）会计核算形式的变化。

会计系统可以根据需要从数据库中生成各种形式和内容的账簿，传统会计为减少登账工作量而建立的各种会计核算形式的作用将减弱，会计信息化下多种模式均可实现。

（5）会计核算方法的变化。

可以充分利用计算机的运算和存储能力，在执行主体认定计算方法的同时，根据需要也可选用其他备选方法进行运算，从而比较和分析不同核算方法的差异。

（6）账簿体系的变化。

账簿组织过程不同：账簿只不过是根据记账凭证数据库按会计科目进行归类、统计的中间结果。

账簿外观形式不同：突破了传统会计的分类界限。根据需要，任何一个会计科目均可以生成日记账、三栏账或多栏账、虚拟账。受打印限制，不能打印订本式账簿，因而所有账页均采用活页式。

（7）会计信息交换方式的变化。

传统的会计信息交换方式主要以纸质介质为主，当前已实现与企业管理信息系统一体化、网络化、远程通信化。这种交换方式使会计信息的传递更加迅速、安全、准确、直观，会计信息交换实现多元化。

（8）财务会计报告的变化。

不同的报表使用者对会计信息的关注点不同，投资人关注企业目前的财务状况和经营成果，潜在投资人更关心企业未来的投资收益，经营者侧重的是政府的有关政策和同行业其他企业的相关收入、成本等信息。这便对传统财务会计报告模式提出了挑战，财务会计报告有以下新的要求：

- 提供分部报告。对于一个大型企业或跨国公司而言，由于不同地区、不同行业的分、子公司所面临的机会和风险不同，要求提供分部报告。

● 提供多元计价报告，满足企业同时提供现行成本和历史成本信息的要求。

● 提供定期与实时相结合的报告。面临一个产品生命周期不断缩短、竞争日趋激烈、创新不断加速、经营活动不确定性日益显著的时代，如果我们还按月、按年编制月报、年报，则不能满足企业决策的需要。必须建立一套能提供实时信息的财务报告制度。一方面，定期的报告仍将存在，作为财务成果分配的依据；另一方面，随时提供实时报告，作为决策的依据。

（9）企业内部控制的变化。

计算机信息处理的集中性、自动性，使传统职权分割的控制作用近乎消失，信息载体的改变及其共享程度的提高，又使手工系统以记账规则为核心的控制体系失效。企业内部控制的主要方法有：

● 制度控制，包括组织控制、计划控制、硬件控制、软件维护控制、文档控制等。

● 操作人员使用权限的控制，对进入系统的操作人员按其不同职能，通过设置相应密码，进行分级控制管理。

● 程序控制，包括会计信息处理过程中的输入控制、处理控制、输出控制、预留审计线索等。

（10）会计工作组织体制的变化。

在手工会计中，会计工作组织体制以会计事务的不同性质作为主要依据。一般手工会计中划分如下专业组：材料组、成本组、工资组、资金组、综合组等，它们之间通过信息资料传递交换、建立联系，相互稽核牵制，使会计工作正常运行。操作方式是对数据分散收集、分散处理、重复记录。

会计信息化后，会计工作的组织体制以数据的不同形式作为主要依据。操作方式是集中收集、统一处理、数据共享，使会计信息的提取、应用更适应现代管理要求。

（11）会计职能的变化。

会计工作由传统的事后核算朝事中控制、事前预测决策的方向发展，会计职能由核算型向管理型转变。

（12）会计人员素质的变化。

会计人员不仅要具有会计、管理和决策方面的知识，还应具有较强的计算机应用能力，能利用信息技术实现对信息系统及其资源的分析和评价。

4. 对会计实务的变革

现代信息技术的应用改变了会计人员的处理工具和手段。由于大量的会计反映（核算）工作实现了自动化处理，会计人员的工作重点将从事中记账算账、事后报账转向事先预测、规划，事中监督控制，事后分析、决策的管理模式。

传统的会计语言和企业会计文化将发生质的变化。会计语言中的一些核心词汇（记账凭证、账簿、报表等）的作用将逐渐淡化。

由于企业管理全面信息化的实现，会计信息源和信息表示结构由一元化走向多元化。即会计工作中的最终信息将直接来源于各种业务过程，记账凭证作为手工环境下重要实体的作用将逐步削弱。

网络和数据库技术的发展和应用，使各级管理者和投资者可以实时地通过企业网站访问存储于会计信息系统中的共享信息。因此，代替凭证、账簿、报表的将是原始信息、分析决策信息等；而信息的收集、存储、传递、处理、加工、打印等，将代替传统会计中制作凭证、记账、结账、出报表等环节。

会计实务的重点将由原来的编制凭证、记账、结账、编制报表等，转向收集信息、存储信息、加工信息、传递信息、查询信息等。

5. 会计观念需要不断创新和思考

企业除了追求营业利润外，更多的是要关注自身产品的市场占有率、人力资源的开发和使用情况，以及保持良好的社会形象。同时，知识经济拓展了企业经济资源的范围，使企业资源趋于多元化。人力资源将成为资产的重要组成部分，并为企业所拥有及控制，为企业提供未来经济效益。因此，会计工作必须树立增值观念，将增值作为企业经营的主要目的，定期编制增值表，反映企业增值的情况及其在企业内外各受益主体之间的分配情况。

在信息时代，信息传播、处理和反馈的速度大大加快，产品生命周期不断缩短，市场竞争日趋激烈，企业的经营风险明显加大，因此，会计工作还要树立风险观念。

会计工作既是一种生成信息、供应信息的工作，也是一种利用信息参与管理的工作。企业管理的信息化也对会计人员提出了更高的要求，一个企业如何进行会计核算，如何推进会计及企业管理的信息化，又如何利用信息化的手段提高企业市场竞争力，实现管理创新成为会计人员面临的难题。

6. 现代信息技术将推动会计信息系统的不断发展

目前国内建立的会计信息系统，基本上都是用于处理已发生的会计业务，反映和提供已完成的经营活动的信息。然而，现代经济活动的复杂性、多样性和瞬时性，对管理者提出了更高的要求。每一个管理者都需要依靠科学预测来作出决策，而管理者的决策方式已从经验决策方式转向科学决策方式，因此应当充分利用会计数据资源，加强智能型会计决策支持系统的开发与应用，会计决策支持系统是综合应用运筹学、管理学、会计学、数据库技术、人工智能、系统论和决策理论等多门学科构建的。

现代信息技术的飞速发展，使会计信息系统将朝模拟人的智能方向发展。系统将会有听觉、视觉、触觉等功能，能模拟人的思维推理能力，具有思考、推理和自动适应环境变化的功能。随着时代的发展，越来越多的新技术将融入到会计信息化工作中，推动会计信息化的发展和进步。

1.1.5 对会计信息化工作的正确认识

1. 会计核算是信息化工作的基础

会计信息化工作的最终目标是为管理、决策服务，达到这个目标的手段无外乎以下几个方面：一是利用计算机计算准确、处理数据量大的特点，处理会计业务，从而更全面、更准确地提供管理、决策所需的财务信息；二是利用计算机处理数据速度快的特点处理会计业务，从而更快捷地提供各种管理、决策所需的财务信息；三是利用计算机能快速分类整理数据的优势，按管理的需要，对会计核算数据进行各种加工、处理，从而筛选出管理所需的信息；四是使会计人员从繁杂的手工核算工作中解脱出来，利用他们懂财务、了解情况的优势，参与分析、参与管理、参与决策。要达到这四方面的要求，首先就要实现会计核算工作的信息化。会计核算工作的信息化是实施会计信息系统工作的基础。

2. 开展会计信息化是一项循序渐进的工作

会计信息化是一项系统工程。在开展这项工作之前，就需要做好各种规划工作，考虑到问题的方方面面，做好各项安排，为会计信息化工作的全面开展，为实现全面信息化打下基础。

3. 实施会计信息系统是一项系统工程

实施会计信息系统，涉及具体的会计管理工作、会计软件、计算机和操作使用人员，它是一项涉及方方面面的系统工程。

4. 实施会计信息系统后，重要的是系统的应用工作

实施会计信息系统的最终目的是利用计算机更好地完成会计工作，提高会计信息收集、整理、反馈的灵敏度与准确度，更好地发挥会计参与管理的职能，为提高管理水平和经济效益服务。因此会计信息系统的建立仅仅是会计信息化工作的开始，更重要的是在系统建立后的组织管理、系统的运行和维护等工作。这些工作是直接为达到会计信息化目标服务的，是长期实现会计信息化目标的保证，是实现会计信息化后会计的本职工作。

1.1.6 我国会计信息化的发展过程

在历史上，随着生产的发展和生产规模的逐步社会化，会计也随之发展变化。经人们长期实践，会计逐步由简单到复杂，经历了手工操作、机械化和信息化几个阶段，逐步形成了一门独立的新兴科学，在会计工作中发挥着重要作用。

我国会计信息化的发展主要分为以下几个阶段。

1. 探索发展阶段（1979—1988 年）

1979 年财政部拨款 500 万元，用于长春第一汽车制造厂进行会计电算化试点工作。1981 年 8 月在财政部、第一机械工业部、中国会计学会的支持下，中国人民大学和第一汽车制造厂联合召开了“财务、会计、成本应用电子计算机专题讨论会”。以此为标志，1979 年是中国会计电算化的起点。

在 1979—1988 年期间，会计电算化从无到有，在中国开始生根发芽。行政部门包括当时的财政部、机械工业部、铁道部、兵器工业部等，纷纷在全国各地做探索性的试点，全国高等院校也加入到研究的行列，这个阶段属于探索阶段。但从整个国家来讲，基本上是各自为政，国家各职能部门都在摸着石头过河，摸索能够适应自身需要的解决方案。这个阶段的中国会计电算化，水平不高、功能单一且不通用，还没有形成大规模的商品化会计软件公司与市场。

1988 年，中国会计学会首届会计电算化学术讨论会在吉林召开。在这次会议上，与会专家达成共识：发展通用会计软件和引入市场机制是中国会计电算化发展的出路。同年，财政部在上海召开会议，对制定各省区计算机应用规划、实施财务软件的评审工作做了统一部署。

2. 政府推动发展阶段（1989—1998 年）

1989—1998 年期间，会计软件逐步实现了通用化、商品化，市场上出现了数百家财务软件公司。这个时期，中国会计电算化发展非常迅速，会计软件依托 DOS 平台，功能上也基本属于核算型。从 1994 年开始，Windows 会计软件逐步引起重视，但真正普及是在 1998 年后。

在这十年中，在财政部及各省区财政厅（局）的推动下，商品化会计软件逐步走向成熟，市场竞争机制逐步完善，通过市场竞争机制使会计软件生产厂家从几百家逐渐向十余家集中，会计电算化产业也在这个时期形成。

3. 市场化发展阶段（1999 年以来）

1998 年，财政部撤销了全国性的会计电算化管理部门——会计电算化处，这是我国会计电算化发展第三阶段即市场化发展阶段开始的标志。当时的大背景是，国家机关进行机构改革，部分地转变职能，将属于市场的交给市场，行业性的管理逐步转向行业协会。在财政部强有力的推动与管理下，中国会计电算化开始不断发展壮大并走向成熟，会计电算化应用逐渐普及，行政推广已经没有必要，会计软件评审等工作也已逐渐失去意义。随着会计电算化的发展，市场机制的自发调节趋于完善，会计电算化管理开始由政府管理转向行业协会自律。这个时期的会计软件，逐步转向管理型，大型的财务软件公司开始向 ERP 转型。

1998 年后，行业协会开始逐步发挥作用。在理论研究方面，中国会计学会会计信息化专业委员会成了组织者和实施者。在市场方面，中国软件行业协会财务及企业管理软件分会也在逐步发挥作用。财政部继续发挥着宏观管理会计电算化的作用。在会计核算软件数据接口方面，通过审计署、国家标准化管理委员会的推动，使整个管理更加宏观和长远化。

2008 年 11 月，财政部牵头，会同工业和信息化部、人民银行、审计署、国资委、国税总局、银监会、证监会、保监会等共同成立会计信息化委员会，旨在为推进我国会计信息化建设提供组织保障、协调机制和智力支持。

2009 年，财政部发布了《关于全面推进我国会计信息化工作的指导意见》（财会［2009］6 号），对 2006—2020 年的会计信息化工作进行了规划和部署。

2010 年和 2011 年，GB/T 24589—2010《财经信息技术　会计核算软件数据接口》系列国家标准发布，包括“第 1 部分：企业”、“第 2 部分：行政事业单位”、“第 3 部分：总预算会计”和“第 4 部分：商业银行”，有关 ERP 的数据接口标准也在研究制定中。

2010 年 10 月，国家标准化管理委员会和财政部在北京发布可扩展商业报告语言（XBRL）技术规范系列国家标准和企业会计准则通用分类标准。XBRL 有效增强了信息的准确性和及时性，有利于从不同角度和不同层次对信息进行深加工和精细化处理，大幅提高了信息利用的广度、深度和精度，不仅在财会领域单一应用，更可以不断拓展到财政管理、税务管理、金融监管、国有资产管理、企业风险管理与内部控制的众多方面。

2013 年，财政部重新修订发布了《企业会计信息化工作规范》（财会［2013］20 号），规范了信息化环境下的会计工作。

2015 年 10 月 22 日国家标准化管理委员会发布了国家标准公告 2015 年第 35 号，批准发布了 GB/T 32180.1—2015《财经信息技术 企业资源计划软件数据接口 第 1 部分：公共基础数据》、GB/T 32180.2—2015《财经信息技术 企业资源计划软件数据接口 第 2 部分：采购》、GB/T 32180.3—2015《财经信息技术 企业资源计划软件数据接口 第 3 部分：库存》、GB/T 32180.4—2015《财经信息技术 企业资源计划软件数据接口 第 4 部分：销售》、GB/T 32180.5—2015《财经信息技术 企业资源计划软件数据接口 第 5 部分：预算》、GB/T 32180.6—2015《财经信息技术 企业资源计划软件数据接口 第 6 部分：资金》，从 2016 年 6 月 1 日起实施。GB/T 32180—2015 和 2010 年发布的 GB/T 24589.1—2010 一起，构成了企业的主要价值数据体系，扩大了数据应用范围。

1.1.7 我国会计信息化的发展趋势

我国的会计信息化工作处在一个改革的时代，新技术不断推陈出新，各种动力不断推动我国会计信息化向更高的水平发展。

1. 朝管理一体化方向扩展

管理一体化是指从整个单位的角度开展计算机在管理中的应用工作。会计信息化工作只是整个管理信息化的一个有机组成部分，需要其他部门信息化的支持，同时也给其他部门提供支持和提出要求。如今许多单位的会计信息化工作已有一定的基础，具备了向其他部门扩展的条件。网络、数据库等计算机技术的发展也在技术上提供了向管理一体化发展的可能。从发展趋势来看，会计信息化工作将逐步与其他业务部门的信息化工作结合起来，由单纯会计业务工作的信息化朝建立财务、统计信息综合数据库和综合利用会计信息的方向发展。

2. 单位会计信息化朝集团会计信息化方向发展

单位会计信息化是集团会计信息化的基础，集团会计信息化的发展将促进单位的会计信息化工作。

经过多年的努力，基层单位会计信息化水平大大提高，但在软件应用的品种、水平、范围等方面参差不齐。目前，数据大集中、软件大统一是必然的趋势，在大型企业集团尤其如此。

3. 软件技术与管理组织措施日趋结合

信息化会计系统是一个人机系统，仅有良好的软件是不够的，必须有一套与之紧密结合的组织措施，才能充分发挥其效用，并保证会计信息的安全与可靠。在会计信息化的初期，工作重点主要放在软件的开发与应用上。随着会计信息化工作的进一步深入，与会计信息化应用相适应的管理制度在实践中不断提高和完善。

4. 会计信息化的开展与管理将朝规范化、标准化方向发展

2004 年，国家标准化管理委员会发布了 GB/T 19581—2004《信息技术　会计核算软件数据接口》标准，2010—2011 年又发布了 GB/T 24589—2010《财经信息技术　会计核算软件数据接口》标准，这个标准的贯彻执行将解决各种会计软件之间及其他相关软件之间的数据接口问题，以实现会计信息的相互规范传递、会计工作信息化后的审计，从而为更充分和更广泛地利用会计信息服务。2010 年国家标准化管理委员会还发布了 GB/T 25500 系列《可扩展商业报告语言（XBRL）技术规范》，为财务报告的信息化发布铺平了道路。

规范化、标准化将提升整个会计信息化的水平。

5. 会计软件技术发展趋势

(1) 支持跨平台运行。

就是同一套程序编码可以在多种硬件平台和操作系统上运行，以便企业根据业务需要和投资能力选择最合适的平台，并且帮助企业顺利实现不同应用水平阶段的平稳过渡。在企业建设管理系统初期，可能选择普通的计算机网络，投资相对较低，但随着应用规模的扩大，需要更大处理能力的硬件环境，如选择中小型机、服务器等。这样一来，跨平台的软件系统显示出很好的优势，也能充分保护用户的投资。

(2) 支持多种应用系统数据交换。

目前，不少企业已经建立了各自的应用系统。在电子商务时代，企业将会要求新系统能与原有系统进行数据交换和集成，从而有效利用已有投资。例如，已经采用会计软件的用户，希望整个销售和生产管理系统也能与目前的信息化会计系统进行数据共享。企业间（特别是企业与供应商之间、企业与客户之间）的数据交换将帮助企业有效提升整个供应链的竞争力。

(3) 系统高度集成。

进入系统的数据要能根据事先的设定以及管理工作的内在规律和内在联系，传递到相关的功能模块中，达到数据高度共享和系统高度集成。

(4) 分布式应用。

新一代的会计信息系统是超大规模的，它将不再是集中在同一局域网络服务器上的系统，因此，支持分布式应用和分布式数据库是会计软件的一个重要特征。

(5) 多语种支持及个性化用户界面。

跨国企业的管理和企业的跨国交易必然带来对会计软件多语种支持的需求。一套应用系统应当可以按照用户的设定，在不同的用户端显示不同语种的应用界面。由此还可以引申出另一种功能，即可以由用户自行设定应用系统输出界面上使用的术语和界面格局，形成个性化的用户界面，不同行业的用户也可以面对专业性更强的界面。

(6) 高可靠性和安全性。

大规模的系统、分布式应用、广泛的网络连接需要系统具有更高的可靠性和更强的安全控制。远程通信线路故障、多用户操作冲突、共享数据的大量分发与传递，需要会计系统有超强的稳定性，并能够对出现的各种意外情况做出正确处理。黑客入侵、越权操作等现象需要会计系统有健全的安全防线。对系统内部数据记录的存取及删改权限的管理、系统操作日志的建立等，都是必不可少的安全措施。

（7）面向电子商务应用。

随着电子商务的发展，企业各种对外的业务活动已经延伸到了互联网上，实现网络经营。所以，新的系统要能从企业的实际出发来设计电子商务工作模式，实现财务、电子商务一体化。会计证据也从纯粹的纸质部分转换为电子数据。

6. 计算机审计将由绕过计算机审计向穿透计算机审计发展

随着信息化管理体系的逐步形成、复合型会计信息化人才的不断涌现、计算机审计技术的不断发展，我国的计算机审计工作将由绕过计算机审计向穿透计算机审计发展，从而更充分地保证会计信息的真实、可靠，保护单位和国家的经济利益。

1.2　会计信息化的基本内容

1.2.1　开展会计信息化工作的基本条件

1. 转变思想观念

转变思想观念主要指单位的领导、会计人员、计算机应用人员对会计信息化的含义、必要性要有正确的理解，不应对会计信息化有片面与错误的认识。只有相关人员对会计信息化有了正确的认识，建立会计信息系统工作才能顺利健康地开展；只有单位领导对会计信息化的含义、必要性有了正确的认识，他们才会积极主动地支持和参与这项工作，正确地领导这项工作的开展。正确的思想认识是建立会计信息系统的前提。

2. 搞好基础工作

搞好基础工作主要指会计工作的规范化、标准化、制度化。对基础工作较差的单位应先进行基础工作的整顿，同时也应认识到会计信息化工作的开展将促进基础工作的加强。推进财会工作的规范化、标准化、制度化，是一个改进管理的过程。对会计信息化工作来说，良好的基础工作一般表现在以下几个方面。

（1）健全的岗位责任制和内部稽核制度。

（2）会计人员的业务素质与其工作相适应。

（3）主要原材料、能源消耗和工时耗用有定额，费用开支有标准或预算，并认真执行。

（4）各种原始记录的格式、内容、填制方法、签署、传递、汇集、反馈等，有统一要求和规范，做到真实、完整、正确、清晰、及时。

（5）物资出入库经过计量、检验，手续齐备。

（6）发生的经济业务都取得或填制合法的原始凭证。

（7）记账凭证及其填制符合国家统一会计制度的内容和要求，并经有关责任人员签章。

（8）会计科目和核算内容符合国家统一会计制度所规定的内容和要求，并经有关责任人员签章。

(9) 固定资产归口分级管理，做到账、卡、物三相符，固定资产及折旧核算正确。

(10) 成本、销售、材料、产成品等的核算符合国家有关规定，核算正确。

(11) 应有财产清查制度，并严格执行。

此外，在建立会计信息系统时，还应注意以下几点。

(1) 对会计科目、往来单位、人员、部门、产成品、材料等应进行编码。编码应齐全、标准、规范，便于计算机处理。在手工核算下，主要是重视名称，而不太重视编码，实行会计信息化后，处理信息、查询信息主要通过编码进行，所以编码工作非常重要。各种编码将构成一个编码体系，在编码时要统一考虑，才能充分发挥编码的作用。

(2) 应改变按“师傅教徒弟的办法”进行核算的做法，严格按照统一的会计制度进行各项会计核算工作。

(3) 应按国家统一会计制度设计单位的会计制度。

(4) 各种账簿的设置应规范、易于计算机处理。

3. 人才储备

人才储备主要是指单位有开展会计信息化所需的人才。单位不同，实现会计信息化的方式不同，对人才的需求就不一样。这里仅介绍选用商品化会计软件单位的人才需求。由于商品化会计软件厂家对客户提供的服务较多，目前会计软件已经较为成熟，所以，选用商品化会计软件的单位对人才技术的要求并不高。具备较好的日常维护能力的人才，是应用会计信息系统的重要保障。

4. 资金准备

开展任何一项工作都需要一定的资金，建立会计信息系统也不例外。但是，单位大小不同，实现会计信息化的方式不同，开展信息化业务的规模大小、项目多少不同，对资金的需求也就不同。

建立会计信息系统的费用一般包括：硬件费用、软件费用、准备费用、运行维护费用等，详情如表 1—1 所示。

表 1—1　　会计信息化费用项目

费用类型	项目	备注
硬件费用	主机	网络服务器等
	终端机	工作站或其他兼容机
	外围设备	打印机、UPS、路由器等
	环境成本	房屋、地毯、空调等
软件费用	软件成本	系统软件、会计软件（开发或购置）
准备费用	机房建设、改造	装修、建设等
	安装及调试成本	主机、空调、电源、UPS、软件
	培训费用	开发与使用人员的培训
运行维护费用	维护费用	维护人员的工资、所用工具、材料等
	使用成本	操作人员的工资、消耗材料、网络费用等

1.2.2 开展会计信息化工作的基本内容

建立会计信息系统是一项系统工程，应按系统工程的方法来开展，即按下述步骤进行：可行性研究，规划，编制实施计划，建立会计信息系统，建立信息化后的组织与管理体系。

1. 可行性研究

可行性研究是指开展信息化工作的可能性和经济性，主要包括组织、技术、经济三方面。组织可行性是指单位内外环境是否为建立会计信息系统创造了必要的条件；技术可行性是指单位所能组织和拥有的技术力量能否保证会计信息系统工作的正常开展；经济可行性是指开展信息化工作所带来的有形效益和无形效益，与耗用成本的对比情况。

可行性分析一般按下述步骤进行：（1）进行初步调查；（2）根据初步调查，确定目标和所要解决的问题；（3）确定约束因素，包括经济上、技术上、组织上的制约因素；（4）确定各种可选方案；（5）对各种可选方案进行可行性评价，主要是研究各种方案在经济上、技术上、组织上的可行性；（6）确定方案，明确实施计划。

2. 规划

会计信息系统规划是对近几年单位会计信息化工作所要达到的目标，以及如何有效地分步骤实现这个目标而作的规划。它实质上是单位开展会计信息化工作的中长期规划，是对单位开展会计信息化工作所作的总体可行性研究。规划期一般以 5 年为宜，第一年的计划应该相当可靠，第二年的计划应比较可靠，第三年以后的计划可以粗略和概括一些，计划至少要根据每年的情况变化调整一次，以符合实际。

规划一般按下述步骤进行：（1）研究确定单位的总体目标和会计部门的局部目标；（2）综合考察建立会计信息系统的外部环境制约，包括经济、技术、组织等单位内部制约与上级主管部门、国家的有关政策法令等外部制约；（3）确定会计信息系统的总体目标，确定近几年内建立一个什么样的会计信息系统；（4）分析确定单位的会计信息需求，即确定输入、输出什么信息，对外提供哪些数据接口；（5）确定所要建立系统的总体结构，可用数据流程图、功能图、层次图、数据结构图等工具来表示；（6）确定所要建立系统的资源需求，包括硬件、软件、人力和其他日常支出等；（7）制定会计信息系统总体目标的分步骤实施规划，即将总体目标结合单位现有的条件，确定分步实施计划；（8）选择实现的途径；（9）确定实施计划，即最后确定当前所要建立的会计信息系统、实现途径、具体实施计划等。

3. 编制实施计划

编制实施计划是根据目标和规划，确定人力、物力、财力的具体安排和工作时间表。

4. 建立会计信息系统

建立会计信息系统主要是组织人力、财力、物力，建立会计信息系统，这是会计信息化规划与实施计划的具体落实。

5. 建立信息化后的组织与管理体系

会计信息系统的建立仅仅是整个会计信息化工程的第一步，更重要的是如何有效地对会计部门的人财物等各要素进行计划、组织、协调和控制，有效地运行会计信息系统，使得信息化后的会计工作水平有根本性的提高，会计部门参与分析、参与控制、参与管理、参与决策的职能和作用得到充分的发挥。这就要求构建信息化后的组织与管理体系。信息化后会计部门的组织主要是指信息化后单位组织机构的调整，以及各项职能、职责的重新划分。信息化后会计工作的管理，一方面是指怎样更好地运行已建立的会计信息系统和保证会计信息系统安全、正常地运行的一系列制度和控制措施；另一方面是指信息化后，会计部门如何积极参与单位的预测、决策、控制等管理活动，当好领导的参谋。在此，需要说明的是，信息化后会计工作的组织与管理实质上是密不可分的，组织工作是管理工作的一部分，管理工作又是以组织为基础，管理的好坏首先取决于组织的好坏。

1.3 会计信息系统的构成

1.3.1 会计信息系统概述

按单位的类型划分，会计信息系统可以分为工业企业会计信息系统、商业企业会计信息系统和行政事业单位会计信息系统等。在每类会计信息系统中，又分为三个层次，即核算型、管理型和决策支持型。

(1) 核算型会计信息系统。一般由账务处理、销售及应收、采购及应付、存货核算、工资核算、固定资产核算、报表、领导查询等子系统构成，它注重对经济业务的事后反映。

(2) 管理型会计信息系统。这种系统主要注重预算管理、制定计划、在执行过程中进行控制、对执行情况进行检查、对数据进行分析等，扩展了会计信息系统的职能，使其从简单的事后核算转变为事前计划、事中控制、事后核算和分析。

(3) 决策支持型会计信息系统。它是在管理型会计信息系统的基础上，进一步为经营决策者提供帮助，帮助其作出科学的决策。

通常所说的会计信息系统一般指核算型会计信息系统和管理型会计信息系统，决策支持型会计信息系统通常归入企业决策支持系统之中。

1.3.2 按单位类型划分会计信息系统

1. 工业企业会计信息系统

工业企业的特点是它要对购进的商品（原材料）进行加工，使之成为产成品，然后进行销售。工业企业的特点决定了工业企业的会计信息系统主要对其供产销过程进行核算、反映和控制，因此，必然需要建立与生产过程有关的会计子系统。尽管不同的生产特点要求不同的核算方法，但其核算的内容大同小异，因此，其子系统划分的方法基本一致，如图 1—1 所示。

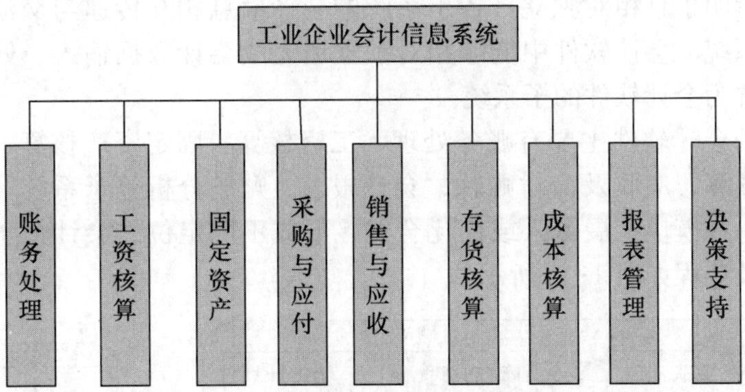

图 1—1　工业企业会计信息系统的结构

这种子系统的划分方法也有一些差异，如有的会计软件将账务处理子系统中有关现金银行的功能独立出来，专门设立现金银行或出纳管理子系统，以加强对现金和银行存款的管理。报表子系统是为适应软件通用化和商品化的要求而设计的，报表的主要数据一般来自账务处理、成本核算和产成品及销售核算等子系统。

2. 商业企业会计信息系统

商业企业主要从事商品的销售活动，因此有关材料、原料方面的核算很少甚至没有，固定资产管理要求比较简单，成本计算方法单纯，工作量少，但商品采购业务、存货管理、销售业务等方面的工作量较大。

3. 其他类型的会计信息系统

对各种定位的会计信息系统来说，它们之间有一定的差别，但基本模块大体是一致的，不同之处主要体现在管理的要求、模块的复杂度上。一般来说，账务、工资、固定资产、报表等模块是可以公用的，差异不是很大。专用性最强的是成本核算模块和根据管理特点设计的专用业务模块。

1.3.3　会计信息系统中各个子系统的功能

会计软件是指企业所使用的专门用于会计核算、财务管理的计算机软件、软件系统或者其功能模块。会计软件具有以下功能：为会计核算、财务管理直接采集数据；生成会计凭证、账簿、报表等会计资料；对会计资料进行转换、输出、分析、利用。

会计软件的基本结构可以从系统的功能层次结构反映出来。功能结构是指系统按其功能分层分块的结构形式，即模块化的结构。一个系统可以划分为若干个子系统，每个子系统可划分为几个功能模块，每个功能模块再划分为若干个层次，每个层次沿横向分为若干个模块，每个模块都有相对独立的功能。一个子系统对应一个独立完整的管理职能，在系统中有较强的独立性；一个功能模块完成某一管理业务，是组成子系统的基本单位；一个程序模块则实现某一具体的加工处理，是组成功能模块的基本要素。各层之间、每个模块之间也有一定的联系。通过这种联系，将各层、各模块组成一个有机的整体，去实现系统目标。

大部分会计软件按会计核算功能划分为若干个相对独立的子系统，由于系统每一部分的功能简单明了且相对独立，各子系统的会计信息相互传递与交流，从而形成完整的会计信息系统。会计软件中能够相对独立地完成会计数据输入、处理和输出功能的各个部分，称为会计软件的子系统。

一个典型的会计软件主要有账务处理、工资核算、固定资产核算、存货处理、成本核算、销售核算、应收及应付账款、会计报表、财务分析等子系统。根据行业的特点，也可以将一些模块扩展深入或简化合并，形成不同定位的会计信息系统。这些模块之间的关系及流程如图 1—2 所示。

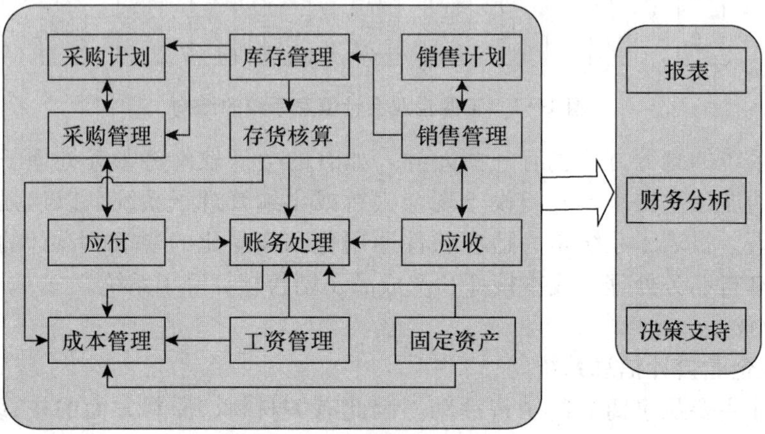

图 1—2 模块关系及流程

1. 账务处理子系统

账务处理子系统是会计软件的核心系统，它以会计凭证为原始数据，按会计科目、统计指标体系对记账凭证所载的经济内容，进行记录、分类、计算、加工、汇总，输出总分类账、明细分类账、日记账及其他辅助账簿、凭证和报表。

账务处理子系统的主要功能有初始建账（包括凭证类型及格式设置、会计科目编码的设置、期初科目余额设置等各种初始化数据输入），凭证的输入、修改、审核、记账、查询及汇总，日记账、总分类账及明细分类账的生成、查询及打印，期末结账、出纳管理、银行对账、往来账管理、部门核算、项目核算等。

账务处理系统在会计软件中也叫总账管理系统。

2. 工资核算子系统

工资核算子系统完成工资数据的修改、计算、发放，费用的汇总和分摊，生成工资结算单、职员工资发放条、工资结算汇总表、工资费用分配汇总表、票面分解一览表、职工福利费计提分配表等，并自动编制工资转账凭证传递给账务处理子系统。部分工资子系统还有人事基本信息、考勤信息、工资历史信息等基本信息管理，工资代储，个人所得税计算，养老保险及个人收入台账等处理功能。

工资核算系统的主要功能有工资初始设置（包括工资类型设置、工资项目定义、工资项目计算公式定义、工资分配凭证定义、工资表打印格式定义等），职工工资基础资料编辑，工资增减变动及工资数据编辑，工资计算汇总，生成工资转账凭证，各种工资单、工资汇总表及发放表的查询、打印等。

3. 固定资产核算子系统

固定资产核算子系统主要用于固定资产明细核算及管理。该子系统实现固定资产卡片管理、固定资产增减变动核算、折旧的计提与分配等工作，生成固定资产卡片、固定资产统计信息表、固定资产登记簿、固定资产增减变动表、固定资产折旧计提表，并自动生成折旧等转账凭证传递到账务处理子系统。

固定资产核算子系统的主要功能有固定资产卡片结构设置、固定资产分类编码设置、固定资产折旧方法定义、固定资产折旧凭证定义、固定资产卡片输入及修改、固定资产变动资料输入、固定资产折旧的计算、固定资产明细账查询打印、固定资产计算、固定资产增减查询、折旧凭证生成等。

4. 存货核算子系统

存货核算子系统可分为存货核算、物料存货库房管理、物料采购管理。

存货核算有如下主要功能：

（1）及时准确地反映采购业务的发生、货款的支付及存货的入库情况。在按计划成本计价的情况下，自动计算和分配存货成本差异，生成采购明细账、成本差异明细账、在途材料明细表和暂估材料明细表。

（2）正确反映存货的收发结存数，提供存货的库存动态状况，及时反馈各种积压和短缺存货信息，生成存货明细账、存货库存信息表等。

（3）根据各部门各产品领用物料情况，自动进行物料费用的分配，生成物料费用分配表。对于供销售的存货要计算销售成本。

（4）自动编制转账凭证传递给账务处理子系统和成本核算子系统。

5. 成本核算子系统

成本核算子系统实现各种费用的归集和分配，及时准确地计算出产品的总成本和单位成本，并自动编制转账凭证供账务处理子系统使用。

成本核算子系统的主要功能有产品目录结构设置，在产品的成本初始录入，产品产量等统计数据输入，成本有关子系统费用数据归集，费用汇总分配，成本计算，产品成本汇总表、商品产品成本表及主要产品单位成本表计算、查询、打印，成本转账凭证生成等。

6. 销售核算子系统

销售核算子系统一般要和存货子系统中的库存商品核算相联系，实现对销售收入、销售费用、销售税金、销售利润的核算。

销售核算子系统的主要功能有合同管理录入、查询、修改，往来单位编码管理，商品代码管理，人员编码管理，未核销业务初始录入，发票录入、修改及记账，收款单录入、修改及记账，应收账款自动及手动核销，应收账款总账及各种销售明细账、账龄分析表的查询及打印，销售转账凭证定义、生成等。

7. 应收、应付账款子系统

应收账款子系统完成各应收账款的登记、冲销工作，动态反映各客户信息及应收账款信息，并可进行账龄分析和坏账估计。应收账款主要有如下基本功能。

(1) 客户管理：提供有关客户的信息，如使用币种、付款条件、付款方式、付款银行、信用状态、联系人、地址等。此外，还有各类交易信息。

(2) 发票管理：具有将订单信息传递到发票，并按订单查询发票的功能，列出需要审核的发票，打印已经审核的发票，提供发票调整的审计线索，查询历史资料。

(3) 账龄分析：建立应收账款客户的付款到期期限以及为客户打印结算单的过期信息，并打印对账单。

应付账款子系统完成各应付账款的登记、冲销及应付账款的分析预测工作，及时反映各流动负债的数额及偿还流动负债所需的资金。

应付账款模块与采购模块、库存模块完全集成。应付账款有如下主要功能。

(1) 供应商管理：提供物料的供应商信息。如使用币种、付款条件、付款方式、付款银行、信用状态、联系人、地址等。此外，还有各类交易信息。

(2) 发票管理：将发票输入之后，可以验证发票上所列物料的入库情况，核对采购订单物料，计算采购单和发票的差异，查看指定发票的所有采购订单的入库情况，列出指定发票的有关支票付出情况和指定供应商的所有发票及发票调整情况。

(3) 支票管理：处理多个付款银行与多种付款方式，能够进行支票验证和重新编号，将开出支票与银行核对，查询指定银行开出的支票，作废支票和打印支票。

(4) 账龄分析：根据指定的过期天数和未来天数计算账龄，也可以按照账龄列出应付款的余额。

8. 会计报表子系统

会计报表子系统按国家统一的会计制度规定，根据会计资料编制会计报表，向公司管理者和相关部门提供财务报告。会计报表子系统实现各种会计报表的定义和编制，并可进行报表分析和报表汇总。该系统生成的会计报表包括对外会计报表（资产负债表、利润表、现金流量表）和会计管理需要的会计报表。

会计报表子系统的主要功能有新表登记、表格格式定义、报表变动单元数据来源及计算公式定义、报表编制及公式校验、报表合并、汇总、查询及报表输出等功能。

9. 财务分析子系统

财务分析是在核算的基础上对财务数据进行综合分析，不同的会计软件其分析的内容也有所不同，一般功能有预算分析、前后期对比分析、图形分析等。

1.3.4 会计信息系统各子系统之间的关系

1. 账务系统与其他子系统间的关系

(1) 总体关系。

账务系统是会计信息系统的核心，其主要作用是管理账簿和有关按科目分类的指标。其他子系统一般是核算和业务管理模块，这种关系流程如图 1—3 所示。

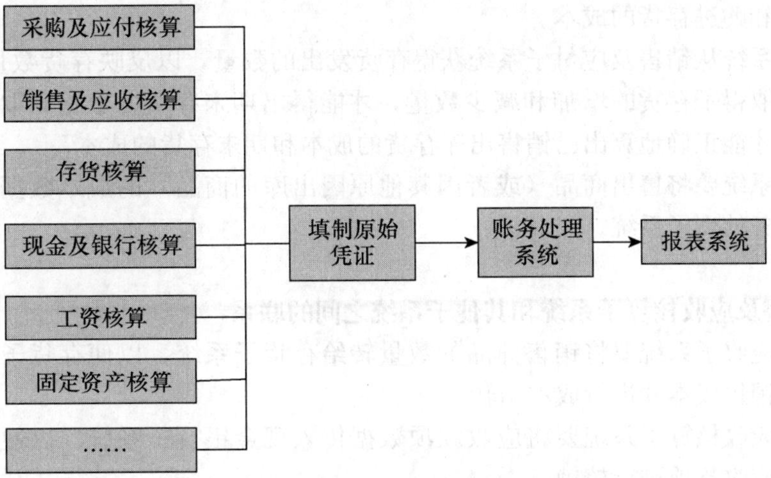

图 1—3　账务系统与会计信息系统

（2）账务处理子系统与工资核算子系统间的数据联系。

工资核算子系统的主要任务是计算职工的应发工资、实发工资，计提有关费用，代扣款项，并将工资费用进行分配。工资核算涉及银行存款、应付工资、生产成本、制造费用、管理费用、销售费用、在建工程等科目。核算的结果通常以凭证的形式传递给账务处理子系统。

（3）账务处理子系统与固定资产核算子系统间的数据联系。

固定资产核算子系统的主要任务是管理固定资产卡片，反映固定资产增减变动，计提折旧，分配折旧费用等。固定资产核算涉及固定资产、累计折旧、在建工程、固定资产清理、制造费用、管理费用等科目。核算的结果通常以凭证的形式传递给账务处理子系统。

（4）账务处理子系统与存货核算子系统间的数据联系。

存货核算的主要任务是反映存货的收、发、结存情况，归集材料成本差异、商品进销差价等，进行成本计算，结转各种发出商品的成本及差异。存货核算涉及的科目有：原材料、材料采购、应付账款、生产成本、制造费用、管理费用、材料成本差异、商品进销差价等。核算结果通常以凭证的形式传递给账务处理子系统。

（5）账务处理子系统与销售及应收核算子系统间的数据联系。

销售及应收核算子系统主要是核算销售收入、应交税费及应收款项。在核算过程中，都要生成记账凭证传递到总账系统。同时销售及应收核算子系统还与现金银行核算子系统传递数据，现金银行核算模块在收到款项后会核销对应的款项。因此业务核算模块不但与账务处理子系统相联系，而且业务系统彼此之间也存在联系。

（6）账务处理子系统与报表子系统的数据联系。

报表子系统编制上报的会计报表和内部管理用的报表。上报的会计报表（资产负债表、利润表、现金流量表等）的数据基本能从账务处理系统各科目的余额、本期发生额、累计发生额、实际发生额等数据项目中获取。

内部管理用的报表比较复杂，可以从账务系统中取数，也可以从其他子系统中取数，例如可以从销售及应收子系统中取数，以编制销售明细表等。

2. 存货子系统与其他子系统之间的联系

存货子系统从采购及应付子系统获得存货增加的数量及取得成本，以反映存货数量的增加数和购进存货的成本。

存货子系统从销售及应付子系统获得存货发出的数量，以反映存货数量的减少数。存货子系统取得了存货的增加和减少数量，才能得出期末存货的数量，取得了购进存货的成本，才能正确地算出已销售出库存货的成本和期末存货的成本。

存货子系统要将售出商品（或者因其他原因出库的商品）的成本数据以凭证的形式传递到账务处理子系统。

3. 销售及应收核算子系统和其他子系统之间的联系

销售及应收子系统要将销售商品的数量转给存货子系统，以便存货子系统在期末时正确计算销售成本并进行成本结转。

销售及应收核算子系统要将应收款项数据传入现金银行子系统，以便在收到款项后对相应的应收款项进行核销。

销售及应收子系统要将销售收入及应交税费数据以凭证形式传递给账务处理子系统进行核算。

4. 会计信息系统各子系统之间的关系

会计信息系统的各个子系统中存在着多种复杂的数据关系，其基本关系如图 1—4 所示。

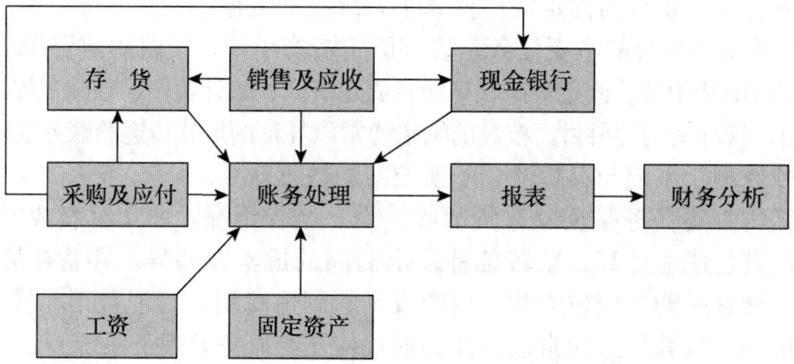

图 1—4　会计信息系统各子系统之间的关系

1.4 会计信息系统的模式

1.4.1 会计信息系统在组织上的差别

会计的手工业务是一个比较规范的系统，主要表现在有规范的会计准则、会计制度，都按业务分为账务与报表、工资、固定资产、往来、采购、成本、销售等组织核算。具体组织业务时，在一些规模较大的单位分为资金、成本、综合、销售、财务等业务分工部门；在一些规模较小的单位则只成立不分下属部门的财务管理部门；在一些小的单位则只有一两个会计人员，只成立会计室；再小的单位则请兼职会计人员或代理记账公司完成会计核算工作。影响会计信息系统的因素主要有以下几个方面。

1. 规模的大小

它主要指人数、固定资产规模、产值产量、销售业务量、管理的组织模式。在不同的规模下，会计的业务量不同，会计的要求也不同。比如在小规模的单位里，主要是手工作坊式的管理，会计业务量不大，只需要完成账务和报表的处理，其他核算非常简单，会计人员也只有几个人，甚至一个人。

2. 会计业务的组织形式

随着规模的扩大，在业务上需要进行分工，规模越大，要求分工越细。分工的形式一般是按业务内容分成几个组（室、科、处），在每个组内又按业务内容分工，由若干人完成。

3. 单位内部的组织形式

会计信息化的物理组织模式一般分为两种：其一是集中核算组织模式，在这种组织模式下，各业务核算部门的房间一般都相邻；其二是分散组织模式，在这种模式下，某些核算科室相距较远（如销售核算部门与销售业务部门不在一起等），如果有分支机构，就会分布在不同的地域。

4. 对业务分析的要求

不同规模的单位对业务分析的要求不同。小规模单位，由于业务量小，数据不多，并不需要计算机辅助分析和管理，会计信息化的目标主要是用计算机替代手工记账和完成报表的编制工作；中等规模的单位，业务分工较细，需要各个核算模块辅助会计核算；大规模的核算单位，业务分工很细，数据量大，对会计提供信息的速度和质量都有较高要求，各个业务核算部门之间往往有一定的距离，必须有各核算模块辅助整个会计核算。

1.4.2　实施会计信息系统的几个层次

1. 基本应用层

基本应用层主要是账务和报表的应用。其他核算如工资、固定资产等业务处理量很小，非常简单，一般不用单独核算，只设立辅助账进行核算就可以了。

2. 核算应用层

核算应用层主要是账务与报表、工资、固定资产、采购核算、往来核算、成本核算、销售核算。主要任务是完成日常业务处理，基本实现会计核算的会计信息化。

3. 管理应用层

一些大中型规模单位，经济过程十分复杂，数据量大，光凭人脑难以分析。在这一层上，主要是对核算后生成的数据进行分析，基本方法是对比、差额、比率，以及应用一些分析模型进行资金、成本、利润等的分析和管理。

在应用模块上，就需要全面预算、资金管理、资产管理、合并报表等。同时，还需要和 ERP 一体化，实现生产经营、财务的集中管理。

4. 决策支持应用层

决策支持系统（Decision Support System，DSS）是为克服管理信息系统的不足而发展起来的直接针对决策层，为中高级领导提供有效的决策支持的信息系统。会计决策支持系统（A-DSS）是决策支持系统的一个分支，模型库中主要存放预测、计划、分析、投资等方面的基本模型。

1.4.3 会计信息系统的物理组织模式

1. 单机组织模式

单机组织模式是在一台计算机上运行会计信息系统，这种模式的优点是维护简单，投资很少，适用于业务量不大的单位。该模式的缺点比较多，包括：（1）每次仅能一人上机处理数据，不方便；（2）不能同时处理多项业务，实时性差；（3）已生成的会计信息，仅能在一台计算机上利用，信息的共享性差；（4）一台计算机能处理的会计业务有限，对业务量大或需要许多项会计业务开展会计信息化的单位不可行。

2. 多用户组织模式

多用户组织模式是以一台高档微型计算机为主机（也可用大中型计算机），另根据需要连接若干终端实现数据的集中处理。其网络结构如图 1—5 所示。

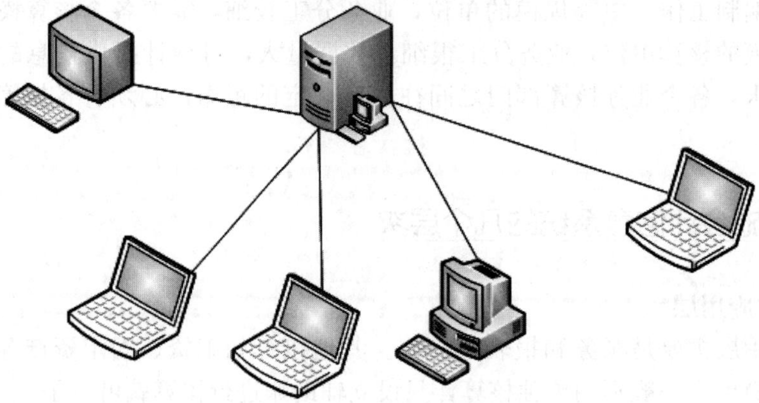

图 1—5 多用户组织模式

这种组织模式的优点是系统维护简单，可靠性高，投资也较少，能够实现会计数据的实时处理。缺点是运行效率受主机影响很大，挂接的终端数量有限，而且只要主机有问题，系统就会全部瘫痪。这种模式适用于业务处理量不是很大的单位。如果主机采用大中型计算机，就能实现大中型规模应用，但相应的投资和维护费用也会大大增加。

3. 网络组织模式

网络组织模式是使用一台高档计算机服务器，另外根据需要连接若干计算机终端。

其物理组织的逻辑模式如图1—6所示。

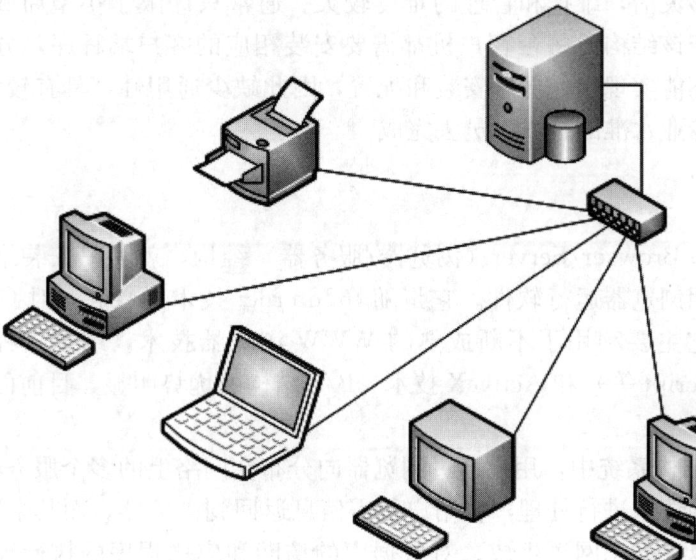

图1—6 网络组织模式

这种模式的缺点是投资相对较高，维护难度相对较大。其优点有：(1) 处理的所有数据都存放在服务器内，可以共享；(2) 可多人同时操作，对一项业务或多项业务进行处理，实时性好；(3) 可将会计业务之间的联系体现在一套会计软件系统中，充分体现了会计是一个信息系统的特点；(4) 工作站的数量可以达到几百甚至上千个，适应性较强；(5) 可通过互联网或专线实现局域网之间的连接，实现一个较大的网络数据处理系统。对于大型单位和跨地区的单位，它都是一种比较好的组织模式。

1.4.4 网络体系架构

随着网络技术不断发展，尤其是基于Web的信息发布和检索技术、Java计算技术以及网络分布式对象技术的飞速发展，很多应用系统的体系结构从C/S结构向更加灵活的B/S及C/B/S多级分布结构演变，使得软件系统的网络体系结构跨入一个新阶段。

1. C/S结构

C/S结构，即Client/Server（客户机/服务器）结构。此结构把数据库内容放在远程的服务器上，而在客户机上安装相应软件。C/S软件一般采用两层结构。它由两部分构成：前端是客户机，即用户界面结合了表示层与业务逻辑，接收用户的请求，并向数据库服务提出请求，通常是一台个人计算机；后端是服务器，即数据管理，将数据提交给客户端，客户端对数据进行计算并将结果呈现给用户。还要提供完善的安全保护及对数据的完整性处理等操作，允许多个客户同时访问同一个数据库。在这种结构中，服务器的硬件必须具有足够的处理能力，这样才能满足多个客户的要求。

目前，C/S结构在技术上已经很成熟，它的主要特点是交互性强，具有安全的存取模式，网络通信量低，响应速度快，利于处理大量数据。但是该结构的程序是针对性开发，变更不够灵活，维护和管理的难度较大。通常只局限于小型局域网，不利于扩展。而且，由于该结构的每台客户机都需要安装相应的客户端程序，分布处理功能弱且兼容性差，不能实现快速部署安装和配置，因此缺少通用性，具有较大的局限性。它要求具有一定专业水准的技术人员去完成。

2. B/S结构

B/S结构，即Browser/Server（浏览器/服务器）结构，就是只安装维护一个服务器，而客户端采用浏览器运行软件。它是随着Internet技术的兴起，对C/S结构的一种变化和改进。它主要利用了不断成熟的WWW浏览器技术，结合多种script语言（VBscript，Javascript等）和ActiveX技术。B/S结构的优势明显，目前已经被许多软件公司竞相采用。

在B/S体系结构系统中，用户通过浏览器向分布在网络上的多个服务器发出请求，服务器对浏览器的请求进行处理，将用户所需信息返回到浏览器。而其余如数据请求、加工、结果返回以及动态网页生成、对数据库的访问和应用程序的执行等工作全部由Web Server完成。随着Windows将浏览器技术植入操作系统内部，这种结构已成为当今应用软件的首选体系结构。显然B/S结构应用程序相对于传统的C/S结构应用程序是一个非常大的进步。

B/S结构的主要特点是分布性强，维护方便，开发简单，共享性强，总体拥有成本低。但是数据安全性、对服务器要求过高、数据传输速度慢、更新页面一小部分数据就要回传整个页面等方面的不足是有目共睹的，难以实现传统模式下的特殊功能要求。例如通过浏览器进行大量的数据输入或进行报表的应答、专用性打印输出都比较困难和不便，相对于发展已非常成熟的C/S的一系列应用工具来说，这些技术的开发复杂，并没有完全成熟的技术工具供使用。

3. 两种网络体系结构的比较

（1）硬件环境不同。

C/S建立在局域网的基础上，通过专门服务器提供连接和数据交换服务。所处理的用户不仅固定，并且处于相同区域，要求拥有相同的操作系统。B/S建立在广域网的基础上，信息自己管理，有比C/S更强的适应范围，一般只要有操作系统和浏览器就行。它与操作系统平台关系最小，面向不可知的用户群。

（2）结构不同。

C/S软件一般采用两层结构，而B/S采用三层或多层结构。

这两种结构的不同点是两层结构中客户端参与运算，而三层结构中客户端并不参与运算，只是简单地接收用户的请求，显示最后的结果。由于三层结构中的客户端并不需要参与计算，所以对客户端的计算机电脑配置要求较低。虽然B/S采用了逻辑上的三层或多层结构，但在物理上的网络结构仍然是原来的以太网或环形网。这样，各层之间的通信都需占用同一条网络线路，网络通信量大。而C/S只有两层结构，网络通信量只包括客户端与服务器之间的通信量，网络通信量低。所以，C/S处理大量信息的能力是B/S无法比拟的。

(3) 处理模式不同。

B/S的处理模式与C/S相比，大大简化了客户端，只要装上操作系统、网络协议软件以及浏览器即可，这时的客户机成为瘦客户机，而服务器则集中了所有的应用逻辑。

(4) 构件重用性不同。

在构件的重用性方面，C/S程序从整体进行考虑，具有较低的重用性。而B/S对应的是多重层次结构，要求构件具有相对独立的功能，具有较好的重用性。

(5) 系统维护不同。

系统维护是在软件生存周期中开销最大的一部分。C/S程序由于其本身的整体性，必须整体考察并处理出现的问题。而B/S结构，客户端不必安装及维护。B/S结构在构件组成方面只变更个别构件，开发、维护等工作都集中在服务器端。当需要升级时，只需更新服务器端的软件，而不必更换客户端软件，实现系统的无缝升级。这样就减少了系统维护与升级的成本和工作量，使用户的总体拥有成本（TCO）大大降低。

(6) 对安全的要求不同。

由于C/S采用配对的点对点的结构模式，并采用适用于局域网、安全性比较好的网络协议（例如微软的NetBEUI协议），安全性可得到较好的保证。C/S一般面向相对固定的用户群，程序更加注重流程，它可以对权限进行多层次校验，提供了更安全的存取模式，对信息安全的控制能力很强。一般高度机密的信息系统适宜采用C/S结构。而B/S采用一点对多点、多点对多点这种开放的结构模式，并采用TCP/IP这一类运用于Internet的开放性协议，其安全性只能靠数据服务器上管理密码的数据库来保证。所以B/S对安全以及访问速度比C/S有更高的要求。而Internet技术中这些关键的安全问题远未解决。

(7) 速度不同。

由于C/S在逻辑结构上比B/S层数要少，对于相同的任务，C/S完成的速度总比B/S快，这使得C/S更利于处理大量数据。

(8) 交互性与信息流不同。

交互性强是C/S固有的一个优点。在C/S中，客户端有一套完整的应用程序，在出错提示、在线帮助等方面都有强大的功能，并且可以在子程序间自由切换。传统的B/S结构虽然由Javascript，VBscript，AJAX提供了一定的交互能力，但与C/S的一整套客户应用相比还是太有限了。C/S的信息流单一，而B/S可处理如B-B，B-C，B-G等信息并具有流向的变化。

1.4.5 软件层次结构

1. 传统的两层结构

传统的两层结构，即C/S软件体系结构，是20世纪90年代成熟起来的技术，很快即成为业界软件开发的主流，其最大优点在于系统结构简单，程序运行、一次性开发效率高。目前国内开发的管理信息系统（MIS）多是基于两层结构的C/S结构。这种两层结构将应用一分为二，服务器端（后台）通常是关系型数据库，客户机（前台）客户端包括用户界面和其他应用逻辑，直接与数据库通信，完成与用户的交互任务。

C/S 体系结构具有强大的数据操作和事务处理能力，模型思想简单，易于理解和接受。但随着企业规模的日益扩大、软件的复杂程度不断提高，当需求发生变化，需要修改程序时，由于业务逻辑代码和用户界面代码是紧耦合的，修改一个必然会影响到另一个，这样一来，软件升级、代码重用都非常困难。

2. 基于 B/S 的三层结构

B/S 构架一般采用三层软件层次结构，在数据管理层（Server）和用户界面层（Client）之间增加了一层结构，称为中间件（Middleware），使整个体系结构成为三层。三层结构是伴随着中间件技术的成熟而兴起的，核心概念是利用中间件将应用分为表示层、业务逻辑层和数据存储层三个不同的处理层次，这种三层结构在层与层之间相互独立，任何一层的改变不会影响其他层的功能。

这种三层结构的示意图如图 1—7 所示。

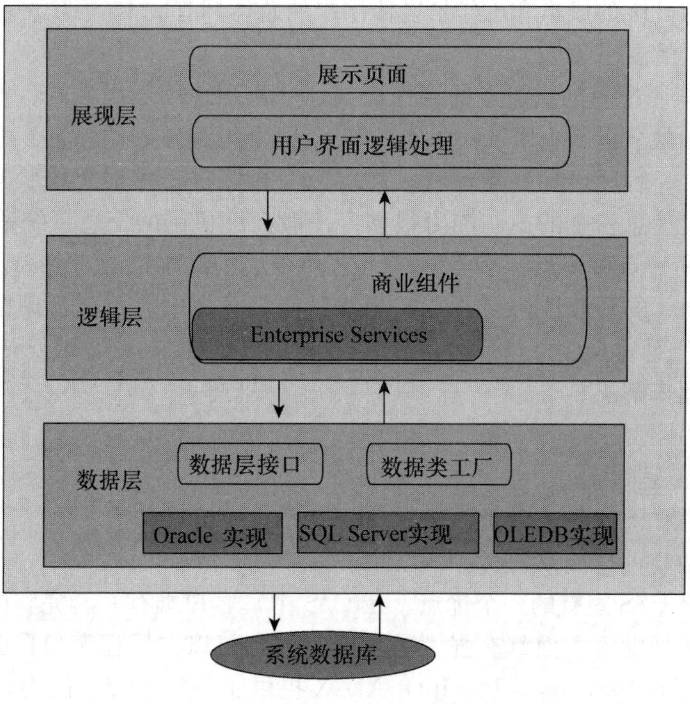

图 1—7 软件三层结构示意图

（1）展现层。

展现层（表示层）是应用的用户接口部分，它担负着用户与应用间的对话功能。它用于检查用户从键盘等输入的数据，显示应用输出的数据。为使用户能直观地进行操作，一般要使用图形用户接口，以使操作简单、易学易用。在变更用户接口时，只需改写显示控制和数据检查程序，而不影响其他两层。检查的内容也只限于数据的形式和取值的范围，不包括有关业务本身的处理逻辑。

（2）逻辑层。

逻辑层相当于应用的本体，它是将具体的业务处理逻辑编入程序中。而处理所需的数据则要从表示层或数据层取得。逻辑层不应包括用户界面和对数据库操作的 SQL 语句。

（3）数据层。

数据层就是数据库管理系统，负责管理对数据库数据的读写。数据库管理系统必须能迅速执行大量数据的更新和检索。因此，一般从逻辑层传送到数据层的要求大多使用 SQL 语言。

这种基于 B/S 构架的三层结构，可将逻辑层和数据层分别放在不同的服务器中，所以灵活性很高，能够适应客户机数目的增加和处理负荷的变动，适合大规模的分布式应用。

3. 两种结构比较

与传统的两层结构相比，基于 B/S 的三层结构具有以下优点：

（1）结构清晰，易于理解。允许合理地划分三层结构的功能，使之在逻辑上保持相对独立性，从而使整个系统的逻辑结构更为清晰，能提高系统和软件的可维护性和可扩展性。

（2）允许更灵活有效地选用相应的平台和硬件系统，使之在处理负荷能力上与处理特性上分别适应于结构清晰的三层，并且这些平台和各个组成部分可以具有良好的可升级性和开放性。例如，最初用一台服务器，将数据层和逻辑层都配置在这台服务器上。随着业务的发展，用户数和数据量逐渐增加，这时，就可以将这台服务器作为逻辑层的专用服务器，另外追加一台专用于数据层的服务器。若业务进一步扩大，用户数进一步增加，则可以继续增加逻辑层的服务器数目，用以分割数据库。清晰、合理地分割三层结构并使其独立，可以使系统构成的变更非常简单。因此，被分成三层的应用基本上不需要修正。

（3）易修改，可维护性强。三层结构中，各层逻辑上是独立的，应用的各层可以并行开发，各层也可以选择各自最适合的开发语言，使之能并行且高效地进行开发，达到较高的性能价格比，对每一层的处理逻辑的开发和维护也会更容易。

（4）可移植性强，重用粒度大。因为各层之间以及各层内的逻辑之间都是相对独立的，可移植性和重用性较强，可以实现体系结构级的重用。

（5）允许充分利用逻辑层有效地隔离开表示层与数据层，未授权的用户难以绕过逻辑层而利用数据库工具或黑客手段去非法地访问数据层，这就为严格的安全管理奠定了坚实的基础，整个系统的管理层次也更加合理和可控。

1.4.6 集团会计信息系统模式

1. 集团会计信息系统的构成

集团结构的组织是一种垂直模式，由基层单位、中间单位的会计信息系统和集团会计信息系统构成，集团会计信息系统的基本构成如图 1—8 所示。

集团会计信息系统中，全面预算和资金管理是属于业务运行管理和监控的系统，其主要管理内容如下。

（1）全面预算。

企业编制适合企业自身的预算，既能满足管理者的需求，同时又起到责权利均衡的作用，对于企业十分重要。全面预算管理是由一系列预算构成的体系，各项预算之

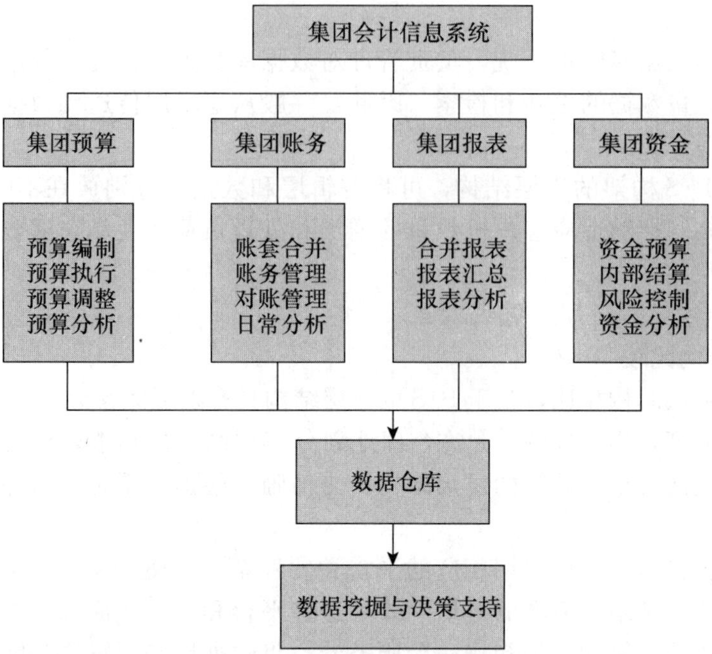

图 1—8　集团会计信息系统

间相互联系，关系比较复杂，很难用一个简单的办法准确描述，图 1—9 是一个简化的例子，反映了各预算之间的主要关系。

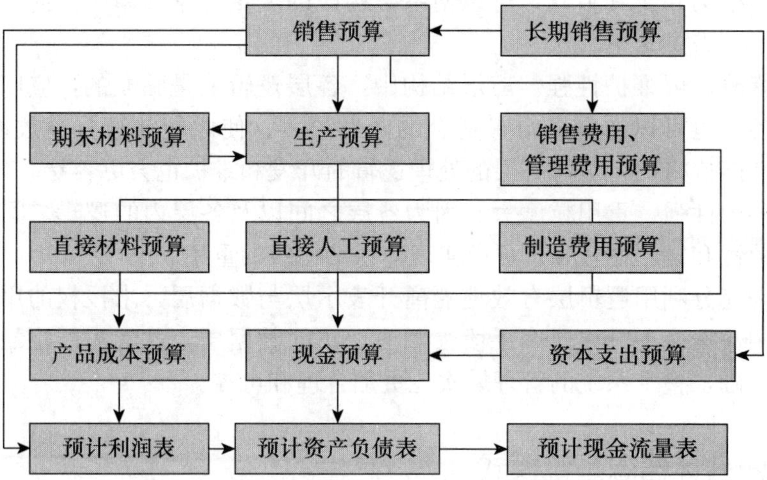

图 1—9　全面预算管理体系

全面预算管理是以企业的经营目标为基础，以销售额为出发点，进而延伸到生产、成本、费用和资金收支的各个方面，最后编制预计财务报表的一种整体预算。其特点是以销定产，使预算的每一个部分、每一项指标都围绕企业经营决策所确定的目标利润来制定。具体编制全面预算时，应先编制营业预算和专门决策预算。在营业预算中，又应首先编制销售预算，然后依次编制生产预算、直接材料预算、直接人工预算、制造费用预算、期末存货预算、销售及管理费用预算等，同时编制各项专门决策预算。最后，根据业务预算和专门决策预算再编制财务预算。各项预算相互牵制、互为因果。

（2）资金管理。

作为集团企业，资金的管理极其重要，主要包括以下方面：（1）加强资金预算和资金分析。对开户单位的资金流动做到事前预算、事中控制和事后分析。利用先进的计算机信息技术，自动产生资金日报，加强资金分析，辅助领导科学决策。（2）有效地利用资金沉淀，降低财务费用；通过资金运作，发挥集团资金效益。（3）优化流程，提高效率。简化业务流程，将结算中心的业务前移，提高结算中心的工作效率。（4）加强资金监控。对资金使用情况进行全过程的监控，确保资金安全。

资金集中管理模式如图 1—10 所示。资金管理还有其他多种模式。

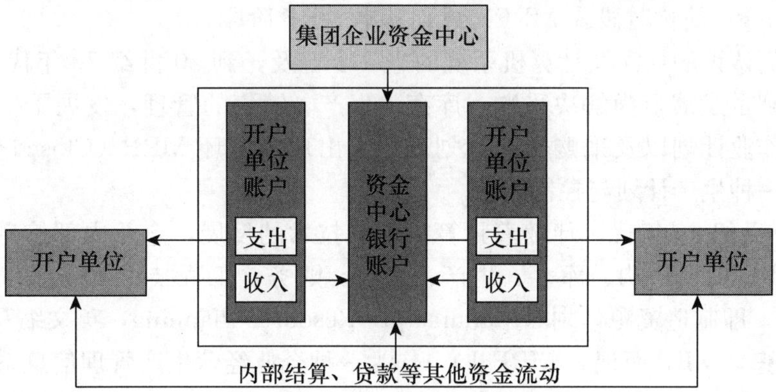

图 1—10　资金集中管理模式

2. 集团企业会计信息系统的部署模式

集团企业会计信息系统的部署模式如图 1—11 所示。这种模式较为复杂，可能会有几种模式共存。

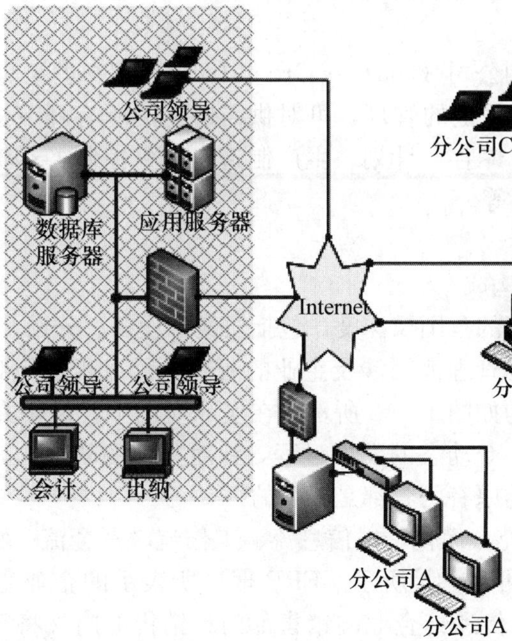

图 1—11　集团企业会计信息系统的部署模式图

1.4.7 ERP与会计信息系统的关系

1. ERP的发展过程

在20世纪40年代，由于计算机系统还没有出现，不可能利用计算机系统解决库存问题，为解决库存控制问题，人们提出了订货点法。到了20世纪60年代，随着计算机的出现和发展，在短时间内对大量数据的复杂运算成为可能，人们为解决订货点法的缺陷，提出了一种库存订货计划方法，即物料需求计划阶段（Material Requirements Planning，简称时段式MRP）或称基本MRP阶段。

随着人们认识的加深及计算机系统的进一步普及，到20世纪70年代，MRP的理论范畴也得到了发展，为解决采购、库存、生产、销售的管理，发展了生产能力需求计划、车间作业计划以及采购作业计划理论，出现了闭环MRP（Closed-loop MRP），作为企业的一种生产计划与控制系统。

到了20世纪80年代，伴随着计算机网络技术的发展，企业内部信息得到充分共享，闭环MRP集合采购、库存、生产、销售、财务、工程技术等子系统，发展成为MRPⅡ理论，即制造资源计划（Manufacture Resource Planning，英文缩写还是MRP，为了区别于基本MRP而记为MRPⅡ），作为一种企业经营生产管理信息系统。

进入20世纪90年代，随着计算机网络技术的迅猛发展，统一的国际市场已经形成。针对国际化的销售和采购市场以及全球的供需链环境，企业MRPⅡ面临着需求的挑战。由于MRPⅡ系统仅仅包括制造资源，而不包括面向供需链管理的概念，因此无法满足企业对资源全面管理的要求。在这种环境下，20世纪80年代MRPⅡ主要面向企业内部资源全面计划管理的思想，逐步发展成为20世纪90年代怎样有效利用和管理整体资源的管理思想，企业资源计划（Enterprise Resources Planning，ERP）随之产生。

ERP是由美国加特纳公司（Gartner Group Inc.）在20世纪90年代初期首先提出的，它是一种面向企业供需链的管理，可对供需链上的所有环节进行有效的管理，这些环节包括订单、采购、库存、计划、生产制造、质量控制、运输、分销、服务与维护、财务管理、人事管理等。

2. ERP软件的基本构成

ERP扩展了业务管理的范围及深度，包括质量、设备、分销、运输、多工厂管理、数据采集接口等。ERP的管理范围涉及企业的所有供需过程，是对企业运作实施的全面管理。ERP的基本结构如图1—12所示。在实际应用中，ERP的含义往往泛指企业管理软件，ERP本身是一个动态的发展过程，针对具体的软件，其具体包含的内容比ERP所包含内容少或超越原有内容都是正常的。

将ERP的经营业务充分简化，以信息流、工作流、资金流、物流、增值流抽象出ERP的工作原理图，如图1—13所示。ERP理论所表示的企业生产经营运作过程如下：客户将对产品的需求传递给企业的销售部门；销售部门又将客户的需求传递给企业的生产部门安排和组织生产；生产部门将生产所需的原材料需求信息传递给企业的采购部门；采购部门将企业的材料需求传递给供应商。供应商将原材料供应给企业，

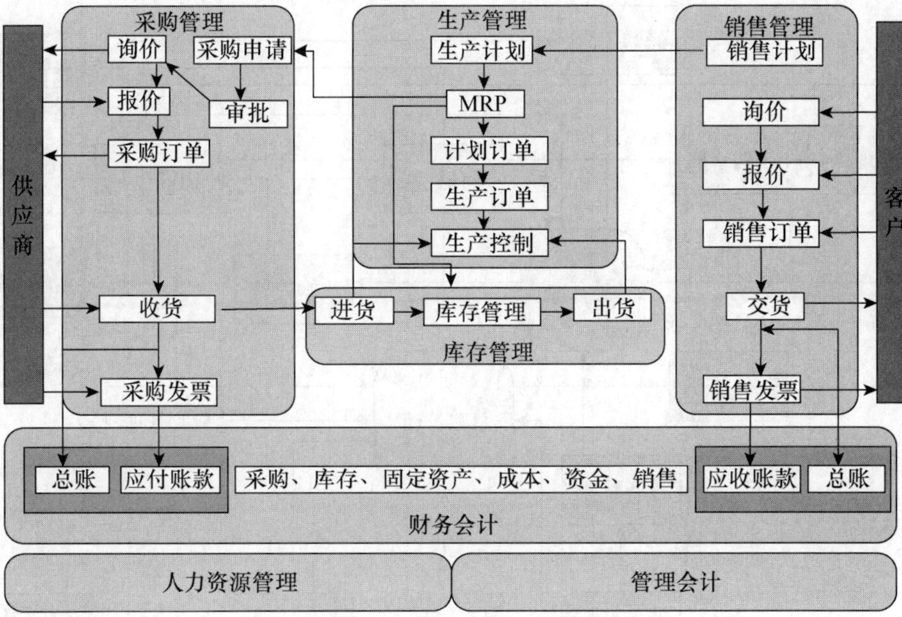

图 1—12　ERP 的基本构成

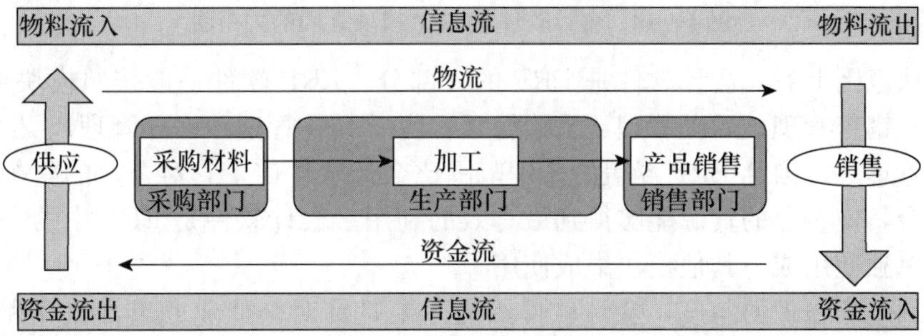

图 1—13　ERP 的工作原理图

企业将原材料投入生产，生产出产品销售给客户。在整个过程中还贯穿着财务和成本管理，客户的资金流向企业，企业将资金投入到销售、生产和采购等各项事务中，企业还将一些资金作为原材料货款付给供应商。这是一个企业的简单运作过程，企业的实际工作由于受各种各样的内外部环境的影响要复杂得多。

3. ERP 与会计信息系统的关系

总的来说，会计信息系统是 ERP 系统的一部分，但这里面又分为多种情况，使它们之间存在很大差别。就小单位而言，会计软件也就是指账务、报表、工资、固定资产等最基本的模块，一般称为会计核算软件。在规模稍大一点的单位，则要用到进销存模块和应收应付模块的软件，但这里的进销存主要还是立足于财务角度，一般把账务、报表、工资、固定资产、进销存、应收应付等一起叫作会计软件。ERP 软件则还要包含生产制造等模块，ERP 软件也称为企业管理软件等。实际上，独立的会计软件和 ERP 软件在设计思想、功能、技术、实施、应用、维护等方面存在很大不同，对管理的提升也不同。会计软件与 ERP 模块之间的关系如图 1—14 所示。下面就主要方面进行说明。

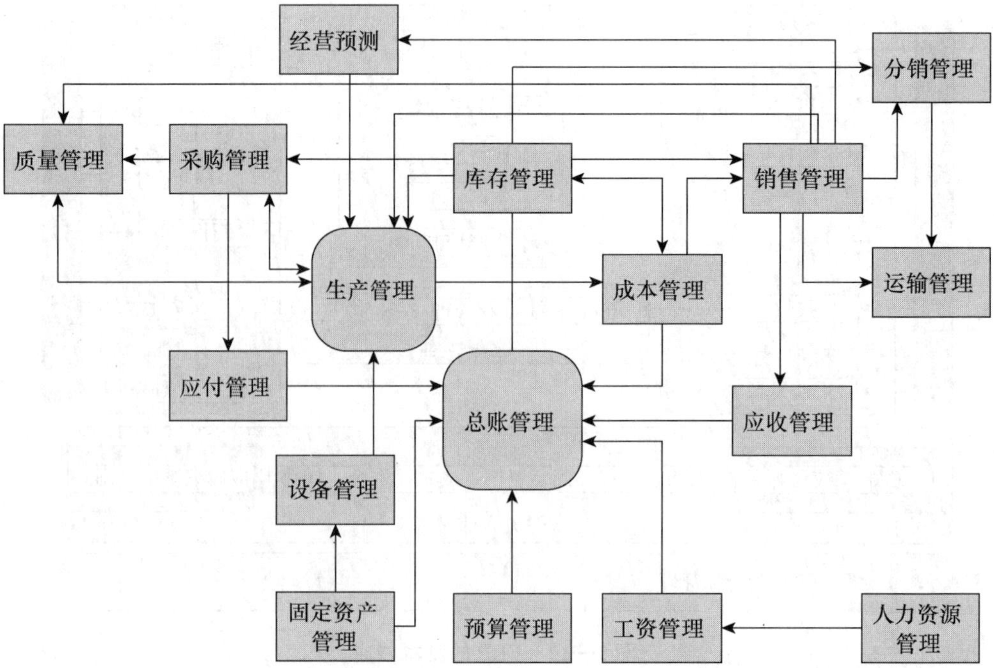

图 1—14 会计软件与 ERP 模块之间的关系图

（1）从范围上看，会计软件是 ERP 的一部分。ERP 软件一般按照模块可以分成：财务管理、销售管理、后勤管理（采购管理、售后服务管理和库存管理）、生产管理和人力资源管理等。因此 ERP 涵盖的管理范围比会计软件广，它对企业的整个资源进行有效的整合，使企业的资源能够得到最有效的利用。会计软件是 ERP 中的一个组成部分，可以单独使用或与其他模块集成使用。

（2）从工作原理的角度，会计软件因为主要是针对企业业务进行核算和管理，因此核算前提是对各项业务单据编制凭证手工输入系统，系统再进行汇总和分析。会计人员大部分的时间仍然要面对烦琐的凭证录入工作而无法将时间用在管理工作上。而 ERP 中企业的业务是以流程为导向，会计模块通过 ERP 中的自动凭证制作系统将这些流程紧密集成在一起，针对不同的业务类型自动触发会计业务事件，而这些会计业务事件对应的凭证已经预先定义会计科目和相关参数，所以当业务发生时，系统自动产生会计凭证，并自动记录有关账簿。会计人员的工作内容就是对这些凭证进行审核或由系统自动审核，这样就极大地减轻会计人员的工作量，将时间集中在管理工作中。

（3）从会计软件与 ERP 核心的角度，会计软件的核心是总账，以此为中心设置了许多分类账，如往来账、存货账、销售账等，它从财务的角度将企业的活动资金化。财务信息十分重要，它是经营的成果数据，体现了一个企业的业绩和价值。财务信息的“结果”来源于供、产、销等活动。制造企业的核心价值是将低价值的原料通过生产加工，产出较高价值的符合市场需求的产品，通过市场的分销渠道以适当的营销方式使用户接受其产品。制造企业通过物流的增值来体现自身的价值，围绕整个物流增值过程的供应链管理的核心基础是产品的属性（有关生产、计划、成本、财务、库存等）、产品的结构（BOM）和产品的生产工艺。ERP 软件正是以此为核心，进行整个供应链的管理和规划，并通过凭证接口等方式与财务集成，将供产销等业务数据及时、准确地转化为会计上所需要的信息，从而对企业的经营过程进行控制。

（4）从功能上，目前会计软件主要以核算为基本目的，从表面上已经能够满足企业的会计核算要求。但是从深层次和管理角度，管理人员或决策高层更需要的是对各项业务进行分析。如通过财务提供的销售收入、成本和销售毛利希望能从多角度（如客户类型、产品、销售流向区域、销售部门、业务员业绩、计划等）来分析销售情况，如果单纯是会计数据加工就无法完全满足要求。ERP 软件则是以业务流程为导向，因此各种发生的会计数据能够与业务联系在一起，在分析时就能够与业务联系起来，进行不同层次的分析。

（5）从实施角度，会计软件实施相对较为简单，一般由开发商的分支机构或代理实施，或者由使用单位直接实施，实施周期也短，单体企业一般一两个月就可完成。而 ERP 的实施很复杂，一般由咨询服务机构等第三方进行，实施时间少则几个月，多则半年、一年甚至几年，实施费用很高，甚至超过购买 ERP 软件本身的费用。从实施的风险角度，会计软件由于规范性较强，变化相对较小，所以实施的成功率很高，一般只存在应用深度问题，而不存在无法应用的问题。ERP 软件则不同，由于涉及企业的各种业务，而且关联性非常强，业务的变化往往引起整个应用模式的变化，实施的风险就很大。即使是现在应用了，由于市场、业务、管理的变化也可能导致 ERP 软件无法运行下去。

（6）从应用角度，会计软件一般是区间性要求，如一天、一个月、一年，而 ERP 软件则是实时性要求。如生产是 24 小时的连续生产，则各环节也要求同步。在实际应用过程中对人员的要求也不一样，会计软件涉及的人员较少，要求操作人员对计算机和自己的业务比较熟悉就可以了。ERP 则基本上涉及整个企业的员工，还要求使用者对企业的整体情况有所了解，才能实现内部的协同工作。在应用成本上，会计软件应用的费用主要是消耗材料和较少的服务费。而 ERP 软件一般有按年收取的软件更新费用，服务费用也比会计软件高得多。

1.5 会计信息化下的会计核算方法

会计核算方法是对经济业务进行完整、连续和系统的记录和计算，为经营管理提供必要的信息所应用的方法。会计信息化后，由于计算工具和运行模式的不同，为完成会计核算任务而采用的方法已发生较大的变化。它们之间相互结合应用，形成了新的方法。

1.5.1 建立账套

在会计信息系统中，应用会计软件开展会计核算工作，先要在系统中建立当前会计主体独立使用的账套。所谓账套，就是会计核算单位记录一套账务数据所用的计算机电子文件的集合，它是通过会计软件进行会计核算生成的，并存储在计算机中。建立账套时，一般至少需要以下参数：（1）账套编号，编号便于计算机进行数据处理，以区别不同的账套；（2）账套名称，一般为核算单位的名称；（3）行业和采用的会计制度，通过本项能够确定具体的会计科目体系；（4）起始会计期间，即在会计信息系统中进行会计核算的开始期间；（5）会计科目编码结构，可以用来确定科目级数、每级的位数；（6）编码规则方案，有关部门编码、人员编码、往来单位编码、物料编码等的编码规则，形成本账套的编码方案。在一个会计软件中，通过建立多个账套，就可以为多个会计主体完成会计核算任务。

1.5.2 基础设置

基础设置就是在账套建立的基础上，全面地构建会计的核算体系，主要包括以下两方面。

（1）操作人员设置：将会计人员的职责分工在系统中加以明确，同时使系统具有合法的使用者。

（2）设置编码体系：在系统中建立起用于进行会计核算的会计科目体系、往来单位代码体系、部门代码体系、人员代码体系、物料代码体系等。

会计科目体系在编码体系中是最重要的，通过会计科目，分别对会计对象的不同内容进行反映和监督，是会计核算的主要形式。在大部分会计资料（如凭证、账簿、报表等）中，都要以会计科目作为直接对象来加以反映，通过会计科目建立一个完整的核算体系。

往来单位代码等也要按照核算单位的要求，建立相应的编码体系。

1.5.3 业务初始化

业务初始化就是输入初始余额，将原来已经存在于手工系统的业务初始数据转入到信息化系统中，如科目余额、固定资产余额、应收应付余额、物料余额等，以便进行信息化后的会计核算。

初始设置完成后，需要启用账套。启用账套后即进入日常业务处理阶段，一般不能再修改初始余额和编码规则等参数。

1.5.4 填制凭证与登记账簿

填制凭证和登记账簿这两种传统会计方法目前仍然是会计信息系统业务处理的核心。会计信息系统与手工会计系统形式上的一个差别就是这些会计档案的存在形式不同，这就决定了填制凭证与登记账簿等方法有明显的区别。在会计信息系统中，填制凭证有两种方式，一种是直接在系统中填制凭证，另一种是手工制好凭证后再输入凭证，两种方式都体现为会计软件的一个较为重要的输入功能。

与传统会计方法相比，会计信息系统中的填制凭证及登记账簿主要有以下几个方面的特点：（1）凭证中各数据项根据类型、范围和钩稽关系进行有效控制。如会计分录中的会计科目必须在设置的会计科目表中已经存在，并且是最底层的明细科目；根据当前科目的属性确定是否具有某些项目，如往来单位、结算单据号码等；借贷方金额必须相等；事先要确定借方或贷方、必有或必无科目、非法对应科目等；编号可以自动连续；日期可以限制顺序等。（2）键盘操作较之手工处理更容易导致错误发生，因而凭证填制在操作功能上分为填制、修改、删除等步骤，以进行正确性控制。（3）填好的凭证同样需要审核，信息化系统的审核可在程序中再次检验凭证的正确性。（4）登记账簿之前可以汇总，而不是必须汇总；信息化系统可根据需要随时对任意范围的凭证进行汇总；计算机不会因疏漏而出现总账与明细账登记结果不一致的情况，当然在记账之前则不必进行试算平衡。（5）登记账簿主要是更新相关科目的发生额和余额，真正的账簿一般是在账簿查询时生成的。

还有一种特殊的填制凭证的方法是自动转账凭证。自动转账凭证的设置是一次定义、多次反复应用的一劳永逸的初始化工作，凭证模板建立以后，相关参数可不必调整，或只在业务变化以及会计核算方法变更时作少量修改即可。具体是由用户对凭证的全部要素项目进行定义，并保存为转账模板，由系统根据模板自动生成记账凭证。自定义转账凭证中的凭证类型、摘要、会计科目、借贷方向、金额来源公式等都必须由用户自己来定义，其中金额来源公式的设置涉及各种账簿与凭证的金额关系，以及需要掌握不同会计软件所约定的语法规范。自动转账的意义在于多次重复应用，只有对于不同会计期间需重复多次处理的业务，才能在反复应用中体现出简便、快捷的优势。税金计提、成本结转、损益结转等业务都具有一定的时间性，也有一定的规律性，这类在不同会计期间重复发生又基本稳定的业务，最能体现软件自动处理的优势。

自动转账有两种情形，一种是直接从账务数据中取数生成记账凭证，如结转期间损益；另一种是要通过函数进行较为复杂的运算才能得到凭证上所需的数值，如计算并分配应付福利费。自动转账又分为两个层次，一个层次是在总账系统（或称账务处理系统）中定义并使用的自动转账；另一个层次是在各个子系统中定义和使用的自动转账，如工资系统中的工资费用分配、固定资产系统中的折旧费用分配等。自动转账一旦完成定义，即可在不同会计期间重复使用，大大提高了系统的效率。

1.5.5 期末结账

期末结账分为月结账和年结账两种。

月结账每月月底都要进行，不仅要结转各账户的本期发生额和期末余额，还要进行一系列处理。如检查会计凭证是否全部审核、记账；科目之间有关数据是否平衡；相关辅助账是否进行了处理；其他业务处理系统是否结账等。与手工结账相比，信息化后结账工作全部由计算机自动完成，更加规范。

年结账是指系统自动产生下一年度的初始数据文件（如凭证库文件，科目余额、发生额文件等），并结转年度余额，同时自动对固定资产等相关数据进行跨年度连续使用的处理。

1.5.6 编制会计报表

在会计软件中，编制会计报表分为两个步骤。第一步是设计阶段，即设计会计报表格式，定义数据来源计算公式；第二步是使用阶段，在具体会计期间，自动生成当期会计报表的结果。设计完成的会计报表可以长期使用，一般在每年会根据新的科目设置、业务变化做相应的变动。

1.6 复习题

1.6.1 思考题

1. 什么叫会计信息系统？
2. 什么叫会计信息化？简述我国会计信息化的发展过程。
3. 开展会计信息化的基本条件是什么？
4. 会计信息化的基本内容是什么？
5. 会计软件一般由哪些功能模块组成，具体完成哪些任务？
6. 会计信息化后的核算方法是什么？
7. 一个单位有 12 个会计人员，拟开展会计信息化工作，需使用账务（含往来、现金银行）、报表、工资和固定资产等几个模块，其中报表、工资、固定资产分别需要 2 个人应用，其余的人员处理账务和相应的管理工作。请进行有关调查，制定一个建立该单位会计信息系统所需硬件及软件的解决方案，并对可能出现的问题提出建议。

1.6.2 判断题

1. 会计信息化之所以促进了会计工作的规范化，是由于会计信息化对会计数据的输出提供了一系列规范化的控制和格式。（ ）
2. 会计信息化是进行会计核算的人机相结合的控制系统。（ ）
3. 会计信息化下的审计线索、审计程序和手工方式下有很大不同。（ ）
4. 不同会计软件，基本模块的功能大致相同。（ ）
5. 财政部于 1989 年制定并印发了《会计核算软件基本功能规范》。（ ）
6. 财政部于 1994 年制定并印发了《会计核算软件管理的几项规定（试行）》。（ ）
7. “会计电算化”是对用电子计算机处理会计业务的通俗称谓。（ ）
8. 财政部于 2013 年发布了《企业会计信息化工作规范》。（ ）
9. 2004 年，国家标准化管理委员会发布了 GB/T 24589—2010《财经信息技术 会计核算软件数据接口》。（ ）
10. 会计软件各子系统之间往往保持相对独立，它们之间基本不存在数据传输关系。（ ）
11. 会计软件各子系统的数据始终是围绕账务处理子系统进行传递。（ ）

1.6.3 单项选择题

1. 财政部于（ ）制定并印发了我国第一个会计电算化管理制度《会计核算软

件管理的几项规定（试行）》。

A. 1989 年　B. 1990 年　C. 1994 年　D. 1995 年

2. “会计电算化”一词是中国会计学会于（　　）年在长春会议上提出的。

A. 1989 年　B. 1990 年　C. 1981 年　D. 1995 年

3. 我国会计电算化的开始时间，一般认为是（　　）。

A. 1979 年　B. 1990 年　C. 1981 年　D. 1994 年

4. 使用会计软件的最基本目的是（　　）。

A. 提高单位的总体管理水平　B. 替代手工进行会计核算工作

C. 简化账务处理流程　D. 减少财务部门的人员编制

5. 发展会计信息化的瓶颈是（　　）。

A. 硬件　B. 人才　C. 制度　D. 软件

6. 会计信息化是通过（　　）替代手工完成或手工很难完成的会计工作。

A. 操作系统　B. 计算机

C. 会计软件指挥计算机　D. 系统软件指挥计算机

7. 会计软件是以（　　）和会计方法为核心，以会计制度为依据，以计算机及其应用技术为技术基础，以会计数据为处理对象的软件系统。

A. 会计理论　B. 税务制度

C. 计算机及其应用技术　D. 会计数据

8. 学习会计信息化的过程中，重要的是理解和掌握（　　）。

A. 计算机基本知识　B. 会计知识

C. 会计和计算机知识的有机结合　D. 会计和计算机的区别

9. 实现会计信息化的最终目的是为（　　）服务。

A. 管理、决策　B. 税务

C. 会计监督　D. 审计

10.（　　）是一切会计信息化工作的基础。

A. 会计管理电算化　B. 会计核算电算化

C. 会计决策电算化　D. 会计流程电算化

11. 会计信息化系统由（　　）直接使用。

A. 会计人员　B. 计算机人员

C. 软件维护人员　D. 单位负责人

12. 安装一个会计软件，可以对（　　）核算单位进行账务等的管理。

A. 1 个　B. 5 个

C. 10 个　D. 多个

13. 会计数据处理过程可以简单概括为（　　）。

A. 输入——计算——打印　B. 输入——处理——输出

C. 输入——分类——打印　D. 输入——处理——打印

14. 在会计软件中，其核心子系统是（　　）。

A. 报表子系统　B. 账务处理子系统

C. 财务分析子系统　D. 成本核算子系统

1.6.4 多项选择题

1. 会计人员要通过会计信息化培训，掌握（　　）技能。
A. 计算机基本操作　　B. 会计核算软件基本操作
C. 对会计业务进行简单分析利用的　　D. 会计核算软件分析和设计
2. 会计软件实施前的准备工作主要包括（　　）。
A. 全面清理手工会计业务工作　　B. 规范会计业务处理工作
C. 会计数据的整理和准备　　D. 进行人员的培训
3. 在开展会计信息化工作的过程中，应着重做好（　　）等方面的工作。
A. 会计信息化管理和制度的建立　　B. 建立会计信息系统
C. 会计人员培训　　D. 计算机审计
4.（　　）的正确选择与配置，是开展会计信息化工作的一个重要前提。
A. 会计档案　　B. 计算机硬件设备
C. 计算机软件　　D. 会计凭证
5. 实施会计信息化的费用主要由（　　）等部分组成。
A. 硬件费用　　B. 软件费用
C. 准备费用　　D. 运行维护费用
6. 会计信息化的费用项目主要是（　　）。
A. 硬件费用　　B. 软件费用
C. 运行维护费用　　D. 人员招聘费用
7. 会计软件一般由（　　）组成。
A. 模块　　B. 操作系统
C. 数据库　　D. 会计软件文档
8. 会计信息化下的会计核算方法包括（　　）。
A. 建立账套　　B. 基础设置和业务初始化
C. 填制凭证与登记账簿　　D. 期末结账和编制会计报表

第 2 章 Chapter 2 会计信息系统的建立与运行管理

2.1 会计软件的开发方法

2.1.1 会计软件开发的一般方法

会计软件由一系列指挥计算机执行会计工作的程序代码、存储会计数据或信息的文件（库）及有关的文档技术资料组成。会计软件的开发方法很多，当前比较流行和实用的方法为软件工程方法，即采用生命周期方法和各种结构设计技术来开发会计软件。它主要分为四大阶段，即系统分析、系统设计、系统实施和系统维护。一般要经过问题定义、可行性研究、需求分析、总体设计、详细设计、编码和单元测试、综合测试和维护等八个步骤。

1. 会计软件开发的阶段

（1）系统分析阶段。

• 问题定义。主要确定问题是什么，由系统分析员根据对业务问题的理解，提出关于系统目标与规模的报告书，请使用部门审查和认可。

• 可行性研究。主要从技术上、组织上、经济上论证工程的可行性与最优方案。为此，系统分析员应作出基本的需求分析与概要设计，并写出可行性研究报告。如结论认为该项目值得进行，则应接着制定项目实施计划。

• 需求分析。主要确定使用部门对软件系统的全部需求，并用需求规格说明书的形式准确表达出来。

（2）系统设计阶段。

系统设计阶段包括总体设计和详细设计。总体设计的主要任务是确定软件的总体结构，画出由模块组成的软件结构图或层次图。通常它还被称为概要设计、结构设计和一般设计。详细设计主要指针对单个模块的设计，为每一模块提供一个模块过程性描述，详细说明实现该模块功能的算法和数据结构，所以有时也称为算法设计。

(3) 系统实施阶段。

系统实施包括编码和单元测试及综合测试。编码和单元测试主要是为每一模块编制正确的源程序，即按照选定的语言，把模块的过程性描述翻译成源程序，并验证其正确性。综合测试的主要任务是通过各种类型的测试（及相应的调试）使软件达到预定的要求。例如，将各个模块组装起来，进行集成测试，或通过人机运行方式来进行测试。

(4) 系统维护阶段。

系统维护的主要任务是使软件持久地满足用户的需要。具体地说，当软件在使用过程中发现错误时应该加以改正，即实施正确性维护；当环境改变时应该修改软件以适应新的环境，即做适应性维护；当使用部门有新要求时应该及时改进软件以满足使用部门的新需要，即做完善性维护。

2. 生命周期法

生命周期法主要采用结构化的方法，用系统的思想，按用户需求第一的原则，自顶向下对会计信息系统进行分析与设计。它特别强调以下几个方面。

(1) 面向用户。

开发一个系统的成败，主要看它是否满足用户的业务要求，因为一切技术和方法的出发点，都是服务于业务的。开发过程面向用户，可以使用户更多地了解新系统，并随时从业务和用户角度提出新的要求，使分析人员能更多地了解用户的要求，更深入地调查和分析管理业务。只有在充分了解用户业务的情况下，才有可能设计出满足用户业务要求的软件。

(2) 严格区分工作阶段。

结构化方法强调将整个系统的开发过程分为若干阶段，每个阶段都有其明确的任务和目标以及预期要达到的阶段成果，而且前一阶段的成果就是后一阶段的依据。在没有进行详细的调查与分析前，绝对不能急于动手设计，急于求成必然导致最终达不到目标。这样，每一步都经过深入的调查和分析，即使有问题也能及时发现，以形成自我控制机制。

(3) 结构化、模块化、自顶向下进行开发。

其基本思想就是站在整体的角度，将各项具体的业务或组织放到整体中加以研究，以确保全局的正确性，然后再一步步地深入处理局部问题，这就是自顶向下的分析设计思想。按自顶向下的思想对系统进行分析设计以后，其具体的实现过程就是采用从底向上的方法，即一个模块一个模块地开发、调试，然后再由几个模块联调，最后是整个系统的联调，投入试运行。

(4) 工作文件的标准化和文档化。

在每一阶段都要有详细的文字记录，把本步骤的研究结果及出现的问题，完整地记录下来形成文字资料。在系统分析过程中，无论是调查得到的材料，还是同用户交流的意见，每一步均要有明确的资料记载。而且记载所用的图形和书写格式要规范，使用户和参加本项工作的人易于理解，便于在内部和外部进行交流。

2.1.2　会计信息系统的总体分析与设计

1. 总体分析与设计的内容

会计信息系统的总体分析与设计，犹如建立一座高楼大厦需要分析和设计一样重要，具有以下主要意义。

（1）明确系统的目标。

会计信息系统是一个功能多样、处理类型不同、结构复杂、规模差异巨大的系统，它由许多相互联系的子系统共同实现对经济活动的反映和监督功能。总体分析与设计阶段的中心任务就是合理划分子系统，通过划分子系统，使系统分析与设计人员进一步明确系统的全部功能。同时，又将复杂庞大的系统设计工作分解成各子系统的设计，从而大大降低系统设计的复杂程度和难度。

（2）合理划分各子系统之间的界限。

会计信息系统的一大优点是实现数出一门、资源共享。要实现这个目标，就必须合理组织系统的内部结构和数据资源，将数据传递接口化，最大限度地实现子系统之间数据资源的共享，建立既能满足各子系统需要，又使用方便、冗余度低的合理高效的系统结构。

（3）合理建立公用信息与公用功能，实现系统的一体化管理。

在会计信息系统中有不少数据文件是各个子系统公用的，这就需要建立公用的数据标准，只有这样才能实现数据的共享，避免系统的不一致性。另一方面，在各个子系统中都有部分是公用的，在分析与设计时要将其独立出来，以便于独立设计，这样就避免了重复开发和系统实现上的不一致性。

（4）统一界面与操作，提高系统的总体水平。

在会计信息系统的各子系统设计中，由于涉及许多设计人员，很容易出现界面和操作方法的不一致。因此在设计中要统一进行设定，方便用户操作和使用，提高系统的规范化水平。

（5）制定标准代码文件，统一数据交换标准。

在会计信息系统中，如往来单位代码、部门代码、物料代码、产品代码、科目代码、人员代码等都是系统的公用标准数据，必须在设计系统前就进行详细分析和设计，因为这些公用文件一旦变动，将使所有的子系统都产生连锁反应，波及整个系统。

（6）规范会计信息系统，实现系统的通用化。

总的来说，各单位的业务管理很难完全相同，但其中有些子系统的功能和处理方法基本相近（如账务处理系统、报表系统等），核心系统基本相同。因此，可以设计标准的基本系统，然后根据不同行业或单位对业务的要求再扩充系统，以实现在一定范围内推广和移植有通用价值的子系统，大大减少会计信息系统的重复开发费用，规范会计业务处理，提高软件的社会效益。

（7）统一设计，分步实施。

会计信息系统的发展越来越复杂，包含的模块也越来越多，在总体分析和设计后，可将系统划分为若干个子系统，再对各个子系统进行分步实施。

2. 总体分析与设计的原则

在总体分析与设计中，要遵循以下原则。

（1）满足行业或企业的要求。

在针对具体的行业或企业设计系统时，由于组织不同、管理的模式不同和对会计信息的需求不同，必然导致会计系统的划分以及对功能的要求不同。如工业企业与商业企业、集团企业与非集团企业等都有较大差异，在设计时必须充分考虑到。

（2）遵循结构化设计方法。

在划分子系统时，要遵循结构化分析与设计的原则，尽量使各子系统有较高的聚合度，相互之间有较低的耦合度，使系统独立性强，结构合理，可靠性高。

（3）通用性和公用性要求。

凡能通用的子系统，要尽可能将通用的部分独立。对在会计信息系统中能公用的模块，要尽量公用，以减少开发工作量和增强系统的一致性。

（4）可扩充性。

在设计时，要先设计出系统的核心，以此为出发点向外延伸和扩展。对不能马上实现的部分要设立预备功能，保留数据接口，待以后扩展为完整的系统。会计信息系统设计通常是以账务处理子系统为核心，然后再建立其他子系统。在设计每一个子系统时，也是先设计子系统的核心部分，然后分步实现。一般的方法是先基本功能，后辅助功能，最后设计维护功能。

（5）输入输出的规范化。

会计数据的具体输出格式往往有所不同。为了规范输出格式，要在分析手工格式的基础上进行规范化。但在计算机系统内部数据的组织要摆脱手工处理的习惯，以计算机数据库管理理论为指导，以节约存储、利于处理、利于维护、利于扩充为原则来进行分析和设计。

2.1.3 会计信息系统软件设计的通用技术

我国的会计信息化工作经过30余年的发展，在会计信息系统设计方面已经从设计专用系统过渡到通用系统，并且能够在一定程度上适应多数专用需求。会计信息系统的通用化，大大降低了成本，实现了产品化开发，加速推动了整个会计信息化的发展。

通过会计信息化行业的多年探索和积累，通用化方法主要体现在以下方面。

1. 核算方法

会计核算工作是在国家统一的会计制度下进行的，在相关的规章中已经对会计科目、凭证、账簿、报表等进行了规范，对固定资产折旧方法、材料成本核算方法、成本核算方法等都有具体的规定，这就为会计信息系统的通用打下了最根本的业务基础。按照这些规范设计出的会计信息系统，已经具备了一定的通用性。

从计算机进行数据处理的方法来看，业务管理软件都是按照初始化、数据输入、数据编辑、数据加工、数据输出、系统维护等方面进行设计。会计数据的处理过程也是这样，按照原始凭证和记账凭证进行输入，然后进行复核、记账、输出账簿和报表。

如固定资产的折旧，可以将各种核算方法都设计在软件中，供具体单位选用。在工资管理中，每个单位的计算方法都是不同的，因此可以为计算公式方式，由具体的单位根据实际情况进行定义。

因此，会计核算方法的通用性，为会计信息系统能够实现通用奠定了基础。

2. 参数法

每个单位使用会计软件，其流程、方法、业务处理方式、结果的表现都不尽相同，因此要实现通用，就要设置一系列的参数。这种参数化方法是实现软件通用的关键所在。主要有以下几个方面的参数：

（1）系统运行参数。

会计软件系统要在企业运行，需要技术环境，也与部署方式有关。因此就需要通过一系列的控制数据来确定环境。如采用的数据库、主服务器、中间件部署的服务器、Web 服务器、在企业的部署方式（如是独立运行，还是总部与分支机构一体化管理，等等）、特殊硬件支持参数。

（2）与单位相关的参数。

在会计软件系统中，有一系列的控制数据实现对业务的特殊处理和控制，使业务按照事先定义的控制范围、期间、行业进行具体的处理。例如，“会计期间”实现对会计业务的期间处理和输出报表；“科目级数和位数”实现对所有科目级次和位数的控制；“使用的会计制度”实现对行业的控制及其相关业务的特殊控制；“操作人员权限”实现对会计人员的岗位分工和内部的牵制。

还有科目、凭证类型、汇率、单位代码、人员代码、部门代码、物料代码等，都是根据单位的需要设置的共享性数据。

（3）业务控制参数。

在会计软件系统中，业务的处理是靠业务规则或业务方法来进行控制的，各企业由于业务有差异，管理的方法均有所不同，就需要按照各企业的要求通过软件的实施来实现，也就是按照实际情况来选择或自己定义业务规则，如成本核算方法、折旧方法、报表取数方法、计提职工福利费方法，等等。

（4）使用习惯参数。

即将单位、个人的使用习惯用参数保存下来，达到适应单位或者个人的一种参数化方法。如专门设置的凭证格式、账簿格式、报表格式、使用颜色、功能定制等参数。

3. 通用转账法

通用转账是一种高速的凭证数据输入方法，它是指在计算机中预先一次性定义转账凭证，然后由计算机根据业务数据自动编制凭证，将指定的某一科目余额、发生额全部或者部分转入另一指定科目，或者是其他业务数据转入科目，在转入过程中一般还需要过滤、计算等处理，从而实现凭证数据的自动高速输入。如汇兑损益、工资分配、固定资产增加、固定资产减少、固定资产折旧、提取职工福利费、期末结转损益等凭证都是通用转账凭证。

通用转账凭证分为两类：一类是根据业务的特点，通过软件设计固化到业务系统中；另一类是用户根据需要，完全自行定义。

4. 报表编制定义法

报表编制通过设计电子表格软件实现编表功能，不仅能编制对外披露的财务会计报告，也能编制对内有助于管理和决策的管理会计报告。

财务报表关系到企业多方面的经济利益，国家统一会计制度详细规范了它的编制方法。会计报表的特点是，常规的报表格式固定不变，但数据来源有所不同，比如1月的报表就取1月的数据，2月就取2月的数据，但报表的格式是相同的。

通用报表程序设计的思想是：根据报表目录、报表框架结构（格式）数据库、报表数据来源及计算公式数据库中的内容，按照指定期间，由程序自动完成编制并打印输出。因此，报表的通用设计就包含报表名称的确定，报表格式（表头和表体）的定义（即不同用户可以根据自己的实际需要自行定义表格的表头栏目），取数和计算公式的定义，钩稽关系公式的定义。

5. 成本核算定义法

一般而言，各企业制造成本核算需经历以下几个共同的步骤：按成本项目归集陆续发生的费用；期末将归集的间接费用在各成本计算对象之间进行分配；按成本计算对象归集成本费用；将各成本计算对象归集的累计成本费用在本期完工产品与期末在产品之间进行分配；最后编制完工产品成本汇总表，据以结转完工产品成本。对此可归纳为归集、分配、再归集、再分配和汇总五个步骤，这是成本核算的共性，反映成本核算数据的通用流程，一般企业要依次经过这五个步骤。

成本核算的个性主要表现在两个方面：一是决定成本计算对象，如品种法的成本计算对象是各产品品种，分步法的成本计算对象是各生产步骤的半成品和最终生产步骤的产成品等；二是选择费用分配方法，在前述两个分配环节都有很多费用分配方法可供选用。

在成本费用的归集中，可以通过各个模块向成本核算模块集中。

在分配中，无论选择何种分配方法，其分配过程就是四个因素，即分配对象、分配依据、分配标准和分配归属，它们都集中反映在各种二维形式的分配表中。因此，紧紧抓住成本核算的共性，将费用归集表内容、成本核算计算单、分配方法等标准化，再利用类似报表的方式进行具体的定义，就可实现成本核算的通用化。

6. 账簿通用法

对总账、分类账、日记账等格式和内容，会计软件通过规范与灵活的处理方式实现了通用，并在通用的基础上，实现了日期、格式、条件的灵活设定，提供了动态账簿和组合账簿两种手段，以实现更高层次的通用。

（1）动态账簿。

实现会计信息化后，账簿实际上是由计算机生成的，因此要充分利用计算机速度快的优点，充分地为管理提供信息。动态账簿就是将同一科目下的明细科目进行模糊合并，以满足特殊的账簿要求。其方法是对同一级科目下的各级进行模糊合并，比如在科目中使用“?”号可随意归并某一位、某几位、某一级、某几级，随机生成动态账簿，满足管理上的动态信息需要。例如，管理费用的科目设置是，一级为管理费用，二级为部门，三级为费用项目。如果需要查询某项目的全部明细，就可以将中间的部门忽略掉。如果需要查询全部门的明细，则可以将最后一级忽略掉。

（2）组合账簿。

组合账簿就是根据经济含义将不同的科目进行合并（即跨科目合并），形成新的账簿，满足管理上账簿重组的需要。其科目可以是相同一级科目下的明细科目，也可以是不同的一级科目。实际上，除获得明细账外，同样也可以得到汇总的账簿，方法是一样的。

7. 数据接口的通用法

接口分为两类，一是数据的导入；二是数据的导出。

对会计信息系统而言，数据的导入有三种方法：一是从其他会计软件导入以前的数据，以完成替换软件后数据的继续使用；二是导入自身导出的数据，在系统恢复过程中使用；三是与 ERP 软件接口，相互交换数据。

导出数据主要是为了提供数据输出接口，以利于自身和第三方软件应用。如向 ERP 软件提供数据，为审计软件提供数据。此外，对于使用者的一些不能预见的需求，可以通过导出的数据（如输出与 Excel 兼容的数据），进行进一步的处理，以满足特殊需求。输入、输出的数据，一般采用 txt，Excel，XML 等格式，以便于相关的软件处理。

国家编制并发布会计软件数据接口标准后，就实现了更大范围的通用。

8. 一套数据，多种目的的应用法

由于国内会计软件受到以前会计软件中编码方法的影响，基本上还是采用固定编码技术，这种编码技术最大的缺陷就是只能满足一个维度的应用，需要其他维度时只能采用另外的编码。在业务处理方面，或许这种缺陷还不是很突出，但在业务分析方面，这种缺陷就充分暴露了。

根据国外 ERP 软件编码发展的经验，采用动态编码是新一代编码的必然趋势，这种技术已经趋于成熟，应该在编码中广泛应用。当然，这种编码技术对原来的应用习惯、软件设计都有一定的影响，但其灵活性能够满足以前不能满足的很多需求。

（1）基于基础代码的多维代码动态编码处理技术。

会计科目是进行会计核算和提供会计信息的基础，也是对外报告会计信息、对内进行经营管理所必需的。会计科目编码是会计信息系统的核心编码。

在一些会计软件中，会计科目不是等长的，而且按照明细程度把会计科目分成不同的等级。一般一级科目为 4 位，在这个科目下面的子目，又用后续的多为数字区分，可以有二级、三级甚至是四级以上的科目。

例如，现金是一级科目，编码为 1001，银行存款也是一级科目，编码为 1002。在现金这个一级科目下面，又有次级分类，如人民币和美元，分别用 01 和 02 表示。在人民币下，还可以继续划分子目。最后，就形成下面所示的科目结构：

1001	现金	第一级
100101	现金—人民币	第二级
10010101	现金—人民币—总部机关	第三级
10010102	现金—人民币——分公司	第三级
100102	现金—美元	第二级
10010201	现金—美元—总部机关	第三级

10010202	现金—美元——分公司	第三级
1002	银行存款	第一级
100201	银行存款—人民币	第二级
10020101	银行存款—人民币—工行	第三级

具有结构性的会计科目既可以简化汇总统计信息的工作，又可以直接在会计科目上反映出总账和分类账的部分关系。

另一种编码方法是，取消汇总科目级，会计科目直接定义到最明细的等级，所有的会计科目都是同等级的，会计科目结构也演变成单层结构。同样以上面的10个科目为例，在软件中，被定义为下面的5个科目：

10010101	现金—人民币—总部机关
10010102	现金—人民币——分公司
10010201	现金—美元—总部机关
10010202	现金—美元——分公司
10020101	银行存款—人民币—工行

其中的汇总级科目被取消了，只定义最明细级的科目，而且所有科目同在一个级别，会计科目层次结构变成了单层结构。

利用单层会计科目结构来设计数据处理的功能，一般使用“虚拟科目”这一功能来实现数据的分级汇总。“虚拟科目”是会计科目主数据之外的一套结构，由汇总节点和会计科目组成，汇总节点由上到下，层层展开，最底层的汇总节点被分配到对应的会计科目，用于对会计科目数据进行汇总分析。采用这样的设计方法，就可以有多套虚拟科目，也就是说，可以使用不同的分类标准，把会计科目按照不同的报表或者数据要求，以不同的会计科目结构进行汇总。

(2) 基于编码组合的动态编码技术。

以前的编码大多使用线性编码方式，如科目就是分段逐级编码，只能够反映单维度的信息。

动态编码技术是采用组合码的方式，分段编码，编码可以任意组合或者任意抽取，这样就能够使用同样的数据实现各种不同需要的分类归集和分析。

A1	A2	A3	A4	A5	A6	A7

A1至A7表示七组编码，各组的编码位数不等。其中的某些组也可以为空。在应用时，可以从中选择任意组进行编码组合，根据这种组合进行数据处理。

以科目为例说明：A1为总账科目管理费用；A2为费用项目，如办公费、出差费、招待费、折旧费等；A3为部门；A4为人员。

当需要按照办公费进行汇总和分析时，则使用“管理费用”+“办公费”；需要按照部门进行办公费汇总和分析，则使用“部门”+“办公费”+“管理费用”；需要按照部门管理费用汇总和分析，则使用“部门”+“管理费用”，等等。

9. 会计软件技术的通用法

现代的计算机技术已经可以做到根据用户需要，自己定制界面、工作流、输出格式、计算方法，不仅可以实现通用化，还能够满足用户的特殊定制要求，实现更大范围的通用。从技术的角度讲，比较重要的是人机界面技术和工作流技术。

（1）人机界面技术。

计算机按照机器的特性去行为，人按照自己的方式去思维和行为。把人的思维和行为转换成机器可以接受的方式，把机器的行为方式转换成人可以接受的方式，这个转换就是人机界面。使计算机在人机界面上适应人的思维特性和行动特性，这就是“以人为本”的人机界面设计思想。

人机界面已经经历了以下四个阶段。

- 命令语言：在图形显示、鼠标、高速工作站等技术出现之前，现实可行的界面方式只能是命令和询问方式，通信完全以正文形式并通过用户命令和用户对系统询问的响应来完成。
- 菜单选项：这种方式与命令行方式相比不易出错，可以大大缩短用户的培训时间，减少用户的击键次数，可以使用对话管理工具，使错误处理能力有了显著提高。但使用起来仍然乏味，可能出现菜单层次过多及菜单选项复杂的情形，必须逐级进行选择，不能一步到位，导致交互速度太慢。
- 面向窗口的点选界面：即窗口（Windows）、图标（Icons）、菜单（Menus）、指示器（Pointing Device）四位一体，形成桌面（Desktop）。这种方式能同时显示不同种类的信息，使用户可在几个工作环境中切换而不丢失几个工作之间的联系。用户可通过下拉式菜单方便地执行控制型和对话型任务，引入图标、按钮和滚动条技术，提高了交互效率。
- 自然语言：使用自然语言与应用软件进行通信，把第三代界面技术与超文本、多任务概念结合起来，使用户可同时执行多个任务。

目前人机交互在向体感技术、视觉感知技术等方面发展，越来越符合人们的思维习惯。

（2）工作流技术。

工作流就是一系列相互衔接、自动进行的业务活动或任务。工作流是针对工作中具有固定程序的常规活动提出的一个概念。通过将工作活动分解成定义良好的任务、角色、规则和过程来进行执行和监控，达到提高生产组织水平和最终工作效率的目的。

工作流在流程管理中的应用分为三个阶段：流程建模、流程仿真和流程改进。流程建模是用清晰和形式化的方法表示流程的不同抽象层次，可靠的模型是流程分析的基础，流程仿真是为了发现流程存在的问题以便为流程的改进提供指导。这三个阶段是不断演进的过程。它们的无缝连接是影响工作流模型性能的关键因素，也是传统流程建模和流程仿真集成存在的主要问题。

通过工作流技术，原来固化设计的流程管理就可以在使用时设定或者调整，实现流程控制的通用化。

2.2　会计信息化工作的基本要求

2.2.1　规范的会计信息化工作是会计工作的基本保证

会计核算必须执行一系列的规章、制度和方法，这在手工方式下靠会计人员来具体执行，由上级部门、审计部门、税务部门等进行检查。实现会计信息化，原来进行数据处理的环节由计算机代替，而且由程序自动处理，十分隐蔽。为此，我国经过多年的探索，建立了会计软件的基本评估体系，以确认会计软件是否满足有关要求。

会计信息系统是一个数据处理系统，从会计软件的整个运行过程来看，可分为输入、处理和输出三个阶段。在输入阶段，操作人员将经过审核的原始凭证或记账凭证输入电子计算机。在处理阶段，计算机对输入的数据自动进行处理，登记机内账簿，生成相应的报表和资料。最后一个阶段是输出阶段，计算机将会计账簿、报表等会计信息通过打印机、显示器等设备输出。会计软件和相应数据的安全、可靠是软件运行的基本保证，贯穿于从输入到输出的全过程。财政部曾在（89）财会字第 65 号文件《会计核算软件管理的几项规定（试行）》中对上述四个方面提出了十条基本要求。1994 年 6 月，财政部又发布了《会计电算化管理办法》、《商品化会计软件评审规则》和《会计核算软件基本功能规范》三个文件，进行了严格的规范。2013 年，财政部还发布了《企业会计信息化工作规范》，对会计信息化工作进行了系统的规范。

2.2.2 会计软件和服务

1. 对会计软件的要求

（1）合法性要求。

会计软件应当保障企业按照国家统一会计准则制度开展会计核算，不得有违背国家统一会计准则制度的功能设计。

会计软件的界面应当使用中文并且提供对中文处理的支持，可以同时提供外国或者少数民族文字界面对照和处理支持。

会计软件应当提供符合国家统一会计准则制度的会计科目分类和编码功能。

会计软件应当提供符合国家统一会计准则制度的会计凭证、账簿和报表的显示和打印功能。

（2）标准化要求。

会计软件应当支持相关的国家标准。软件供应商在会计软件中集成可扩展商业报告语言（XBRL）功能，便于企业生成符合国家统一标准的 XBRL 财务报告。

会计软件应当具有符合国家统一标准的数据接口，满足外部会计监督需要。

（3）会计信息可追溯性要求。

● 会计软件要确保数据的可信赖性，不得提供非正常段变更数据。会计软件应当提供不可逆的记账功能，确保对同类已记账凭证的连续编号，不得提供对已记账凭证的删除和插入功能，不得提供对已记账凭证日期、金额、科目和操作人的修改功能。

信息化条件下，对数据的增、删、改前所未有的便利。但便利性是把双刃剑，它能提高会计工作的效率，同时也对会计核算过程的可信赖、可追溯造成威胁。如会计软件提供反审核、反记账、反结账等各种逆向操作功能，导致会计核算过程失去严肃性，核算结果随意可变。这种变更数据的情况不符合会计信息化的要求。

● 操作日志。会计软件应当记录生成用户操作日志，确保日志的安全、完整，提供按操作人员、操作时间和操作内容查询日志的功能，并能以简单易懂的形式输出，以满足企业内部监督的需要。

操作日志应当满足以下要求：

一是完整性。会计软件必须能保证日志记录的完整，将所有对会计核算结果可能形成影响的用户操作记录下来，包括对核算结果有直接影响的数据录入、修改、插入、删除，对核算工作所依赖的基础数据（如会计科目表、银行账户信息、辅助核算项目信息、人员信息）的维护。

二是安全性。会计软件应当采取技术手段，保证用户操作日志中的任何信息不被用户以任何手段修改和删除。

三是可查询性。用户操作日志必须提供对各类操作的查询，以便会计监督人员筛选出想要的信息。否则，庞大的记录数据就是信息垃圾，没有实用价值。查询应当可以按照操作人员姓名或者用户名、操作的时间范围、操作内容等各种条件分别或者组合进行。这里的操作，是业务层面的概念，例如，记账凭证的录入、修改，记账会计期间的打开、关闭，会计科目的增加，尚未记账凭证的删除，对凭证审核的取消，等等。

日志功能应当记录具体操作内容、操作人以及精确到分秒的操作时间。对于不同的操作，需要记录的操作内容是不一样的。例如，对于科目的增加，系统应当记录增加的科目名称、代码以及属性。对于记账凭证的修改，应当记录修改的项目以及修改前后的内容。对于已结账期间的重新开启，应当记录开启期间的起止日期。

2. 会计软件服务

以远程访问、云计算等方式提供会计软件的供应商，应当在技术上保证客户会计资料的安全、完整。对于因供应商原因造成客户会计资料泄露、毁损的，客户可以要求供应商承担赔偿责任。

客户以远程访问、云计算等方式使用会计软件生成的电子会计资料归客户所有。

软件供应商应当提供符合国家统一标准的数据接口供客户导出电子会计资料，不得以任何理由拒绝客户导出电子会计资料的请求。

以远程访问、云计算等方式提供会计软件的供应商，应当做好本厂商不能维持服务情况下，保障企业电子会计资料安全以及企业会计工作持续进行的预案，并在相关服务合同中与客户就该预案做出约定。

软件供应商应当努力提高会计软件相关服务质量，按照合同约定及时解决用户使用中的故障问题。

会计软件存在影响客户按照国家统一会计准则制度进行会计核算问题的，软件供应商应当为用户免费提供更正程序。

软件供应商应采用呼叫中心、在线客服等方式为用户提供实时技术支持。

软件供应商应当就如何通过会计软件开展会计监督工作，提供专门教程和相关资料。

2.2.3　企业会计信息化工作管理

1. 会计信息化工作的组织和管理

企业应当充分重视会计信息化工作，加强组织领导和人才培养，不断推进会计信息化在本企业的应用。

企业开展会计信息化工作，应当根据发展目标和实际需要，合理确定建设内容，避免投资浪费。

企业开展会计信息化工作，应当注重整体规划，统一技术标准、编码规则和系统参数，实现各系统的有机整合，消除信息孤岛。

企业应当指定专门机构或者岗位负责会计信息化工作。

未设置会计机构和配备会计人员的企业，由其委托的代理记账机构开展会计信息化工作。

企业开展会计信息化工作，应当注重信息系统与经营环境的契合，通过信息化推动管理模式、组织架构、业务流程的优化与革新，建立健全适应信息化工作环境的制度体系。

2. 开展会计信息化的实现方式

企业配备会计软件，应当根据自身技术力量以及业务需求，考虑软件功能、安全性、稳定性、响应速度、可扩展性等要求，合理选择购买、定制开发、购买与开发相结合等方式。

定制开发包括企业自行开发、委托外部单位开发、企业与外部单位联合开发。

企业通过委托外部单位开发、购买等方式配备会计软件，应当在有关合同中约定操作培训、软件升级、故障解决等服务事项，以及软件供应商对企业信息安全的责任。

3. 会计信息系统应用

企业应当促进会计信息系统与业务信息系统的一体化，通过业务的处理直接驱动会计记账，减少人工操作，提高业务数据与会计数据的一致性，实现企业内部信息资源共享。

企业应当根据实际情况，开展本企业信息系统与银行、供应商、客户等外部单位信息系统的互联，实现外部交易信息的集中自动处理。

企业进行会计信息系统前端系统的建设和改造，应当安排负责会计信息化工作的专门机构或者岗位参与，充分考虑会计信息系统的数据需求。

企业应当遵循企业内部控制规范体系要求，加强对会计信息系统规划、设计、开发、运行、维护全过程的控制，将控制过程和控制规则融入会计信息系统，实现对违反控制规则情况的自动防范和监控，提高内部控制水平。

对于信息系统自动生成且具有明晰审核规则的会计凭证，可以将审核规则嵌入会计软件，由计算机自动审核。未经自动审核的会计凭证，应当先经人工审核再进行后续处理。

处于会计核算信息化阶段的企业，应当结合自身情况，逐步实现资金管理、资产管理、预算控制、成本管理等财务管理信息化。

处于财务管理信息化阶段的企业，应当结合自身情况，逐步实现财务分析、全面预算管理、风险控制、绩效考核等决策支持信息化。

分公司、子公司数量多、分布广的大型企业、企业集团应当探索利用信息技术促进会计工作的集中，逐步建立财务共享服务中心。实行会计工作集中的企业以及企业分支机构，应当为外部会计监督机构及时查询和调阅异地存储的会计资料提供必要条件。

企业会计信息系统数据服务器的部署应当符合国家有关规定。数据服务器部署在境外的，应当在境内保存会计资料备份，备份频率不得低于每月一次。境内备份的会计资料应当能够在境外服务器不能正常工作时，独立满足企业开展会计工作的需要以及外部会计监督的需要。

企业会计资料中对经济业务事项的描述应当使用中文，可以同时使用外国或者少数民族文字对照。

4. 会计信息的使用与管理

（1）企业内部资料。

会计软件应当具有会计资料归档功能，提供导出会计档案的接口，在会计档案存储格式、元数据采集、真实性与完整性保障方面，符合国家有关电子文件归档与电子档案管理的要求。

无纸化管理的内部生成会计资料有会计凭证、账簿和辅助性会计资料。这里的会计凭证包括原始凭证和记账凭证，会计账簿包括总账、明细账和日记账，而辅助性会计资料则含义宽泛，包括固定资产卡片、项目辅助账、银行存款余额调节表等各种会计资料。

企业应当建立电子会计资料备份管理制度，确保会计资料的安全、完整和会计信息系统的持续、稳定运行。

企业不得在非涉密信息系统中存储、处理和传输涉及国家秘密，关系国家经济信息安全的电子会计资料；未经有关主管部门批准，不得将其携带、寄运或者传输至境外。

企业内部生成的会计凭证、账簿和辅助性会计资料，同时满足下列条件的，可以不输出纸面资料：

- 所记载的事项属于本企业重复发生的日常业务；
- 由企业信息系统自动生成；
- 可及时在企业信息系统中以人类可读形式查询和输出；
- 企业信息系统具有防止相关数据被篡改的有效机制；
- 企业对相关数据建立了电子备份制度，能有效防范自然灾害、意外事故和人为破坏的影响；
- 企业对电子和纸面会计资料建立了完善的索引体系。

（2）外部资料。

外部获取会计资料是指所记载内容需要企业外部人员或者机构认可的会计资料。这类资料的范围比较广，主要是原始凭证，如发票、银行回单等。此外，还包括银行对账单、购销合同等其他外部获取资料。需要注意的是，外部获取资料不等于外部制作的资料，一份会计资料由本企业制作，但经过了外部认可，也属于这里所说的外部获取会计资料。

企业获得的需要外部单位或者个人证明的原始凭证和其他会计资料，同时满足下列条件的，可以不输出纸面资料：

- 会计资料附有外部单位或者个人的符合《中华人民共和国电子签名法》的可靠的电子签名；
- 电子签名经符合《中华人民共和国电子签名法》的第三方认证；

● 实施企业会计准则通用分类标准的企业，应当按照有关要求向财政部报送XBRL财务报告。

2.2.4 会计信息化工作监督

企业使用会计软件具体由财政部门监督。

财政部采取组织同行评议、向用户企业征求意见等方式，对软件供应商提供的会计软件情况进行检查。

软件供应商提供的会计软件不符合要求的，财政部可以约谈该供应商主要负责人，责令限期改正。限期内未改正的，由财政部予以公示，并将有关情况通报相关部门。

2.3 商品化会计软件的选择

2.3.1 实现会计信息系统的途径

会计信息化的实现就是指建立会计信息系统，建立信息化后的组织管理体系。由于会计信息系统的建立不仅需要高素质的会计业务人员，而且需要高水平的计算机人才，所以，一般以建立起会计信息系统为实现会计信息化的标志。

当前我国实现会计信息化的主要途径有三种。

1. 购买商品化会计软件

购买商品化会计软件建立会计信息系统，主要是指购置商品化软件厂家的通用会计软件，经过实施过程，完成会计信息系统的建立。该方式有见效快、费用省、维护有保障、软件水平高、安全可靠性好等优点。

2. 自行开发与购买商品化会计软件相结合

自行开发与购买商品化会计软件相结合建立会计信息系统，主要是指结合商品化会计软件的优势，增加或补充商品化软件满足不了的功能，建立更为完善的、有一定针对性的会计信息系统。

3. 自行开发会计软件

自行开发会计软件建立会计信息系统，主要指依靠本单位的力量，或与外单位联合开发本单位使用的会计软件，建立会计信息系统。该方式有适应本单位需求、有利于培养本单位的开发使用人员等优点，但也有周期长、对本单位人员技术水平要求高、开发成本高、软件水平不易上档次、维护频繁等缺点。一些特殊行业，如部分银行就采用这种方式。

2.3.2 商品化会计软件选择的步骤

商品化会计软件的选择方法本质上与会计软件的开发方法是一致的，因为其要达到的目标相同。一般采用下述步骤。

(1) 进行初步的需求分析，确定对软件的功能、安全性、可靠性及其他性能的要求。如确定账务模块应有建账、科目及编码增删改、记账凭证录入及复核、记账、结账、年终结账、账簿查询、数据备份与恢复、凭证及账簿打印等功能。

(2) 对商品化软件供应商进行调查。了解有关商品化软件供应商有哪些定位的会计软件品种和功能模块，以及这些软件对设备和系统环境的要求及使用情况、维护情况。

(3) 选择几家商品化软件供应商进行调查，了解其产品。首先通过网站了解相关的初步情况。然后通过阅读产品简介、观看产品演示和询问、讨论等方式，观察其是否满足本单位的需求，如对会计业务岗位的设置、会计科目的编码方案、业务处理模式等。

(4) 确定 1～3 家的产品，再争取到其用户单位参观，详细了解产品的使用情况、对客户的服务情况、本地代理的维护能力等。

(5) 了解具体的招标或谈判方式，确定选择对象。具体确定软件模块、价格、付款方式、试用条件、后续维护、人员培训等问题。

2.3.3　商品化会计软件的评价

虽然对商品化会计软件的评价没有固定的指标，是一项比较复杂的工作，但其需要了解的问题、范围及要求是相对固定的，是可以考察的，主要包括以下几方面。

1. 会计软件符合国家有关法规、制度要求的情况

会计工作要遵循国家统一会计制度和其他财经法规中的有关规定，会计信息系统作为其重要组成部分也不例外。同时，作为一种技术产品，会计软件还应满足国家相关部门对会计软件的管理规定。

2. 适用性

适用性主要是指会计软件适于本单位会计业务处理的性能。是否适用主要应根据所作的需求分析来确定。一般主要应评价：软件的功能是否满足本单位的要求；软件输出的信息是否满足本单位的要求；软件需输入的信息本单位是否能提供，是否方便；软件提供的接口是否能满足本单位会计信息化工作进一步开展的要求，软件提供的数据接口是否满足会计软件数据接口国家标准的要求，是否满足我国 XBRL 标准的要求。如使用单位是大型企业，由于业务量大，不可能一人多岗，所以，岗位设置是一人一岗，这里就要考察该软件是否能达到此要求。

3. 通用性

通用性是指会计软件满足不同的企事业单位、不同的会计工作需要及单位会计工作不同时期需要的性能，其包括纵向与横向两方面的通用性。纵向的通用性指会计软件适应单位不同时期会计工作需要的性能；横向的通用性是指会计软件适应不同单位会计工作需要的性能。对商品化会计软件两个方面都应考虑。在通用性方面主要应考

察以下几个方面。

（1）各种自定义功能是否能满足使用单位的要求。对于会计工作中不十分规范、变化较多的处理，通用软件一般都是通过自定义功能来实现通用的。例如，通用报表生成系统中，就应由使用人员定义数据来源、报表项目的算法、打印格式等。

（2）各种编码方案是否有由使用人员自定义的功能，即编码规则定义和增删改等维护功能。例如，会计科目的分级数和每级科目的长度及编号就应由使用人员按有关会计制度的规定自行设置，且对会计科目及其编码应有增删改功能，以保证适应核算内容的变化。

（3）对一些无法直接实现通用的功能是否设有可选功能，是否满足通用要求。在一些功能无法直接实现通用的情况下，应增加可选功能，由使用单位选择组合以满足使用的具体要求。例如，成本核算就可设置定额核算法、平行结转法、分步法等各种成本核算的可选方法，由单位自己来选择。

（4）对一些变化较多的算法可由使用人员进行自定义。例如，由使用人员自定义成本核算中的产品费用归集公式。

（5）软件的系统初始设置及维护功能是否能充分设置本单位所需的各种初始数据。如建账的科目余额，是否能适应单位不同时期的要求进行各种非程序性的维护。

（6）会计软件是否提供了对外符合有关标准的数据接口。如哪些数据提供了数据输出和输入接口，提供了哪些形式的接口等。

4. 安全可靠性

安全性是指会计软件防止会计信息被泄露和破坏的能力。可靠性是指软件防错、查错、纠错的能力。评价会计软件的安全可靠性主要考察以下内容：软件提供的各种可靠性保证措施结合起来，是否能有效地防止差错的发生，在错误发生时是否能及时查出并进行修改；安全性保证措施是否能有效地防止会计信息的泄露和破坏。主要应从以下几方面进行考察。

（1）是否有数据备份与恢复功能，并能有效地备份与恢复各种历史数据。

（2）是否有权限设置功能，并能最大限度地保证各有关人员只能执行其权限范围内的工作。

（3）软件中是否采用了各种容错技术，保证会计人员操作失误时，及时发现和纠正错误。

（4）软件是否将会计业务存在各种钩稽关系的特点融于软件中，随时检查各种生成数据的正确性。

（5）对各种上机操作是否留有记录，以便随时追踪查询各种失误与安全隐患。

5. 易使用性

易使用性是指会计软件易学、易操作的性能。对它的评价主要从以下几个方面着手：用户操作手册内容是否完整，通俗易懂；联机帮助是否充分；软件操作是否简便易学；软件操作过程中的难点是否设有辅助功能，辅助功能是否实用；软件提供的界面是否清晰，并符合会计人员的习惯；对操作的关键环节是否具有特别控制，如结账、删除往年数据等；软件是否按会计工作的需要由易到难等。

6. 先进性

先进性是指该软件在同类产品中的先进程度，包括安全性、可靠性、功能的完备性、通用性、运行效率、软件技术平台的先进性和软件设计的优良性等。先进性是单位选择商品化会计软件的因素之一，但对于会计工作，主要应考虑其实用性，即前五个评价标准。

2.4 会计信息系统实施

2.4.1 实施方法论

1. 实施方法概论

会计信息系统的实施是非常重要的工作，它关系到系统应用的成败。实施会计信息系统，不但要满足各种各样的企业要求，更要有充分的思想准备去改变企业中原有的一切不合理的因素，包括人们的思维方式和行为方式。特别是在一些大型企业，要使会计信息系统的实施和运行管理获得成功，除了领导重视、具备相应的技术和物质条件外，还需要有正确的实施方法。

会计信息系统的实施方法论，实际是以项目管理思想为主导，结合会计信息系统的特点建立起来的一套管理方法。实施工作一般由软件提供商实施方或第三方实施机构和具体应用单位共同来实现。

2. 项目管理方法论

项目管理方法贯穿会计信息系统项目的始终，为整个项目管理提供了一个协同一致的框架，使得软件实施方与企业之间能够按照计划、控制、验收三个工作程序来达成实施目标。因此，项目管理方法也是应用实施管理方法和定制开发管理方法的基础，这一方法又叫金三角项目管理法，如图 2—1 所示。

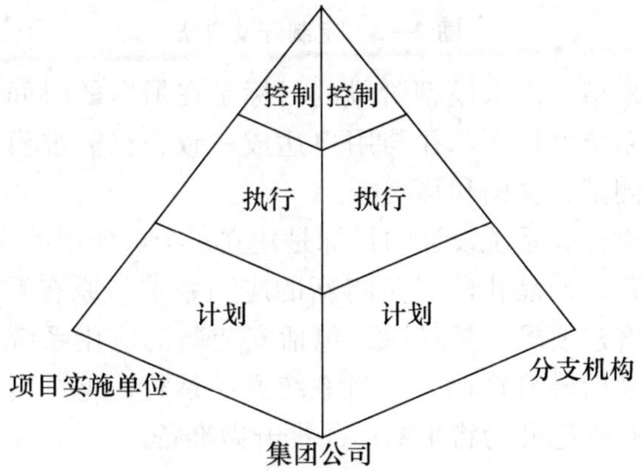

图 2—1 金三角项目管理法

在每一个进程中确保集团公司、分支机构、软件实施方三方明确各自的职责，彼此协同，共同保障实施进度和实施的质量。这种彼此协同的关系，称为“协同三角”。

同时，每一个进程都按计划、执行、检查的工作程序来推进项目实施，使得项目进程像一曲优美和谐的三部和声。每一进程的工作程序，称为“程序三角”。这两个“三角”组成了协同工作程序金三角，共同支撑项目各个进程的有序进行，如图 2—2 所示。

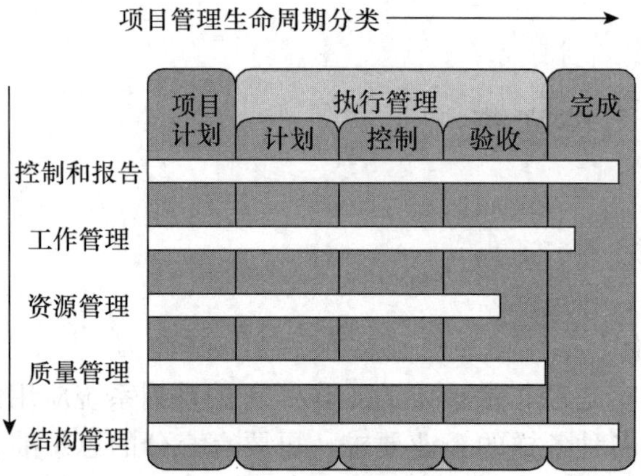

图 2—2　项目管理方法

3. 定制开发方法论

定制开发方法是软件实施方为快速、深度满足客户需求，实现客户价值的产品二次开发管理方法论。这一方法是建立在软件实施方软件平台之上的，已经具备的业务对象及开发工具为敏捷配置和开发应用提供了坚实的基础。定制开发方法可分为需求模型、系统设计和产品化三个阶段，如图 2—3 所示。

图 2—3　定制开发方法

第一阶段：需求模型。需求模型阶段的目标是在最短的时间里为快速构造系统提供足够的信息，决定系统做什么，并与用户达成一致。在需求模型阶段，还要定义培训策略、数据转换、测试、文档和移交等。

第二阶段：系统设计。系统设计的目标是建立一个可使用的应用模型。

第三阶段：产品化。产品化阶段是将新的应用系统与原有系统整合，确保产品风格一致、稳定、符合客户要求。其目标还包括安装新的应用系统，为用户使用和管理新应用系统做准备，然后转到产品。一旦系统开始运行，这一阶段的目标就是监控应用，确保应用系统运行平稳并为将来的产品提升做准备。

4. 应用实施方法论

应用实施方法能满足用户的不同业务需求，快速建立用户的应用。从定义用户的实施方法、策略到新的系统上线运行，应用实施方法包含项目组织、系统调研、项目准备、项目培训、系统试运行、系统切换、运行维护七个阶段，以尽可能地减少用户的实施风险，保证系统快速、高质量地实施应用。

2.4.2 项目实施前

1. 明确实施目标

软件实施方项目实施应用的主要目标是为企业提供先进的管理思想、管理模式和管理手段，以增强企业的核心竞争力，提升企业的市场竞争力，改善企业经营管理绩效。

以上的目标是在宏观上要达到的应用效果，但缺乏实用性，在实施过程中应有阶段性的目标，比如，实现企业手工业务处理信息化，满足企业的基本需求。

2. 制定实施策略

引进管理理念先进和技术成熟的会计信息系统，只是第一步，只有通过成功的实施才能充分发挥其功能。基于集团公司项目的背景、目标、实施范围，以及对集团公司管理项目的研究分析，提出了如下切实可行的实施策略。

分阶段实施：先试点，后推广。

分步骤进行：分部门分阶段，先关键业务部门后辅助业务部门；建立可重用的系统实施模板；试点阶段重点投入，并积累经验。

3. 实施的关键因素

为实现建立集成化会计信息系统的目标，必须注意以下成功的关键因素。

- 更新传统的观念和认识，与先进的管理思想接轨。
- 调整和优化业务流程和内部机构，以保证项目顺利进行。
- 明确项目的成功实施是双方的共同利益和责任。
- 明确实施过程也是软件实施方技术转移的过程，因此实施将采用双方合作的方式。
- 建立明确的阶段目标和业务处理需求。
- 建立层次结构合理、功能齐全、职责明确的项目组织结构。
- 挑选合适的双方人员在项目小组中承担合适的职责。
- 按照各自的职责，及时解决实施过程中出现的问题。
- 及时审阅和响应对方提交的文件。
- 定期检查项目进度与阶段目标及阶段成果。

在整个项目中，每个阶段皆有其关键点，关键点控制的好坏决定了项目 80%以上的成功与否。在这些控制点，双方的专家团队对相关的关键点进行质量审查，以保证项目的成功。

2.4.3 项目实施中

根据应用实施方法论，项目实施的过程分为七个步骤，即项目组织、系统定义、项目准备、项目培训、系统试运行、系统切换、项目验收，如图 2—4 所示。

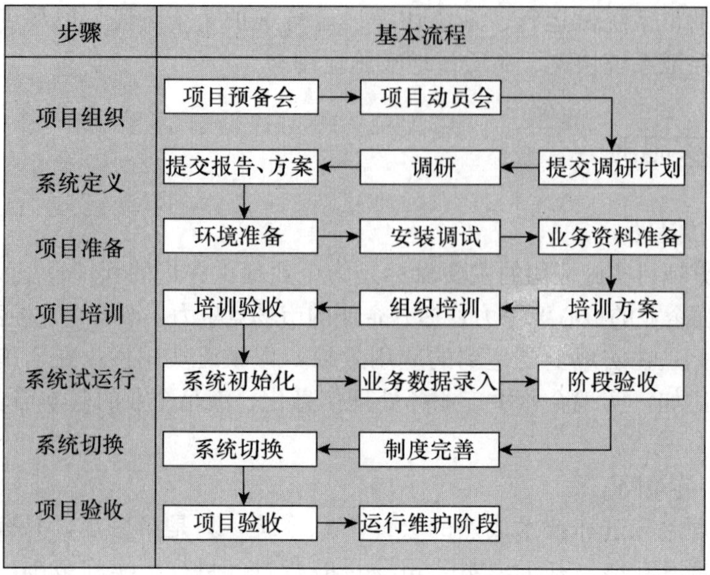

图 2—4　项目实施流程

1. 项目组织

（1）项目预备会。

项目预备会是项目开始的第一次会议，意义重大，因此应十分重视，项目预备会应完成如下工作。

1）软件实施方和集团公司双方见面交流，增进相互了解。介绍项目团队和客户主要成员的姓名、职务、各自的职责和作用。通过初步的交流，可以大致判断客户主要领导的性格和作风，便于后续实施中把握交谈的尺度。

2）确定项目组成员名单。项目组成员是项目实施成功的组织保障，而项目组成员协同一致、有序作业是项目组织的基本要求。成立项目组，明确人员职责，使各部门相关人员能够在职责的要求下积极地参与项目的实施，是保证项目成功的必要条件。项目组织阶段的重点工作是项目有关各方组成项目小组，并清晰界定各自的工作范围、工作程序及规范。

项目组应该由客户项目小组、软件实施方项目小组双方共同构成。

客户项目小组由项目总监、项目经理和项目组成员构成。

● 项目总监：领导整个项目组织对项目进行总体规划，提出项目管理及实施目标，协调整体资源，负责对项目实施的策略性问题及实施过程中的重大问题作出决策。一般情况下是总会计师或者副总经理以上职务担任此重要角色。

● 项目经理：负责本项目实施中与实施方项目组成员协调及实施工作安排，掌握项目实施进度，确认实施方提交的相关实施报告、成果，定期向项目总监汇报工作。一般是信息化主管担任此重要角色。

● 项目组成员：项目组成员是财务部门经理及主要代表，他们熟悉本部门业务，并与实施方的咨询实施顾问共同设计实施解决方案，定义客户化配置。

软件实施方项目小组由项目总监、项目经理、咨询顾问和实施顾问构成。

● 项目总监：负责本项目实施过程中与用户单位的总体协调及实施工作安排；总

体协调软件实施方资源，与用户项目领导小组保持良好沟通，对项目实施的策略性问题及实施过程中的重大问题作出决策。

● 项目经理：在项目实施过程中与用户单位以及软件实施方内部资源进行协调，确保实施工作能够顺利进行；参与制定实施方案，站在集团总部层面掌握整个项目的实施进度，对整个实施过程进行监控，并对实施提出指导性意见或建议。

● 咨询顾问：负责数据库及软件产品的安装和软硬件环境调试；对用户系统管理员进行培训；负责演示产品；参与需求调研，并参与需求调研报告的讨论编写；根据需求调研报告编写项目解决方案并为用户讲解。

● 实施顾问：严格执行项目经理出具的项目主计划和阶段实施详细计划；参与需求报告的讨论与编写；在项目经理的指导下，设计软件实施方案；对用户进行软件功能和系统实施方案培训；结合系统特点和项目实际情况，帮助用户整理和准备业务数据；指导和帮助用户进行软件系统初始化工作；帮助和指导用户规范业务流程，指导业务数据录入；每天交付项目实施工作总结，及时向项目经理反馈系统实施过程中所遇到的各种问题。

顾问的首要任务是传播知识、培训和教育客户项目小组、有效地控制项目进度，保障项目向着既定目标前进。因此，实施顾问切忌陷入项目之中，把本该由客户项目小组或客户做的事情揽到自己身上，从而失去对项目的总体控制。

3）确定实施目标。项目预备会的一个重要目标是要进一步明确实施的目标。针对每个项目，客户都会提出各种不同的目标，可能是短期的，也可能是中长期的目标。熟悉这些目标有助于制定出符合客户要求的实施计划书。

4）提交实施建议书。在项目预备会上，软件实施方需要提交项目实施建议书，并对此项目实施建议书加以讲解，让客户明白软件实施方将如何进行实施，需要哪些步骤，实施工期要多久，客户应该着手准备的设备、场地、财务基础数据以及其他需要的资料等。

（2）项目动员会。

1）项目动员会的目的。向项目组全体成员和主要人员传达项目的使命和目标，确保每一位成员都明确自己的任务和职责；调动他们的积极性，使个人的目标与团队的目标一致。

让用户尽力配合和支持软件实施方的工作，并加强项目负责人的领导权威。

向全体人员阐明项目计划，解释项目进度安排。

向全体人员解释项目的实施程序，包括项目形成的文件、报告、会议以及实施过程中项目成员间如何进行沟通和协调。

2）项目动员会的参与人。项目动员会要求软件实施方项目总监、项目经理、项目组全体成员，用户方高层领导及财务部门全体成员、项目经理及用户方项目组成员与会。

3）会议的议程。用户领导讲话，说明项目背景、管理改造的期望、领导的决心；宣读双方项目组成员的名单组成；对部门提出具体要求，强调配合软件实施方的各项工作。

软件实施方项目负责人讲话。

4）会议形成的结果。项目动员会结束后，要有详细的会议记录，并提交需求调研计划，如表2—1所示。

表 2—1 需求调研计划表样

起止时间	业务部门	调研内容	实施方咨询顾问	备注

2. 系统定义

系统定义阶段的主要工作是需求调研。在一个项目中，调研分析阶段是十分重要的，调研是否完整、清晰直接影响到系统是否适合用户的需求，从而影响实施的进度，甚至项目的成败。对用户业务需求了解得越清楚，越有利于软件实施过程。调查和讨论用户需求旨在使咨询顾问和用户自己能够理解和明确企业的全部业务处理流程、主要业务的处理方式、业务处理流程中存在的问题及其解决方案。在对客户进行调研之后，还要对调研的结果和目前系统的状况进行分析。根据调研分析报告，最终提出系统解决方案、系统实施方案及网络架构建议等。

（1）需求调研的目的。

通过分析用户的业务目标及策略，了解用户当前的业务处理流程，并对其进行重组，提出系统解决方案。

通过详细的调研，制定切实可行的实施方案。

通过调研进一步确认软件需求，为软件增值开发提供依据。

（2）需求调研的过程。

需求调研是项目成功的关键所在，其过程如图 2—5 所示。

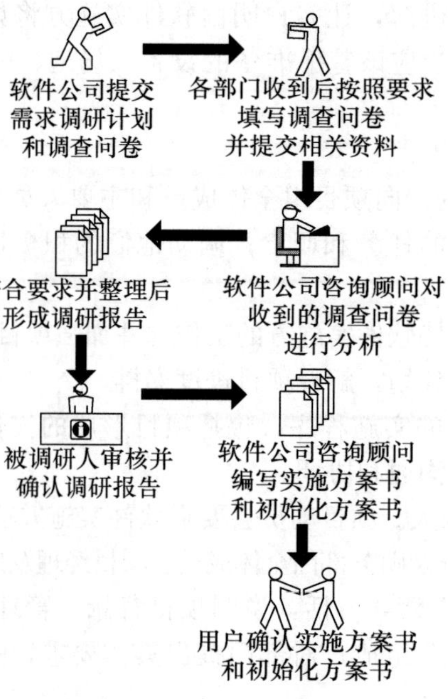

图 2—5 需求调研过程

（3）需求调研的主要内容。

用户基本信息，包括单位性质、经营范围、规模、组织架构、管理现状以及内外资源等。

信息化现状，包括服务器、工作站的数量及配置，网络架构，以前用了什么软件，使用情况如何等。

部门及岗位职责，包括部门内各科室的主要职责，以及各岗位的人员名单及其职责。

业务流程，包括核算流程、预算流程、费用报销流程、资金收支流程、工资计算及发放流程、银行对账流程、往来对账流程、报表编制流程等。

财务基本资料，包括会计科目、会计期间、固定资产管理、记账凭证类型和格式、财务报表、账簿和统计报表等。

业务需求，主要是各岗位提出的对软件的要求。

（4）需求调研的形式和技巧。

1）调研的形式。通常情况下，软件公司通过与用户面对面沟通、用户填写调查问卷及流程图等形式来进行需求调研。与用户项目领导小组或各部门负责人以及业务人员的面谈通常要多次，应从多角度获得所需要的信息。

2）调研的技巧。调研是一项讲究方法和技巧的工作，良好的调研能力是一个咨询顾问和实施顾问必备的基本素质。在调研中，我们会面临不同类型的调查对象，如何引导调查对象的思路，问出你关心的问题，取得好的效果，就要看顾问的调研技巧了。调查对象的类型是多种多样的，常见的可以分为以下几种：

- 正常配合型。这种类型的调查对象十分熟悉业务，表达能力强，很容易沟通。因此，应尽可能从多个角度了解更多信息。
- 挤牙膏型。这种类型的人一般不太善于言辞，或对业务不是非常清楚，通常是问一句答一句，如果不提问，一般不会主动表达。面对这样的调查对象，顾问要多询问，可采用渐进式方法，启发调查对象。
- 激动型。这种类型的人是比较能说的，通常会由于各种原因而经常跑题，或发发牢骚等。不过，尽管如此，仍然会有一些信息能够帮助咨询顾问或实施顾问发现管理中的各种问题。但是，为了把握有限的时间，我们必须抓住重点，按时完成预定目标。因此碰到这样的调查对象，应该把握调研的关键，引导其在正确的方向上正常地发挥。

（5）需求调研的结果。

1）形成用户确认的调研报告。

2）编写实施方案书并经用户确认。

实施方案书的主要内容如下：

1. 项目背景

（1）管理现状，主要是管理方面的问题。

（2）软件系统现状，包括曾用过哪些系统，运行的效果，存在的问题等。

（3）业务需求，主要记录用户的需求，包括合理需求和不合理需求，在软件中能实现的和不能实现的需求。

（4）应用目标，即将用户的期望整理成具体的实施目标。

2. 实施范围及地点

（1）组织范围，即具体实施的单位及地点。

(2) 软件模块，即主要实施的软件模块及部署的站点。

3. 解决方案

(1) 硬件及网络架构。

(2) 业务流程设计。

(3) 软件应用方案。

(4) 二次开发方案。

4. 系统实施

(1) 项目组成员名单。

(2) 工作进度安排。

(3) 培训方案。

(4) 项目验收过程。

(5) 附表。

3) 编写初始化方案书并经用户确认。

初始化方案书的主要内容如下：

1. 机构编码及部门编码
2. 角色编码
3. 用户编码
4. 权限分配明细
5. 科目体系及会计期间
6. 币种汇率
7. 科目明细表
8. 人员编码
9. 辅助核算编码
10. 供应商及客户编码
11. 记账凭证类型编码
12. 固定资产类型编码
13. 固定资产编码规则
14. 其他编码
15. 数据录入计划

……

3. 项目准备

这个过程并非必须在调研完成后启动，也可以根据具体情况与需求调研交替进行。

(1) 环境的准备。

一般情况下，如果项目的实施周期较长，为项目组建立一个适宜的工作环境是保证项目组高效工作的必要条件。项目组需要一个相对独立的空间，以方便讨论问题，设计解决方案等。

同时用户单位自身的环境也需要准备，如办公场地、机器设备、人员安排等方面的准备工作都需要在实施前完成。

（2）软件交付及安装调试。

软件安装一般由软件实施方的实施人员负责。安装过程需要完成如下几步：

1）产品交付。实施方向用户说明全套软件产品的组成，包括软件光盘、配套用户手册、软件保护装置，并当面打开包装进行清点，核实无误后，协助用户填写《用户回执卡》并装入产品盒中的信封内。

2）安装与调试。软件的运行应基于一定的系统软件，如 UNIX 或 Windows 操作系统、Oracle 数据库、SQL Server 数据库、浏览器等。如果中间件也是由软件实施方提供，则还要负责中间件的安装。

软件安装完成后，应调试软件是否能够正确使用。

3）安装验收。软件安装调试成功后，需要用户确认系统安装调试验收表。其内容主要是：安装了哪些软件模块、软件的版本号、运行检查是否正常等。

（3）用户初始数据的准备。

在软件的实施过程中，用户初始数据的准备工作非常重要，它往往关系到整个项目实施的成败。一个项目不管计划得再好，实施方案再科学，实施控制再严谨，如果用户的初始数据准备有误，那么整个实施工作将功亏一篑。因此，软件实施方要针对用户的业务需求，提供初始数据准备清单，由软件实施方协助用户按照要求进行初始化数据的准备工作。

初始数据包括总账、明细账、1～2 个月的记账凭证、1～2 个月的财务报表、工资发放表、固定资产及累计折旧明细账、现金及银行存款日记账等。初始数据需要设计好表格，编制相关的说明和注意事项，然后由双方讨论、收集、整理、验证。

4. 项目培训

（1）做好培训的意义。

项目培训是整个项目实施过程中非常重要的环节，项目培训效果的好坏将直接影响实施工期和实施质量，效果好能够减少后续的服务工作。因此，必须认真对待，不能有丝毫放松和懈怠。

（2）项目培训方案。

项目培训方案指导实施顾问进行正确培训的方法，它是在进行系统调研过程中，和用户共同确认的培训方案，在实施方案书中应该详细加以描述。

项目培训方案主要包含以下内容：

1）培训目标。这里的目标是使用户了解项目实施过程，理解项目管理的重要性，能够熟练操作软件，能够进行简单的软件维护。

2）培训对象及内容。针对不同的对象，培训的内容也不尽相同。

- 领导培训。主要讲解企业集团的财务管理理念及重点，项目管理方法，领导在实施过程中的重要作用，以及软件基本功能和操作，如软件登录和退出、报表查询和分析等。

- 系统管理员培训。主要讲解数据库、中间件、管理软件的安装及简单维护，重点讲解管理软件的系统管理功能及操作，如机构、角色、用户、权限分配、编码分配等。

- 一般操作员培训。主要讲解软件应用功能及操作技巧。如如何新增一个编码；

如何进行初始数据的录入；如何填制凭证；如何查询和修改凭证；如何查询账表；使用注意事项和操作技巧有哪些等。当然，在系统调研过程中，培训对象普遍提出的问题也要有针对性地作出解释。

3）培训计划。培训计划的内容主要有：

- 培训时间和地点。
- 参与人员及分组。如表2—2所示。

表2—2 培训人员分组表

分组	姓名	职务或岗位	联系方式
领导组			
系统管理员组			
操作员组			

- 培训日程安排，如表2—3所示。

表2—3 培训日程表

日期	时间	内容	培训人员	培训讲师	辅导员
月日	上午				
	下午				

4）培训考核。培训的考核是培训环节必不可少的步骤，主要针对系统管理员和一般操作人员进行。考核由笔试和上机两部分组成。考核通过后应当发给合格证，以鼓励大家认真学习和考核。

（3）培训的反馈和验收。

培训前，需要向每个培训人员发一份意见反馈表，在培训结束时收集上来，总结和统计培训的效果，分析培训中存在的不足。

培训结束时，需要用户填一份培训验收表，确认培训环节的成功，这意味着又一个里程碑的完成。

5. 系统试运行

（1）初始数据录入。

根据初始化方案录入机构、操作人员、各类编码以及期初数据（科目期初、往来期初、固定资产期初、银行账期初等）。

重要编码如科目表等录入后，需要打印出来让录入者签字确认。

当所有期初数据录入完毕，并核对无误后，由用户在初始化验收表上签字确认。

（2）业务数据录入。

当初始编码录入完成，即可进行业务数据的录入，某些业务不需要等初始数据全部录入完毕才进行业务数据录入，这样可以大大提高工作效率。

录入的业务数据一般是离当前日期1～2个月的数据，主要是记账凭证、固定资产业务、工资发放业务等，也可以由用户决定从何时的数据开始录入，这些在初始化方案中已经确定，并且已经准备完成。

（3）报表生成。

在业务数据录入时，可以将客户的账表设置好，包括报表的取数公式也要定义完毕并通过审核。特别是报表的合并和汇总，要将设计好的流程和方法全部进行实际操作验证。

当最后生成的报表与原数据核对无误后，软件实施方和用户需要共同签字确认“一个月账单录入验收表”。

（4）试运行。

从初始数据录入开始到第一个月的报表生成，属于模拟运行阶段。试运行阶段主要是与原系统或手工并行阶段。通过系统试运行能够让用户积累操作经验和技巧，明白业务处理流程，为系统的正式上线打下坚实的基础。

6. 系统切换

系统切换是指系统在试运行后，方案的可行性得到证实，就可以开始正式使用了，将用户的业务数据完整地反映在系统中。为了保证切换的成功，这时项目领导小组要及时地发布许多指令，来逐步进行系统的切换。一般来讲，能有一个新老系统并行的运行期间，风险就会小些。这是软件实施最后也是关键的阶段。

系统切换之前，应建立各种软件运行制度，包括权限管理制度、机构设置制度、编码统一制度、报表管理制度、财务控制制度、计算机操作规范等，并下发关于正式启用会计信息系统的通知，以引起各部门、岗位人员的高度重视。

系统切换运行时，需要充分考虑系统切换的实际工作量以及人员等因素的影响；对涉及系统切换的相关部门、岗位、人员进行明确分工，规定系统切换的起止时间、工作范围和工作内容。系统切换可根据用户的要求来决定应采取的步骤，可以一次性切换所有模块，也可以按模块分批切换。

系统切换并正常运行后，需要对整个实施工作进行验收和评估，需要双方签字认可整个实施工作，并由实施小组提交实施书面总结。项目的整体验收标志着项目实施的终结。

7. 运行维护

项目验收后，事实证明系统是安全、可靠、可行的，就可以正式投入运行。系统进入正式运行后，项目组根据系统的情况，完善以前的系统使用说明书和系统维护说明书，并在运行中做好有关的记录和报告，及时发现运行中的问题，以便进行维护和提高。

从实施方的角度，此项目进入日常服务阶段。

2.4.4 项目实施后

项目不是实施完成就万事大吉，软件实施方还要通过如下手段实现从软件实施方的咨询实施到用户的知识转移：

- 贯穿实施全过程的培训工作。
- 针对不同角色（从公司领导到操作员）的培训。
- 多种形式的培训，如课堂培训、实战培训、方法培训等。
- 软件实施后，软件实施方形成模板，在用户的下属机构或相关机构进行推广。

2.4.5 实施控制

1. 实施控制的原则

(1) 严格按照实施方案中的实施计划执行。

好的项目实施方案是项目实施成功的灵魂和核心，是项目实施的基本依据。所以在项目实施过程中首先要严格按照实施方案执行。

(2) 在实施过程中随时检测和调整项目实施计划。

在项目实施过程中有很多突发事件随时影响着项目的变化，实施方案也需要随同这些变化进行相应的调整，才能始终具有指导作用。

(3) 在实施过程中，项目双方人员要充分及时地进行信息交流。

充分及时的信息交流是项目控制的关键，是调整方案的依据，只有项目双方人员有效地沟通，才能促使项目实施在有序的状态下顺利进行。

(4) 随时记录项目进展情况。

实施人员要记录项目实施中的每一个变化细节，作为控制和调整方案的依据。

2. 实施控制的内容

(1) 目标控制。

明确的目标导向是目标控制的关键，如果目标不明确，工作范围将不能确定，这将导致交付物、应用效果、工期和成本的不确定。统一的管理模式和应用架构为程序化的作业提供有效的基础，也为项目实施在资源配置、实施进度安排和成本控制上提供了科学的算法，是目标控制及高效实施的重要保障。

(2) 进度控制。

进度控制的意义在于严格控制双方在实施过程中耗费的资源和成本。进度控制需要客户做好实施准备，精确计算实施工期，合理配置资源。

在项目实施过程中，有很多因素会对既定的项目进度产生影响，对进度控制的主要方法举例如下：

- 项目小组每周召开两次项目例会，参加人员为双方项目组成员，由软件实施方项目组组长召集并主持。在例会上对实施工作完成情况予以检查，总结项目进展情况，同时提出目前存在的问题并得出双方认可的解决办法、后续工作的进程和任务调整等，形成会议纪要。例会结束后整理项目进展报告，发送给双方项目总监。
- 视情况随时召集审议总体项目进展及项目风险和争议问题的会议。参会人员为项目组组长及用户单位项目组领导，形成会议纪要，并报告给双方项目总监，由双方高层协商确定。

(3) 质量控制。

1) 质量控制步骤。对于质量控制主要遵循以下步骤：

- 项目组双方详尽地界定工作范围，提供详细的实施方案。
- 坚持分阶段（里程碑）提交工作成果和验收的原则。在实施过程中每完成一个阶段的工作都由用户验收认可，方能开始下一个进程。
- 根据实施情况及时调整并修改实施方案，使之始终能够起到指导作用，同时也为实施质量提供依据。

- 对实施文档进行完整的管理。在实施过程中，会产生很多文档，如需求建议、解决方案、项目执行情况、最终结论、实施总结等，所有文档都必须标准化，以备查阅及考核。

2）质量审查。审查是以计划的内容为基础，以目标和方法为依据，对所用的各种技术工作进行描述，同时提交执行文档和软件。所有提交审查的记录将会作为活动的审计线索保存。

质量审查以测试为主，一般包括模块测试、联合测试、系统测试、集成测试及测试结果确认。

在进行上述各类测试前，必须先拟定测试计划，确定测试数据和可接受的测试结果以及测试环境和测试人员，并编写测试结果文档。

测试任务可由下列人员进行：模块设计者、重要的功能设计者、重要测试人员、专职测试人员。

测试结果文档有以下几种：保存打印过的测试结果，如报表打印、屏幕打印等；由主要测试者验收签字的单元测试报告；由主要功能设计者验收签字的系统测试方案；由主要测试者、实施小组成员、客户项目经理验收签字的集成测试报告。

3）文档管理。在项目实施过程中，由于项目实施的复杂性、多方人员参加以及时间跨度长等因素，任何需求、建议、解决方案和结论都必须文档化、标准化，以便查阅和引用。下列项目资料将在实施期间收集：

- 工作过程记录。
- 顾问现场工作日程表和日志。
- 需求改变表和日志。
- 问题与风险报表和日志。
- 周、月、季、年、阶段工作总结报告。
- 会议备忘录和日志。
- 项目资料收集。
- 项目管理文档。
- 模块实施过程中客户提交的各类文档。
- 客户化文档和模块开发文档。
- 客户提交的需求文档。
- 客户需求改变报告和批准书。
- 测试方案和测试结果报告。
- 客户签署的阶段成果确认书。
- 项目总结报告。

2.5　会计信息化组织及岗位

2.5.1　会计信息化工作组织的要求

会计信息化后，会计人员的分工和职能有所变化。正确组织会计信息化工作，对于完成会计任务、发挥会计在管理中的作用，具有重要的意义。会计信息化总的职能未变，由于会计数据处理工作由计算机完成，会计人员的主要工作是收集会计数据，参与经营管理与经营决策。会计系统是一个人机系统，从使用角度讲，人要录入数据和进行设备的维护与管理；从软件设计角度讲，本方为参与开发软件的，要增加软件设计方面的人员。因此，根据会计信息化工作的特点，要做好会计工作，必须根据本单位实际情况建立专门的会计信息化机构或有关岗位从事会计信息化工作，使会计信息化工作得以顺利开展。

对基层单位来说，除了要按国家对会计工作的统一要求来组织会计工作外，还应注意以下要求：

（1）既要考虑会计信息化工作的特点，又要按单位经营管理的特点来组织会计工作。对会计信息化人员、会计业务人员的配备，都必须结合本单位业务的特点和经营规模的大小等情况作合理的安排。

（2）对会计机构的设置、会计业务人员和会计信息化人员的配备，应力求精简、合理，节约人力，降低费用。

（3）会计业务人员和会计信息化人员的配备要合理。实现会计信息化后，会计业务人员与会计信息化人员之间的分工比较明确，必须根据实际情况确定会计业务人员和会计信息化人员之间的比例，以达到最佳的配备。

2.5.2 会计信息化后会计部门的组织形式

会计信息化部门如何组织，应根据各单位的实际情况来设置。大中型企事业单位一般都有信息中心或计算中心，在进行会计信息化工作的组织时要统一考虑。组织过程中要注意两个问题：一是怎样处理与信息中心的关系；二是怎样处理会计部门内部的关系。

会计信息化工作的组织，对每一个单位来说都有自己的特殊情况，还与会计信息化的发展程度有关。所以，应根据每一个阶段的需要来建立或调整相应的机构，做到既满足会计信息化工作需要，又节省人力和物力。

2.5.3 会计信息化人员管理

1. 会计信息化人员构成

在应用会计软件中，会计信息化人员由以下几种构成：系统管理人员、系统维护人员、业务操作员、数据审核员、档案管理人员、财务分析人员、电算审查人员，这类人员统称为系统应用人员。在整个会计系统的岗位中，不同的人员有不同的分工与职责，在不同的岗位上发挥不同的作用。

对于自行开发会计软件的单位，有系统分析人员、系统设计人员、系统编程、调试人员，统称为开发人员。

对会计信息化人员管理的基本方法是：按照责、权、利相结合的基本管理原则，明确系统内各类人员的职责、权限并尽量将之与各类人员的利益挂钩，即建立健全岗位责任制。这样一方面可以加强内部控制，保护资金财产的安全；另一方面可以提高工作效率，充分发挥系统的运行效率。

2. 会计信息化岗位职责

会计信息化后，根据单位规模的大小和实际情况设置具体管理岗位。在会计软件应用中，各岗位的基本职责如下。

（1）系统管理人员。

系统管理人员也称电算主管，职能是负责协调计算机及会计信息系统的运行工作，要求具备会计和计算机知识，以及相关的会计信息化组织管理的经验。电算主管可由会计主管兼任，采用大中小型计算机和计算机网络会计软件的单位，应该设立此岗位。系统管理人员的权限很大，一般可调用所有的功能和程序，但不能调用系统的源程序及详细的技术资料。系统管理人员不能由软件的开发人员担任。根据实际情况，也可以将部分职能分配给其他的人员负责。

其具体职责如下：

1）负责会计信息系统的日常管理工作，监督并保证系统的有效、安全、正常运行。在系统发生故障时，应及时到场，监督与组织有关人员恢复系统的正常运行。

2）协调系统各类人员之间的工作关系。

3）负责组织和监督系统运行环境的建立，以及系统建立时的各项初始化工作。

4）负责系统各有关资源（包括设备、软件、数据及文档资料等）的调用、修改和更新的审批。

5）负责系统操作运行的安全性、正确性、及时性检查。

6）负责计算机输出的账表、凭证数据正确性和及时性的检查与审批。

7）负责做好系统运行情况的总结，提出更新软件或修改软件的需求报告。

8）负责规定系统内各使用人员的权限等级。

9）负责系统内各类人员的工作质量考评，以及提出任免意见。

（2）业务操作员。

业务操作员也称软件操作员，负责输入记账凭证和原始凭证等会计数据，输出记账凭证、会计账簿、报表和进行部分会计数据处理工作，要求具备会计软件操作知识，达到会计信息化初级知识培训的水平。一般由基本会计岗位（原手工会计业务岗位）的会计人员兼任软件操作岗位的工作。操作员是系统运行中的关键人员，不能由系统开发人员担任，不能调用非自己权限内的功能。

其主要职责如下：

1）负责本岗位业务的录入、处理与输出。

2）严格按照系统操作说明进行操作。

3）系统操作过程中发现故障，应及时报告系统管理员，并做好故障记录及上机记录等事项。

4）做到当日账当日清。

5）按规定打印系统所有的明细账、总分类账和会计报表，以及自动转账凭证。

（3）数据审核员。

数据审核员也称审核记账员，负责对输入计算机的会计数据（记账凭证和原始凭证等）进行审核，操作会计软件登记机内账簿，对打印输出的账簿、报表进行确认。此岗位要求具备会计和计算机知识，达到会计信息化初级知识培训的水平，可由主管会计兼任。

其主要职责如下：

1）负责输入数据凭证的审核工作，包括各类代码的合法性、摘要的规范性和数据的正确性。

2）负责输出数据正确性的审核工作。

3）对不真实、不合法、不完整、不规范的凭证或票据退还各有关人员更正、补齐，再行审核。

4）对于不符合要求的凭证和不正确的输出账表数据，不予签章确认。

（4）系统维护人员。

系统维护人员也称电算维护员，负责保证计算机硬件、软件的正常运行，管理机内会计数据。此岗位要求具备计算机和会计知识，经过会计信息化中级知识培训。采用大型、中型、小型计算机和计算机网络会计软件的单位，应设立此岗位，此岗位在大中型企业中应由专职人员担任。软件维护员了解所用的软件，所以，不能从事系统的业务操作工作。

其主要职责如下：

1）定期检查软硬件设备的运行情况。

2）负责系统运行中的软件、硬件故障的排除工作。

3）负责系统的安装和调试工作。

4）负责与有关会计人员，利用软件提供的通用功能，生成满足新需求的操作维护工作。

（5）电算审查人员。

电算审查人员负责监督计算机及会计软件系统的运行，防止利用计算机进行舞弊，要求具备计算机和会计知识，达到会计信息化中级知识培训的水平。此岗位可由会计稽核人员或内部审计人员兼任。采用大型、中型、小型计算机和大型会计软件的单位，可设立此岗位。

其主要职责如下：

1）协助制定有关的内部控制措施和制度。

2）对有关数据及现象进行分析，发现线索。

3）进行日常审查。

（6）财务分析人员。

财务分析人员负责对计算机内的会计数据进行分析，提交有关分析报告。要求具备计算机和会计知识，达到会计信息化中级知识培训的水平。采用大型、中型、小型计算机和计算机网络会计软件的单位，可设立此岗位，可由主管会计兼任。

其主要职责如下：

1）协助建立日常的分析制度和规范。

2）提交有关的常规分析报告。

3）完成领导下达的有关分析任务。

（7）档案管理人员。

档案管理人员负责保管各类数据和会计档案，应具备计算机常识，如 U 盘、光盘的使用与保护等，一般应由能做好安全保密的人员担任。

其主要职责如下：

1）负责系统的各种开发文档、系统操作手册、数据 U 盘、光盘及各类账表、凭证、资料的备份和存档保密工作。

2）做好各类数据、资料、账表、凭证的安全保密工作，不得擅自借出。

3）按规定期限，向各类有关人员催交备份数据及存档数据。

2.6　会计信息化后的使用管理

2.6.1　会计信息化后使用管理的意义

会计信息化后的使用管理主要是通过对系统运行的管理，保证系统正常运行，完成预定任务，保证系统内各类资源的安全与完整。虽然会计系统的使用管理主要体现为日常管理工作，却是系统正常、安全、有效运行的关键。如果单位的操作管理制度不健全或执行不力，都会给各种非法舞弊行为以可乘之机；如果操作不正确就会造成系统内数据的破坏或丢失，影响系统的正常运行，也会造成录入数据的不正确，影响系统的运行效率，直至输出不正确的账表；如果各种数据不能及时备份，则有可能在系统发生故障时，使得会计工作不能正常进行；如果各种差错不能及时记录下来，则有可能使系统错误运行，输出不正确、不真实的会计信息。信息化后的使用管理主要包括机房的管理与上机操作的管理。

2.6.2　机房管理

设立机房主要有两个目的，一是给计算机设备创造一个良好的运行环境，保护计算机设备，使其稳定地运行；二是防止各种非法人员进入机房，保护机房内的设备、机内的程序与数据的安全。对于办公条件较好的单位，一般是将服务器等重要设备放置在机房，其终端设备放置在办公室里，以便于日常工作。具体管理是通过制定与贯彻执行机房管理制度来实施的。机房管理的主要内容包括：

（1）有权进入机房人员的资格审查。如果业务操作也在机房进行，系统管理员、操作员、录入员、审核员、维护人员以及其他经批准的有关人员可进入机房，系统维护员一般不能单独留在机房。

（2）机房内的各种环境要求。例如，机房的卫生要求、温度湿度要求、防火要求。

（3）机房内各种设备的管理要求。

（4）机房中禁止的活动或行为。如严禁吸烟、喝水等。

（5）设备和材料进出机房的管理要求。

如果机房只放置服务器等重要设备，则机房一般只能允许系统管理员和维护人员进入，相应的制度要分开制定。

2.6.3 操作管理

操作管理是指对计算机及系统操作运行的管理工作，其主要体现在建立与实施各项操作管理制度上。操作管理的任务是建立会计系统的运行环境，按规定录入数据，执行各子模块的运行操作，输出各类信息，做好系统内有关数据的备份及故障时的恢复工作，确保计算机系统的安全、有效、正常运行。操作管理制度主要包括以下内容。

(1) 上机运行系统的规定。

上机运行系统的规定主要是指明哪些人员能上机运行系统，哪些人员不能上机运行系统。一般来说包括以下内容：

1) 系统管理员、业务操作员、系统维护员、数据复核员及其他经系统管理员批准的有关人员，有权上机运行系统。

2) 非指定人员不能上机运行系统。

3) 业务操作员、数据审核员由系统管理员根据业务需要确定。

4) 与业务无关人员及脱离会计工作岗位的人员不得上机运行系统。

5) 系统操作运行人员需经培训合格后方可上机运行系统。

(2) 操作权限。

操作权限是指系统的各种操作人员所能运行的操作权限，主要包括以下内容：

1) 业务操作员应严格按照凭证或单据输入数据，不得擅自修改已复核的凭证数据，如发现差错，应在复核前及时修改或向系统管理员反映，已输入计算机的数据，在登账前发现差错，可由业务操作人员进行改正。如在登账之后发现差错，必须另制作凭证，以红字冲销或补充登记，录入计算机。

2) 除了软件维护员之外，其他人员不得直接打开数据库进行操作，不允许随意增删和修改数据、源程序和数据库结构。

3) 出纳人员、软件开发人员不允许进行系统性的操作。

4) 系统软件、系统开发的文档资料均由系统管理员负责并指定专人保管，未经系统管理员许可，其他人员不得擅自复制、修改和借出。

5) 存档的数据如光盘、移动硬盘、纸质账表和凭证及各文档资料等，由档案管理员按规定统一复制、核对、保管。

6) 系统维护人员必须按有关的维护规定进行操作。

(3) 操作规程。

操作规程主要指操作运行系统中应注意的事项，它们是保证系统正确、安全运行，防止各种差错的有力措施。其主要包括以下内容：

1) 各操作使用人员在上机操作前后，应进行上机操作登记，填写姓名、上机时间和下机时间、操作内容，供系统管理员检查核实。如果会计软件中有自动记录上机日志的，也可以用上机日志代替。

2) 操作人员的操作密码，应注意保密。

3) 操作人员必须严格按操作权限操作，不得越权或擅自上机操作。

4）每次上机完毕，应及时做好所需的各项备份工作，以防发生意外事故。

5）未经批准，不得使用格式化、删除等命令或功能，更不允许使用系统级工具对系统进行分析或修改系统参数。

6）不能使用来历不明的存储介质和进行各种非法拷贝工作，以防止计算机病毒的传入。

2.6.4 计算机替代手工记账

采用计算机替代手工记账，是指应用会计软件输入会计数据，由计算机对会计数据进行处理，并打印输出会计账簿和报表。计算机替代手工记账是会计信息化的目标之一。

采用计算机替代手工记账的单位，应当具备的基本条件如下：

(1) 配有适用的会计软件，并且计算机与手工进行会计核算双轨运行3个月以上，计算机与手工核算的数据相一致，且软件运行安全可靠。

(2) 配有专用的或主要用于会计核算工作的计算机或计算机终端。

(3) 配有与会计信息化工作需要相适应的专职人员，其中上机操作人员已具备会计信息化初级以上专业知识和操作技能，取得财政部门核发的有关培训合格证书。

(4) 已建立健全内部管理制度。包括岗位分工制度、操作管理制度、机房管理制度、会计档案管理制度、会计数据与软件管理制度等。

计算机替代手工记账的过程是会计工作从手工核算向信息化核算的过渡阶段，由于计算机与手工并行工作，会计人员的工作强度比较大，需要合理安排财务会计部门的工作，提高工作效率。

计算机与手工并行工作期间，可采用计算机打印输出的记账凭证替代手工填制的记账凭证，根据有关规定进行审核并装订成册，并据以登记手工账簿。如果计算机与手工核算结果不一致，要由专人查明原因并向本单位领导书面报告。一般来讲，计算机与手工并行的时间在3个月左右。

在实施计算机替代手工记账后，应该加强运行中的管理工作，使系统达到会计工作管理的需要。

2.7 会计信息化后的维护管理

2.7.1 会计信息化后维护管理的意义

要使会计系统正常、稳定、高效地运行，就要求不断维护和优化核算系统；系统在设计中必然存在考虑不周的情况，系统在运行过程中也必然会出现各种问题，也要求对系统进行维护。现有统计资料表明，软件系统生命周期中各部分的工作量，软件维护的工作量一般占50%以上；经验表明，维护工作要贯穿系统的整个生命周期，不断重复出现，直到系统过时和报废为止；经验也表明，随着系统规模的扩大和复杂性的增加，维护费用在整个系统的建立与运行中的比例越来越大。维护是整个系统生命周期中最重要、最费时的工作。

系统的维护包括硬件维护与软件维护两部分。软件维护主要包括正确性维护、适应性维护、完善性维护三种。正确性维护是指诊断和改正错误的过程；适应性维护是指当单位的会计工作发生变化时，为了适应而进行的软件修改活动；完善性维护是指为了满足用户增加功能或改进已有功能的需求而进行的软件修改活动。软件维护还可分为操作维护与程序维护两种。操作维护主要是利用软件的各种自定义功能来修改软件的一些参数，以适应会计工作的变化，它实质上是一种适应性维护；程序维护主要是指需要修改程序的各项维护工作。

2.7.2 会计信息化后的维护管理

维护的管理工作主要是通过制定维护管理制度和组织实施来实现的。维护管理制度的主要内容如下。

（1）系统维护的任务。

系统维护的任务主要包括以下几个方面。

1）实施对系统硬件设备的日常检查和维护，以保证系统的正常运行。

2）在系统发生故障时，排除和恢复运行。

3）在系统扩充时负责安装、调试，直至运行正常。

4）在系统环境发生变化时，随时做好适应性的维护工作。

（2）系统维护的承担人员。

在硬件维护工作中，较大的维护工作一般是由研制单位进行。使用单位一般只进行小的维护工作，主要通过一些基本命令或各种软件工具即可满足要求，会计部门一般不配备专职的硬件维护员，硬件维护员可由软件维护员担任，即通常所说的系统维护员。

对于使用商品化软件的单位，程序维护工作由软件厂家负责，单位负责操作维护，单位可不配备专职维护员，而由指定的系统操作员兼任。

对于自行开发软件的单位，一般应配备专职的系统维护员。系统维护员负责系统的硬件设备和软件的维护工作，及时排除故障，确保系统的正常运行；负责日常的各类代码、标准摘要、数据及源程序的正确性维护、适应性维护工作，有时还负责完善性的维护。

（3）软件维护的内容。

软件维护的内容包括操作维护与程序维护。操作维护主要是一些日常维护工作，程序维护包括正确性维护、完善性维护和适应性维护。

（4）硬件维护的内容。

硬件维护的内容主要包括以下几个方面：

1）定期进行检查，并做好检查记录。

2）在系统运行过程中，出现硬件故障时，及时进行故障分析，并做好检查记录。

3）在设备更新、扩充、修复后，由系统管理员与维护员共同研究决定，并由系统维护人员实施安装和调试。

(5) 系统维护的操作权限。

操作权限主要是指明哪些人能进行维护操作，何种情况下可进行维护。其主要内容如下：

1) 维护操作一般由系统管理员或指定的专人负责，业务操作员、档案管理员等其他人员不得进行维护操作，系统管理员可进行操作维护，但不能进行程序维护。

2) 不符合维护规定手续的不允许进行软件修改操作。

3) 一般情况下，维护操作不应影响系统正常的运行。

4) 不得进行任何未做登记记录的软硬件维护操作。

(6) 软件的修改手续。

对于自行开发的会计软件或自行增值开发的程序，为了防止各种非法修改软件的行为，对软件的修改应有审批手续。修改的手续主要内容如下：

1) 由系统管理员提出软件修改请求报告。

2) 由有关领导审批请求报告。

3) 以前的源程序清单存档。

4) 手续完备后，实施软件的修改。

5) 软件修改后形成新的文档资料。

6) 发出软件修改后使用变更通知。

7) 进行软件修改后的试运行。

8) 根据运行的情况做出总结并修改文档资料。

9) 发出软件修改版本后正式运行的通知。

10) 软件和源程序做新的备份，并同定稿的文档资料存档。这里的文档主要应包括维护的审批人、提请人、维护人的姓名，维护时间，修改原因，修改的内容，修改后的情况和效果。

2.8 会计信息化档案管理

2.8.1 会计信息化档案管理的意义

会计信息化的档案主要包括打印输出的各种账簿、报表、凭证，存储的会计数据和程序的存储介质，系统开发运行中编制的各种文档以及其他会计资料。会计系统的档案管理在整个会计信息化工作中起着重要的作用。

1. 良好的档案管理是会计信息化工作连续进行的保障

会计系统的档案是会计档案的重要组成部分。会计档案是各项经济活动的历史记录，也是检查各种责任事故的依据。只有会计档案保存良好，才能连续反映单位的经济情况，才能了解单位经营管理过程的各种弊端、差错、不足，才能保证信息前后期的相互利用，才能保证系统操作的正确性、可继续培训性和系统的可维护性。

2. 良好的档案管理是会计系统维护的保证

在会计信息化后的档案中，对于自行开发或增值开发的单位，各种开发文档是其中的重要内容。对会计系统来说，其维护工作有以下特点。

(1) 理解别人写的程序通常非常困难，而且软件文档越不全、越不符合要求，理解就越困难。

(2) 会计系统是一个庞大的系统，其中的任何一个子系统都非常复杂，而且其还跨越了会计与计算机两方面的专业知识，了解与维护系统非常困难。

所以，如果没有保存完整的系统开发文档、使用和维护文档，系统的维护将非常困难，甚至不可能。如果出现这样的情况，很可能带来系统的停止运转，严重影响会计工作的连续性。

3. 良好的档案管理是保证系统内数据信息安全完整的关键环节

当系统程序、数据出现故障时，往往需要利用备份的程序与数据进行恢复；当系统处理需要以前年度或机内没有的数据时，也需要将备份的数据复制到机内；系统的维护也需要各种开发文档或使用说明。因此，保存良好的档案是保证系统内数据信息安全完整的关键环节。

4. 良好的档案管理是会计信息得以充分利用，更好地为管理服务的保证

让会计人员从繁杂的事务性工作中解脱出来，充分利用计算机的优势，及时为管理人员提供各种管理决策信息，是会计信息化的最高目标。俗话说，“巧妇难为无米之炊”。对计算机来说也一样，计算机内没有相应的数据，什么样的分析数据也无法提供。因此，要实现会计信息化的根本目标，就必须要有保存完好的会计数据。只有良好的档案管理，才可能在出现各种系统故障的情况下，及时恢复被毁坏的数据；只有保存完整的会计数据，才可能利用各个时期的数据，进行对比分析、趋势分析、决策分析。因此，良好的档案管理是会计信息得以充分利用，更好地为管理服务的保证。

2.8.2 会计信息化档案管理的任务

1. 监督、保证按要求生成各种档案

按要求生成各种档案是档案管理的基本任务。对于自主开发或增值开发的单位来说，各种开发文档应由开发人员编制，会计部门应监督开发人员提供完整、符合要求的文档；各种会计报表与凭证应按国家的要求打印输出；各种会计数据应定期备份，重要的数据应强制备份；计算机源程序应有多个备份。

2. 保证各种档案的安全与保密

会计信息是加强经济管理、处理各方面经济关系的重要依据，绝不允许随意泄露、毁损和遗失。各种会计信息资料的丢失与毁损自然会影响到会计信息的安全与保密；各种开发文档及程序的丢失与破坏都会危及运行的系统，进而危及系统中会计信息的安全与完整。所以，各种档案的安全与保密是与会计信息的安全密切相关的，应加强档案管理，保证各种档案的安全与保密。

3. 保证各种档案得到合理利用

档案中的会计信息资料是了解企业经济情况、进行分析决策的依据；各种开发文档是系统维护的保障；各种会计信息资料及系统程序，是系统出现故障时，恢复系统，保证系统连续运行的保证。

2.8.3 会计信息化档案管理的方法

1. 会计信息化档案的生成与管理办法

计算机代替手工记账后，会计档案除指手工编制的凭证、账簿和会计报表外，还包括计算机打印输出的会计凭证、会计账簿、会计报表，存有会计信息的存储介质，会计系统开发的全套文档资料。对手工形成的会计凭证、会计账簿和会计报表等会计档案，在此不再论述，可参见《会计档案管理办法》（1998 年 8 月 21 日，财政部、国家档案局发布）。

（1）记账凭证的生成与管理。

计算机代替手工记账单位的记账凭证有两种方式。

1）由原始凭证直接录入计算机，由计算机打印输出。在这种情况下记账凭证上应有录入员的签名或盖章，稽核人员的签名或盖章，会计主管人员的签名或盖章。收付款记账凭证还应由出纳人员签名和盖章。相关的签名在信息化下可以通过软件自动生成并打印出来。打印生成的记账凭证应视同手工填制的记账凭证，按《会计档案管理办法》的有关规定立卷归档保管。

2）手工事先做好记账凭证，计算机录入记账凭证然后进行处理。在这种情况下，保存手工记账凭证与机制凭证皆可，如保存手工记账凭证，其处理与保管办法可按《会计档案管理办法》的有关规定；如保存机制记账凭证，其处理与保管办法与由计算机生成记账凭证的处理与保管办法相同。需要强调的是，在计算机记账后发现记账凭证录入错误时，保存手工记账凭证的，需同时保存为进行冲账处理而编制的手工记账凭证；保存机制记账凭证的，需同时保存进行冲账处理的机制记账凭证。

（2）会计账簿、报表的生成与管理。

已由计算机全部或部分代替手工记账的，其会计账簿、报表以计算机打印的书面形式保存。这主要是考虑到当前磁性或其他介质的可靠性不强和保存条件要求较高等情况。其保存期限按《会计档案管理办法》的规定办理。但财政部的规定同时考虑到计算机打印的特殊情况，在会计资料生成方面进行了一些灵活规定，除要求日记账每天打印外，一般账簿可以根据实际情况和工作需要按月或按季、按年打印；发生业务少的账簿，可满页打印。现金、银行存款账可采用计算机打印输出的活页账页装订。

（3）磁性介质及其他介质的管理。

存有会计信息的磁性介质及其他介质，在未打印成书面形式输出之前，应妥善保管并留有副本。一般来说，为便于利用计算机进行查询及在会计系统出现故障时进行恢复，这些介质都应视同相应会计资料或档案进行保存，直至会计信息完全过时为止。

（4）系统开发的文档资料的管理。

系统开发的全套文档资料，视同会计档案保管，保管期截至该系统停止使用或有重大更改之后的5年。

2. 会计系统档案管理制度

档案管理一般是通过制定与实施档案管理制度来实现的。档案管理制度一般包括以下内容。

（1）存档的手续。主要是指各种审批手续，如打印输出的账表，必须有会计主管、系统管理员的签章才能存档保管。

（2）各种安全保证措施。例如，备份介质、刻录光盘上应贴写保护标签，存放在安全、洁净、防热、防潮的场所。

（3）档案管理员的职责与权限。

（4）档案的分类管理办法。

（5）档案使用的各种审批手续。例如，调用源程序就应由有关人员审批，并应记录调用人员的姓名、调用内容、归还日期等。

（6）各类文档的保存期限及销毁手续。例如，打印输出账簿就应按《会计档案管理办法》的规定保管期限进行保管。

（7）档案的保密规定。例如，任何伪造、非法涂改变更、故意毁坏数据文件、账册等的行为都将进行相应的处理。

2.9 复习题

2.9.1 思考题

1. 会计软件开发主要分为哪几步？每一阶段的工作主要有哪些？
2. 对会计软件的要求主要有哪些？
3. 结合实际，谈谈选择商品化会计软件主要应当考虑哪些因素。
4. 实施的目标如何制定？实施过程主要有哪些阶段？怎样对实施的效果进行评价？
5. 会计信息化的运行管理主要包括哪些方面？

2.9.2 判断题

1. 与手工会计不同，会计信息化下不存在明显的岗位分工问题，可以由一个操作员完成整个证、账、表的工作。（ ）
2. 为使会计软件更具针对性，企业应首选采用定点开发方式。（ ）
3. 实现会计信息化后，为保证万无一失，会计核算人员应由部分程序研制人员兼任。（ ）

4. 进行会计数据的输入、数据备份和输出，对审核过的凭证数据及时登记入账是系统维护人员的职责。 ( )

5. 项目实施只需要软件实施方成立项目组。 ( )

6. 项目实施需要双方联合成立项目组。 ( )

7. 实施方案书在项目实施开始时提交。 ( )

8. 当企业原来的业务处理方法、核算方法与国家法规有冲突时，实施方案应当首先考虑合法性。 ( )

9. 企业在安排人员进入实施小组时，重点考虑的是人员的计算机水平。 ( )

2.9.3 单项选择题

1. 一般情况下，企业开展会计信息化应选择（ ）。
A. 商品化软件 B. 自行开发软件
C. 委托软件公司开发软件 D. 定点开发软件

2. 一般情况下，账务处理子系统不具备（ ）功能。
A. 记账 B. 期末转账
C. 编制会计报表 D. 结账

3. 专用会计软件与通用会计软件的最大区别是（ ）。
A. 会计软件功能不同 B. 不需要设置账套
C. 能满足单位特殊经济业务的需要 D. 操作更简单

4. 核算型会计软件不包括的功能是（ ）。
A. 工资核算 B. 固定资产核算
C. 成本核算 D. 预算功能

5. 在会计信息化下，财务分工主要是通过（ ）实现的。
A. 设置操作人员权限 B. 内部管理制度的规定
C. 相互监督 D. 由操作员自身设置

6. 会计档案资料保管员不负责保存（ ）。
A. 软件公司宣传资料 B. 计算机会计数据
C. 凭证 D. 各种账表

7. 具有人员分工操作权限的是（ ）。
A. 电算维护员 B. 电算主管员
C. 软件操作员 D. 审核记账员

8. 下列（ ）工作是会计信息化使用单位负责的。
A. 会计软件的操作和日常维护 B. 会计软件修改
C. 会计软件的版本升级 D. 会计软件的功能扩充

9. 会计信息化单位负责会计软件的操作维护工作，具体可由（ ）负责。
A. 会计主管 B. 操作员
C. 系统维护员 D. 审核员

10. 项目预备会需要（ ）参加。
A. 双方高层领导和项目组成员 B. 双方高层

C. 双方项目经理　　　　D. 双方全员

11. 培训阶段针对不同对象的培训分为（　　）。

A. 领导培训、系统管理员培训、一般操作员培训

B. 领导培训、系统管理员培训、一般操作员培训、项目实施人员培训

C. 系统管理员培训、一般操作员培训

D. 系统管理员培训、一般操作员培训、项目实施人员培训

12. 项目培训分为（　　）阶段。

A. 培训方案、组织培训、培训验收

B. 培训方案、培训验收、组织培训

C. 组织培训、培训验收、培训方案

D. 培训验收、培训方案、组织培训

13. 如果在实施时发现会计软件有的功能不能满足用户的合法合理的需要，而又不能更换为另外一种会计软件时，应该（　　）。

A. 终止实施　　　　B. 不理睬会计软件用户的需要

C. 对会计软件做二次开发　　　　D. 请用户用手工完成需要的功能

14. 在会计数据处理过程中，最为关键的环节是（　　）。

A. 数据采集　　　　B. 数据加工

C. 数据存储　　　　D. 数据输出

2.9.4 多项选择题

1. 会计数据的输入方式有（　　）。

A. 手工键盘输入　　　　B. U盘输入

C. 光盘输入　　　　D. 网络传输输入

2. 企业取得会计软件的方式有（　　）。

A. 购买　　　　B. 自行开发

C. 委托开发　　　　D. 联合开发

3. 会计软件实施前的准备工作主要包括（　　）。

A. 全面清理手工会计业务工作　　　　B. 规范会计业务处理工作

C. 会计数据的整理和准备　　　　D. 进行人员的培训

4. 计算机替代手工记账需建立的基本管理制度有（　　）。

A. 操作管理制度　　　　B. 硬件管理制度

C. 软件管理制度　　　　D. 审计制度

5.（　　）属于系统维护员的职责。

A. 定期检查软件、硬件的运行情况

B. 负责软件的安装和调试工作

C. 对系统进行功能完善

D. 负责会计数据的录入

6. 企业的会计软件实施组应有（　　）参加。

A. 企业的计算机人员　　　　B. 企业的会计人员

C. 政府财政主管部门的人员　D. 国家税务主管部门的人员

7. 会计软件实施时必有的步骤包括（　）。

A. 确定会计业务处理流程　B. 任命会计部门的负责人

C. 培训操作者　D. 会计软件的初始设置

8. 会计软件中的备份功能非常重要，在进行这一工作时应该（　）。

A. 注明备份时间　B. 备份介质有两份以上

C. 删除数据前先备份　D. 先恢复数据

C 第 3 章 Chapter 3

金蝶 K/3 WISE 应用准备

金蝶 K/3 WISE 系列产品，目的是为社会服务业、工商企业提供管理与 IT 整合解决方案，支持业务前台、业务后台、管理后台协同应用，涵盖单品管理、过程管理、客户管理、供应链及分销链管理、生产管理、财务管理、人力资源管理、商业智能分析等业务领域，具有全面应用（wide application，W）、完整协同（integrated collaboration，I）、敏捷制造（smart manufacturing，S）、卓越模式（excellent model，E）四大优势，为企业实现流程再造、管理创新，从而增强企业活力，健康持续发展。

本书以金蝶 K/3 WISE（版本号 14.0）软件为蓝本，主要介绍系统设置、总账、采购、销售、仓存、存货核算、固定资产、工资、期末业务及报表等模块的实际应用，全部应用操作在 Windows 7 旗舰版环境下完成。

本书重点介绍进销存业务与财务的一体化处理。若需要学习生产管理等模块的应用，可以参考其他资料。

3.1 金蝶 K/3 WISE 管理软件简介

金蝶 K/3 WISE 管理软件能够帮助企业高效整合内外部资源，实现企业规范管理；支持企业通过物料需求计划、物料替代策略，将销售订单转化为生产订单、采购订单和委外订单，实现产、供、销协同，提高订单履约率和供货及时率；精准业务分析，助力管理者实时掌控运营情况，提高企业管理水平。其基本业务蓝图如图 3—1 所示。

金蝶 K/3 WISE 能够提供财务业务一体化及生产解决方案，其主要模块构成如图 3—2 所示。

1. 网店管理

网店管理系统与淘宝网、天猫商城、企业自建网店等电商平台集成，提供订单下载、订单合并与分拆、配货、快递单打印、发货等网店业务处理，并通过邮件、短信方式向网购客户发送发货信息及商品上架信息，整合企业电子商务前台与管理后台的业务流程与信息，帮助企业整合线上线下资源，提高供应链整体运营效率，帮助中小企业通过电子商务拓展市场。

图 3—1　金蝶 K/3 WISE 业务蓝图

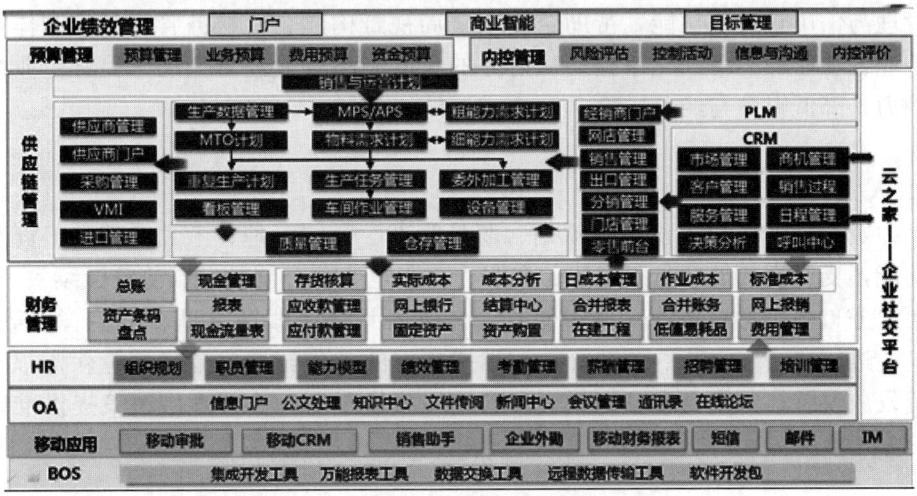

图 3—2　模块构成

2. 供应链管理

供应链管理以加快企业响应速度为核心，将销售、采购和库存环节高效连接，帮助企业实现进销存一体化运作，以信息流优化物流和资金流。通过客户管理、综合的销售接单评估、多角度信用控制、销售价格控制等，帮助企业提升接单能力和销售额，加速资金回收，实现利润最大化。通过对供应商的有效管理和采购价格控制、来料质量控制，帮助企业有效控制采购成本，确保按质按期交付。通过对库存业务的规范和控制，多角度的库存预警分析，帮助企业有效压缩库存。

3. 生产管理

生产制造管理模块提供生产数据、物料需求计划、生产任务管理等功能，支持以销售订单为核心的按单生产模式，通过物料需求计划，快速确定采购计划、生产计划、委外计划；通过物料需求计划来协调企业产、供、销，帮助企业严格控制物耗与工耗，降低生产成本，缩短生产周期，确保按时交货。

4. 成本管理

成本管理模块提供产品实际生产成本核算功能，支持品种法、分步法、分批法、分类法等多种成本核算方法，可以与其他系统集成，快速自动采集产量、费用等数据，提供灵活的费用分配方法和向导式的成本计算，以及完备的成本计算报告；实现了订单成本核算，利于评估订单利润及客户价值贡献率，以及完整的废品和联产品、副产品成本核算，可以将各业务流程单据按凭证模板生成凭证传递到总账；通过多维度的成本分析，为制定科学的经营决策提供了强有力的依据。

5. 财务管理

集成了财务核算、资产管理、往来管理、资金管理、报表管理等功能的一体化财务管理系统，以单据和凭证处理为主线，提供便捷的财务核算功能，同时通过灵活的核算项目管理、调整期管理、资产账簿管理、多维度的报表组合查询与分析、精细的往来管理与信用管理等功能，帮助企业以全局视野构建企业财务管理和控制体系，加强对企业各项业务的精细化掌控，从财务的角度洞悉企业经营全局，提升企业洞察力和控制力，降低财务与经营风险。

6. 人力资源管理

人力资源管理模块提供组织规划、职员管理、合同管理、考勤管理、工资管理等核心功能，支持高效处理员工入职、在职、离职，劳动合同预警、签订、续签、变更、终止等业务；提供考勤档案、刷卡管理、考勤日记录、假期管理、出差管理等功能，帮助企业进行严格、规范的考勤管理，维持良好的工作纪律；精确核算薪资福利，减少工资发放误差；系统内置查询报表和自定义报表平台，为管理层决策提供准确的人力资源参考数据。

7. 商业智能

商业智能模块提供对资产负债表、利润表、现金流量表、资金报表、费用报表等财务管理报表的多维分析和数据钻取，以及对销售收入、回款、销售成本及毛利、销售订单、应收账款、采购到货及时性、采购到货质量、采购价格、采购费用、存货周转与库龄、库存呆滞料、库存资金占用等业务数据的多维分析，支持企业自定义分析主题和维度，通过看板、图形、排名等多种方式，帮助管理人员了解企业运营现状，为科学决策提供可靠依据。

金蝶 K/3 WISE 能够适应多行业的管理，具体要根据实际实施需求来构建，如针对制造业的解决模式、针对商贸业的解决模式等。

3.2 安装和应用环境的准备

3.2.1 安装中应注意的问题

在单机上安装金蝶 K/3 WISE 学习，操作系统使用 Windows 7，要注意以下问题：

（1）操作系统：Windows 7 家庭版、高级家庭版都不能安装；只能是旗舰版和专业版。

（2）数据库：SQL Server 2005。

（3）安装的权限：管理员。

在安装数据库和金蝶 K/3WISE 时，先选择安装程序，然后单击鼠标右键，再选择“以管理员身份运行”。

（4）用户权限控制：设置为最低，即对安装不做限制。

（5）安全管理软件：安全卫士、杀毒软件之类安装过程中必须停止运行。最好先卸载，安装成功后再安装安全管理类软件。

（6）其他软件：可以安装 Office、输入方法、浏览器、即时通讯类软件。不能在同一环境中存在其他管理软件。

3.2.2　准备操作系统

操作系统是管理软件运行的基础环境，每种软件都有自己特定的要求，具体要按照管理软件开发商要求的环境来准备。

在同一个操作系统下往往会安装和运行多种软件，但各种软件在安装的时候需要特定的环境，并按照自己的需要来设置。如果多种软件并存，就可能造成软件之间使用环境的冲突，导致某些软件无法正常安装或安装后无法正常运行。

要学习软件的应用方法和进行日常的维护，首先就需要安装好软件。为了不影响已经安装的软件，并使金蝶 K/3 WISE 能够正常安装，一般有两种方法可以采用。

一是使用 VMWARE 之类的虚拟机，由于在现有系统上再运行一个操作系统，要求机器的性能要相对较好才行，机器内存一般要大于 2G。这种方式运行效率会有一定的影响，但一般学习使用是可以的。这种方式不会对其他已经安装的软件产生影响，是测试和应用软件的较好方法。

二是安装一个独立启动的操作系统（开机多启动方式）。如安装 Windows 7 旗舰版操作系统，由于是新安装的，没有安装其他软件，安装金蝶 K/3 WISE 就会很顺利。当学习完成，也可以安装其他软件或删除该系统。这种方式需要划分出 40G 左右的空间，用于安装 Windows 7 旗舰版、金蝶 K/3 WISE 和其他必需的软件。采用这种方式，使用效率与单启动系统是相同的，只是启动过程中要选择一下进入哪个操作系统。

K/3 系统是典型的三层结构应用，由数据库、中间层、客户端三层构成，此外 HR/Web 系统为可选部件。为了保证 K/3 系统运行的稳定性和数据安全，不同的 K/3 版本所支持的操作系统不同，以 K/3 WISE 14.0 为例，金蝶 K/3 中间层、WEB、数据库服务器的运行环境要求为：Windows 2003 Server 或 Windows 2008 等服务器版本的操作系统，客户端要求为：Windows XP Professional，Windows 2003 Server，Windows 7 等均可，具体操作环境要求可以参考金蝶 K/3 发布说明。

原则上 K/3 不支持在 Windows 7 安装中间层和数据库，但是考虑多数学习环境为 Windows 7，为便于学习，下面以 Windows 7 作为安装环境进行介绍。

如需要应用到 K/3 WEB，如 CRM、客户门户、供应商协同、EBOS，则在安装 K/3 之前需要配置 IIS。

Internet Information Services（IIS，互联网信息服务），是由微软公司提供的基于运行 Windows 的互联网基本服务。

IIS 的默认安装不完全，需要我们自己手动添加进行安装。

（1）进入控制面板后，先选择“程序”，再选择“程序和功能”，点击“打开或关闭 Windows 功能”，如图 3—3 所示。

图 3—3 Windows 功能

（2）选择“Internet 信息服务”进行设置。进入后，要把加号都点开，简单的做法是选取可选的全部项目，点击“确定”后，系统会自动完成 IIS 的安装。

3.2.3 安装金蝶 K/3 WISE 环境的准备

1. 更改用户账户控制

Windows 7 为了安全起见，对用户的权限进行了控制，以防止非法软件被安装，但在安装一些软件的时候，需要最高权限才能安装完成，不然表面上似乎安装完成，但由于安装人员的权限不够，导致在修改有关系统参数时不成功，导致安装后无法正常使用。这种问题是安装程序在安装过程中发生的，不一定进行提示，出现错误后将很难寻找原因和解决办法。

选择“控制面板”|“用户账户和家庭安全”|“用户账户”|“更改用户账户控制设置”，然后设为最低（从不通知）。

2. 估算安装和运行空间

要运行 K/3 WISE，一般至少应该留足 10G 左右的空间，因此在安装前要对磁盘空间进行清理，确保有足够的空间，以使安装成功后能够正常运行。

3.2.4 安装数据库

K/3 WISE 使用微软的 SQL Server 数据库，这里使用 Microsoft SQL Server 2005 Express Edition Service Pack 4（SQL Server 2005 的免费版）。作为学习使用，功能已经能满足，可以在微软的网站下载。注意：如果是 64 位操作系统，对应要使用 SQL Server 2005 的 64 位版本。

在安装之前，一定要停用杀毒软件、360 安全卫士之类的安全管理软件。

安装方法：双击 SQLEXPR_CHS.EXE（64 位版本）安装程序，进行安装。进入后，先接受许可条款和条件，单击“下一步”，选择“安装”，系统将自动运行。中间有询问的，选择“下一步”，直到出现“系统配置检查”，单击“下一步”，出现“注册信息”，如图 3—4 所示。

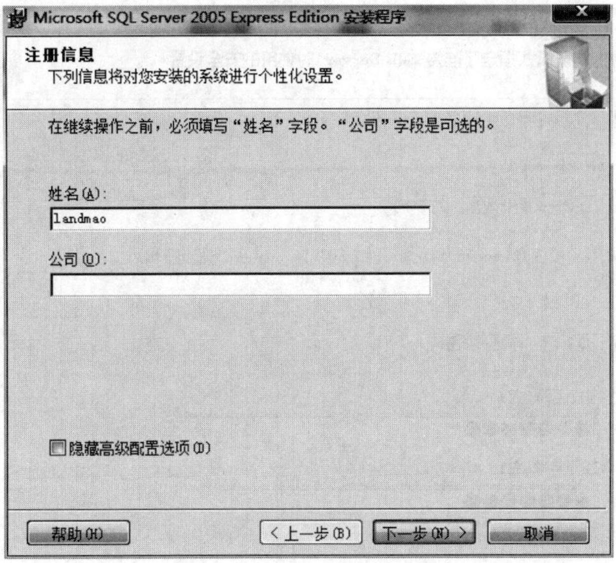

图 3—4　注册信息

在图 3—4 中，不要选择“隐藏高级配置选项”（默认是选择的）。

单击“下一步”，进入功能选择，按照系统默认的选择即可，也可以全部安装。单击“下一步”，如图 3—5 所示。

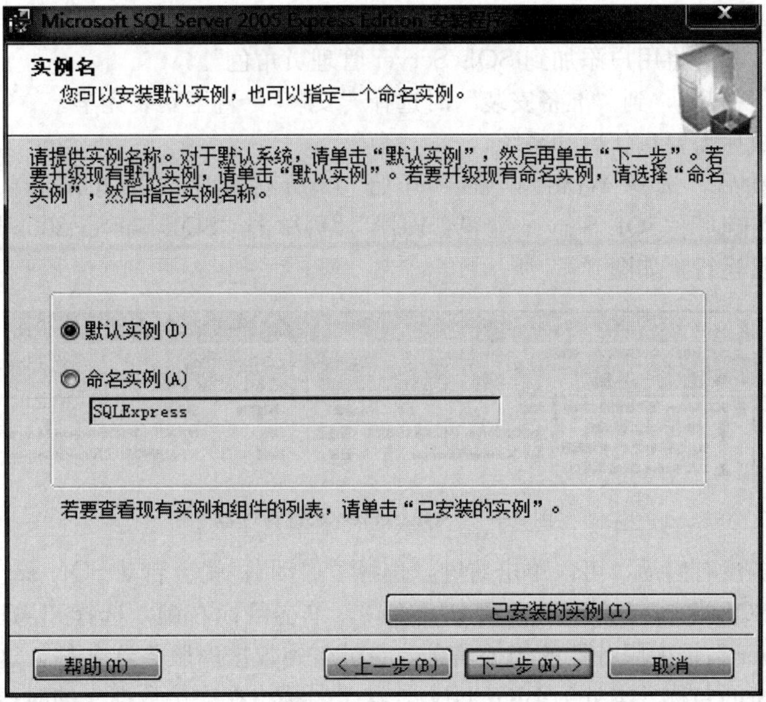

图 3—5　实例名

选择“默认实例”。后续选用系统默认的选择方式，直到进入“身份验证模式”，如图3—6所示。

图3—6 身份验证模式

身份验证模式选择混合模式，密码可自己设定。这里输入“bigdata”作为密码，注意要记住此密码，以便于后续输入。然后选择“下一步”，进入配置选项，选择“启用用户实例”和“将用户添加到 SQL Server 管理员角色”。

单击“下一步”，到“准备安装”时选择“安装”，直至安装完毕。

安装完成后需要重新启动系统。

重新启动后，选择 Windows 的“开始”|“所有程序”|“Microsoft SQL Server 2005”|“配置工具”|“SQL Server 配置管理器”，再单击“SQL Server 2005 服务”，可以看到该服务已运行，如图3—7所示。

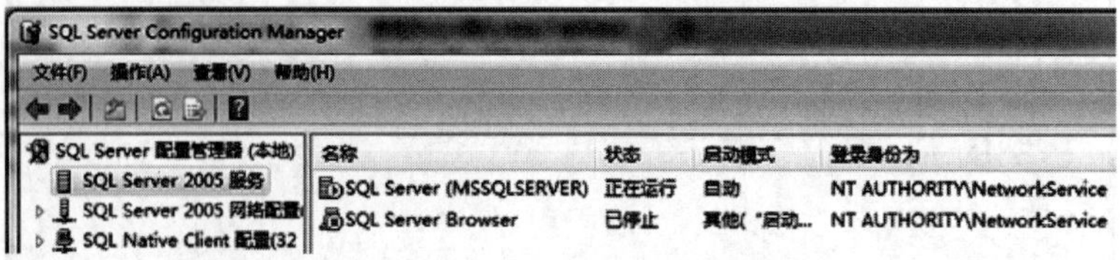

图3—7 SQL Server 配置管理器

如果服务没有启动，可以单击右键，选择“启动”，就会启动 SQL Server。

选择“SQL Server (MSSQLSERVER)”，单击鼠标右键，选择“属性”，可以查看 SQL Server 数据库服务器的相关信息，主机名为数据库服务器名称，这在安装时自动设置为本机的名称（本处为 BIGCHN），这个名称将在连接数据库的时候使用。在不同的机器上安装，应该是不同的名称。

3.2.5　数据库用户权限设置

SQL Server 启动时默认的登录用户是 NT AUTHORITY \ NETWORK SERVICE，这个用户的权限较小，需要把 NT AUTHORITY \ NETWORK SERVICE 用户添加到 Administrators 用户组中才能执行后续的建账工作。

选择“计算机”，单击鼠标右键，从弹出的快捷菜单中选择“管理”，然后在打开的对话框中选择“本地用户和组”，再选择“组”后如图 3—8 所示。

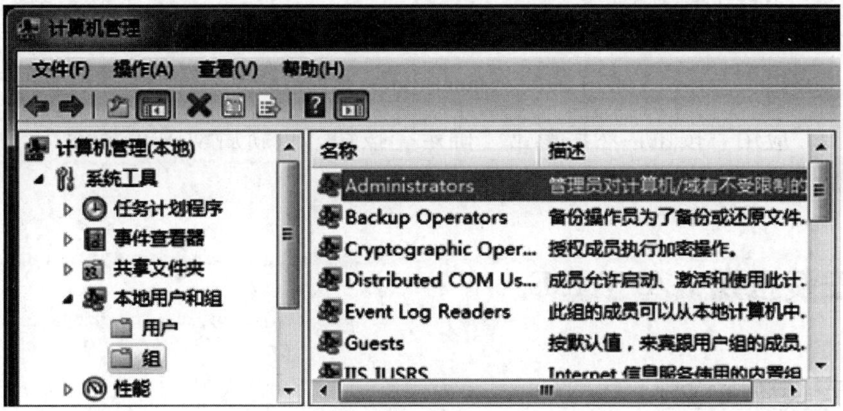

图 3—8　用户组

双击“Administrators”，从弹出的窗口中单击“添加”按钮，打开“选择用户”对话框。

单击“高级”按钮，然后再单击“立即查找”按钮，在搜索结果中选择“NETWORK SERVICE”，单击“确定”按钮后 NETWORK SERVICE 用户被选入，如图 3—9 所示。

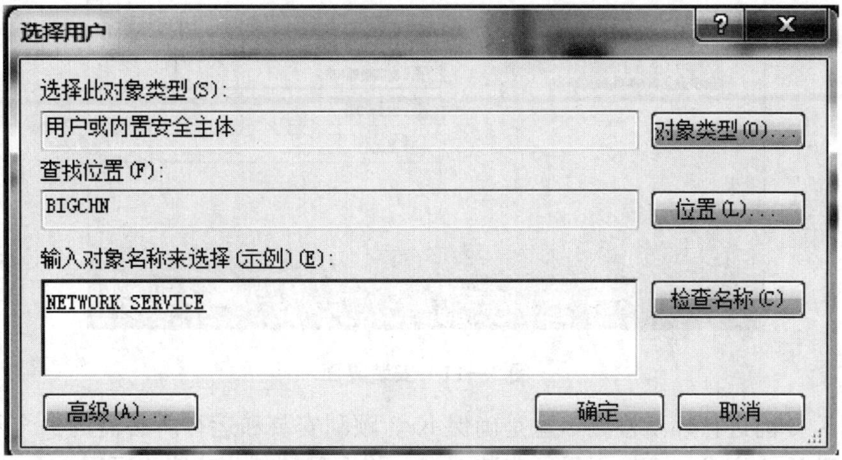

图 3—9　选入 NETWORK SERVICE 用户

单击“确定”按钮，NETWORK SERVICE 用户正式被选入 Administrators 用户组，如图 3—10 所示。

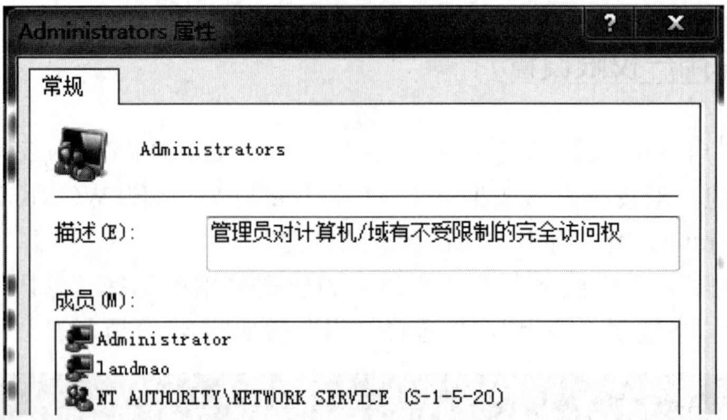

图 3—10 Administrators 用户组成员

先单击“应用”按钮，然后单击“确定”按钮。重新启动 Windows 7，完成系统环境的调整工作。

3.3 安装金蝶 K/3 WISE

3.3.1 安装环境检测

双击金蝶 K/3 WISE 资源盘目录下的 Setup.exe 程序，将出现图 3—11 所示的安装界面。

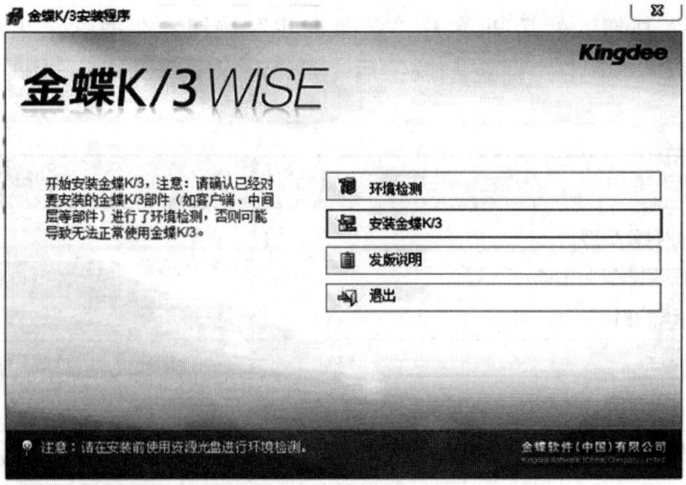

图 3—11 安装界面

安装 K/3 前进行环境检测，这是确保 K/3 顺利安装和运行所必需的一个步骤；如果没有达到 K/3 要求的环境而强行安装 K/3，将会导致某些功能不可用。

选择“环境检测”后，将出现“客户端部件”、“中间层服务部件”、“数据库服务部件”、“WEB 服务部件”、“OFFICE 集成部件”提示窗口，这里全部选择后单击“检测”功能，如果有不满足的，将在对话框中给予提示。环境检测的结果与具体的操作系统版本有关，或者与已经安装的软件有关。

在“金蝶 K/3 环境检测”窗口下会显示需要安装的组件，具体的环境下可能会有所不同。

单击“确定”，会逐一安装相关组件。在安装各组件的时候，系统会提示是否安装，选择安装即可，直到所需要的组件安装完成。

若中间重新启动了系统，可再次进入“环境检测”，按照上面的方法，继续安装未安装的组件。

在环境安装完成后，系统会显示“环境更新完毕”提示。

安装完成后应重新启动系统，为安装金蝶 K/3 WISE 做准备。

当环境检测安装第三方程序出现异常时，可以进行手动安装。

3.3.2　安装金蝶 K/3 WISE 的流程

进入金蝶 K/3 WISE 安装盘目录，双击 Setup.exe 安装程序，进入安装界面后选择“安装金蝶 K/3”，系统将自动进入安装过程。

中间会出现是否接受许可协议等提问，选择“接受”和“下一步”等进入后续流程。进入客户信息输入时，可自己设定输入内容，输入的信息不会影响后面的应用。

选择金蝶 K/3 WISE 的安装的目录，一般安装在默认的位置，也可以重新设定。

选择安装类型，这里选择“07. 全部安装”。

安装过程会进行文件拷贝和组件注册，需要较长的时间才能完成，在以上步骤完成后，将出现如图 3—12 所示的对话框。

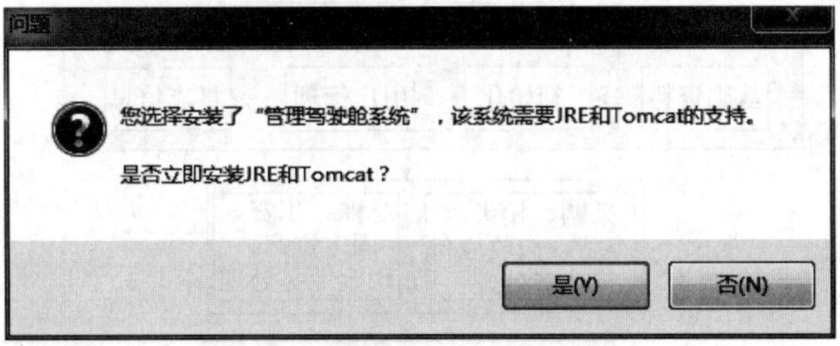

图 3—12　安装选择

选择“是”继续安装。

“金蝶 K/3 系统—中间层组件安装”的安装包选择，这里可全选，单击“安装”，进行安装包的安装。

安装完成，进入“Web 系统配置工具”，先选择“应用”，然后选择“完成”，配置完成后会显示安装成功等提示信息。如果有不成功的项目提示，一般是没有安装 IIS 或需要的项目没有选择。

安装完毕，应重新启动计算机，然后就可以启动金蝶 K/3 WISE 进行相关的操作。

3.4　金蝶 K/3 WISE 操作流程

后面的案例和实际操作采用财务业务一体化的方式实现，其主要流程和关系如图

3—13 所示。

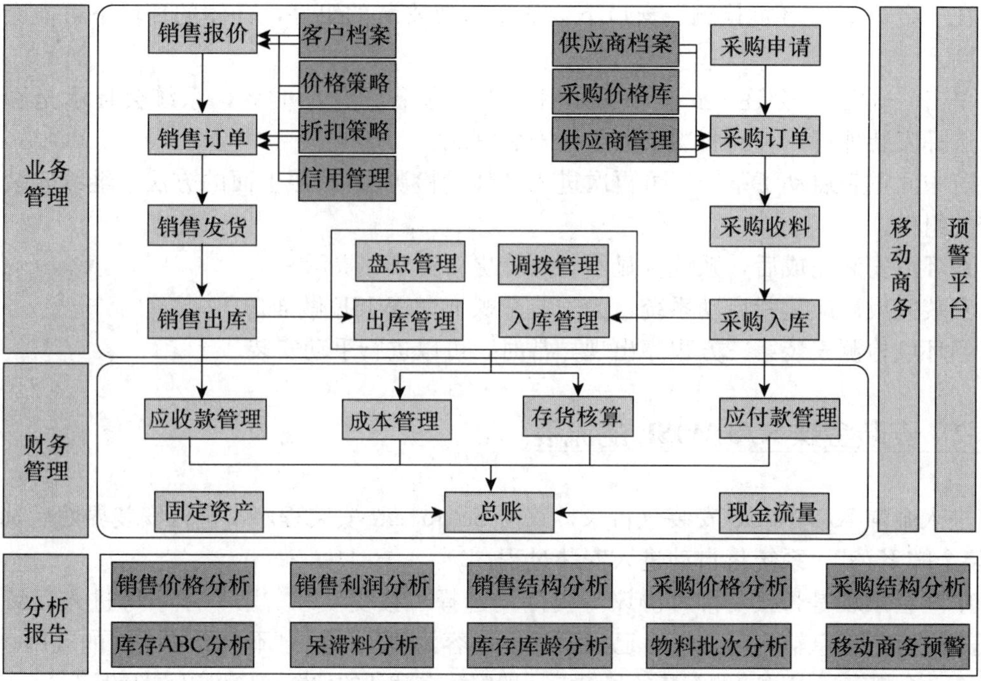

图 3—13 财务业务一体化处理示意图

按照业务处理流程，主要步骤如图 3—14 所示。

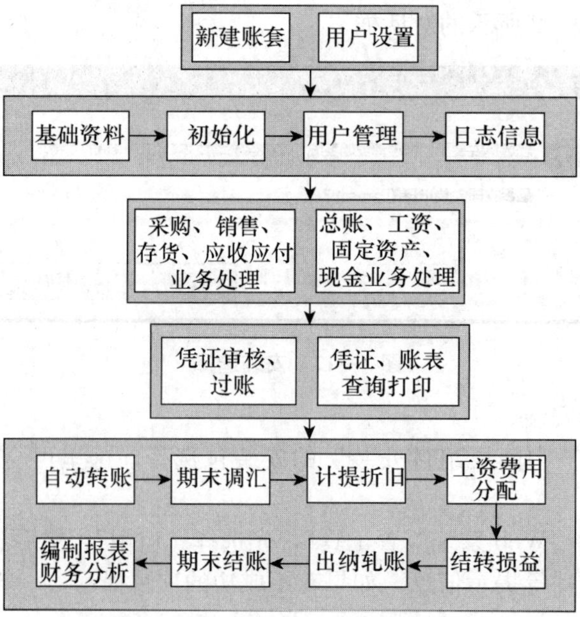

图 3—14 金蝶 K/3 WISE 操作步骤

在学习中遇到问题时，有以下几种解决途径：

（1）在操作过程中，对有关功能、过程、项目内容不清楚的，要充分利用软件本身的帮助、使用手册进行了解。进入金蝶 K/3 WISE 后，在系统中有“论坛”功能，上面有相关的学习资料和问题解答，在一般的学习中，应当都能找到合适的资料，如图 3—15 所示。

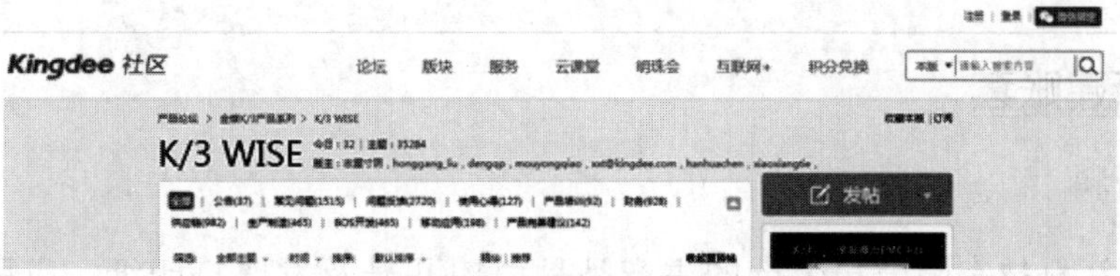

图 3—15　Kingdee 社区

（2）通过网络搜索，寻找解决方法。

3.5　基础设置

3.5.1　基础资料设置

基础资料，就是在系统中使用的各种基础数据的总称。用户在录入凭证或者录入单据时，都毫无例外地需要输入一些业务资料信息，如科目、币别、商品、客户、金额等。所有的凭证、单据都是由一些基础资料信息和具体的数量、金额信息构成的。

由于金蝶 K/3 WISE 系统功能众多，囊括的范围很广，为便于管理，根据业务性质将各种功能分在不同的系统中进行维护管理。这样，不仅存在一些多个系统都会使用的公共基础数据，而且每一个系统（或子系统）都会存在一些自己使用的基础资料。为了对这些不同的基础资料进行分类管理，系统将基础资料又细分为两大部分：公共资料和各个系统中的基础数据。

在金蝶 K/3 WISE 系统主控台上，选择“系统设置”|“基础资料”|“公共资料”，进入基础资料的公共资料维护管理模块。

公共资料中主要是对各项基础资料进行维护管理，如科目、币别、凭证字、计量单位、结算方式、仓位、核算项目、辅助资料等。

整个基础设置和初始化工作在金蝶 K/3 WISE 中，主要由基础设置和初始化两个模块完成，其基本流程如图 3—16 所示。

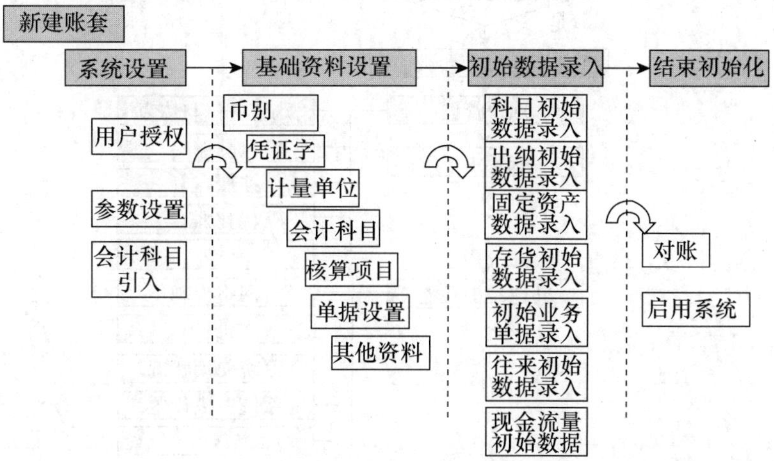

图 3—16　基础设置和初始化流程

3.5.2 新建账套

案例资料

重庆两江科技有限公司生产的主产品是税控Ⅱ号及发票打印纸，应用于录入发票（专用和普通）、打印发票和数据存储，同时公司代理与税控Ⅱ号产品相关的配套用品（如激光打印机、扫描仪、服务器等）。一车间主要生产税控Ⅱ号产品，二车间主要生产发票打印纸。

（1）账套信息。

账套号：333（具体实验中用学号、学员号代替）；账套名称：两江科技；数据库实体：K3BIGDATA；采用默认账套路径。

验证模式：SQL Server 身份验证。

系统用户名：sa；系统口令：bigdata。这里的密码要与 SQL Server 安装时设置的密码一致。

（2）账套基本属性。

单位名称：重庆两江科技有限公司；单位简称：两江科技；单位地址：重庆市两江新区新光大道 9999 号；联系电话：0231234567；启用会计年度设为 2015；启用会计期间设为 4 月。选择“凭证过账前必须审核”。

操作过程

1. 账套管理的使用流程

账套是存放会计信息的数据库。账套的建立与维护都在账套管理中，其基本使用流程如图 3—17 所示。

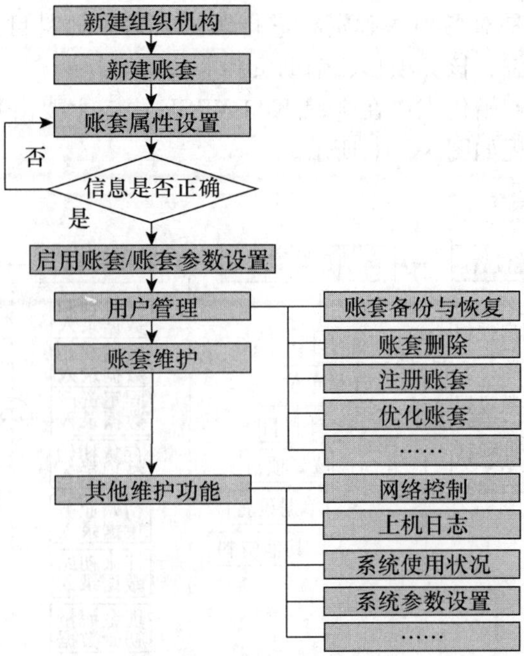

图 3—17 账套管理使用流程

2. 建立账套

在 Windows 下，选择“所有程序”|“金蝶 K3 WISE”|“金蝶 K3 服务器配置工具”|“账套管理”命令即可启动程序。

操作提示

如果出现“未设置账套管理数据库或设置的账套管理数据库有误，请重新设定”提示，表明需要设置 KDAcctDB 数据库文件的路径。

此时可单击“确定”按钮，进入账套管理数据库设置界面。数据库的密码（系统口令）为 bigdata（前面安装 SQL Server 时设置的），数据库文件路径设置为 D：\ PROGRAM FILES（X86）\ MICROSOFT SQL SERVER \ MSSQL. 1 \ MSSQL \ BACKUP \ 目录，如图 3—18 所示。

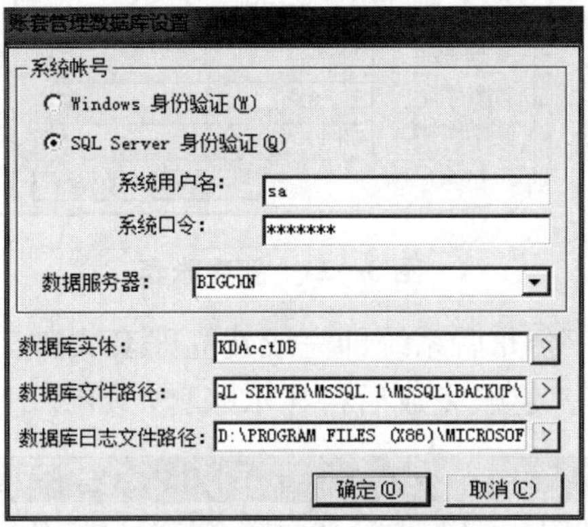

图 3—18　账套管理数据库设置

单击“确定”进入“账套管理登录”对话框，默认用户名是 Admin，初始密码为空，如图 3—19 所示。

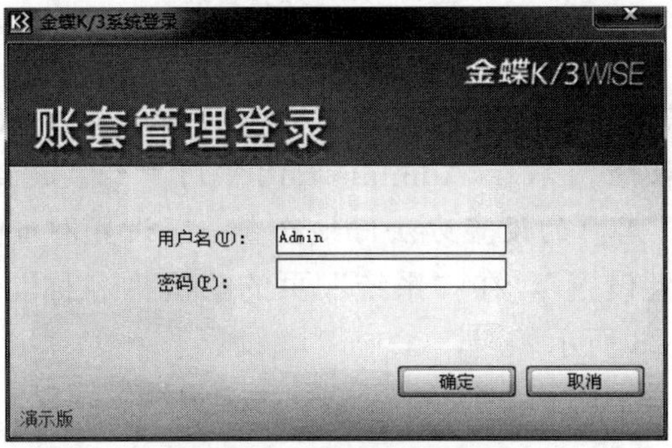

图 3—19　账套管理登录

单击“确定”按钮，进入“金蝶 K3 账套管理”窗口，如图 3—20 所示。

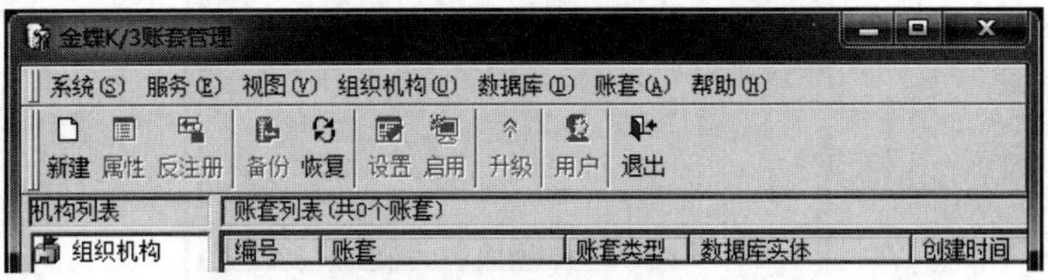

图 3—20　账套管理

选择“数据库”|“新建账套”，提示信息可跳过，输入有关账套信息，系统口令处输入“bigdata”，如图 3—21 所示。

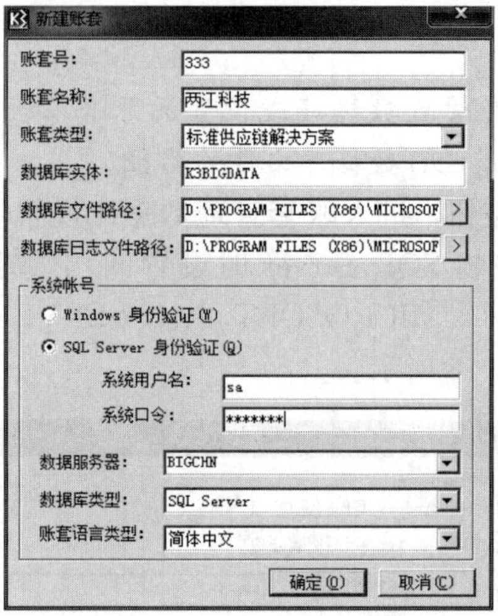

图 3—21 新建账套

单击“确定”，等待一会儿后系统即完成建立账套文件工作。注意要关闭安全管理软件，如 360 安全卫士等。建账完成后将显示账套，如图 3—22 所示。

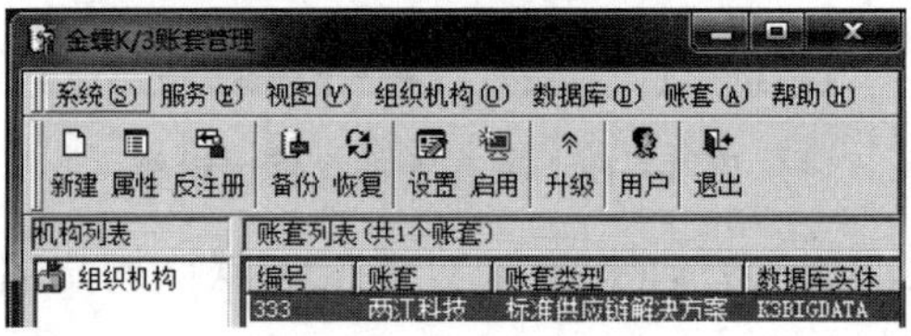

图 3—22 账套管理

操作提示

在建账过程中，若显示无法创建数据库的提示信息，则说明 NETWORK SERVICE 不具备超级用户权限，不在 Administrators 用户组。遇到类似情况，按照前面 NETWORK SERVICE 用户的设置方法仔细检查一下设置即可。

选择“账套”|“属性设置”，在“系统”页的“机构名称”文本框中输入单位名称和相关信息，如图 3—23 所示。

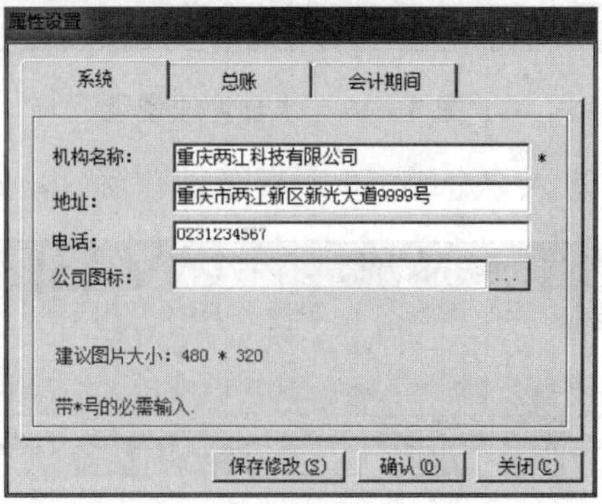

图 3—23 单位信息设置

在“总账”页选择“凭证过账前必须审核”，记账本位币代码为“RMB”，名称“人民币”，小数点位数为 2。

选择“会计期间”页，启用会计年度设为 2015，启用会计期间设为 4 月。

设置完成会计期间后单击“确认”返回，然后先单击“保存修改”，再单击“确认”按钮。系统提示“确认启用当前账套吗”，选择“是”启用账套。

在建立账套的目录中，生成了账套文件。后缀为 _ Data. MDF 的文件是数据库文件，后缀为 _ log. ldf 的文件是日志文件。本案例建立的账套文件是 K3BIGDATA _ Data. mdf 和 K3BIGDATA _ log. ldf，如图 3—24 所示。

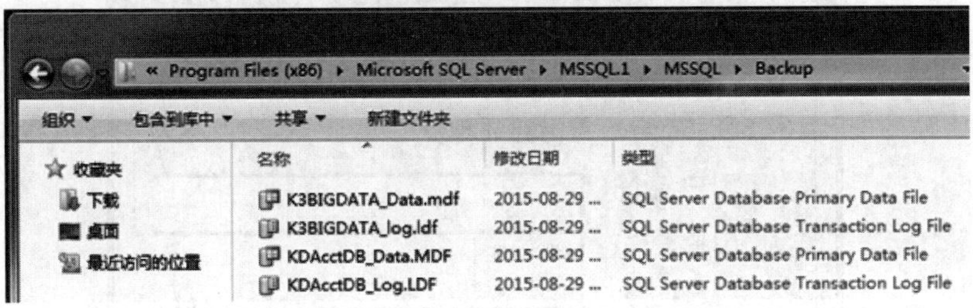

图 3—24　建立的数据库文件

3. 账套管理

对建立后的账套和以前存在的账套，可以通过“账套管理”功能进行管理。

新建立的账套和已有的账套会显示在账套目录中，账套目录会显示每个账套的相关信息。

在“金蝶 K/3 账套管理”窗口中，可以进行密码修改、账套备份、账套恢复等相关的账套维护工作。

4. 账套备份

在实际工作中，要注意经常备份账套文件，以备操作中的账套文件由于机器故障、病毒等原因造成文件或数据损坏时恢复。当在某一步骤发现前面的数据输入有误时，可以用以前的账套进行恢复，修正错误后继续进行后续的工作。

在“金蝶 K/3 账套管理”窗口中，选择“数据库”|“备份账套”，可以进行备份工作，如图 3—25 所示。备份路径需要自行选择。

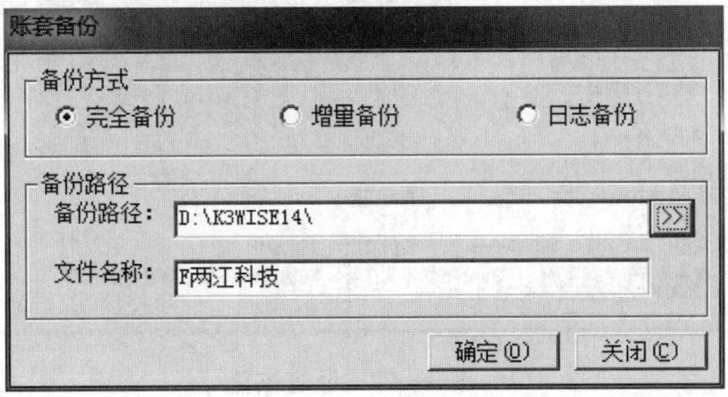

图 3—25　数据备份

备份的文件名称可以更改。单击“确定”按钮就开始进行备份。备份完成后，显示备份的结果提示，备份的文件名为“F两江科技.bak”和“F两江科技.dbb”。

5. 账套恢复

在“金蝶K/3账套管理”窗口，选择“数据库”|“恢复账套”命令，再选择数据库服务器，输入口令bigdata（与安装数据库时设置的密码有关）。有关参数设置如图3—26所示。

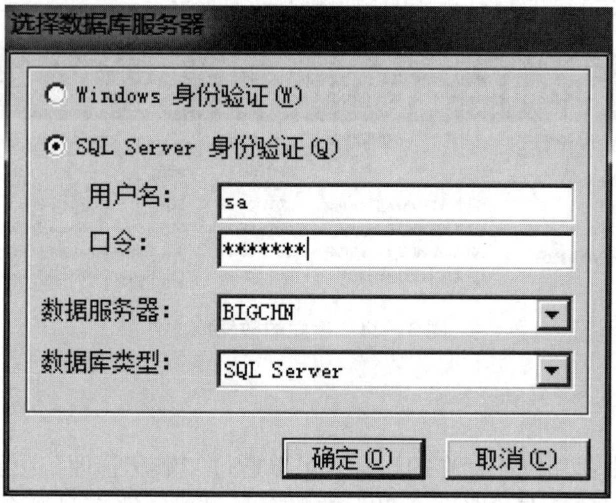

图3—26 数据库服务器参数

单击“确定”，然后选择备份文件，再选择要恢复到的目录（可以自由选择），并设定账套号（账套文件名）和账套名称，如图3—27所示。单击“确定”完成恢复。

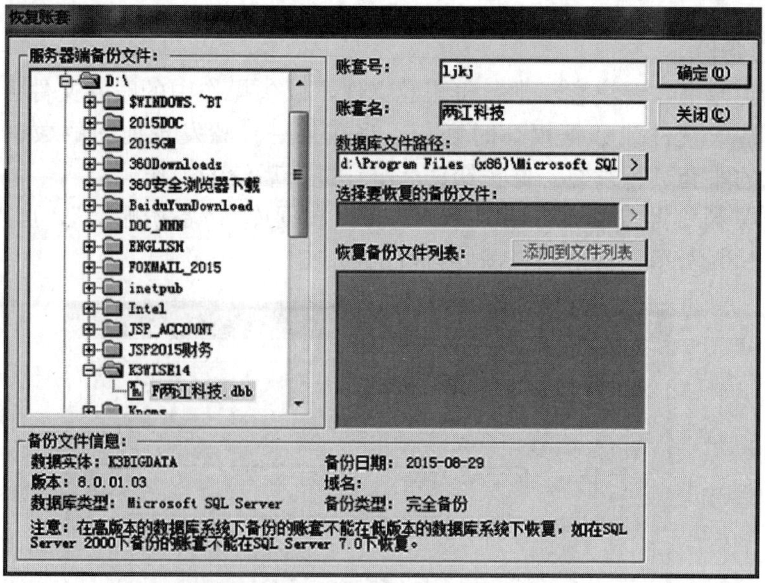

图3—27 账套恢复

对于要删除的账套，选择“数据库”|“删除账套”完成。

操作提示

账套恢复时，账套号、账套名不能重复。通过账套恢复，可以将账套转移到另外的机器上操作。账套恢复时，金蝶 K/3 WISE 的软件版本要与原系统相同。

6. 在系统使用过程中的维护

在使用某些功能时，由于系统冲突或多种原因造成某些功能不能使用，会出现如图 3—28 所示的提示。

图 3—28　功能使用冲突提示

遇到类似情况，可以采用以下处理方法：

选择“全部程序”|“金蝶 K3 WISE”|“金蝶 K3 服务器配置工具”|“账套管理”，选择“账套”|“网络控制”。

在打开的“网络控制”对话框中，选择“控制”|“清除当前任务”，或者直接按 Delete 键清除该任务。退出后，出错的功能就可正常执行。

出现类似问题的常见原因是在没有正常退出金蝶 K/3 WISE 的情况下，关闭了 Windows 操作系统，或者机器断电，或者任务暂时没有执行完，使运行的任务一直标记为运行状态。

3.5.3　设置用户权限

案例资料

(1) 用户分组。

用户分组及功能权限资料如表 3—1 所示。

表 3—1　用户分组及功能权限

操作员组	主要操作权限
系统管理员组 (Administrators)	全部功能。这是 K/3 WISE 系统设置的组，直接应用
会计组	基础资料；数据引入引出；系统参数配置；总账；结算中心；固定资产；报表；财务分析；现金管理；现金流量表；工资；应收账；应付账；实际成本管理系统；采购管理系统；仓存管理系统；存货核算管理系统；销售管理系统；供应链系统共用设置；供应链分销系统；管理驾驶舱；万能报表；委外加工管理系统；供应商管理；内控评价；风险评估；控制活动；信息与沟通；职员管理；K/3 标准报表权限管理
出纳组	基础资料（查询权）；现金管理 明细功能：总账 _ 凭证/出纳复核；总账 _ 凭证/查询所有凭证
采购组	基础资料（查询权）；应收账（查询权）；应付账（查询权）；采购管理系统
库房组	基础资料（查询权）；仓存管理系统
销售组	基础资料（查询权）；应收账（查询权）；应付账（查询权）；销售管理系统

(2) 操作人员明细资料。

会计工作分工和各岗位权限如表 3—2 所示。各操作员密码初始设置均为“123”。

表 3—2　　岗位分工

操作员姓名	权限说明	权限属性	操作员组
孙胜业	系统管理工作	可以进行业务操作；具有用户管理权限	Administrators
何沙	日常业务处理工作	可以进行业务操作	会计组
赵小兵	出纳业务工作	可以进行业务操作	出纳组
李天华	采购业务有关工作	可以进行业务操作	采购组
刘一江	销售业务有关工作	可以进行业务操作	销售组
陈瓜瓜	库房业务有关工作	可以进行业务操作	库房组

具体操作时，可将“何沙”改为操作者本人的名字。本书主要以何沙（即操作者本人）完成各业务处理，需要出纳签字的由赵小兵完成，审核、记账的工作由孙胜业完成。实际工作中则按照具体岗位完成相关业务。

操作过程

1. 建立用户组

选择“所有程序”|“金蝶 K3 WISE”|“金蝶 K3 服务器配置工具”|“账套管理”，登录进入后选择“账套”|“用户管理”，进入“用户管理”窗口，如图 3—29 所示。

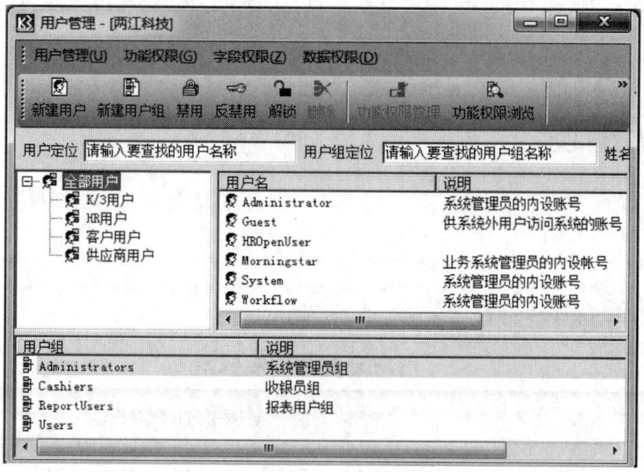

图 3—29　用户管理

系统预置了初始的用户，在系统设置的时候可以直接使用，部分预设如表 3—3 所示。

表 3—3　　系统预置用户（用户组）

用户（用户组）名称	说明
Guest	供外部用户访问系统的账号。可以修改 Guest 的用户组信息和权限
Morningstar	业务系统管理员的账号。拥有系统的所有权限。可以修改其所有属性和权限
Administrator	系统管理员的内设账号。拥有系统的所有权限。不允许修改用户组信息和权限
Users	默认用户组，没有任何权限。不能修改其权限
Administrators	系统管理员组，拥有使用系统的所有权限。不能修改其权限

选择“新建用户组”功能按钮，完成用户组的建立，如图 3—30 所示。

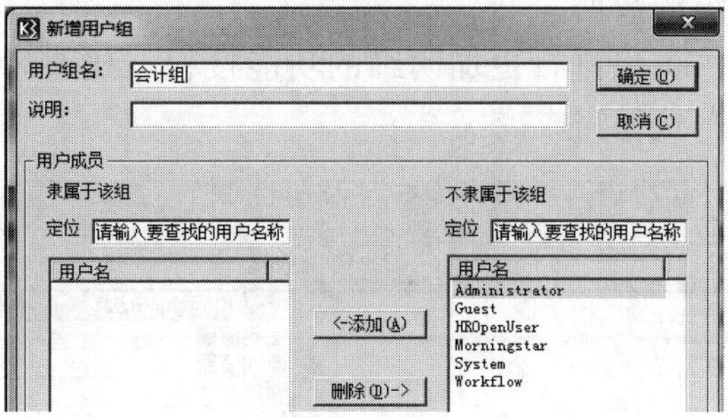

图 3—30　新增用户组

依次建立会计组、出纳组、采购组、库房组、销售组，建立完成后会在用户组中显示出来。

操作提示

系统设置了系统管理员组（Administrators），该组具有最大限度的操作权限，隶属于这个组的组员具有所有的功能权限，可以查询所有数据和报表。除系统管理员外，其他各组的权限都与 Users 组一样，可以通过“权限设置”进行明细授权。对组进行授权，可以简化授权的工作量。

用户组除了方便管理外，其主要作用就是方便对多个用户进行集中授权。只要对用户组进行一次授权，用户组下的所有操作人员就都可以继承用户组的权限，而无须对每个操作员进行逐一授权。

2. 用户组授权

先选定需要授权的用户组（如选择出纳组），然后单击“功能权限管理”功能按钮，如图 3—31 所示。选择需要授权的功能，选择完毕后，单击“授权”按钮完成对该组的授权。

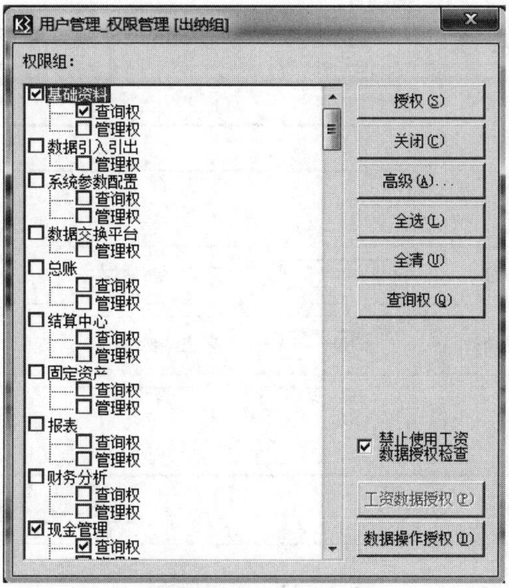

图 3—31　权限管理

查询权：只允许用户查看系统中的数据。管理权：允许用户不仅可以查看，还可以新增、修改、删除系统的数据。

单击“高级”按钮，可以进行更加明细的功能授权，如图 3—32 所示。选择具体的功能后，单击“授权”按钮完成授权。

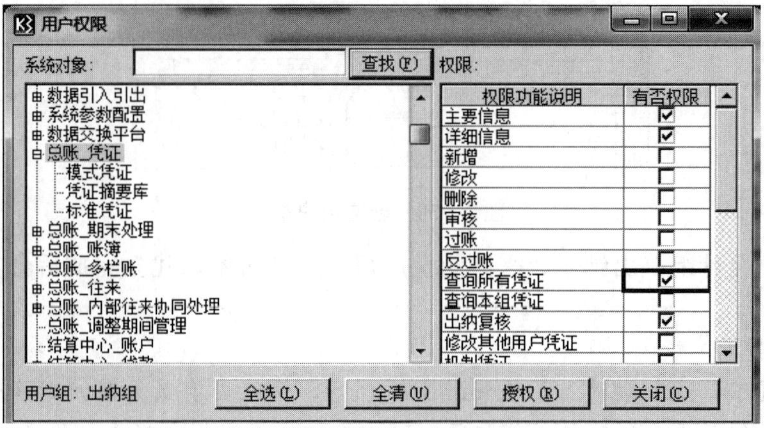

图 3—32　功能授权

逐一设置完成各组的权限。

3. 设置用户

选择“用户管理”|“新建用户”，可增加操作人员，如图 3—33 所示。

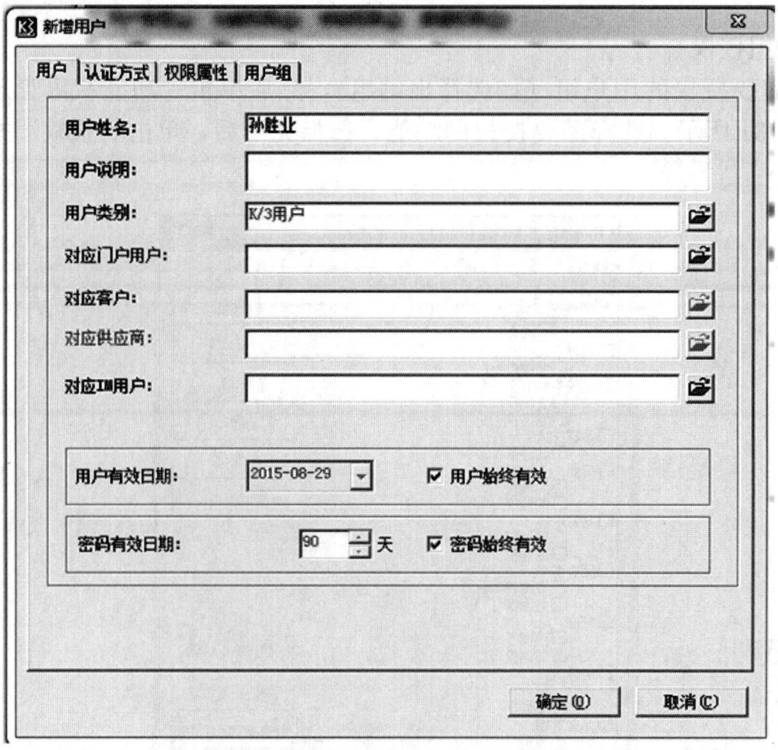

图 3—33　新增用户

认证方式选择“密码认证”，初始密码设置为“123”，操作者正式使用后，可重新设定自己的密码。

权限属性按照案例资料中的内容进行设置。

选择“用户组”页，双击 Administrators，如图 3—34 所示，最后单击“确定”按钮，一个用户的资料设置就完成了。逐一完成案例资料中各用户的设置。

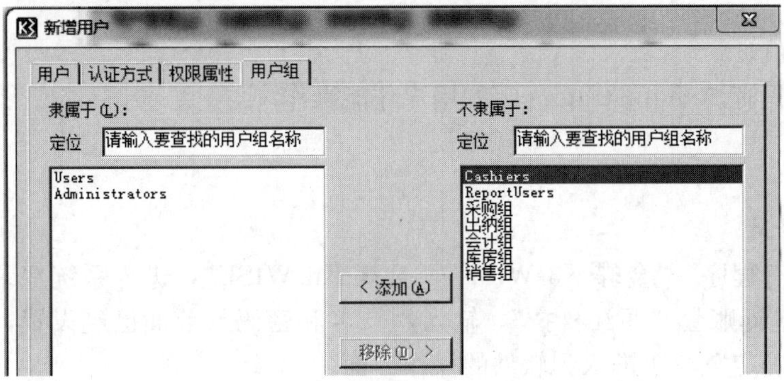

图 3—34 设置所属用户组

建立好用户后，应修改系统管理员的密码，这对于系统的安全很重要，一般不要直接使用系统管理员的账号进入系统进行日常业务处理工作。

在用户表下，双击某用户，可以查看该用户的属性，如果勾选“此账号禁止使用”复选框，则取消该用户进入系统的权利。该功能一般用于用户离开本单位或者不再从事相关的具体业务时，取消其进入系统的权利。

双击某用户组的名称，会显示该组的有关成员。

4. 操作员授权

权限的设置既要达到权限约束的目的，又不能过于细致，否则可能导致使用效率降低。

如果要进行细化的授权，先选择某个用户，单击鼠标右键，从弹出的快捷菜单中选择“功能权限管理”。

进入权限管理后单击“高级”，进行每个功能的详细授权。

在用户组的基础上再进行个人授权，其功能是在原来的权限基础上进行增加，这样就可以设置同一组中个别操作员功能不同的权限。

在日常工作中，可以查看每个人的权限。方法是先选择某用户，然后单击“功能权限浏览”，可以按用户方式或系统方式查看。

除功能授权外，还可以按照字段授权，如仓库保管人员不能看到存货的成本、销售单价等信息。

3.5.4 设置系统参数

案例资料

(1) 账套属性信息。

单位名称：重庆两江科技有限公司；单位地址：重庆市两江新区新光大道 9999

号；联系电话：0231234567。

行业：新会计准则。

总账参数：基本信息设置：本年利润科目为4103；利润分配科目为4104。数量、单价小数位为2。勾选“明细账（表）摘要自动继承上条分录摘要”。

凭证信息增加设置：银行存款科目必须输入结算方式和结算号；凭证中的汇率允许手工修改。

（2）操作员。

系统设置只有Administrators组的用户才能操作。

操作过程

1. 账套登录

选择“所有程序”|“金蝶K3 WISE”|“金蝶K3 WISE”，进入系统登录界面，如图3—35所示。选择账套“两江科技”，输入用户名和密码（前面已经设置，初始密码为123），单击“确定”按钮进入到软件的操作界面。

图3—35 登录界面

系统管理员完成初始设置后，一般密码设置为空或者特定密码。在登录界面，就可选择“修改密码”功能修改自己的密码。日常工作中，操作者应定期更改自己的密码。

2. 软件操作的主功能界面

登录系统后的初始界面。金蝶K/3 WISE的操作界面有几种模式，可以选择“系统”|“主界面切换”，选择我的工作台、K/3主界面、K/3流程图、K/3信息中心几种界面风格。可以根据个人的操作喜好进行选择。

本书主要选择“K/3主界面”模式讲解，如图3—36所示。

主功能选项是按照业务进行分类的，选定哪一业务类将自动改变所属功能区的功能。

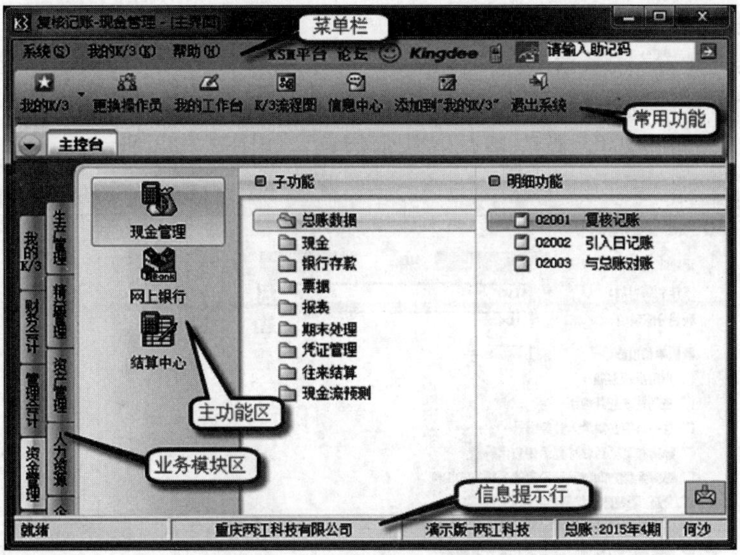

图3—36　K/3主界面

3. 引入会计科目

(1) 更换操作员。

在实际应用中，需要按照每个人的权限进行操作，有时就需要更换操作员。具体可选择“更换操作员”功能实现。

进行基础设置，一般需要Administrators组的操作员才能完成，具体与权限分配有关。

(2) 引入会计科目。

选择“系统设置”|“基础资料”|“公共资料”|“科目”，进入科目界面后，再选择“文件”|“从模板中引入科目”，在科目模板中，行业选择“新会计准则科目”，再单击“引入”按钮。

进入“引入科目”窗口后，单击“全选”按钮，选择导入全部科目，再单击“确定”按钮完成科目引入，如图3—37所示。

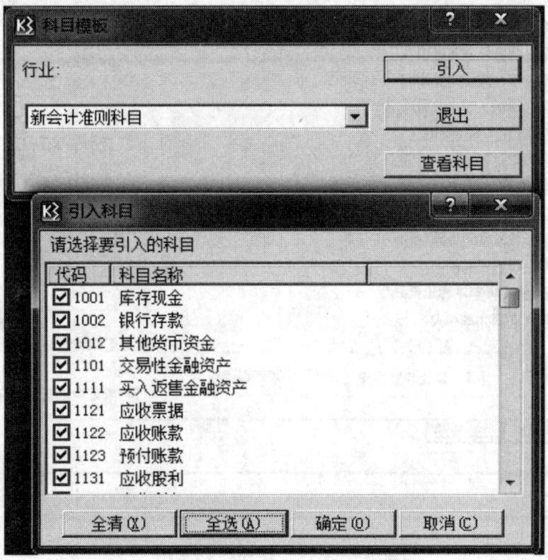

图3—37　引入科目

4. 设置系统参数

选择“系统设置”|“系统设置”|“总账”|“系统参数”，进入相关参数的设置，在“系统”页中填入单位名称等信息（如果前面没有录入或需要修改的话）。

在设置总账的参数时，首先是设置基本信息，如图3—38所示。

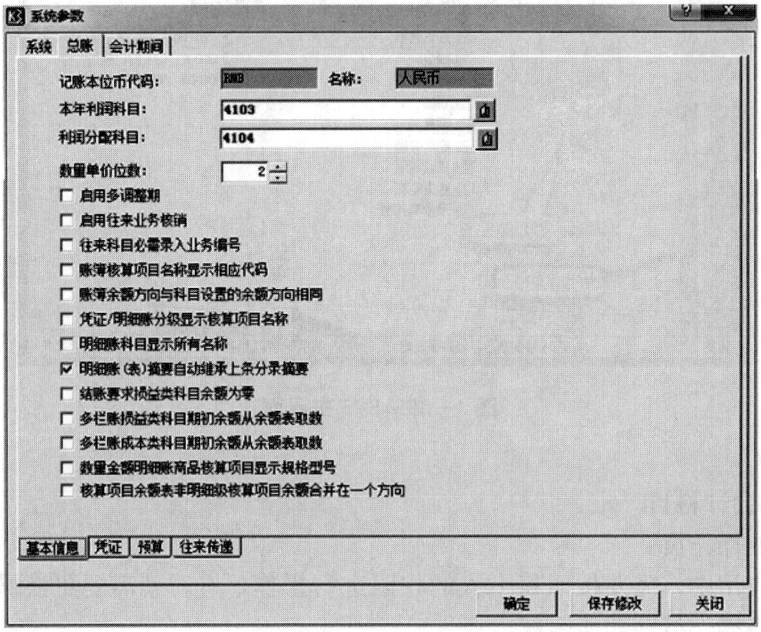

图3—38 总账（基本信息）

然后设置凭证信息，如图3—39所示。

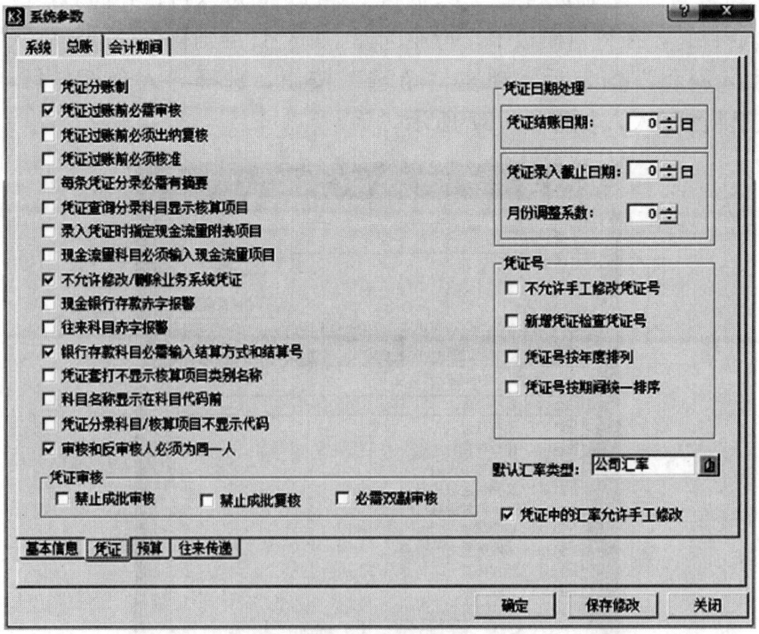

图3—39 总账（凭证）

会计期间设置信息在建账时已经设置过，必要时可以进行部分调整。

操作提示

如果发现在设置时相关的参数不能修改或设置，问题极可能是登录的用户不是 Administrators 组的操作员。需要重新用 Administrators 组的用户登录才能进行操作。

设置完毕，单击“保存修改”，然后单击“确定”按钮退出。

3.5.5　设置外币和汇率

案例资料

币种编号：USD；币种名称：美元；折算方式：原币×汇率＝本位币；期初汇率：6.25。

汇率的生效日期为每月 1 日，失效日期也为每月 1 日。采用浮动汇率核算。

操作过程

选择“系统设置”|“基础资料”|“公共资料”|“币别”，单击“新增”按钮可以增加币别，如图 3—40 所示。输入完成后，单击“确定”。

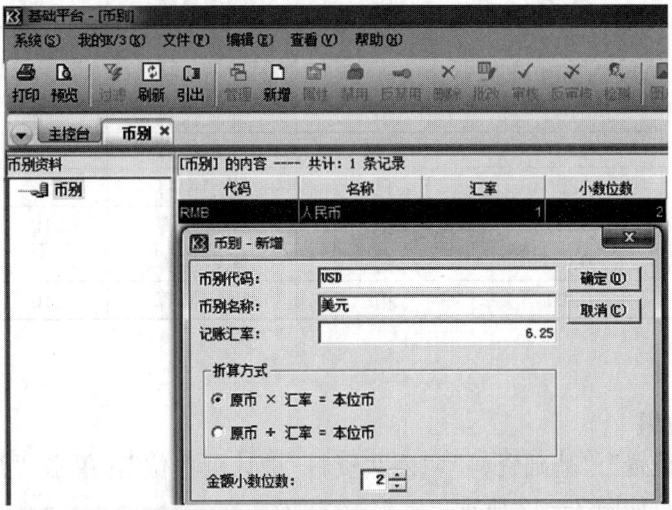

图 3—40　增加币别

再选择“系统设置”|“基础资料”|“公共资料”|“汇率体系”，选择“公司汇率”，根据案例资料进行设置，如图 3—41 所示。

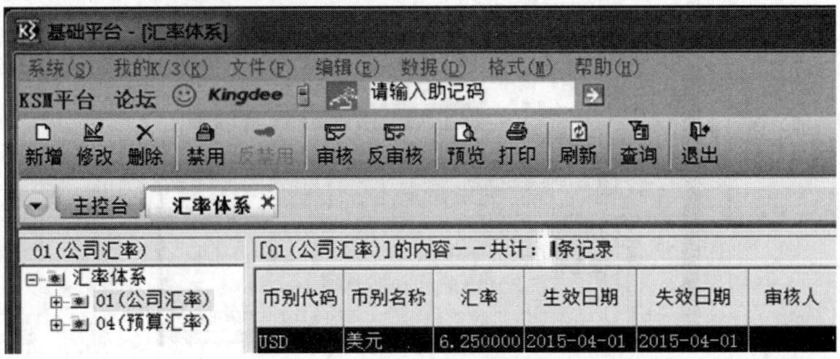

图 3—41　汇率体系设置

企业一般选择经营所在地的货币作为日常财务核算的记账本位币，但由于业务中涉及外币的交易，且通常会有不同业务基于不同的目的、需要不同的汇率进行业务记录及核算处理，因此需要提供汇率表进行维护，不同业务可使用不同汇率。

在具体单位，可根据实际需要在系统公共资料中增加一套独立完整的汇率体系，满足各业务系统对汇率管理的应用需要。

3.5.6 设置计量单位

案例资料

计量单位的有关信息如表 3—4 所示。

表 3—4　　计量单位

计量单位组名称	计量单位代码	计量单位名称	换算方式	换算率	是否默认
自然单位组	0100	其他	固定换算	1	是
	0101	吨	固定换算	1	
	0102	台	固定换算	1	
	0103	块	固定换算	1	
	0104	箱	固定换算	1	
	0105	盒	固定换算	1	
	0106	个	固定换算	1	
	0107	千米	固定换算	1	
鼠标组	0200	只	固定换算	1	是
	0201	箱	固定换算	12	
硬盘组	0300	盒	固定换算	1	是
	0301	箱	固定换算	10	

操作过程

1. 计量单位组

选择“系统设置”|“基础资料”|“公共资料”|“计量单位”，单击“新增”按钮，可增加计量单位组，如图 3—42 所示。

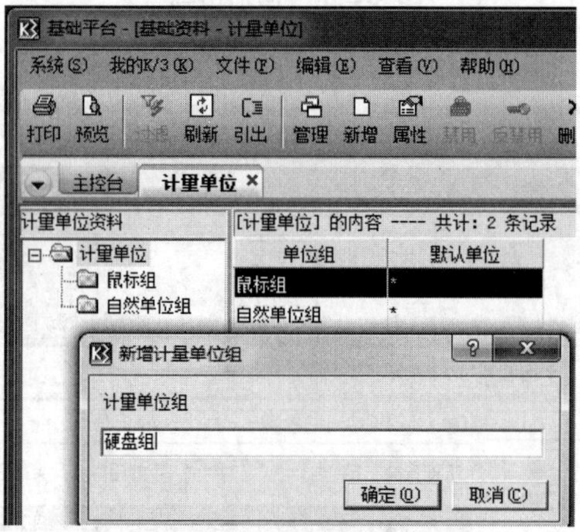

图 3—42　新增计量单位组

2. 计量单位

自然单位组设置：先选择自然单位组，然后单击右边空白部分，再单击“增加”按钮，如图 3—43 所示。

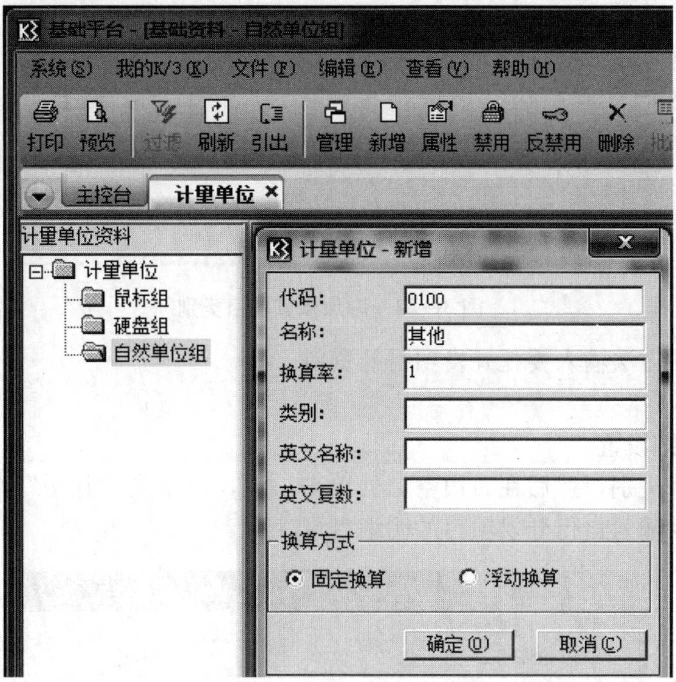

图 3—43　新增计量单位

鼠标组和硬盘组设置方法相同。输入计量单位后，最后设置默认的计量单位。

3.5.7　设置核算项目

案例资料

本单位核算项目分为自行开发项目和委托开发项目，如表 3—5 所示。

表 3—5　　项目概览

项目分类编码	项目分类	项目代码	项目名称
MY01	自行开发项目	01	专用发票纸
		02	普通发票纸
		03	HP 服务器项目
		04	税控Ⅱ号
MY02	委托开发项目	05	加密卡

操作过程

1. 项目类别设置

选择“系统设置”|“基础资料”|“公共资料”|“核算项目管理”，单击“新增”按钮，增加项目类别，如图 3—44 所示。

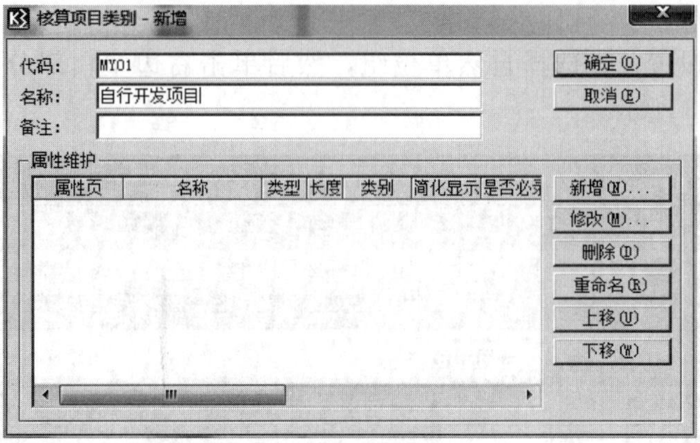

图 3—44 增加核算项目类别

按照同样的方法输入委托开发项目的资料。

2. 项目明细设置

先选择项目类别，然后在右边空白处单击一下，再单击“新增”按钮，输入明细。图 3—45 所示为输入自行开发项目的明细目录。

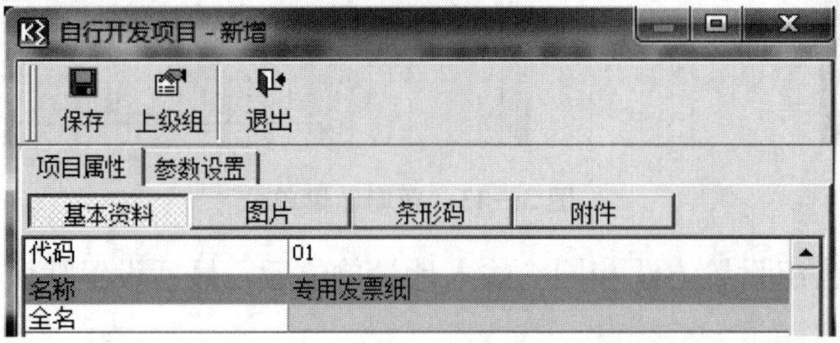

图 3—45 自行开发项目明细目录

委托开发项目明细按照同样方法录入。

3.5.8 设置会计科目

案例资料

本年 4 月份会计科目如表 3—6 所示。

表 3—6 会计科目表

科目代码	科目名称	辅助核算	方向	币别计量
1001	库存现金	现金科目/出日记账	借	
1002	银行存款	银行科目/出日记账	借	
1002.01	工行存款	银行科目/出日记账	借	
1002.02	中行存款	银行科目/出日记账 期末调汇	借	美元
1122	应收账款	客户；往来业务核算	借	
1123	预付账款	供应商；往来业务核算	借	
1221	其他应收款		借	

续前表

科目代码	科目名称	辅助核算	方向	币别计量
1221.01	应收单位款	客户；往来业务核算	借	
1221.02	应收个人款	职员	借	
1403	原材料		借	
1403.01	生产用原材料	数量金额辅助核算	借	吨
1604	在建工程		借	
1604.01	人工费	自行开发项目	借	
1604.02	材料费	自行开发项目	借	
1604.99	其他	自行开发项目	借	
1901	待处理财产损溢		借	
1901.01	待处理流动资产损溢		借	
1901.02	待处理固定资产损溢		借	
2202	应付账款	供应商；往来业务核算	贷	
2203	预收账款	客户；往来业务核算	贷	
2211	应付职工薪酬		贷	
2211.01	工资		贷	
2211.02	职工福利费		贷	
2221	应交税费		贷	
2221.01	应交增值税		贷	
2221.01.01	进项税额		贷	
2221.01.05	销项税额		贷	
2221.02	应交营业税		贷	
2221.99	其他		贷	
2231	应付利息		贷	
2231.01	借款利息		贷	
4104	利润分配		贷	
4104.15	未分配利润		贷	
5001	生产成本		借	
5001.01	直接材料	自行开发项目	借	
5001.02	直接人工	自行开发项目	借	
5001.03	制造费用	自行开发项目	借	
5001.04	折旧费	自行开发项目	借	
5001.99	其他	自行开发项目	借	
5101	制造费用		借	
5101.01	工资		借	
5101.02	折旧费		借	
5101.03	租赁费		借	
6601	销售费用		借	
6601.01	工资	部门	借	
6601.02	福利费	部门	借	
6601.03	办公费	部门	借	
6601.04	差旅费	部门	借	
6601.05	招待费	部门	借	
6601.06	折旧费	部门	借	
6601.99	其他	部门	借	

续前表

科目代码	科目名称	辅助核算	方向	币别计量
6602	管理费用		借	
6602.01	工资	部门	借	
6602.02	福利费	部门	借	
6602.03	办公费	部门	借	
6602.04	差旅费	部门	借	
6602.05	招待费	部门	借	
6602.06	折旧费	部门	借	
6602.99	其他	部门	借	
6603	财务费用		借	
6603.01	利息支出		借	
6603.02	利息收入		借	
6603.03	汇兑损益		借	

操作过程

1. 科目设置方法

在进行科目设置时，要按照案例资料，逐一进行检查，防止错漏。如果设置不正确，就会影响后面的数据，甚至出现数据错误。在业务开展过程中，也可以增加科目。

选择“系统设置”|“基础资料”|“公共资料”|“科目”，打开会计科目设置功能。

金蝶 K/3 WISE 中将会计科目分为“资产”、“负债”、“共同”、“权益”、“成本”、“损益”和“表外”七大类。单击科目左边的科目类别，可分类浏览各类别的会计科目。要浏览某会计科目的属性或其下属的明细科目，双击该科目即可，若该科目设置了下一级科目，则其前端会显示展开符号“＋”，否则显示折叠符号“－”。若要查看下一级科目，只需单击展开符号“＋”即可，如图 3—46 所示。

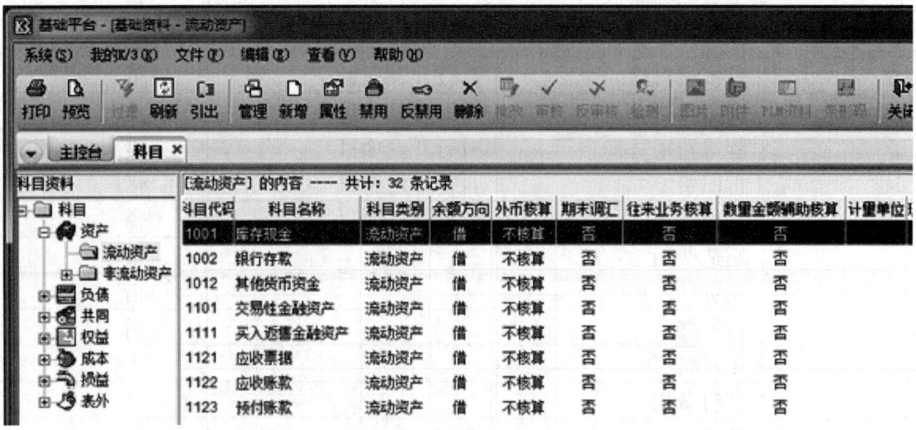

图 3—46 会计科目设置

在会计科目设置窗口中可以对会计科目进行增加、修改、删除、科目禁用、科目计息的设置和全部科目属性情况预览、打印等操作。

科目的级次之间用英文符号点“.”作为分隔符。在默认的显示中，只是显示一级科目，如果需要显示多级可以进行设置。方法是选择“查看”|“选项”命令，然后将

"显示级次"选择为"显示所有明细"。

会计科目主要参数的含义如表 3—7 所示。

表 3—7　　会计科目主要参数说明

数据项	说明
科目代码	代表会计科目的代码，会计科目的子科目与父科目之间用小数点来进行分隔。二级以后的明细科目代码位数可以根据用户的需要自行设定，没有限制。明细科目可以设置多个级次，位数设置也无规定。
助记码	帮助记忆科目的编码。在录入凭证时，为了提高科目录入的速度可以用助记码进行科目录入。例如，将"现金"科目的助记码设为"xj"，则在输入现金科目时输入"xj"，系统将会自动找到"现金"科目。
科目名称	科目名称是该科目的文字标识。在命名科目名称时只需命名本级科目名称，不必带上级科目名称。
科目类别	科目类别用于对科目的属性进行定义。系统中损益类科目的特殊处理主要体现在两个方面：第一，在执行"结转本期损益"功能时，所有定义为"损益类"的科目的本期实际发生额都将全部自动结转；第二，在自定义报表中设置取数公式时，设定为"损益类"科目便可取出其实际发生额。
余额方向	余额方向是指该科目的余额默认的方向，一般资产类科目的余额方向在借方，负债类科目的余额方向在贷方。
外币核算	具体核算方式分三种。①不核算外币：不进行外币核算，只核算本位币。②核算所有外币：对本账套中设定的所有货币进行核算。③核算单一外币：只对本账套中某一种外币进行核算。若选择核算单一外币，要求选择一种进行核算的外币的名称。系统在处理核算的外币时，会自动默认在"币别"功能中输入的汇率。
核算项目	多项目核算，可多角度地反映企业的财务信息。每一科目可实现 1 024 个核算项目的处理。
期末调汇	只有科目进行了外币核算，此选项才可用。如选择期末调汇，月底进行期末调汇时生成一张调汇凭证。
往来业务核算	在一些需要核对往来业务的科目中设置，选择后此类科目在输入凭证时系统会要求输入往来业务核算代码，并会对此类科目进行往来业务核销。此项选择将影响到往来业务对账单和账龄分析表的输出。
数量金额辅助核算	选择此项目后，会计科目不仅核算金额，而且核算数量，在输入凭证时要求输入金额的同时输入数量。
计量单位	选择科目的计量单位组及默认的计量单位。只有科目进行了数量金额辅助核算，此项目才可使用。
现金科目	选中此选项，则将科目指定为现金类科目。在现金日记账和现金流量中使用。
银行科目	选中此选项，则将科目指定为银行科目。在银行日记账和现金流量中使用。
出日记账	选择此项目后的科目会自动出日记账，一般用于"现金"、"银行存款"类科目。
科目受控系统	可以给明细科目指定一个对应的受控系统，提供针对应收应付系统的控制。在录入应收应付模块中的收付款等单据时，系统将只允许使用那些被指定为受控于应收应付系统的科目。
现金等价物	该选项供现金流量表取数使用。

2. 银行类科目设置

(1) 工行存款设置。

在"科目名称"栏"银行存款"处单击鼠标右键显示相关功能菜单，如图 3—47 所示。

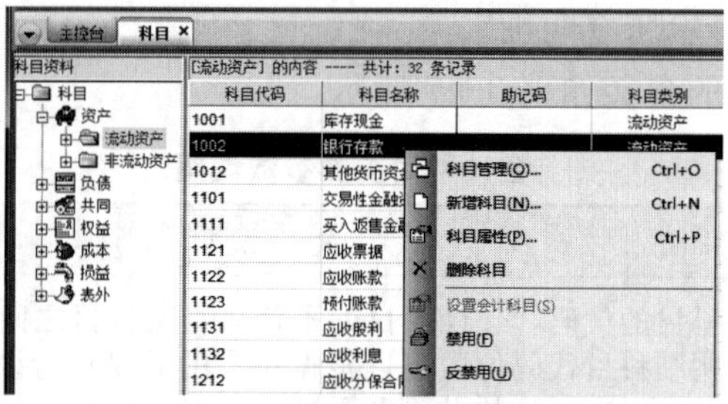

图 3—47　科目设置功能

选择“新增科目”，增加有关科目。本处增加“工行存款”科目，新增后也可以进行修改，如图 3—48 所示。单击“保存”完成。

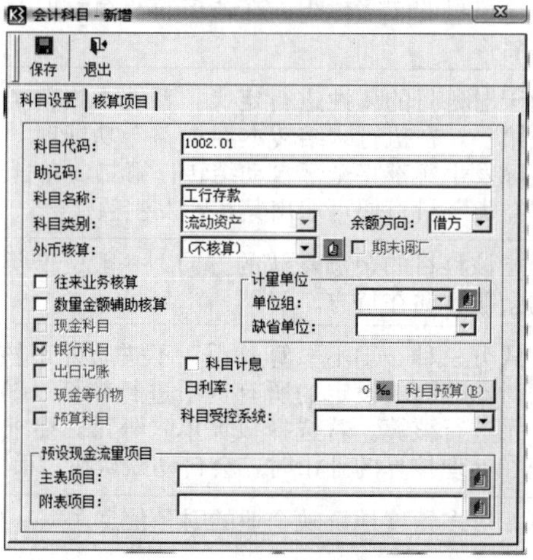

图 3—48　增加科目

出日记账设置一级科目后会自动更新下级的设置。

(2) 外币银行科目。

新增“中行存款”，外币核算选择“美元”，勾选“期末调汇”，新增后也可以进行修改，如图 3—49 所示。

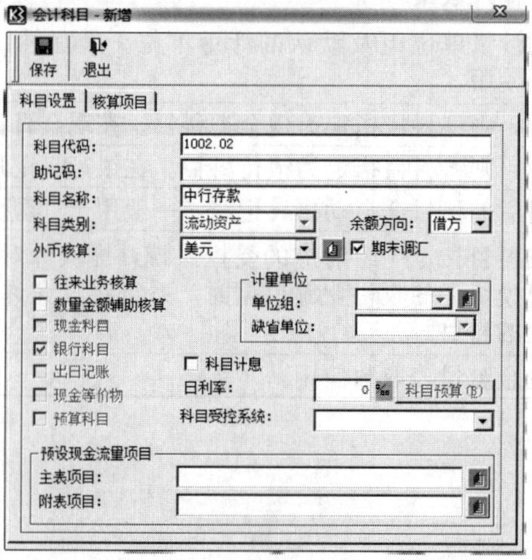

图 3—49　有外币的银行科目

操作提示

为了操作方便，预设科目中多余的科目可以不删除，以免后面报表公式进行大量修改。

其中一些科目需要设置辅助核算项目，修改会计科目时应该注意案例资料中的辅助核算设置。

在已发生业务的科目下，再增加一个子科目，系统会自动地将父级科目的全部内容转移到新增的子科目上，根据需要可以再增加新的科目处理相关业务，该项操作不可逆。

3. 往来类科目的设置

应收账款、应付账款等科目需要设置核算项目，同时要勾选“往来业务核算”，如图 3—50 所示。

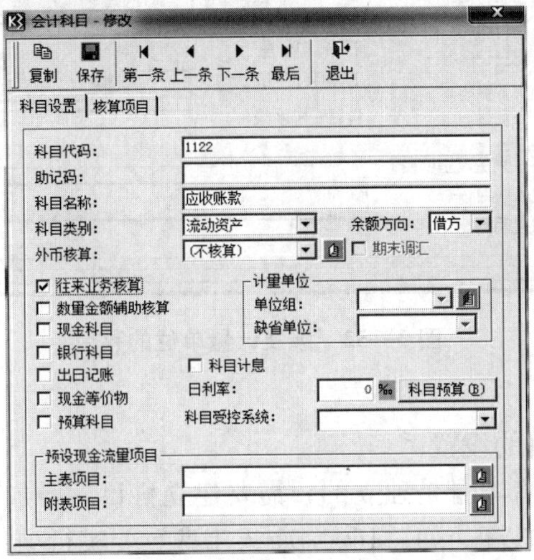

图 3—50　“应收账款”科目设置

打开“核算项目”页，单击“增加核算项目类别”，然后选择“客户”，如图 3—51 所示。应付账款的核算项目，应选择“供应商”。

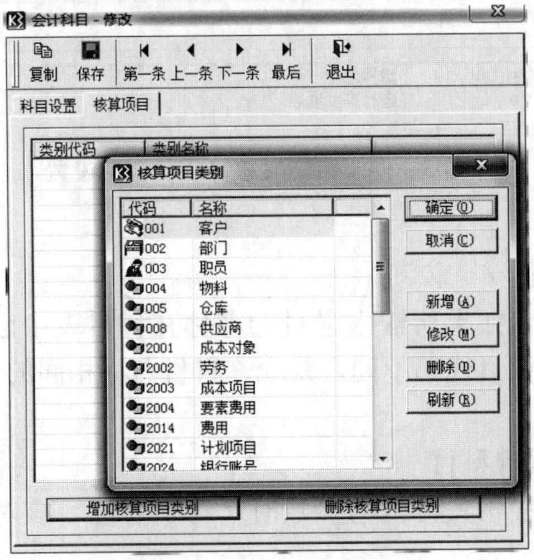

图 3—51　设置核算项目

4. 有计量单位科目的设置

要进行数量核算的科目，需要设置计量单位组和计量单位，如图 3—52 所示。

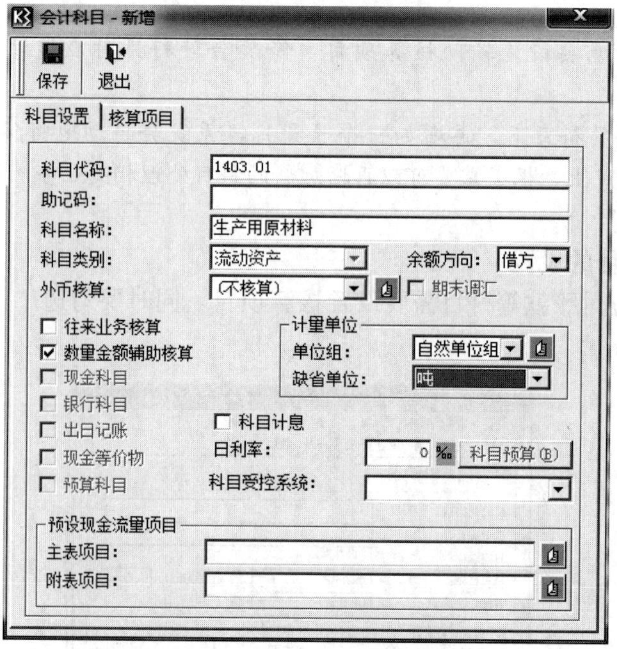

图 3—52　涉及计量单位的科目

5. 有核算项目科目的设置

科目和核算项目两者本身是独立的，需要建立科目后增加与核算项目的关联关系，才能实现对科目的项目核算。如“1604.01 人工费”要实行项目核算，应先增加这个科目，然后选择核算项目，如图 3—53 所示。

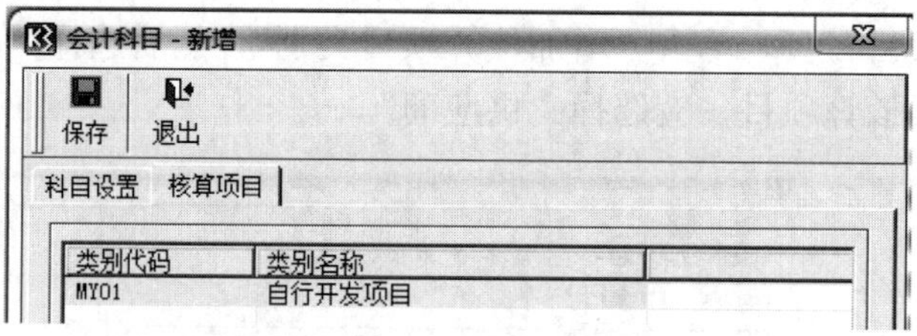

图 3—53　自定义核算项目科目设置

6. 科目命名的处理

在科目输入过程中，如果所输入科目的名称在科目表中已经存在，系统将会提示该科目名称存在。由于科目代码不同，是允许科目名称相同的。

7. 按照案例资料设置科目

新增有关科目并设置相关科目的参数时，特别要逐一核对每个科目的参数设置和辅助核算设置。

3.5.9　设置凭证类型

案例资料

凭证类型（凭证字）如表 3—8 所示。

表 3—8　凭证类型

凭证字	凭证名称	科目范围限制
收	收款凭证	借方必有：1001—1002
付	付款凭证	贷方必有：1001—1002
转	转账凭证	借和贷必无：1001—1002

操作过程

选择“系统设置”|“基础资料”|“公共资料”|“凭证字”，单击“新增”设置凭证类型，输入案例信息，如图 3—54 所示。

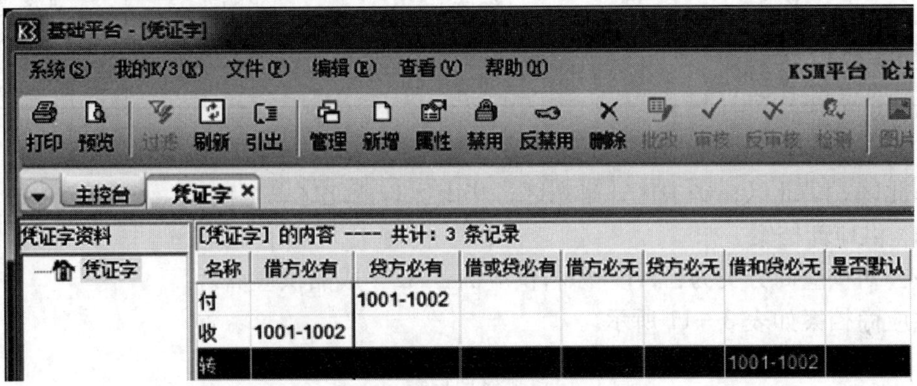

图 3—54　凭证字设置

注意科目中的分隔号为英文减号“-”。

3.5.10　设置核算项目内容

案例资料

（1）部门档案。

部门档案如表 3—9 所示。

表 3—9　部门档案

部门编码	部门名称	部门属性	部门编码	部门名称	部门属性
1	管理中心	非车间	3	制造中心	非车间
1.01	行政部	非车间	3.01	一车间	车间
1.02	财务部	非车间	3.02	二车间	车间
2	供销中心	非车间	4	物流中心	非车间
2.01	销售部	非车间	4.01	仓储部	非车间
2.02	采购部	非车间	4.02	运输部	非车间

(2) 职员。

该企业在职人员分为 4 类：1—管理人员；2—经营人员；3—车间管理人员；4—车间工人。

职员档案如表 3—10 所示。

表 3—10 职员档案

职员编码	姓名	性别	职员类别	部门	职务
101	孙正	男	管理人员	行政部	总经理
102	陈东方	女	管理人员	行政部	办事员
201	何沙	男	管理人员	财务部	办事员
202	赵小兵	女	管理人员	财务部	办事员
203	孙胜业	女	管理人员	财务部	部门经理
301	刘一江	男	经营人员	销售部	业务员
302	朱小明	女	经营人员	销售部	部门经理
401	李天华	女	经营人员	采购部	部门经理
402	杨真	男	经营人员	采购部	业务员
501	陈瓜瓜	男	经营人员	仓储部	部门经理
601	罗忠	男	经营人员	运输部	部门经理

(3) 地区分类。

东北区；华北区；华中区；华东区；华南区；西北区；西南区。

(4) 供应商档案。

该公司供应商分类为：A1—原料供应商；A2—成品供应商。

供应商档案如表 3—11 所示。

表 3—11 供应商档案

供应商编号	供应商名称	所属分类码	所属地区	税号	开户银行	银行账号	地址	邮编	分管人员
001	重庆大江公司（简称：大江）	A1	西南	98462	中行	3367	重庆市巴南区大江路 1 号	410001	李天华
002	成都大成公司（简称：大成）	A1	西南	67583	中行	3293	成都市青羊区大成路 1 号	610001	李天华
003	南京天华商行（简称：天华）	A2	华东	72657	工行	1278	南京市重庆路 22 号	230187	杨真
004	上海大坤公司（简称：大坤）	A2	华东	31012	工行	5076	上海市浦东新区广州路 6 号	200232	杨真

供应商应收应付科目设置资料如下：应付账款：2202；预付账款：1123；其他应付款：2241；应交税费：2221.01.01；应收账款：1122；预收账款：2203；其他应收款：1221.01。

(5) 客户档案。

该公司的客户分类为：A1—批发；A2—零售；A3—代销；A4—专柜。

客户的分管部门均为销售部，客户档案具体如表 3—12 所示。

表 3—12　客户档案

客户编号	客户名称	客户分类	所属地区	税号	开户银行	银行账号	地址	邮编	分管业务员
001	重庆嘉陵公司（简称：嘉陵）	A1	西南	32788	工行双碑支行	3654	重庆市沙坪坝区双碑路 9 号	400077	刘一江
002	天津大华公司（简称：大华）	A1	华北	32310	工行东风支行	5581	天津市滨海区东风路 8 号	300010	刘一江
003	上海长江公司（简称：长江）	A4	华东	65432	工行海东支行	2234	上海市徐汇区海东路 1 号	200032	朱小明
004	辽宁飞鸽公司（简称：飞鸽）	A3	东北	03251	中行三好支行	0548	沈阳市和平区三好路 88 号	110008	朱小明
005	湖南宇子公司（简称：宇子）	A2	华中	01121	中行路口支行	1717	长沙市路口路 77 号	410001	朱小明

客户应收应付科目设置资料如下：应收账款：1122；预收账款：2203；其他应收款：1221.01；应交税费：2221.01.05；应付账款：2202；预付账款：1123；其他应付款：2241。

操作过程

1. 核算项目的应用

核算项目与会计科目连用，其功能类似明细科目的作用，但弥补了明细会计科目设置过多不利于运行和管理等缺陷。系统提供了客户、供应商、物料、部门、职员和现金流量项目等核算项目组别，应用面非常广泛。核算项目还是各种单据的内容，为系统的各项操作提供了基础资料的查询和获取。对于核算项目的类别，可以进行浏览、修改、增加、删除等操作，已发生业务的核算项目，系统不允许修改和删除。除系统提供的预设核算项目外，还可以通过新增核算项目来达到自己特有的核算要求。

核算项目可对某一科目进行延伸核算，以处理从属于该科目某一方面独立的财务资料，每一独立的核算可以归纳成一个核算类别，每一核算类别之下可以设置多个核算项目。如往来客户核算类别下可以设置许多客户。

使用核算项目可以达到的效果基本同明细科目，同时还有如下好处：

（1）可核算多个科目，如企业的收入、成本和费用要按部门考核，如果设明细科目，这三个科目及其明细科目均要按部门设置明细科目，如果使用核算项目，每个科目选择按部门核算即可。

（2）核算项目余额表可以查询一个核算项目对多个科目的发生额，如可以查询一个客户的应收账款发生了多少，其他应收款是多少，预收款是多少。

（3）在使用业务模块时，可以根据核算项目生成凭证。如果是明细科目，一张销售发票要生成凭证时，应借记应收账款，明细科目需要再指定；如果是使用往来单位，发票生成凭证时，自动根据发票上的单位选择往来单位。部门核算项目在录入固定资产卡片时也可以使用，工资核算时的职员来源于核算项目职员。

2. 设置部门和职员

部门和职员可以作为账务的辅助核算项目，也是采购、销售、仓存系统和存货核算系统的各种单据中“部门”项目的组成部分。

（1）部门。

选择“系统设置”|“基础资料”|“公共资料”|“部门”，单击“新增”，进入“部门—新增”窗口，逐一输入案例资料中的部门，部门分级采用“.”分隔，如图 3—55 所示。

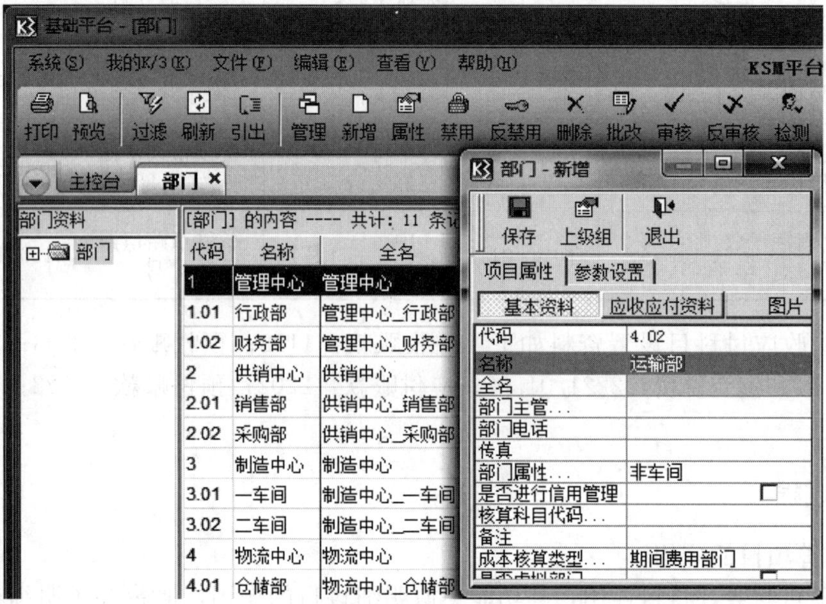

图 3—55 部门设置

操作提示

在项目后有“…”标示的，表示有预定义的明细可供选择，可以按 F7 键调出来选择。还可进行增加、删除等操作。

（2）设置职员。

选择“系统设置”|“基础资料”|“公共资料”|“职员”，单击“新增”按钮进行设置，如图 3—56 所示。

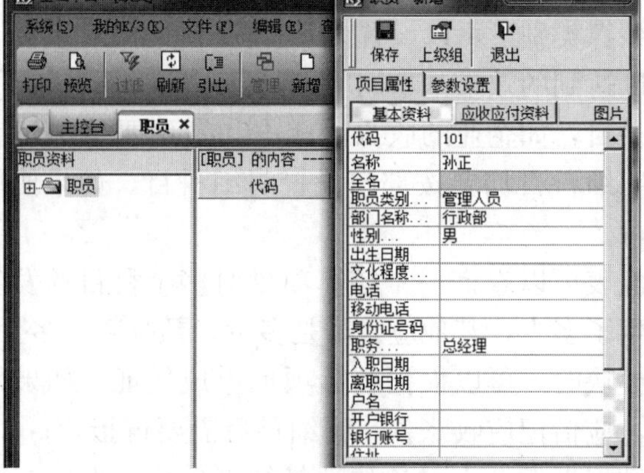

图 3—56 职员设置

在“职员类别”处按 F7 键，可以调出“职员类别”设置窗口，然后新增“管理人员”和“经营人员”等类别，如图 3—57 所示。

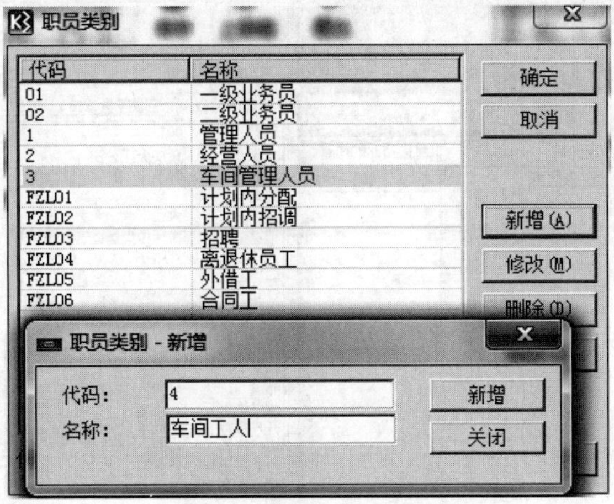

图 3—57　新增职员类别

一个人的信息设置完成后，单击“保存”完成录入，然后自动进入下一个人员信息的设置。

增加职员类别、职务等，也可以选择在“系统设置”|“基础资料”|“公共资料”|“辅助资料管理”设置中完成。

职员的显示项目，系统默认的主要是代码和名称，为便于检查，一般按照需要使用的项目进行设置。方法是先选择左边的“职员”，然后再选择“编辑”|“属性”，可以按照需要选择要显示的项目，具体在“简化显示”栏选择，如图 3—58 所示。也可以增加或删除项目，设置必录的项目等。

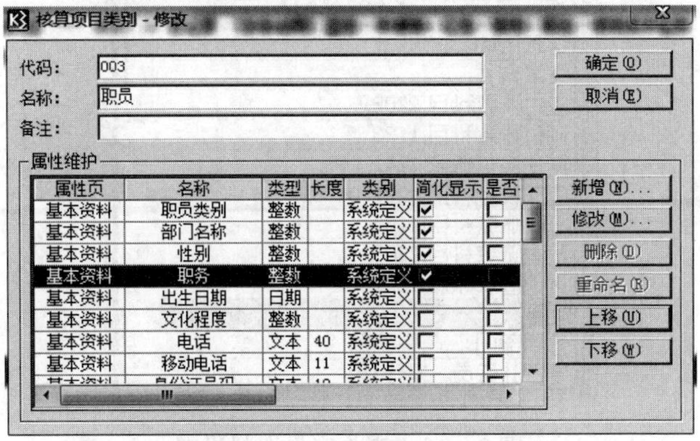

图 3—58　项目显示设置

设置完毕，单击“确定”显示设置后的效果。其他核算项目的调整也可按照这种方式完成。

3. 设置往来单位

(1) 设置供应商。

选择“系统设置”|“基础资料”|“公共资料”|“供应商”，单击“新增”，执行

新增供应商操作，如图 3—59 所示。

图 3—59　设置供应商

在“供应商分类”输入时要先进行设置，按 F7 键进入后进行新增、删除、修改等操作，具体按照案例资料录入。

应收应付资料设置如图 3—60 所示。

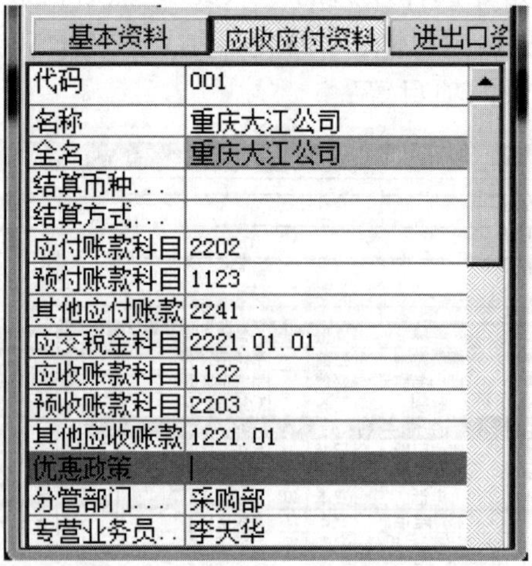

图 3—60　应收应付资料设置

选择左边的“供应商”，单击“属性”调整显示项目，查看设置完成后的供应商信息。

（2）设置客户。

选择“系统设置”|“基础资料”|“公共资料”|“客户”，单击“新增”执行新增客户操作，如图 3—61 所示。在输入过程中，要设置客户分类。

应收应付资料设置如图 3—62 所示。

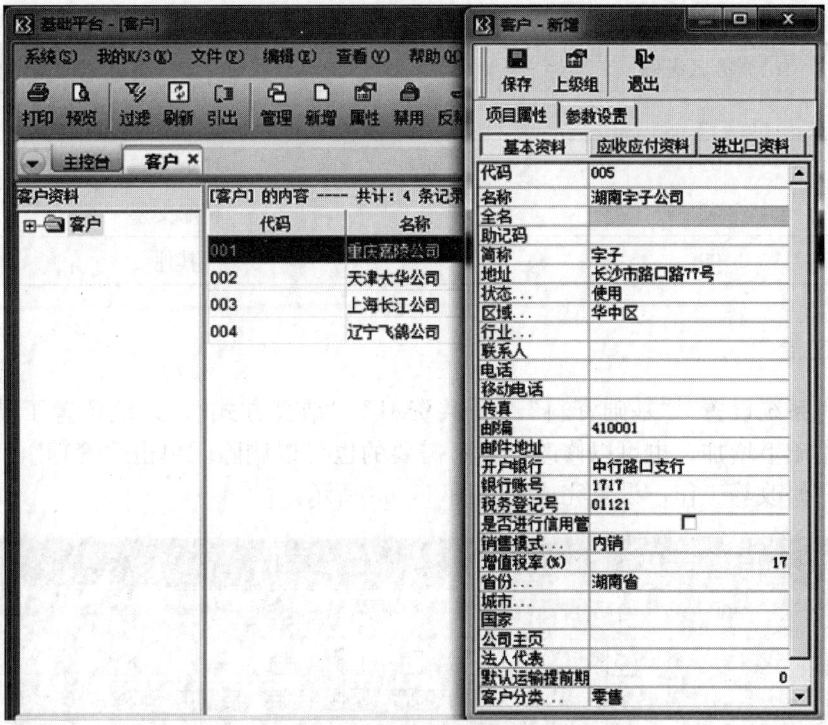

图 3—61　客户设置

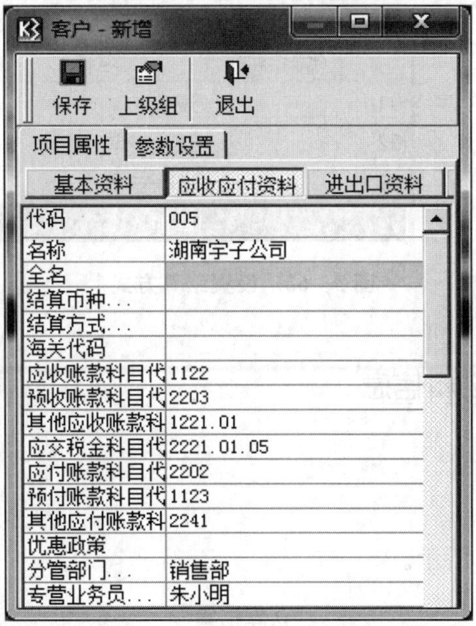

图 3—62　应收应付资料设置

3.5.11　设置结算方式

案例资料

结算方式有许多种类，如表 3—13 所示。

表 3—13 结算方式

结算方式编码	结算方式名称
01	现金
02	现金支票
03	转账支票
99	其他

操作过程

选择“系统设置”|“基础资料”|“公共资料”|“结算方式”，系统预置了结算方式，可以在此基础上增加，也可以修改，对不需要的也可以删除。单击“管理”，可完成增加、删除、修改等工作，设置完成后如图 3—63 所示。

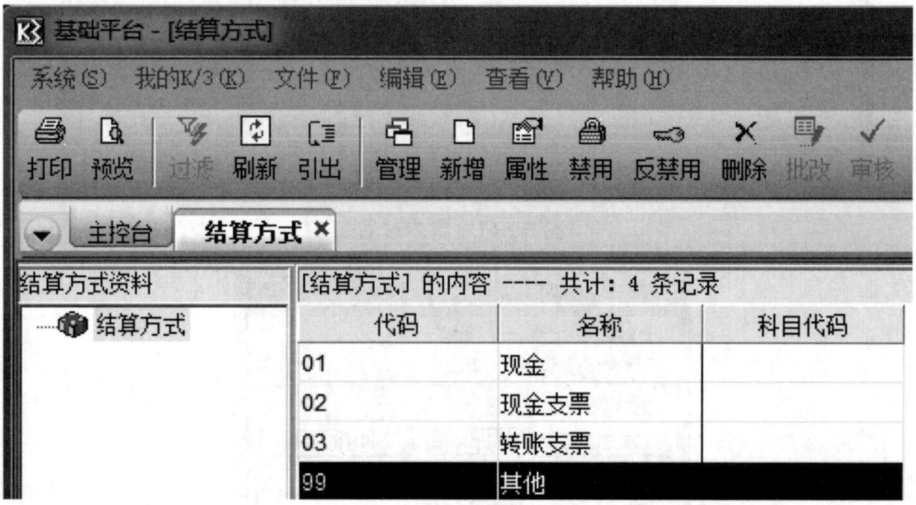

图 3—63 设置结算方式

3.5.12 设置仓库和物料信息

案例资料

（1）仓库档案。

仓库档案如表 3—14 所示。

表 3—14 仓库档案

仓库编码	仓库名称	仓库管理员
1	原料库	陈瓜瓜
2	成品库	陈瓜瓜
3	配套用品库	陈瓜瓜

（2）物料分类。

物料分类如表 3—15 所示。

表 3—15　　物料分类

物料类别编码	物料类别名称	物料类别编码	物料类别名称
1	原材料	201	税控机
101	主机	202	打印纸
10101	处理器	3	配套用品
10102	硬盘	301	配套硬件
10103	加密卡	30101	打印机
102	显示器	30102	传真机
103	键盘	30103	服务器
104	鼠标	302	配套软件
2	产成品		

(3) 物料档案。

物料档案如表 3—16 所示。

表 3—16　　物料档案

物料编码	物料名称	物料属性	所属类别	计量单位组	计量单位	仓库
001	CN 处理器	外购	10101	自然单位组	盒	原料库
002	2TB 硬盘	外购	10102	硬盘组	盒	原料库
003	液晶显示器	外购	102	自然单位组	台	原料库
004	键盘	外购	103	自然单位组	个	原料库
005	鼠标	外购	104	鼠标组	只	原料库
006	税控Ⅱ号	自制	201	自然单位组	台	成品库
007	HP 激光打印机	外购	30101	自然单位组	台	配套用品库
008	联想服务器	外购	30103	自然单位组	台	配套用品库
009	A 型加密卡	外购	10103	自然单位组	块	原料库
010	专用发票纸	自制	202	自然单位组	箱	成品库
011	普通发票纸	自制	202	自然单位组	箱	成品库

物料计价方法均为移动平均法。数量精度：2 位。单价小数位数：2 位。物料科目：1405 库存商品；销售收入科目：6001 主营业务收入；销售成本科目：6401 主营业务成本。

操作过程

1. 设置仓库

选择"系统设置"|"基础资料"|"公共资料"|"仓库"，单击"新增"按钮，根据案例资料中的仓库档案进行设置，如图 3—64 所示。

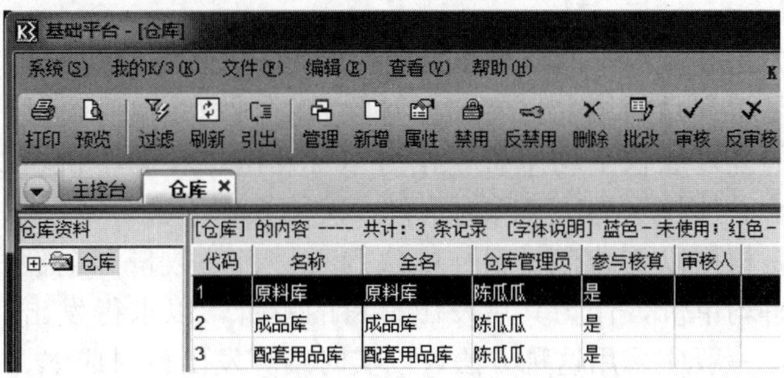

图 3—64　仓库设置

2. 设置物料分类

选择“系统设置”|“基础资料”|“公共资料”|“辅助资料管理”，在左边选择“物料分类”，如图 3—65 所示。

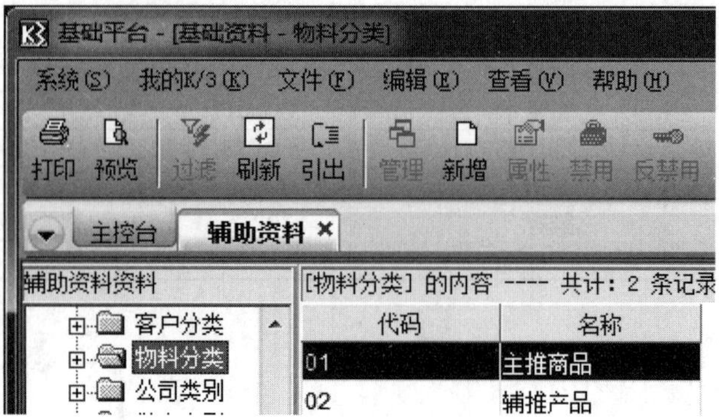

图 3—65 物料分类

选择物料分类的明细，再单击“管理”，可进行新增、修改、删除等操作，如图 3—66 所示。

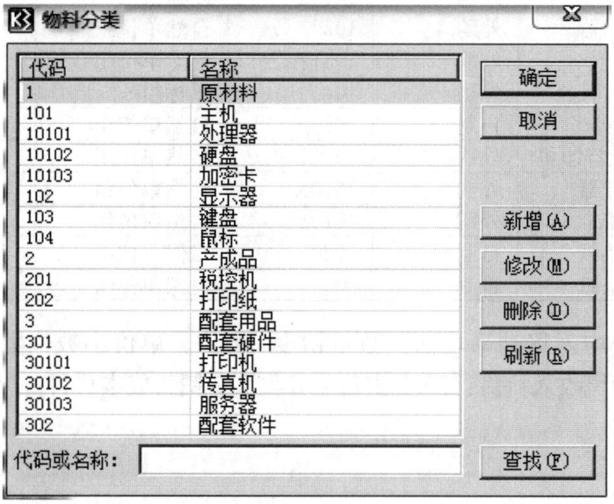

图 3—66 物料分类

3. 设置物料

物料的计价方法涉及成本的结算，常用的两种方法如下：

加权平均法是根据月初结存材料和全月收入材料的数量和金额，于月末一次计算出以数量为权数的全月加权平均单价，作为本月发出材料的单价，以求得本月发出材料成本的一种方法。加权平均法又称为全月一次加权平均法。

移动平均法是根据以前结存材料与本次购入材料的数量和金额，计算出以数量为权数的移动加权平均单价，作为其后发出材料的单价，以求得发出材料成本的一种方法。在信息化下，一般应采用这种方法，以实时结算发出材料成本。

选择“系统设置”|“基础资料”|“公共资料”|“物料”，单击“新增”按钮，如图 3—67 所示。

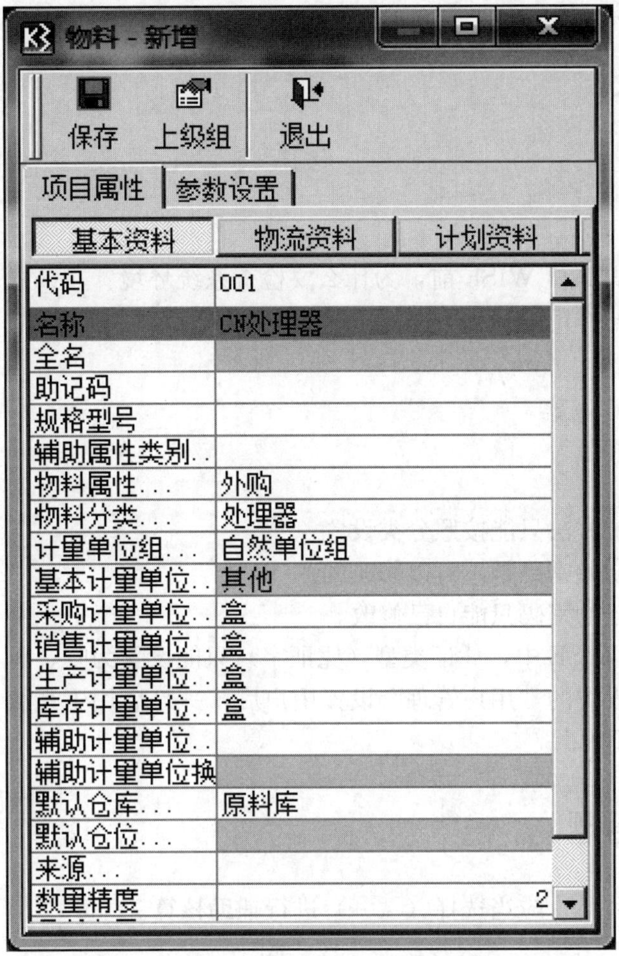

图 3—67　新增物料资料（基本资料）

在“物流资料”选项卡，注意要录入计价方法等，如图 3—68 所示。

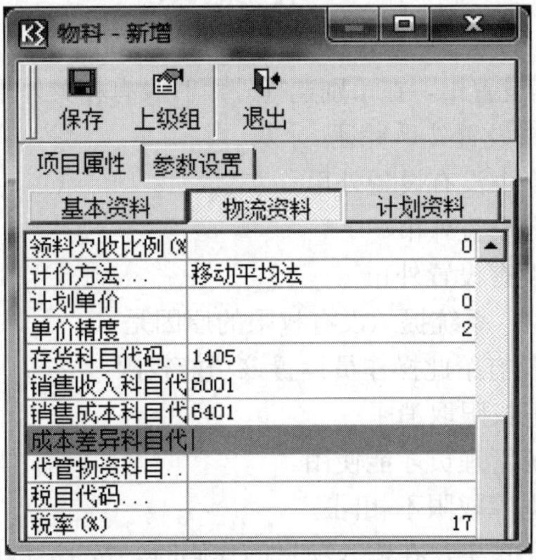

图 3—68　新增物料资料（物流资料）

3.6 复习题

3.6.1 思考题

1. 在安装金蝶 K/3 WISE 前，为什么要检查系统环境？
2. 基础设置的作用是什么？

3.6.2 判断题

1. 物料的计价方法只能按照分类设置。（ ）
2. 操作者的初始密码是不可以修改的。（ ）
3. 操作者自己的密码只能自己修改。（ ）
4. 金蝶 K/3 WISE 中，凭证类型（凭证字）只能设置为收、付、转三种。（ ）
5. 通过基础设置的“用户管理”设置用户后，一旦启用了系统，当前会计年度内就不能增加操作用户了。（ ）

3.6.3 单项选择题

1. 应收账款科目，应当选择（ ）进行辅助核算。

A. 客户 B. 部门
C. 职员 D. 仓库

2. 金蝶 K/3 WISE 使用（ ）数据库。

A. DB2 B. Access
C. ORACLE D. SQL Server

3. 在科目初始数据设置中，在币别选择外币时没有相关外币科目的原因是（ ）。

A. 在凭证字中没有设置外币凭证
B. 在科目外币核算中没有设置外币
C. 计量单位中没有设置外币
D. 在辅助资料中没有设置外币

4. 当选择某功能时，系统提示没有权限的原因是（ ）。

A. 在用户管理中没有给此操作员设置该功能权限
B. 该操作员自己把权限取消了
C. 该权限只有系统管理员才能使用
D. 不同版本的数据库权限不相同

5. 在金蝶 K/3 WISE 中，在输入项目的代码时，按 F7 键的作用是（ ）。

A. 调出代码表供选择 B. 项目的帮助说明
C. 直接输入该项目 D. 删除当前输入的内容

6. K/3 WISE 的权限管理，主要通过（　　）设置来实现财务分工。

A. 业务权限管理　　B. 财务权限管理

C. 功能权限管理　　D. 数据权限管理

7. 作为 K/3 WISE 的系统管理员，通过账套管理中的（　　）功能可以得到网络用户对 K/3 WISE 的操作记录。

A. 用户管理　　B. 财务系统

C. 业务系统　　D. 上机日志

8. F7 键的快捷功能是（　　）。

A. 数据重算　　B. 刷新

C. 调出金蝶计算器　　D. 获取科目、摘要、核算项目等信息

9. 用户管理中关于系统管理员组的用户权限，说法正确的是（　　）。

A. 只具备基础资料的权限　　B. 只具备报表系统的权限

C. 不需要授权　　D. 只具备总账系统的权限

10. 用户详细授权是通过（　　）按钮来进行的。

A. 授权　　B. 全选

C. 高级　　D. 数据授权

3.6.4 多项选择题

1. 有外币核算的科目，一般应选择（　　）项目。

A. 外币核算　　B. 期末调汇

C. 计量单位　　D. 助记码

2. 金蝶 K/3 WISE 可以在（　　）运行。

A. Windows 单机　　B. Windows 网络

C. Unix　　D. Linux

3. 金蝶 K/3 WISE 账套备份后，生成（　　）类型的文件。

A. *.BAK　　B. *.EXE

C. *.INI　　D. *.DBB

第 4 章 Chapter 4 数据初始化

4.1 总账期初数据

4.1.1 科目期初数据

案例资料

(1) 会计科目期初余额。

4 月会计科目期初余额及累计额如表 4—1 所示。

表 4—1 **会计科目期初余额**

科目代码	科目名称	方向	币别计量	累计借方	累计贷方	期初余额
1001	库存现金	借		18 889.00	18 860.00	6 875.00
1002	银行存款	借		469 851.00	401 980.00	1 136 057.00
1002.01	工行存款	借		469 851.00	401 980.00	511 057.00
1002.02	中行存款	借	美元			625 000.00 美元:100 000.00
1122	应收账款	借		60 000.00	200 000.00	157 600.00
1221	其他应收款	借		7 000.00	5 300.00	3 800.00
1221.02	应收个人款	借		7 000.00	5 300.00	3 800.00
1231	坏账准备	贷		3 000.00	6 600.00	5 090.00
1401	材料采购	借			80 000.00	−80 000.00
1403	原材料	借		293 180.00		1 004 000.00
1403.01	生产用原材料	借	吨	293 180.00		1 004 000.00
1405	库存商品	借		140 142.00	90 000.00	3 569 000.00
1601	固定资产	借				3 690 860.00
1602	累计折旧	贷			39 511.00	108 995.00
1701	无形资产	借			58 500.00	58 500.00

续前表

科目代码	科目名称	方向	币别计量	累计借方	累计贷方	期初余额
2001	短期借款	贷			200 000.00	200 000.00
2202	应付账款	贷		150 557.00	60 000.00	276 850.00
2211	应付职工薪酬	贷			3 400.00	13 200.00
2211.01	工资	贷			3 400.00	13 200.00
2221	应交税费	贷		36 781.00	15 581.00	－16 800.00
2221.01	应交增值税	贷		36 781.00	15 581.00	－16 800.00
2221.01.01	进项税额	贷		36 781.00		－33 800.00
2221.01.05	销项税额	贷			15 581.00	17 000.00
2241	其他应付款	贷			2 100.00	2 100.00
4001	实收资本	贷				7 615 444.00
4103	本年利润	贷				1 478 000.00
4104	利润分配	贷		13 172.00	9 330.00	－119 022.00
4104.15	未分配利润	贷		13 172.00	9 330.00	－119 022.00
5001	生产成本	借		8 711.00	10 121.00	17 165.00
5001.01	直接材料	借		4 800.00	5 971.00	10 000.00
5001.02	直接人工	借		861.00	900.00	4 000.00
5001.03	制造费用	借		2 850.00	3 050.00	2 000.00
5001.04	折旧费	借		200.00	200.00	1 165.00
6001	主营业务收入	贷		350 000.00	350 000.00	
6051	其他业务收入	贷		250 000.00	250 000.00	
6401	主营业务成本	借		300 000.00	300 000.00	
6402	其他业务成本	借		180 096.00	180 096.00	
6403	营业税金及附加	借		8 561.00	8 561.00	
6601	销售费用	借		18 000.00	18 000.00	
6601.01	工资（销售部）	借		8 000.00	8 000.00	
6601.06	折旧费（销售部）	借		10 000.00	10 000.00	
6602	管理费用	借		22 550.00	22 550.00	
6602.01	工资（行政部）	借		8 000.00	8 000.00	
6602.02	福利费（行政部）	借		1 100.00	1 100.00	
6602.03	办公费（行政部）	借		600.00	600.00	
6602.04	差旅费（行政部）	借		5 600.00	5 600.00	
6602.05	招待费（行政部）	借		4 600.00	4 600.00	
6602.06	折旧费（行政部）	借		2 600.00	2 600.00	
6602.99	其他（行政部）	借		50.00	50.00	
6603	财务费用	借		8 000.00	8 000.00	
6603.01	利息支出	借		8 000.00	8 000.00	

（2）辅助账期初余额表。

日期中年份为 2015 年。

应收账款（1122）期初余额表如表 4—2 所示。

表 4—2　　**应收账款　期初**

日期	客户	借方累计	贷方累计	方向	期初余额
本年-02-25	重庆嘉陵公司		200 000.00	借	99 600.00
本年-03-10	天津大华公司	60 000.00		借	58 000.00
	合计	60 000.00	200 000.00	借	157 600.00

其他应收款—应收个人款（1221.02）期初如表 4—3 所示。

表 4—3　　其他应收款—应收个人款　期初

日期	部门	个人	借方累计	贷方累计	方向	期初余额
本年-03-26	行政部	孙正	2 000.00	3 000.00	借	2 000.00
本年-03-27	销售部	朱小明	5 000.00	2 300.00	借	1 800.00
			7 000.00	5 300.00	借	3 800.00

应付账款（2202）期初如表 4—4 所示。

表 4—4　　应付账款　期初

日期	供应商	借方累计	贷方累计	方向	期初余额
本年-01-20	重庆大江公司	150 557.00	60 000.00	贷	276 850.00
				贷	276 850.00

生产成本（5001）期初如表 4—5 所示。

表 4—5　　生产成本　期初

项目	借方累计	贷方累计	期初余额备注
1. 直接材料			
专用发票纸	4 800.00	5 971.00	4 000.00
普通发票纸			6 000.00
2. 直接人工			
专用发票纸	861.00	900.00	1 500.00
普通发票纸			2 500.00
3. 制造费用			
专用发票纸	2 850.00	3 050.00	800.00
普通发票纸			1 200.00
4. 折旧费			
专用发票纸	200.00	200.00	500.00
普通发票纸			665.00
合　计	8 711.00	10 121.00	17 165.00

操作过程

1. 一般科目数据的录入

选择“系统设置”|“初始化”|“总账”|“科目初始数据录入”，进入后，币别输入方式的转换通过下拉框选择，可以选择“人民币”、“美元”、“综合本位币”，如图 4—1 所示。左边的 1、2、3 表示显示科目的级数，如按“1”则只显示一级。

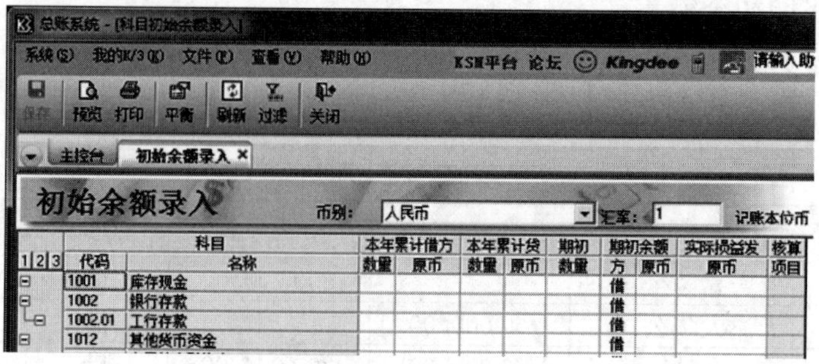

图 4—1　科目初始数据

(1) 本位币（人民币）的录入，如图 4—2 所示。

主控台　初始余额录入

初始余额录入　币别：人民币　汇率：1　记账本位币

科目		本年累计借方	本年累计贷方	期初余额		核算
代码	名称	原币	原币	方	原币	项目
1001	库存现金	18,889.00	18,860.00	借	6,875.00	
1002	银行存款	469,851.00	401,980.00	借	511,057.00	
1002.01	工行存款	469,851.00	401,980.00	借	511,057.00	
1012	其他货币资金			借		

图 4—2　本位币录入

输入数据时，只输入科目的最末一级，上一级系统会自动计算填入。

(2) 外币的录入。科目期初数据，其中美元需要在选项卡下拉列表中选中“美元”才可输入。中行存款科目需要在此状态下录入，直接输入原币，本位币自动计算得到，如图 4—3 所示。

初始余额录入　币别：美元　汇率：6.25

科目		本年累计借方		本年累计贷方		期初余额			核算
代码	名称	原币	本位币	原币	本位币	方	原币	本位币	项目
1002	银行存款					借	100,000.00	625,000.00	
1002.02	中行存款					借	100,000.00	625,000.00	

图 4—3　外币录入

2. 应收应付期初数据

(1) 应收账款设置。

进入初始化的“初始余额录入”，币别选择“人民币”，双击“应收账款”行的“√”标志后输入数据，如图 4—4 所示。先选择“客户”，在“客户”栏直接输入客户代码就可以调出相应的客户，然后输入相关数据。

核算项目初始余额录入（科目：1122 应收账款）

客户	本年累计借方	本年累计贷方	期初余额	业务发生时间
	原币	原币	原币	
001-重庆嘉陵公司	0.00	200,000.00	99,600.00	2015-02-25
002-天津大华公司	60,000.00		58,000.00	2015-03-10

图 4—4　客户单位录入

输入完成，单击“保存”按钮退到科目余额输入方式下，这时应收账款的数据将显示出来，是各客户金额的合计。

(2) 其他应收款—个人款。

进入初始化的“初始余额录入”，双击“应收个人款”行的“√”标志后输入数据，如图 4—5 所示。

核算项目初始余额录入（科目：1221.02 应收个人款）

职员	本年累计借方	本年累计贷方	期初余额
	原币	原币	原币
101-孙正	2,000.00	3,000.00	2,000.00
302-朱小明	5,000.00	2,300.00	1,800.00

图 4—5　应收个人款明细录入

（3）应付账款设置。

选择“供应商”后，就可输入应付账款数据，结果如图 4—6 所示。

供应商	本年累计借方	本年累计贷方	期初余额	业务发生时间
	原币	原币	原币	
001-重庆大江公司	150,557.00	60,000.00	276,850.00	2015-01-20

图 4—6　应付账款录入

3. 科目项目数据输入

5001 生产成本科目是按照项目核算，单击明细科目后的“√”，然后输入相应的明细数据，如图 4—7 所示。

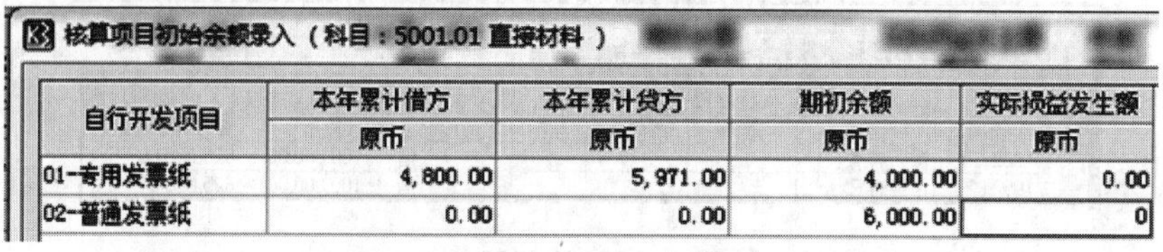

自行开发项目	本年累计借方	本年累计贷方	期初余额	实际损益发生额
	原币	原币	原币	原币
01-专用发票纸	4,800.00	5,971.00	4,000.00	0.00
02-普通发票纸	0.00	0.00	6,000.00	0

图 4—7　项目初始数据

4. 科目余额试算平衡

在初始余额录入下，币别选择“综合本位币”，单击“平衡”按钮，可显示出试算平衡的结果，通过这个功能可以检查数据是否平衡，如图 4—8 所示。

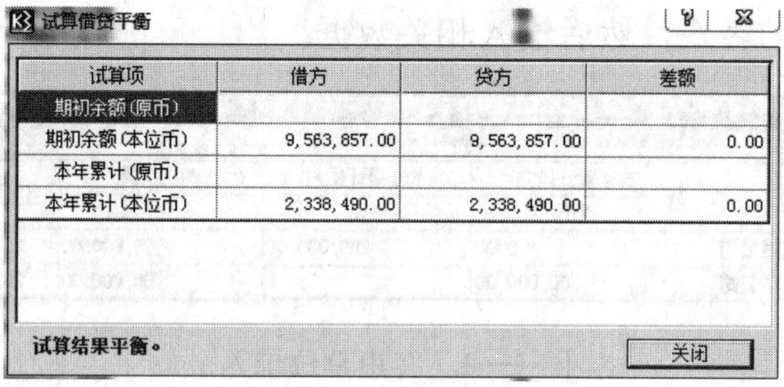

试算项	借方	贷方	差额
期初余额(原币)			
期初余额(本位币)	9,563,857.00	9,563,857.00	0.00
本年累计(原币)			
本年累计(本位币)	2,338,490.00	2,338,490.00	0.00

图 4—8　试算平衡

4.1.2　现金管理初始数据

案例资料

（1）现金管理参数设置。

增加设置“结账与总账期间同步”。

（2）开户行资料。

编码：01；名称：工商银行重庆分行两江支行；账号：787978797879；户名：重庆两江科技有限公司；银行接口类型：中国工商银行；开户行：工行两江支行。

编码：02；名称：中国银行重庆分行两江支行；账号：112111211121；户名：重

庆两江科技有限公司；银行接口类型：中国银行；开户行：中行两江支行。

（3）工商银行期初数据。

工商银行人民币户企业日记账调整前余额为 511 057.00 元。银行对账单调整前余额为 467 557.00 元。

1）企业未达账。

银行已收企业未收：

3 月 26 日，银行收到天津大华公司用转账支票支付的货款 3 000 元，票号 ZZ45623，企业未收到。

银行已付企业未付：

3 月 28 日，银行自动支付其短期借款利息 2 000 元，银行付款票据企业未收到。

2）银行未达账。

企业已付银行未付：

3 月 28 日，企业用现金支票支付零星采购货款 2 500 元，票号 XJ445353，银行未入账，付款凭证号 27。

3 月 29 日，企业用转账支票支付货款 3 000 元，票号 ZZ30254，银行未入账，付款凭证号 32。

企业已收银行未收：

3 月 30 日，已收未收货款（重庆嘉陵公司转账支票，ZZ8341）50 000 元，收款凭证号 56，银行未入账。

（4）中国银行账户不进行银行对账。

操作过程

1. 设定参数

选择“系统设置”|“基础资料”|“公共资料”|“科目”，将“1001 库存现金”科目属性的“现金科目”选中，将“1002 银行存款”科目属性的“银行科目”选中，前面如果设置过，需要检查一下是否设置正确。

选择“系统设置”|“系统设置”|“现金管理”|“系统参数”，系统和总账的参数前面已经设置过，不用更改。现金管理的参数设置如图 4—9 所示。

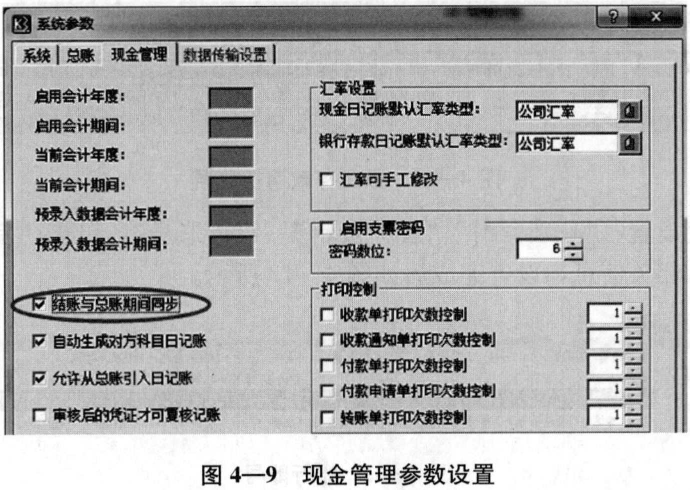

图 4—9 现金管理参数设置

结账与总账期间同步，以控制现金系统的结账期间同总账系统保持一致。为此，应该先进行现金系统结账，然后才是总账系统结账。

2. 银行科目期初数据

选择“系统设置”|“初始化”|“现金管理”|“初始数据录入”，设置现金期初数据，科目类别选择“现金”，然后选择“编辑”|“从总账引入科目”，执行“从总账引入科目”后如图 4—10 所示。

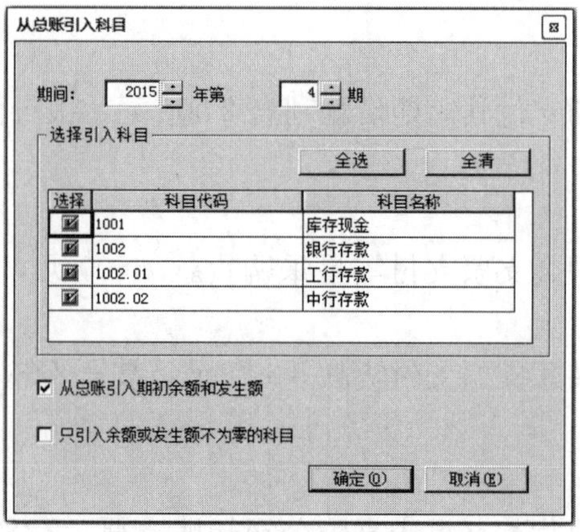

图 4—10 设置引入的参数

单击“确定”，引入后的结果如图 4—11 所示。

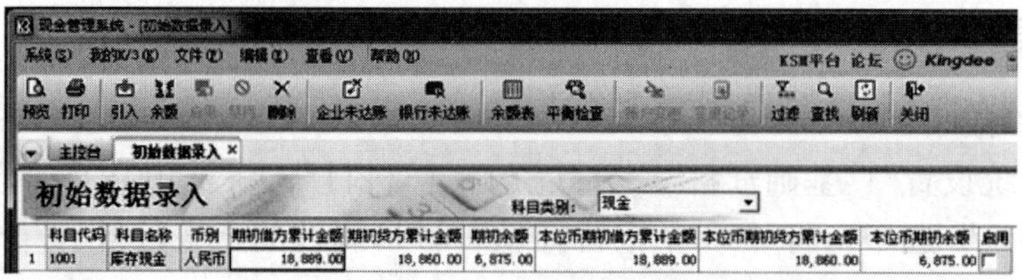

图 4—11 引入后库存现金数据

选择“银行存款”，银行存款引入后的数据如图 4—12 所示。

图 4—12 银行存款期初数据

选择“系统设置”|“基础资料”|“公共资料”|“银行账号”，单击“新增”按钮，然后按照资料输入相关信息，设置完成后如图 4—13 所示。

图 4—13 银行账号

选择“系统设置”|“初始化”|“现金管理”|“初始数据录入”，科目类别选择“银行存款”，输入银行账号，重新设置对账单的期初余额，如图 4—14 所示。

图 4—14 设置对账单的期初余额

3. 企业未达账

所谓未达账项，就是结算凭证在企业与银行之间（包括收付双方的企业及双方的开户银行）流转时，一方已经收到结算凭证作了银行存款的收入或支出账务处理，而另一方尚未收到结算凭证尚未入账的账项。

归纳起来，未达账项有四种类型：第一种是银行已收，企业未收；第二种是银行已付，企业未付；第三种是企业已收，银行未收；第四种是企业已付，银行未付。

存在未达账的情况下，企业银行存款日记账的余额和银行对账单的余额往往是不相等的。这时需要分别站在企业和银行的角度，将未达账项分别对银行存款日记账的余额和银行对账单的余额进行调整。

具体调整方法如下：

银行存款日记账的余额＋银行已收企业未收的金额－银行已付企业未付的金额＝调整后（企业账面）余额。

银行对账单的余额＋企业已收银行未收的金额－企业已付银行未付的金额＝调整后（银行对账单）余额。

调整后两者的余额相等，表明企业银行存款账实相符。

在初始数据录入下，选择“工行存款”，单击“企业未达账”，再单击“新增”，输入月初企业未达账，输入完成后的企业未达账如图 4—15 所示。

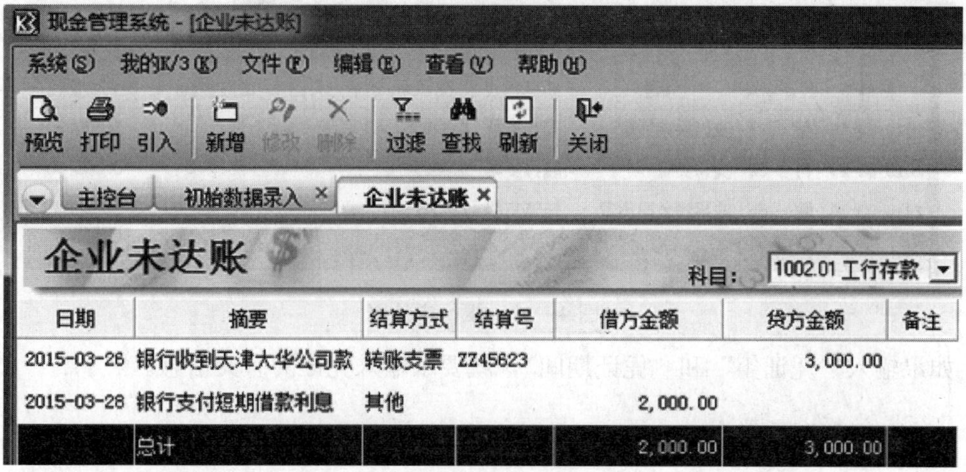

图 4—15 企业未达账

操作提示

银行已收是在贷方，银行已付是在借方，与企业银行账相反。这是根据对账单上的数据方向输入的，对账单是站在银行角度，与企业的角度相反。

如果有多个科目需要输入企业未达账，可以通过“科目”选择实现，还可以选择其他币种。

4. 银行未达账

单击“银行未达账”，再单击“新增”，即可录入月初银行未达账，如图 4—16 所示。

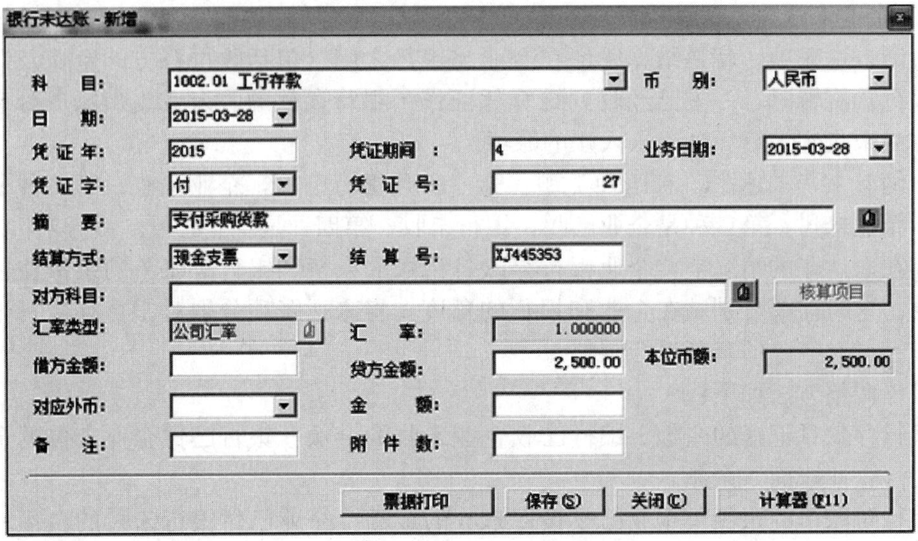

图 4—16　录入银行未达账

输入银行未达账后如图 4—17 所示。

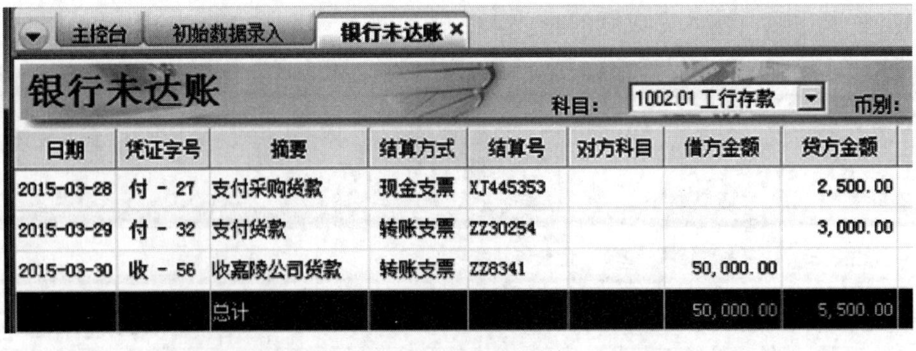

日期	凭证字号	摘要	结算方式	结算号	对方科目	借方金额	贷方金额
2015-03-28	付 - 27	支付采购货款	现金支票	XJ445353			2,500.00
2015-03-29	付 - 32	支付货款	转账支票	ZZ30254			3,000.00
2015-03-30	收 - 56	收嘉陵公司货款	转账支票	ZZ8341		50,000.00	
		总计				50,000.00	5,500.00

图 4—17　银行未达账

如果输入“凭证年”和“凭证期间”，就要求输入凭证的有关信息。

5. 余额调节表

在初始数据录入下，单击“余额表”，即可自动生成余额调节表，查看余额调节表是否平衡，如图 4—18 所示。最后单击“平衡检查”按钮，检查各银行科目是否平衡。

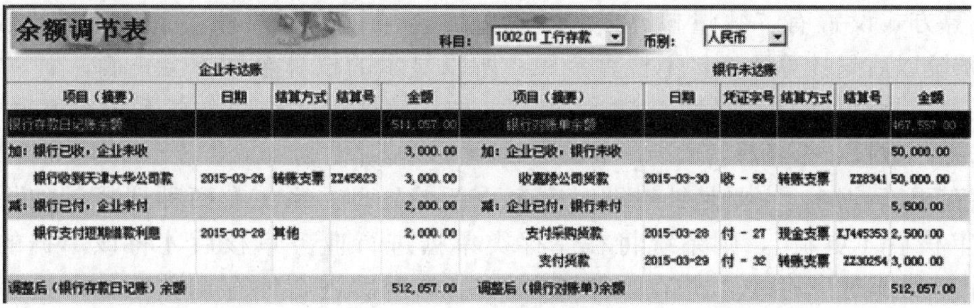

企业未达账					银行未达账					
项目（摘要）	日期	结算方式	结算号	金额	项目（摘要）	日期	凭证字号	结算方式	结算号	金额
银行存款日记账余额				511,057.00	银行对账单余额					467,557.00
加：银行已收，企业未收				3,000.00	加：企业已收，银行未收					50,000.00
银行收到天津大华公司款	2015-03-26	转账支票	ZZ45623	3,000.00	收嘉陵公司货款	2015-03-30	收 - 56	转账支票	ZZ8341	50,000.00
减：银行已付，企业未付				2,000.00	减：企业已付，银行未付					5,500.00
银行支付短期借款利息	2015-03-28	其他		2,000.00	支付采购货款	2015-03-28	付 - 27	现金支票	XJ445353	2,500.00
					支付货款	2015-03-29	付 - 32	转账支票	ZZ30254	3,000.00
调整后（银行存款日记账）余额				512,057.00	调整后（银行对账单)余额					512,057.00

图 4—18 余额调节表

4.2 供应链期初数据

4.2.1 物料初始数据

案例资料

(1) 库存和物料核算期初数据。

3 月 31 日，对各个仓库进行了盘点，结果如表 4—6 所示。

表 4—6 库存盘点表

仓库名称	物料名称	单位	数量	结存单价	结存金额
原料库	CN 处理器		700	1 200	840 000
	2TB 硬盘		200	820	164 000
成品库	税控Ⅱ号		380	4 800	1 824 000
	专用发票打印纸		300	40	12 000
	普通发票打印纸		300	30	9 000
配套用品库	HP 激光打印机		400	1 800	720 000
合计					3 569 000

(2) 采购管理期初数据。

3 月 25 日，收到重庆大江公司提供的 2TB 硬盘 100 盒，暂估单价为 800 元，商品已验收入原料仓库，至今尚未收到发票。

(3) 销售管理期初数据。

3 月 28 日，销售部向天津大华公司出售税控Ⅱ号 10 台，报价（无税单价）为 6 500元，由成品仓库发货。该发货单尚未开票。税控Ⅱ号单位成本 4 800 元。

操作步骤

1. 采购管理启用和选项设置

(1) 采购管理启用。

选择“系统设置”|“初始化”|“采购管理”|“系统参数设置”，启用年度设为“2015”，启用期间为“4”，其他参数按照默认设置（选择“数量、金额核算”和“单据保存后立即更新”）。

核算方式设置有“数量核算”和“数量、金额核算”两种。如选择了“数量核算”，系统以后只核算数量，不核算金额，所以显示的核算金额不会正确；而“数量、金额核算”是对材料的数量和成本都核算。如果该账套是与财务各系统相互联系的，则应选择“数量、金额核算”。

库存更新控制：主要是针对即时库存更新的处理，系统有两种选择，如果选择“单据审核后才更新”，则系统将在库存类单据进行业务审核后才将该单据的库存数量计算到即时库存中，并在反审核该库存单据后进行库存调整；如果选择“单据保存后立即更新”，则系统在库存类单据保存成立后就将该单据的库存数量计算到即时库存中，并在修改、复制、删除、作废、反作废该库存单据时进行库存调整。

（2）选项启用。

供应链在业务处理上是关联的，需要设置有关的参数。选择“系统设置”|“系统设置”|“采购管理”|“系统设置”，再选择“供应链整体选项”。这里采用默认参数，如图4—19所示。

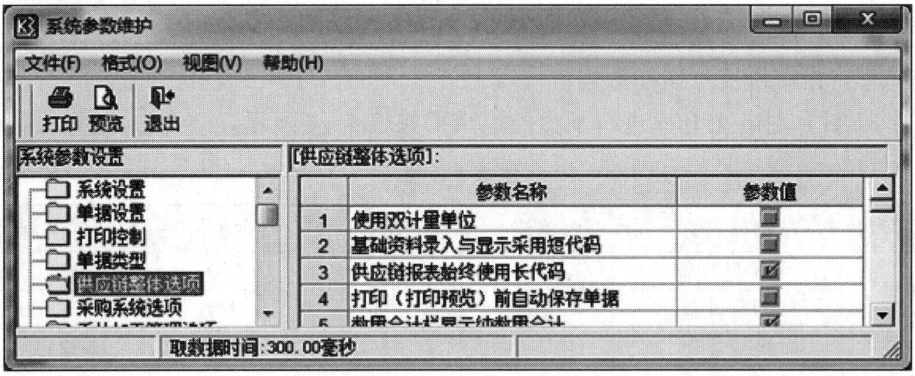

图4—19 供应链整体选项

2. 物料初始数据

选择“系统设置”|“初始化”|“仓存管理”|“初始数据录入”，然后选择相应的库房，接着输入相关的数据。输入期初数量、期初金额，保存后会自动计算出年初数据，如图4—20所示。

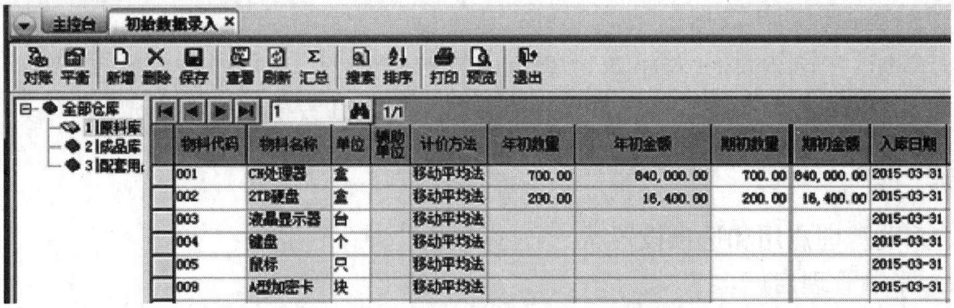

图4—20 录入期初数量和金额

设置完成后的结果如图4—21所示。

物料代码	物料名称	单位	辅助单位	计价方法	年初数量	年初金额	期初数量	期初金额
001	CN处理器	盒		移动平均法	700.00	840,000.00	700.00	840,000.00
002	2TB硬盘	盒		移动平均法	200.00	164,000.00	200.00	164,000.00
006	税控II号	台		移动平均法	380.00	1,824,000.00	380.00	1,824,000.00
007	HP打印机	台		移动平均法	400.00	720,000.00	400.00	720,000.00
010	专用发票纸	箱		移动平均法	300.00	12,000.00	300.00	12,000.00
011	普通发票纸	箱		移动平均法	300.00	9,000.00	300.00	9,000.00
合计					2,280.00	3,569,000.00	2,280.00	3,569,000.00

图 4—21　期初库存

这里的期初金额总额必须与科目余额中“库存商品”的余额相符。可以通过“查看”|“对账/录入”进行检查。

如果录入的物料期初数据是正确的，而总账的余额不对，可以选择“传递”功能，将数据传递到科目期初余额中。

3. 采购管理期初数据

初始化数据录入除了常规期初数量金额以外，一些初始化之前未收到的采购发票的暂估入库单、未核销出库单（即未开销售发票的销售出库单）也要录入到系统中，其目的是使系统启用后能和实际相一致。通过调用“暂估入库单”和“未核销出库单”完成。

选择“基础设置”|“初始化”|“仓存管理”|“录入启用期前的暂估入库单”，进入后单击“新增”按钮，然后在外购入库单中输入相关信息，如图 4—22 所示。

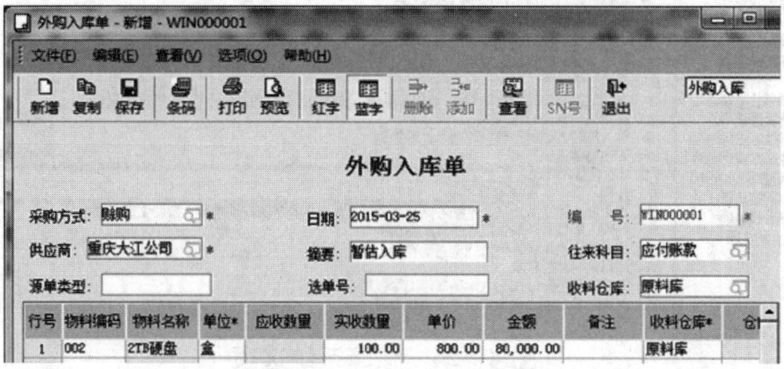

图 4—22　输入暂估入库单

单击“保存”按钮，然后单击“审核”按钮完成。

4. 销售管理期初数据

选择“基础设置”|“初始化”|“仓存管理”|“录入启用期前的未核销销售出库单”，进入后单击“新增”按钮，然后在销售出库单中输入相关信息，如图 4—23 所示。

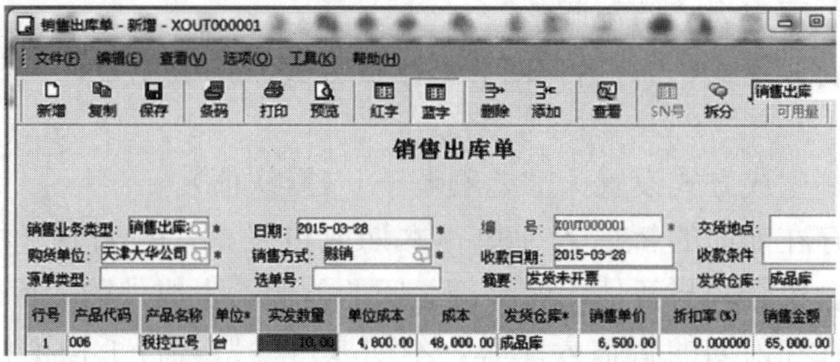

图 4—23　已发货未开票的出库单

4.2.2　参数设置

1. 采购管理参数设置

选择“系统设置”|“系统设置”|“采购管理”|“系统设置”，再选择“采购系统选项”，可以设置有关参数。这里采用默认参数。

2. 核算系统参数设置

选择“系统设置”|“系统设置”|“存货核算”|“系统设置”，这里重点是进行暂估业务的参数设置，选择核算系统选项，如图 4—24 所示。

图 4—24　核算系统选项

这里的设置是：

(1) 勾选“外购入库生成暂估冲回凭证”，默认是不选择。

此参数只能在初始化期间进行设置，非常重要。选择“系统设置”|“初始化”|“存货核算”|“启动业务系统”后，此处设置的参数就不能再更改。

“外购入库生成暂估冲回凭证”的选择对后续业务处理有重大影响。

选中时，按照工业模式进行业务处理，“暂估冲回凭证生成方式”才起作用，“暂估差额生成方式”固定为“差额调整”。

不选中时为商业模式，“暂估冲回凭证生成方式”选项无效，“暂估差额生成方式”可选择。

(2) 暂估差额生成方式设置为“差额调整”(默认值)。

差额调整：存在前期的暂估入库单，本期取得发票，与暂估单据进行钩稽核算，对于采购发票不含税金额与暂估入库金额之间的差额，生成外购入库暂估补差单。

单到冲回：存在前期的暂估入库单，本期取得发票进行了钩稽核算，系统自动生成红字、蓝字外购入库单；红字单据上的数量和金额来源于外购入库单上的数据，蓝字单据数量来源于原外购入库单的数量，金额来源于采购发票不含税金额（本位币）。

（3）暂估冲回凭证生成方式为“单到冲回”。系统默认的是“月初一次冲回”。

月初一次冲回：即系统在期末结账后，会自动根据上期生成的暂估凭证对应生成暂估冲回凭证（红字）。

单到冲回：对于暂估入库单（未与发票钩稽）在发票到后，手工生成暂估冲回凭证。单到冲回就是先对参与钩稽部分的原蓝字入库单按钩稽数量生成红字入库单，金额取原外购入库单钩稽金额，单价取蓝字入库单，然后再按钩稽数量生成蓝字入库单，单价、金额取发票核算处理的单价、金额。如果为红字入库单，则先生成蓝字入库单，金额取外购入库单钩稽金额，单价取蓝字入库单，再生成红字入库单，单价、金额取发票核算处理的单价、金额。

3. 暂估入库工业模式的处理方法

（1）月初一次冲回。

即系统在期末结账后，会自动按上期生成的暂估凭证生成冲回凭证。对已经生成了暂估冲回凭证的业务，若在当期发票仍未到，则应继续生成暂估凭证，下期继续自动冲回。在此种方式下，当暂估的存货发票长期未收到时，会多次生成暂估和暂估冲回凭证，如图 4—25 所示。

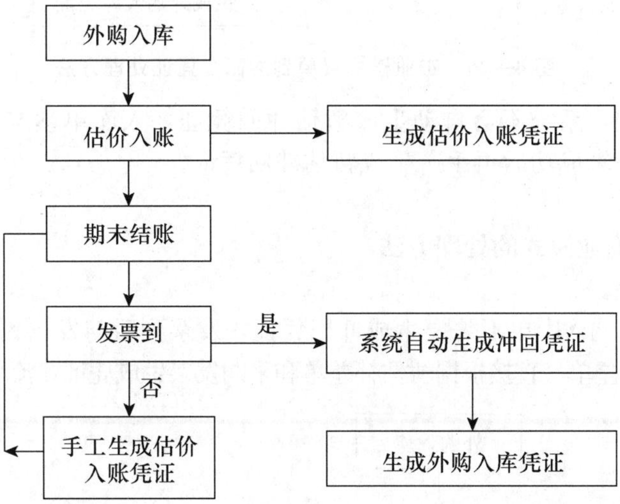

图 4—25　工业模式（月初一次冲回）凭证处理方法

注意事项：

系统自动生成的冲回凭证为下一个会计期间 1 日的凭证，凭证其他数据取原蓝字暂估凭证上的数据，只是为红字；同时会取消原暂估单据的记账标志与凭证字号。

采用“月初一次冲回”方式生成的冲回凭证不得随意删除，删除此红字凭证后，相关单据不再以“月初一次冲回”作为暂估冲回方式，会自动转换成单到冲回方式。

初始化之前有暂估入库单，系统默认为单到冲回方式，与该系统参数无关。

入库核算后，系统自动生成一张外购入库暂估补差单。

补差单的单据日期跟采购发票的日期一致，只有金额，没有数量。补差单的金额＝发票不含税金额－暂估金额。

暂估补差单不能在外购入库序时簿进行显示，会在报表中体现。

与发票钩稽核算生成凭证后，同时记账标志和凭证字号会自动更新到原发票、原外购入库单、暂估补差单上。

（2）单到冲回。

对于暂估入库单只是在发票到后，先选择“外购入库暂估冲回”生成暂估冲回凭证，然后再选择“外购入库”类型生成外购入库凭证，如图 4—26 所示。

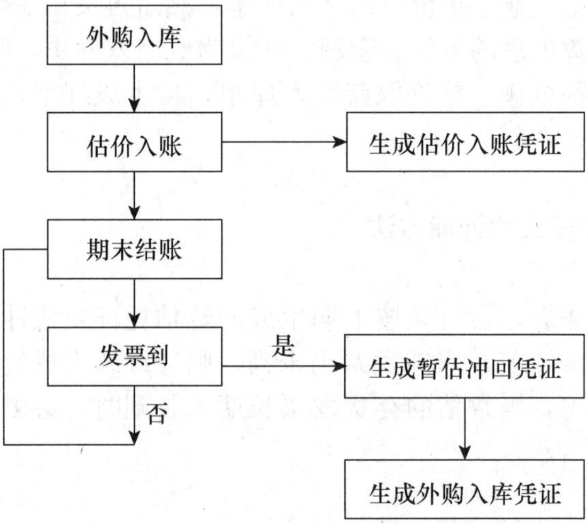

图 4—26　工业模式（单到冲回）凭证处理方法

采用单到冲回，系统不会自动生成暂估冲回凭证，入库单须与发票钩稽，然后做外购入库核算，核算成功后再手工生成暂估冲回凭证。

4. 暂估入库商业模式的处理方法

（1）差额调整。

对于暂估的外购入库单不需要生成冲回凭证，发票到后与发票钩稽核算，系统会自动生成一张暂估补差单，直接根据暂估补差单和采购发票生成凭证，流程如图 4—27 所示。

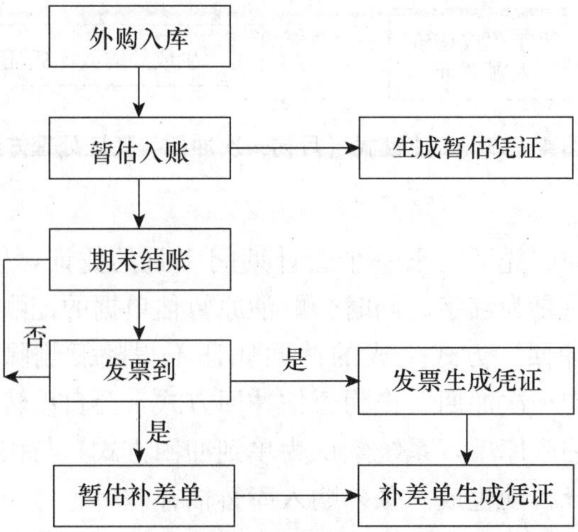

图 4—27　商业模式（差额调整）凭证处理方法

（2）单到冲回。

对于暂估的外购入库单不需要生成冲回的凭证，发票到后与发票进行钩稽核算，系统会自动生成一红一蓝的外购入库单。

红字的外购入库单的数量与单价取暂估外购入库单的数据。

蓝字的外购入库单的数量取暂估外购入库单的数量，金额取发票的不含税金额。

账务处理时根据红蓝的外购入库单和采购发票（如有费用发票还包括费用发票）生成凭证，流程如图 4—28 所示。

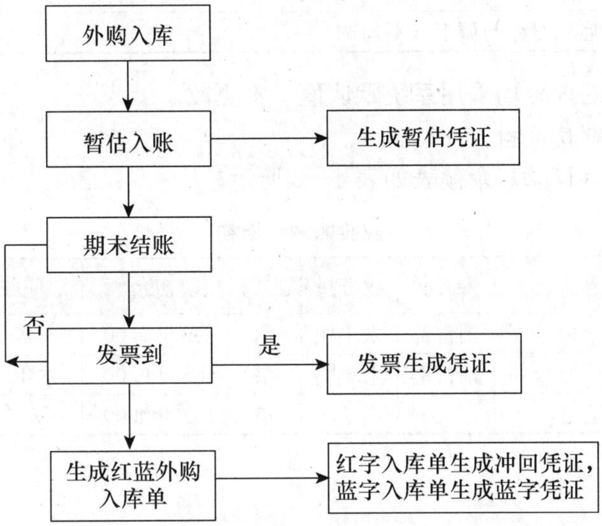

图 4—28　商业模式（单到冲回）凭证处理方法

两种方式下，采购发票与入库单钩稽、分配、核算时的不同点如下：

“差额调整”方式：外购入库核算后生成外购入库暂估补差单，期末时根据外购入库单（单据直接生成）过滤出外购入库暂估补差单生成凭证。

“单到冲回”方式：外购入库核算后生成一红一蓝的外购入库单，期末时根据外购入库单（单据直接生成）事务类型过滤出红蓝字入库单生成凭证。

5. 结束初始化

选择“系统设置”|“初始化”|“采购管理”|“启动业务系统”，完成业务系统启用。

如果启用后发现初始化数据有误，需要修改，可以通过选择“系统设置”|“初始化”|“采购管理”|“反初始化”返回到启用前状态。

4.2.3　应收账款初始设置

案例资料

（1）应收系统初始设置资料。

应收系统初始设置资料如表 4—7 所示。

表 4—7 应收系统参数

项目	参数
基本信息	启用年份（本年）2015，启用期间 4 月
坏账计提方法	坏账损失科目：6602.99；坏账准备：1231；计提坏账科目：应收账款（1122）；0.5%
科目设置	单据类型科目都为 1122；应收票据科目 1121；应交税费科目 2221.01.05
单据控制	审核人与制单人不为同一人（不勾选，目的是简化操作）；专用发票单价精度：2 位；折扣率的精度位数：2 位
凭证处理	使用凭证模板（勾选）；预收冲应收需要生成转账凭证（不勾选）
期末处理	启用对账与调汇（不勾选）

没有特殊说明的内容均采用系统默认值，不更改。

（2）客户往来期初资料。

应收账款科目（1122）余额表如表 4—8 所示。

表 4—8 应收账款 期初

日期	客户	部门	业务员	方向	期初余额	应收日期	收款金额
本年-02-25	重庆嘉陵公司	销售部	朱小明	借	99 600.00	本年-04-30	99 600.00
本年-03-10	天津大华公司	销售部	朱小明	借	58 000.00	本年-04-30	58 000.00
	合计			借	157 600.00		157 600.00

操作过程

1. 应收系统设置

选择“系统设置”|“系统设置”|“应收款管理”|“系统参数”，进行基本信息设置，选择“坏账计提方法”页，进行参数设置，如图 4—29 所示。

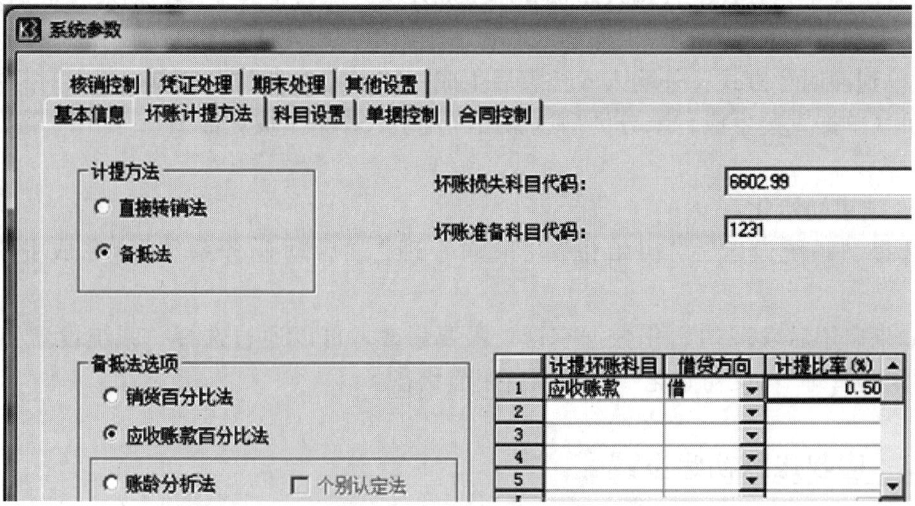

图 4—29 坏账计提方法

选择“科目设置”页，进行参数设置，如图 4—30 所示。

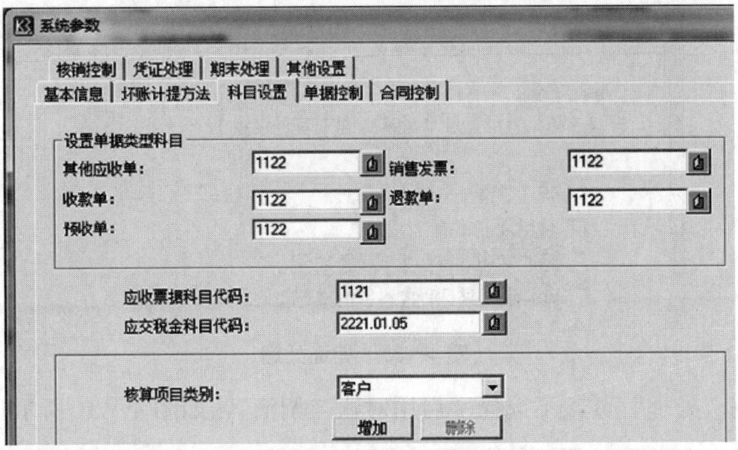

图 4—30　科目设置

"单据控制"设置如图 4—31 所示。

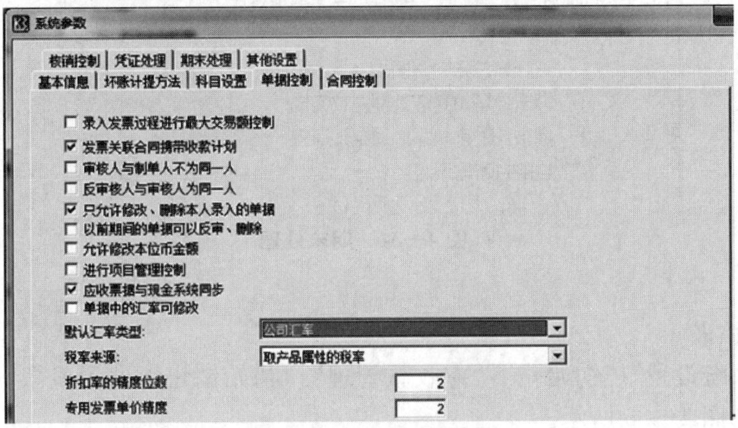

图 4—31　单据控制

"核销控制"保持默认值，如图 4—32 所示。

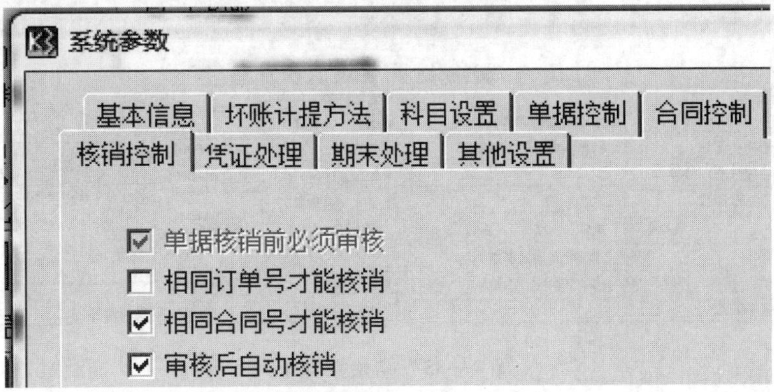

图 4—32　核销控制

选择"凭证处理"页，勾选"使用凭证模板"；不勾选"预收冲应收需要生成转账凭证"。其他的参数使用默认设置，如图 4—33 所示。

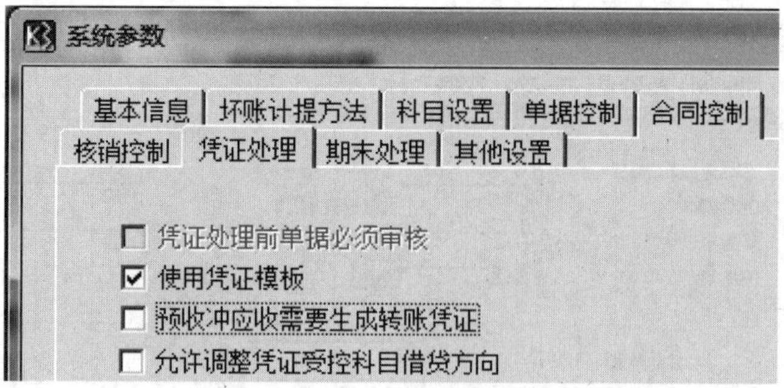

图 4—33　凭证处理

选择“期末处理”页，不选择“启用对账与调汇”，如图 4—34 所示。

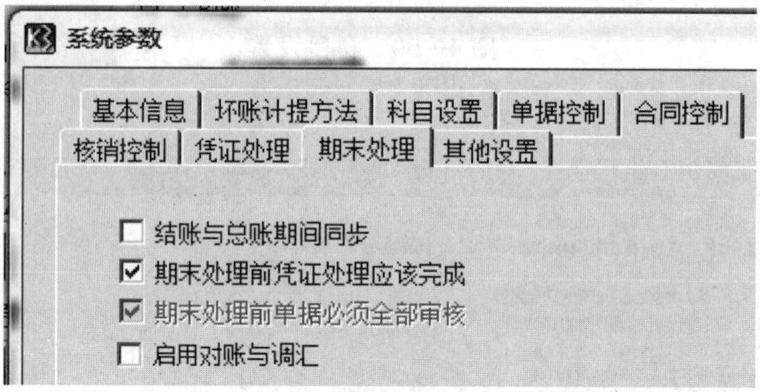

图 4—34　期末处理

2. 客户往来

选择“系统设置”|“初始化”|“应收款管理”|“初始销售增值税发票—新增”，输入相关信息，如图 4—35 所示。

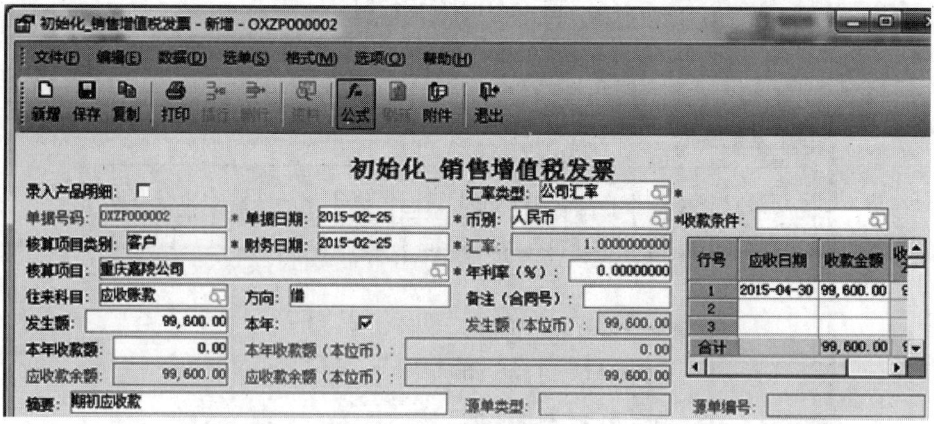

图 4—35　初始数据录入

勾选“本年”选项后，系统控制“发生额＝本年收款额＋应收款余额”；不勾选“本年”选项，系统控制“发生额＞＝本年收款额＋应收款余额”。

选择“系统设置”|“初始化”|“应收款管理”|“初始应收单据—维护”，可以进行查看和修改。设置完成的结果如图 4—36 所示。

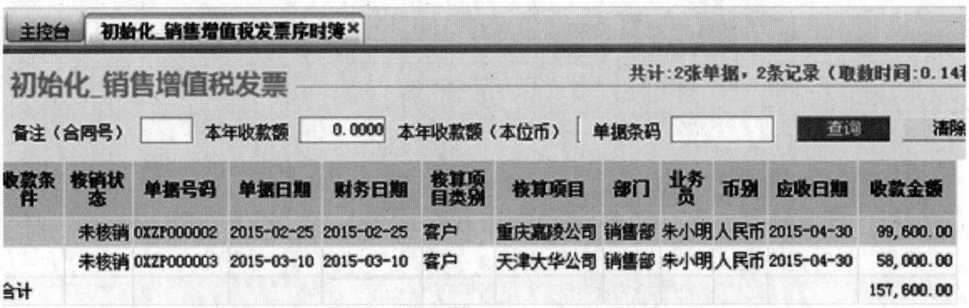

图 4—36　应收账款初始数据录入结果

选择“财务会计”|“应收款管理”|“初始化”|“初始化对账”，在过滤条件中，核算项目类别选择“客户”，科目代码输入“1122”，勾选“显示核算项目明细”，系统会显示应收系统余额明细和总账余额明细，如果一致则表示正确。

选择“财务会计”|“应收款管理”|“初始化”|“结束初始化”，完成应收账款的初始化工作。

4.2.4　应付账款初始设置

案例资料

（1）应付系统初始设置资料。

应付系统初始设置资料如表 4—9 所示。

表 4—9　　应付系统参数

项目	参数
基本信息	启用年份：2015 年；启用期间：4 月
科目设置	单据类型科目：均设置为 2202；应付票据科目：2201；应交税费科目：2221.01.01
凭证处理	使用凭证模板（勾选）；预付冲应付需要生成转账凭证（不勾选）

没有特殊说明的内容均采用系统默认值，不更改。

（2）供应商往来资料。

应付账款（2202）期初余额如表 4—10 所示。

表 4—10　　应付账款　期初

日期	供应商	方向	期初余额	应付日期	应付金额	部门	业务员
2015-01-20	重庆大江公司	贷	276 850.00	2015-04-30	276 850.00	采购部	杨真
		贷	276 850.00		276 850.00		

操作过程

1. 应付系统初始设置

选择“系统设置”|“系统设置”|“应付款管理”|“系统参数”，科目设置的参数如图 4—37 所示。

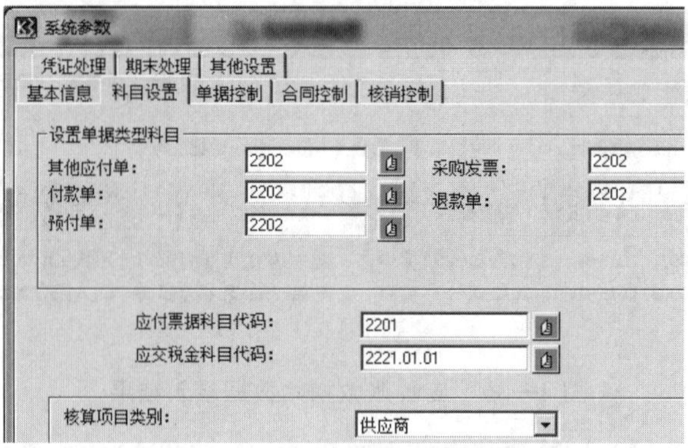

图 4—37　系统参数（科目设置）

凭证处理中，使用凭证模板（勾选）；预付冲应付需要生成转账凭证（不勾选）。其他按照默认参数进行设置。

2. 供应商往来

选择“系统设置”|“初始化”|“应付款管理”|“初始采购增值税发票—新增”，输入相关信息，如图 4—38 所示。

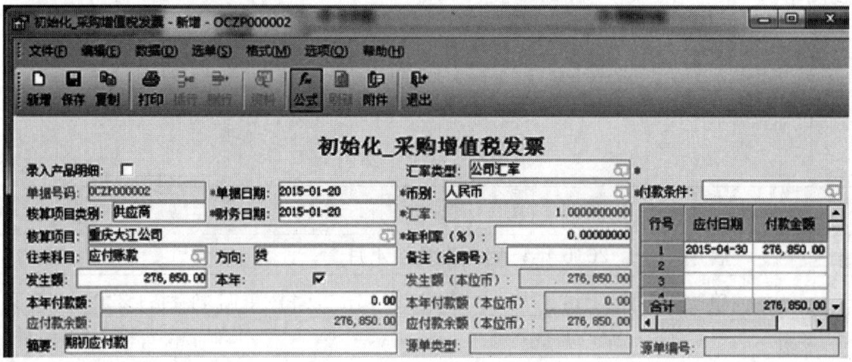

图 4—38　输入采购增值税发票

选择“系统设置”|“初始化”|“应付款管理”|“初始应付单据—维护”，可以查看输入的数据和进行修改。

选择“财务会计”|“应付款管理”|“初始化”|“结束初始化”，完成应付账款的初始化工作。

4.3　固定资产初始数据

4.3.1　初始设置

案例资料

（1）固定资产类别。

具体设置如表 4—11 所示。是否计提折旧，均由使用状态决定。

表 4—11 固定资产类别

类别编码	类别名称	使用年限	净残值率	计提属性	折旧方法
01	通用设备	3	3%	正常计提	平均年限法
02	交通运输设备	8	3%	正常计提	工作量法
03	电气设备	5	3%	正常计提	平均年限法
04	仪器仪表	5	3%	正常计提	平均年限法
05	家具用具及其他	5	3%	正常计提	平均年限法
06	房屋及建筑物	30	3%	正常计提	平均年限法

(2) 固定资产变动方式。

增加方式——直接购入：将“购入”变动方式中的对应科目设置为“1604 在建工程”，凭证类型设置为“转账凭证”。

减少方式——毁损：凭证类型设置为转账凭证，对方科目为“固定资产清理(1606)”。

将“出售”变动方式的对应科目设置为“1606 固定资产清理”，凭证类型设置为“转账凭证”，其余变动方式可不变。

操作过程

1. 系统参数设置

选择“系统设置”|“系统设置”|“资产管理”|“固定资产—系统参数”，分为基本设置和固定资产设置。基本设置是设置单位名称、地址、电话，这些内容前面已经设置，不用调整。固定资产设置如图 4—39 所示，按照默认设置即可。

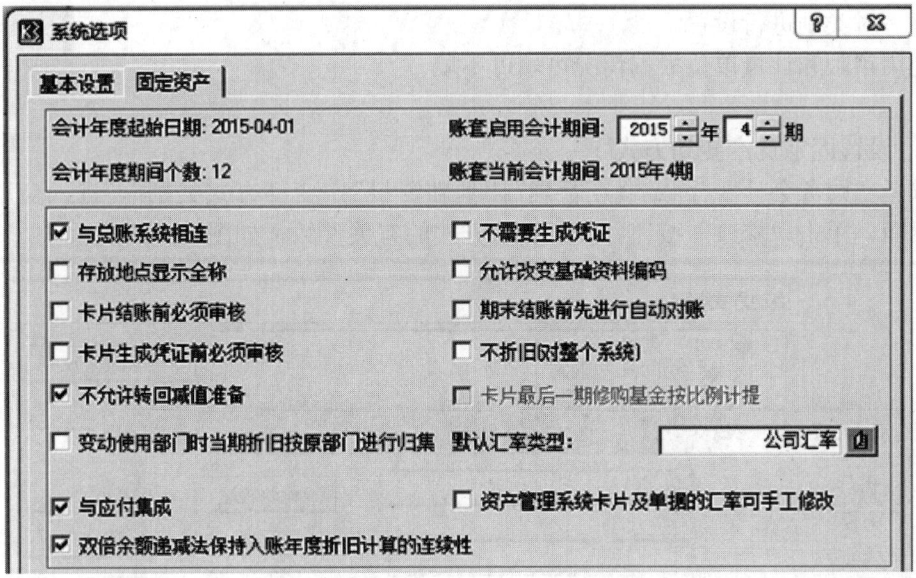

图 4—39 固定资产系统参数设置

2. 设置固定资产类别

选择“财务会计”|“固定资产管理”|“基础资料”|“卡片类别管理”，再单击“新增”

按钮，如图 4—40 所示。

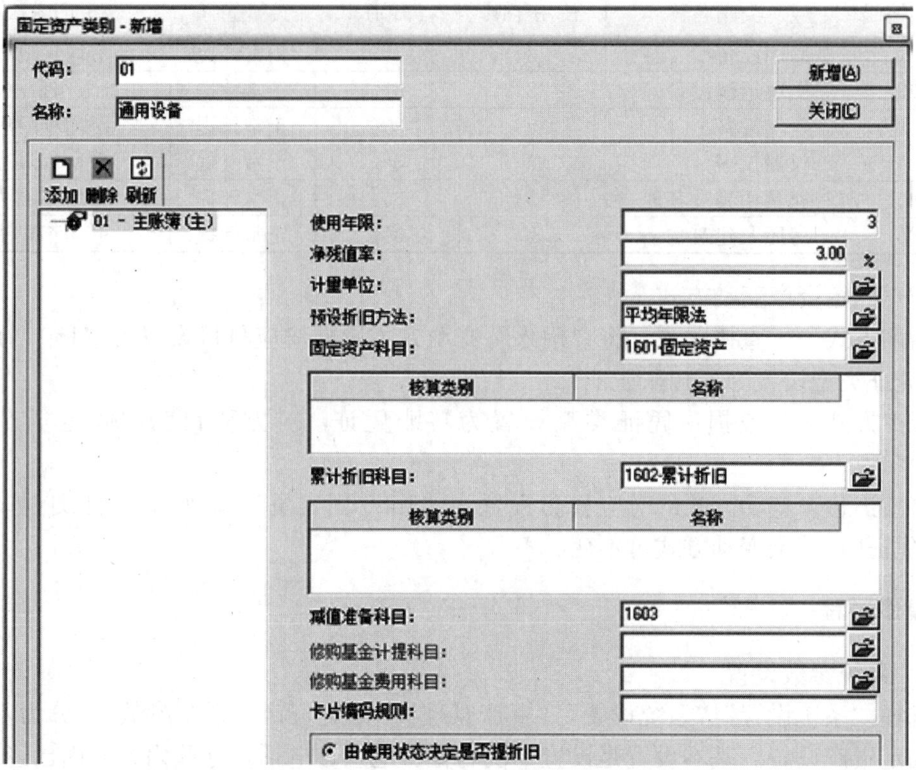

图 4—40　固定资产类别设置

逐一对类别进行设置。

使用年限和计量单位根据情况可填可不填。

3. 设置固定资产变动方式

选择“财务会计”|“固定资产管理”|“基础资料”|“变动方式类别”，进入变动方式设置界面，单击“修改”按钮，设置变动方式的有关参数，如图 4—41 所示。

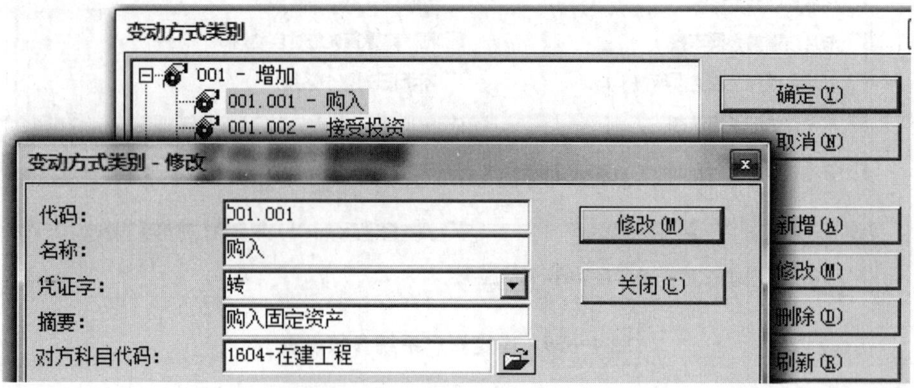

图 4—41　设置变动方式的参数

没有的变动方式需要新增，如“毁损”。

4. 设置使用状态

选择"财务会计"|"固定资产管理"|"基础资料"|"使用状态类别"，如图 4—42 所示，单击"修改"按钮可以设置每种状态是否计提折旧。

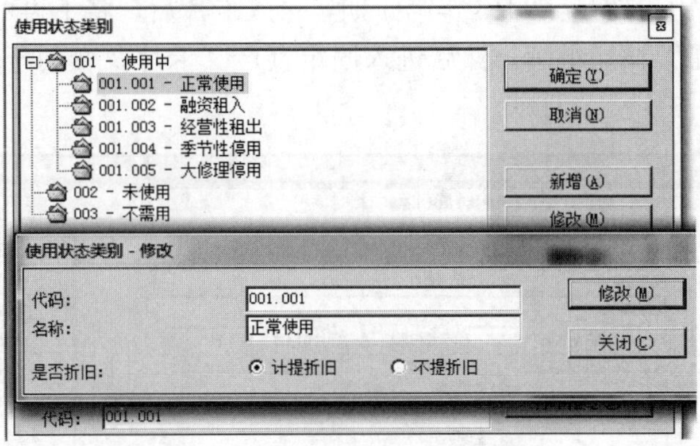

图 4—42 设置使用状态

4.3.2 固定资产期初数据

案例资料

期初数据如表 4—12 所示。

表 4—12 固定资产卡片

资产编码	固定资产名称	类别编号	所在部门	使用年限	开始使用日期	原值	累计折旧
01	红旗牌轿车	02	行政部	8	2014-01-01	215 470.00	37 255.00
02	传真机	01	行政部	3	2014-02-01	3 510.00	1 825.00
03	联想 THINKPAD	01	财务部	3	2014-09-01	29 800.00	5 548.00
04	HP 计算机	01	采购部	3	2014-08-01	6 490.00	1 246.00
05	装配机 A 型	03	一车间	5	2014-12-31	200 000.00	6 250.00
06	联想计算机	01	二车间	3	2014-08-01	6 490.00	1 246.00
07	装配机 B 型	03	二车间	5	2014-12-31	180 000.00	5 625.00
08	长安面包车	02	销售部	8	2014-10-31	50 000.00	10 000.00
09	办公楼	06	行政部 30% 其余各部门为 10%	30	2014-10-31	3 000 000.00	40 000.00
	合计					3 690 860.00	108 995.00

补充资料：

增加方式均为直接购入。

车辆的使用状况为"正常使用"，折旧方法为工作量法。

红旗轿车的工作总量为 800 000 千米，累计已使用工作量为 162 000 千米。

长安面包车的工作总量为 200 000 千米，累计已使用工作量为 40 000 千米。

使用状况均为"在用"，除车辆外折旧方法均采用平均年限法。

部门对应的折旧科目：管理中心为管理费用/折旧费（6602.06）；供销中心、物流中心为销售费用/折旧费（6601.06）；制造中心为制造费用/折旧费（5101.02）。

操作过程

选择“财务会计”|“固定资产管理”|“业务处理”|“新增卡片”，单击“新增”按钮，系统提示“当前启用年期是：2015 年第 4 期，录入卡片后，将不再可以改变启用年期。继续吗?”单击“是”按钮继续。然后进入固定资产“卡片及变动—新增”窗口，首先输入基本信息，如图 4—43 所示。

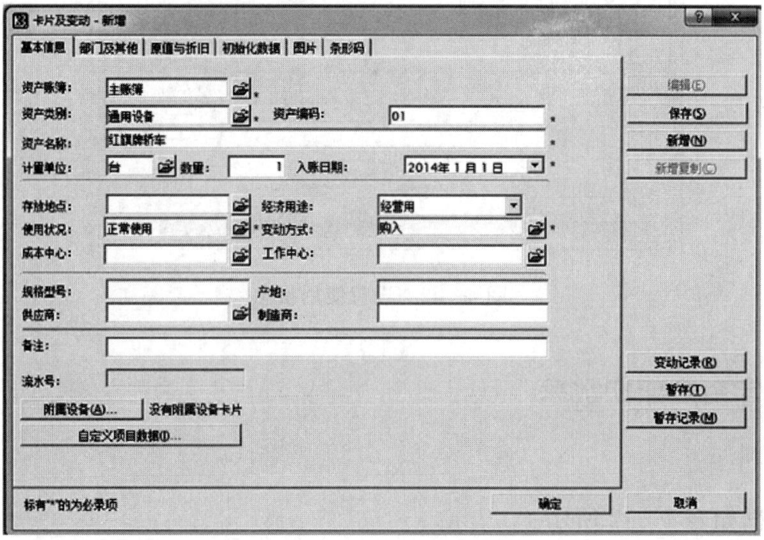

图 4—43 设置基本信息

“部门及其他”的设置如图 4—44 所示。

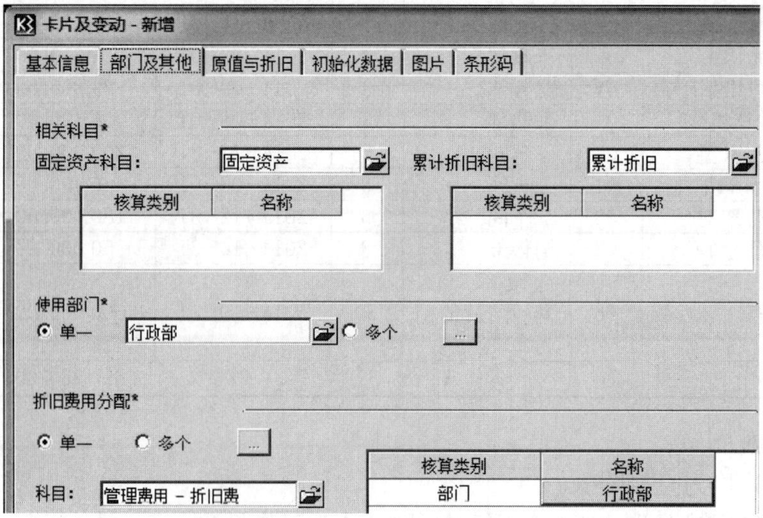

图 4—44 部门及其他

要注意核算类别的部门输入，整个卡片输入完成后，要逐一检查。

“原值与折旧”的设置如图 4—45 所示。

购进原值、购进累计折旧为备注信息，反映资产在购入时的原始信息。例如，评估后的资产，原购进原值与评估后的原值不一致，就可以反映在“购进原值”项目里，

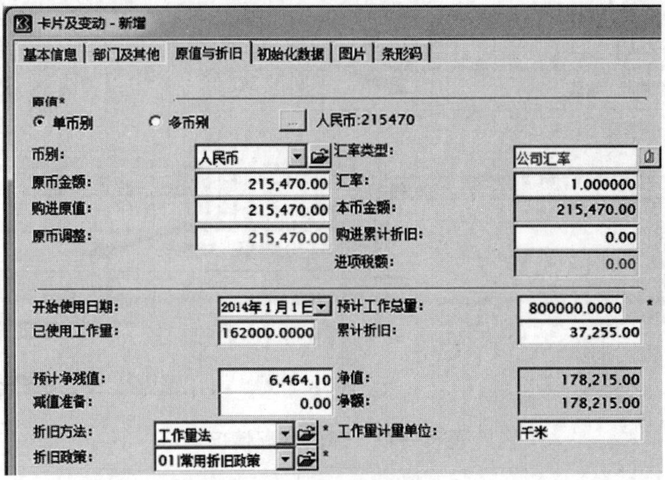

图 4—45　原值与折旧

备注信息不参与计算，属非必录项，系统默认与原币金额和累计折旧一致。

价值信息中，各数据项之间的关系如下：

本币金额＝原币金额×对应币别汇率(如为多币别,则是多项之和)

净值＝本币金额－累计折旧

净额＝净值－减值准备

原币调整仅用于固定资产变动时，记录对固定资产原币金额的调整数，正数表示调增，负数表示调减。关系如下：

调整后原币金额＝调整前原币金额＋原币调整

固定资产被多个部门应用的录入方法，以办公楼为例来介绍。基本信息设置如图 4—46 所示。

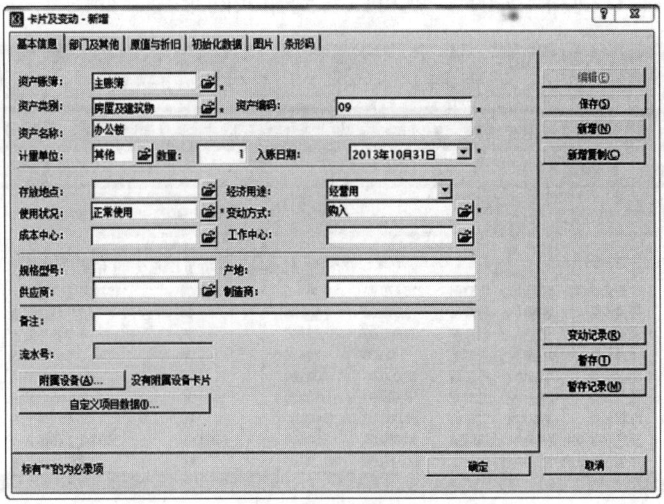

图 4—46　基本信息

输入多个使用部门及其分配比例。在使用部门中，选择“多个”，再单击“…”，在打开的窗口中单击“增加”按钮输入部门分摊比例，如图 4—47 所示。

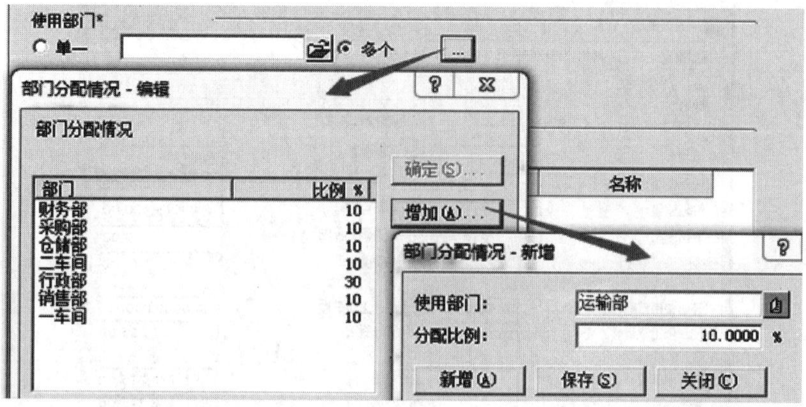

图 4—47 部门分配情况

折旧费用多部门分配的方法是先选择“多个”，然后单击“…”，在打开的窗口中输入分部门信息，如图 4—48 所示。

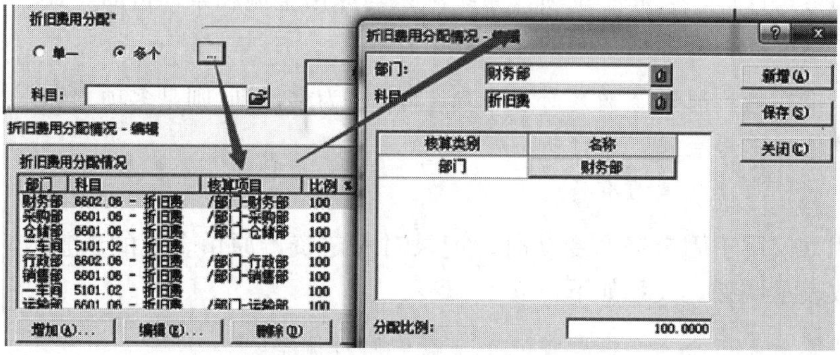

图 4—48 折旧费用分配情况

输入卡片后，可以在卡片管理的初始化表格中看到全部卡片，如果卡片没有显示出来，选择“视图”|“刷新”命令，就可以看到输入的卡片，如图 4—49 所示。

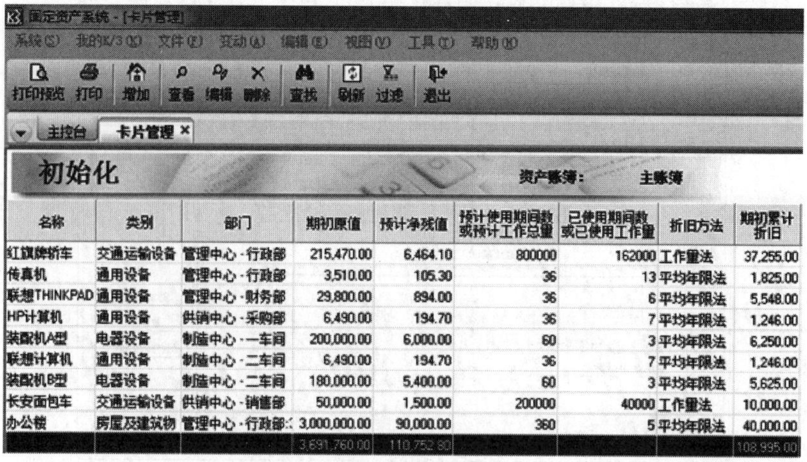

图 4—49 卡片的表格显示方式

修改已经录入的数据时，如果卡片处于“查看”状态，需要先单击左上角的“编辑”功能，进入编辑状态后才能修改。

输入后，如果需要按照自己的要求排序显示，可以选择“视图”|“过滤条件”，再选择“排序”。如按照资产编码排序，可将资产编码设置为排序字段。

数据输入完成后，如果总账的固定资产相关数据不正确或未输入，应将固定资产的初始数据传送给总账。选择“工具”|“将初始数据传送总账”即可实现。选择功能执行后，出现提示，单击“是”按钮即完成固定资产数据的初始化，相当于替换了用“科目初始数据”功能输入的有关固定资产等相关科目的数据。

4.4 工资基础资料设置

4.4.1 工资类别管理

案例资料

工资类别分为两个：正式人员和临时人员。

操作过程

可以将工资分类别进行核算，方便运用多套工资方案进行核算的单位。其类别的划分可按部门、人员类别等任意设置。如企业临时职工和在职职工的工资核算方案是不同的，就可以将职员定义为两个人员类别，然后分两个工资类别分开设置核算公式进行计算。还可将一个人归入多个类别进行处理，如既在开发部发工资，又在某一开发项目中发工资或补贴。

选择“人力资源”|“工资管理”|“类别管理”|“新建类别”，单击“类别向导”按钮，建立正式人员工资类别，在类别名称中输入“正式人员”。

单击“下一步”，设置有关参数，如图 4—50 所示。

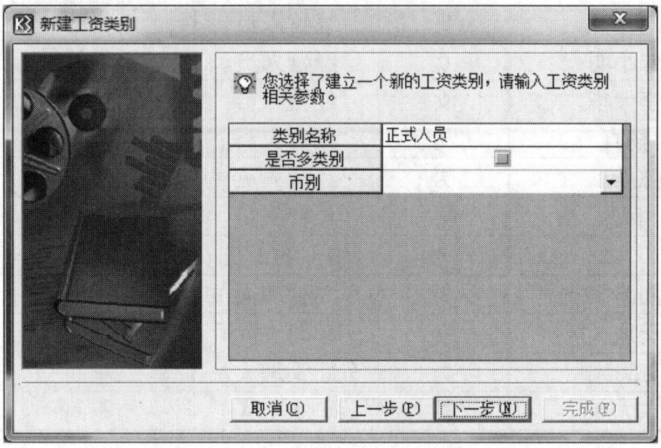

图 4—50 设置参数

是否多类别：选择则为汇总工资类别，汇总类别只能查看数据，不选则为单一工资类别。这里不选择。

币别选择人民币。

单击“下一步”后完成。

按照同样的方法再建立临时人员的工资类别。

可以选择“类别管理”功能，进行浏览或编辑。

4.4.2 正式人员工资类别管理

案例资料

（1）部门档案。

部门档案如表4—13所示。

表4—13 部门档案

部门编码	部门名称	部门编码	部门名称
1	管理中心	3	制造中心
1.01	行政部	3.01	一车间
1.02	财务部	3.02	二车间
2	供销中心	4	物流中心
2.01	销售部	4.01	仓储部
2.02	采购部	4.02	运输部

（2）正式人员档案。

正式人员档案如表4—14所示。

表4—14 正式人员档案

人员编码	人员姓名	性别	职员类别	部门	账号
101	孙正	男	管理人员	行政部	1111
102	陈东方	女	管理人员	行政部	1112
201	何沙	男	管理人员	财务部	1113
202	赵小兵	女	管理人员	财务部	1114
203	孙胜业	女	管理人员	财务部	1115
301	刘一江	男	经营人员	销售部	1116
302	朱小明	女	经营人员	销售部	1117
401	李天华	女	经营人员	采购部	1118
402	杨真	男	经营人员	采购部	1119
501	陈瓜瓜	男	经营人员	仓储部	1120
601	罗忠	男	经营人员	运输部	1121
			增加的人员		
701	湘路宇	男	车间管理人员	一车间	1180
702	秦地久	女	车间工人	一车间	1181
801	万思维	男	车间管理人员	二车间	1182
802	东方魂	男	车间工人	二车间	1183

说明：以上所有人员的代发银行均为工商银行重庆分行两江支行；账号：4位。

工资项目：基本工资、岗位补贴、交通补贴、事假天数、事假扣款、应发合计、养老保险、代扣税、扣款合计、实发合计。

其中，岗位补贴、交通补贴、事假天数、事假扣款、养老保险是需要新增的项目。

事假扣款：（基本工资/22天）×事假天数。

养老保险：（基本工资＋岗位补贴）×0.05。

交通补贴：职员类别为“管理人员”、“车间管理人员”的为 100 元，其他的人员为 50 元。

银行名称：工商银行重庆分行两江支行；账号长度：4 位。

操作过程

1. 设置部门

（1）选择工资类别。

在输入或设置有关数据时，要首先选择工资类别，后面的操作只对这个类别有效，在窗口的右下角会显示当前的工资类别。

选择“人力资源”|“工资管理”|“类别管理”|“选择类别”，先选择正式人员工资类别，然后单击“选择”按钮完成。在工资的右下角会显示当前所操作的工资类别。

（2）设置部门。

选择“人力资源”|“工资管理”|“设置”|“部门管理”，如图 4—51 所示。

图 4—51　部门设置

设置部门有两种方式：一是从基础设置中设置的部门导入；二是直接输入。工资中的部门可以与账务中的部门不一致。

这里选择导入方式。先选择“导入”，导入数据源选择“总账数据”，单击“全选”，再选择左下角的“导入”完成，如图 4—52 所示。

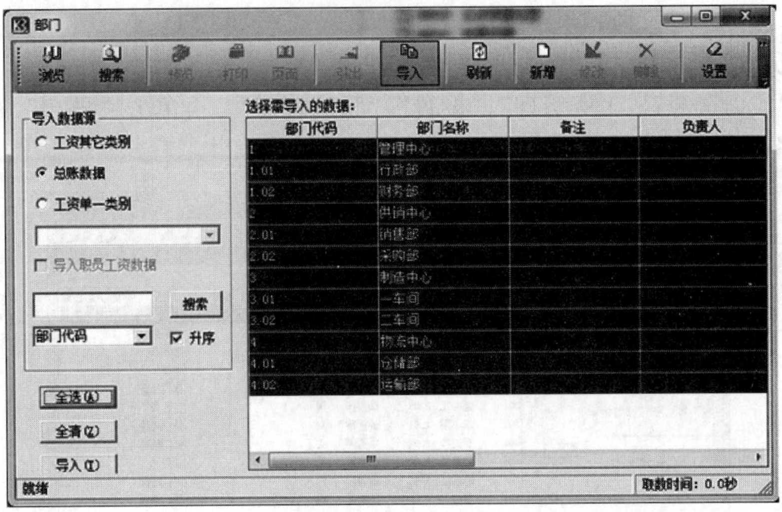

图 4—52　导入部门

导入完成后，单击“浏览”会显示出来，如图 4—53 所示。

如果从总账导入部门信息，相同的部门信息只能引入一次，以后如想再引入相同的部门信息，只能通过工资其它类别作为来源进行引入。部门信息一旦使用，不能进行修改操作。

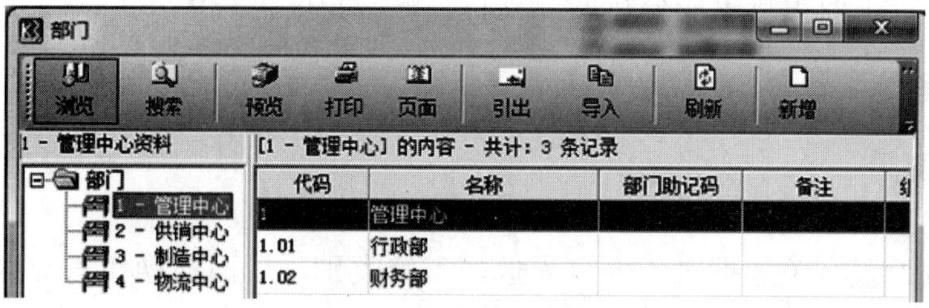

图 4—53 部门设置

2. 银行

在“银行管理”功能中可定义代为发放工资的银行。在此主要用于输入发放工资时的银行名称、账号长度及其他自定义项目。

选择“人力资源”|“工资管理”|“设置”|“银行管理”，单击“新增”按钮，增加银行信息，如图 4—54 所示。

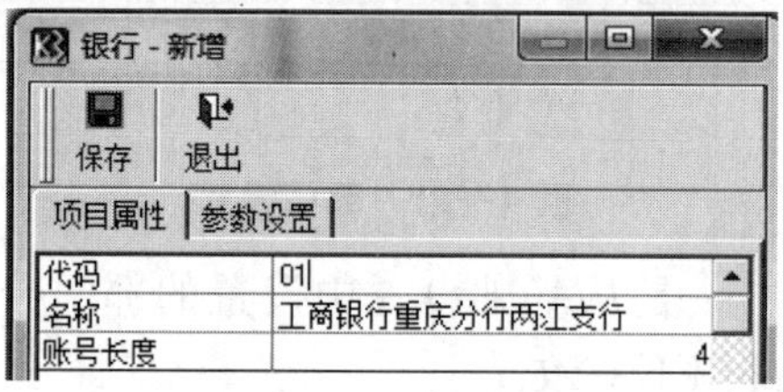

图 4—54 新增银行

单击“保存”完成设置。

3. 职员

选择“人力资源”|“工资管理”|“设置”|“职员管理”，再单击“导入”，选择“总账数据”，如图 4—55 所示。

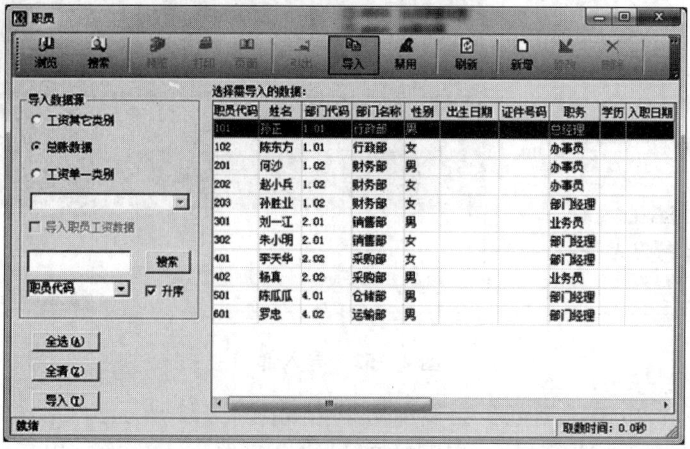

图 4—55 引入职员

单击“全选”后单击左下部的“导入”按钮，导入完成后再单击“浏览”按钮即可查看导入的人员，如图 4—56 所示。

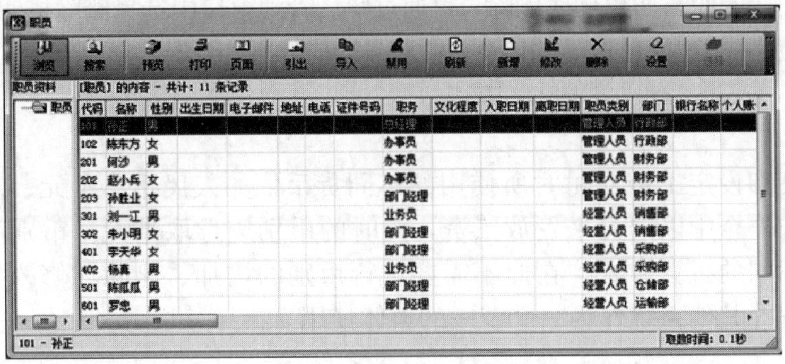

代码	名称	性别	出生日期	电子邮件	地址	电话	证件号码	职务	文化程度	入职日期	离职日期	职员类别	部门	银行名称	个人账
101	孙正	男						总经理				管理人员	行政部		
102	陈东方	女						办事员				管理人员	行政部		
201	何沙	男						办事员				管理人员	财务部		
202	赵小兵	女						办事员				管理人员	财务部		
203	孙胜业	女						部门经理				管理人员	财务部		
301	刘一江	男						业务员				经营人员	销售部		
302	朱小明	女						部门经理				经营人员	销售部		
401	李天华	女						部门经理				经营人员	采购部		
402	杨真	男						业务员				经营人员	采购部		
501	陈瓜瓜	男						部门经理				经营人员	仓储部		
601	罗忠	男						部门经理				经营人员	运输部		

图 4—56　职员

在工资管理模块中，职务、职员类别等可以独立于其他模块，优点是可以按照工资管理的要求来设置，不受其他模块的限制。例如，在编辑人员信息的“职员类别”输入处，按 F7 键，可以调出职务类别的设置框，进行职员类别的新增、修改和删除。

操作提示

当设置人员资料不完善时，不要急于引入工资模块，因为引入后，再想在工资模块中修改职员的基本信息时，都会被认为是“人员变动”。引入工资模块应在人员变动中进行，因为系统将对所有历史信息进行保留。

在输入职员类别时，要将“车间管理人员”和“车间工人”增加进去（代码自定）。

增加和修改人员后的相关信息，如图 4—57 所示。

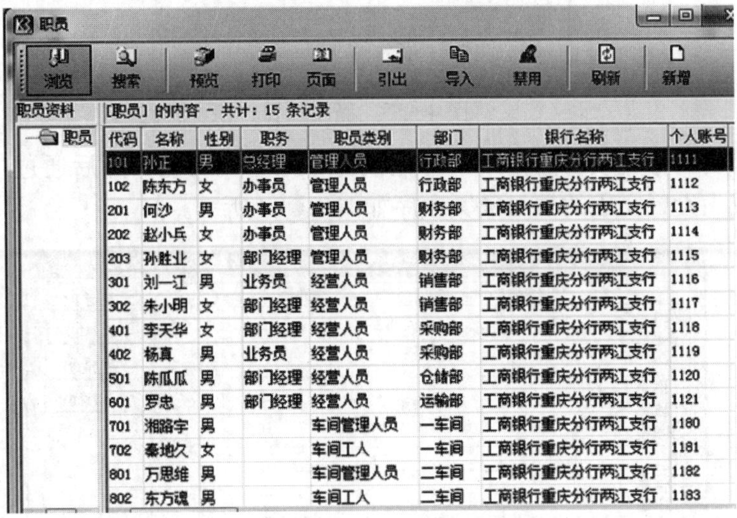

代码	名称	性别	职务	职员类别	部门	银行名称	个人账号
101	孙正	男	总经理	管理人员	行政部	工商银行重庆分行两江支行	1111
102	陈东方	女	办事员	管理人员	行政部	工商银行重庆分行两江支行	1112
201	何沙	男	办事员	管理人员	财务部	工商银行重庆分行两江支行	1113
202	赵小兵	女	办事员	管理人员	财务部	工商银行重庆分行两江支行	1114
203	孙胜业	女	部门经理	管理人员	财务部	工商银行重庆分行两江支行	1115
301	刘一江	男	业务员	经营人员	销售部	工商银行重庆分行两江支行	1116
302	朱小明	女	部门经理	经营人员	销售部	工商银行重庆分行两江支行	1117
401	李天华	女	部门经理	经营人员	采购部	工商银行重庆分行两江支行	1118
402	杨真	男	业务员	经营人员	采购部	工商银行重庆分行两江支行	1119
501	陈瓜瓜	男	部门经理	经营人员	仓储部	工商银行重庆分行两江支行	1120
601	罗忠	男	部门经理	经营人员	运输部	工商银行重庆分行两江支行	1121
701	湘路宇	男		车间管理人员	一车间	工商银行重庆分行两江支行	1180
702	秦地久	女		车间工人	一车间	工商银行重庆分行两江支行	1181
801	万思维	男		车间管理人员	二车间	工商银行重庆分行两江支行	1182
802	东方魂	男		车间工人	二车间	工商银行重庆分行两江支行	1183

图 4—57　职员信息

设置职员时应注意：

（1）设定职员资料时必须设定职员的部门、职员类别，职员类别是工资费用分配的标准。

（2）已离职的职员资料不能直接删除，只能通过变动处理中的人员变动选择“禁用离职人员”选项进行变动处理。

（3）禁用后的职员如想恢复使用，可通过职员管理窗口中选择禁用按钮恢复职员的资料。

（4）禁用后的职员如想彻底删除，可通过职员管理窗口中选择删除按钮彻底删除职员资料，但要注意一旦删除此职员的信息，此职员以前的所有工资信息也将会同时删除。

4. 币别

币别管理即设定工资支付时所使用的不同货币，如人民币、美元、港元等各种不同的币别。如外企中以港元来发放工资，此时的币别应选取港元。币别可选取不同的记账汇率及不同的折算方式。在此不需要进行币别的增加、删除与修改等操作，此币别与基础设置等其他系统作为一个统一的整体使用。

5. 项目设置

选择“人力资源”|“工资管理”|“设置”|“项目设置”。

在“工资项目”设置中，职员代码、职员姓名、部门代码、部门名称、应发合计、实发合计、基本工资、个人账号、代扣税等系统已经预设了，无须再设置。根据实际需要增加新项目。

增加新项目时，需单击“新增”按钮，如图4—58所示。

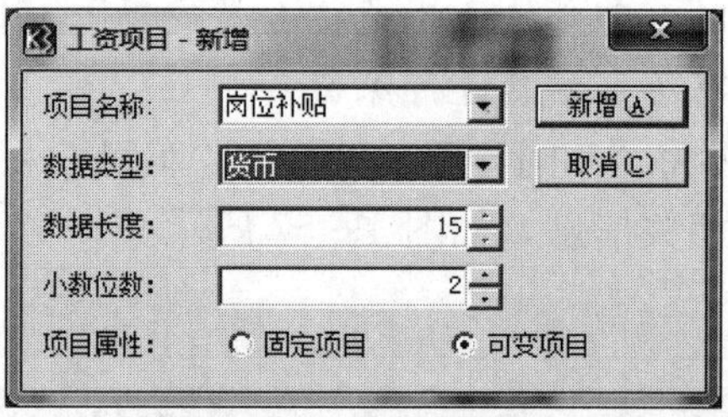

图4—58　新增项目

要进行工资的相关项目的排序，可先执行“排序”功能，然后通过“上移”、“下移”功能完成。设置完成的项目及其顺序如图4—59所示。

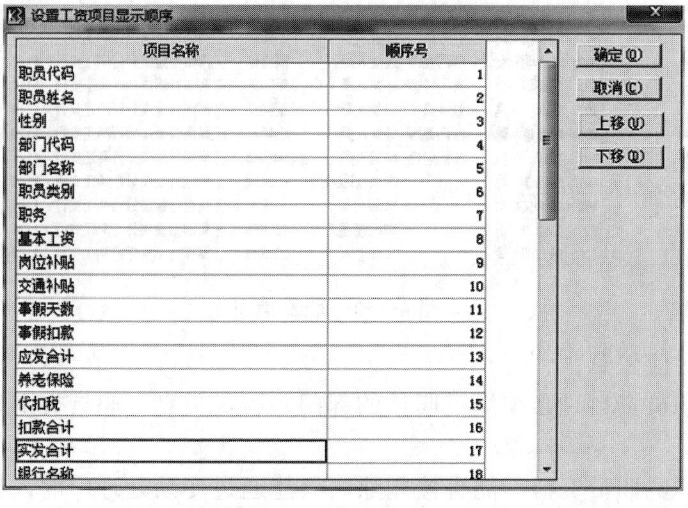

图4—59　工资项目排序

项目及具体属性如图 4—60 所示。

图 4—60　项目设置

6. 公式设置

选择“人力资源”|“工资管理”|“设置”|“公式设置”，系统弹出“工资公式设置”对话框，如图 4—61 所示。

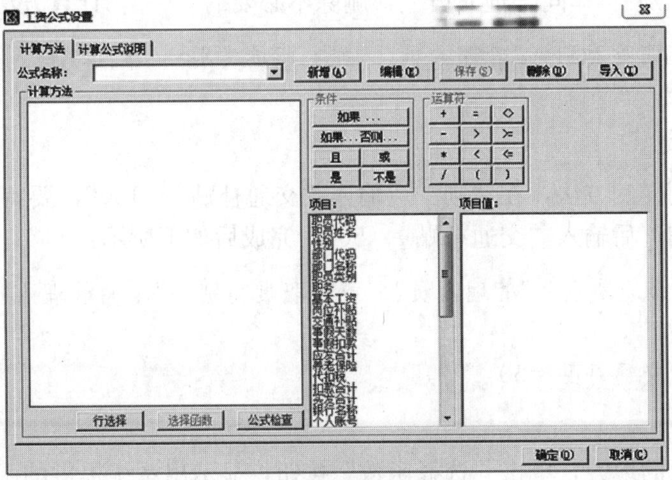

图 4—61　工资公式设置

在设置的过程中，可以通过“计算公式说明”选项卡查看有关的函数和规则。设定公式时，先单击“新增”按钮，然后输入公式名称，如图 4—62 所示。

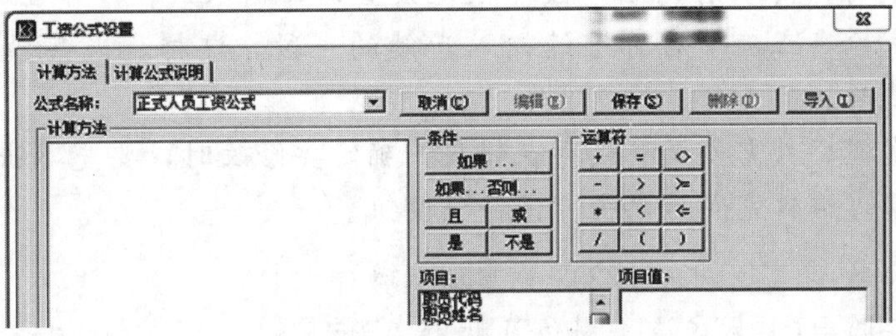

图 4—62　设定公式名称

公式设置举例：

如果 职员类别="管理人员" 或 职员类别＝"车间管理人员" 则 交通补贴 ＝ 100

否则 交通补贴 ＝ 50

如果完

（1）单击条件“如果…否则…”，在计算方法框内显示：

如果 ... 则

否则

如果完

（2）将光标移动到“如果”后空一个空格，双击项目中的“职员类别”，然后单击运算符“＝”，再双击项目值“管理人员”，计算方法显示为：

如果 职员类别＝"管理人员" ... 则

否则

如果完

在“管理人员”后留一空格，单击条件中的“或”，并增加一个空格，按照前面方法输入“职员类别＝"车间管理人员"”，删除不必要的“…”，计算方法显示为：

如果 职员类别＝"管理人员" 或 职员类别＝"车间管理人员" 则

否则

如果完

（3）按照同样的方法，在“则”后输入“交通补贴 ＝ 100”，要特别注意空格分隔符。再在“否则”后输入“交通补贴 ＝ 50”。完成后如下所示：

如果 职员类别＝"管理人员" 或 职员类别＝"车间管理人员" 则 交通补贴＝100

否则 交通补贴＝50

如果完

在需要函数的地方，单击“选择函数”按钮，显示出系统提供的函数供选择。

在设置公式过程中，可以用“公式检查”功能检查输入的公式是否符合系统的语法。公式设置完成后，单击“保存”按钮。

操作提示

在设置公式时，要从前到后一段一段地设置，每输入一段，单击“公式检查”按钮，提示“公式检查正确”后再继续输入后续的一段。这样，当某段通不过检查时，就容易检查和更改。

如果后续发现公式需要调整或存在错误，确定要修改时，要先单击“编辑”按钮，然后再进行编辑，编辑完成后单击“保存”按钮。

事假扣款＝(基本工资/22) * 事假天数

养老保险＝(基本工资＋岗位补贴)＊0.05

应发合计＝基本工资＋岗位补贴＋交通补贴－事假扣款

扣款合计=养老保险+代扣税

实发合计=应发合计-扣款合计

4.4.3 临时人员工资类别管理

案例资料

部门选择：制造中心。

增加的临时人员档案如表 4—15 所示。

表 4—15　　临时人员档案

人员编码	人员姓名	性别	人员类别	部门	账号
720	天河飞	男	车间工人	一车间	1190
721	秦半岛	女	车间工人	一车间	1191
820	椰海甸	男	车间工人	二车间	1192
821	万银大	女	车间工人	二车间	1193
822	朱海玉	男	车间工人	二车间	1194
823	温琼海	女	车间工人	二车间	1195

增加的工资项目：本月工时、计件单价、计件工资。

计算方法：

如果职员类别为"管理人员"或"车间管理人员"，则交通补贴为 100 元。其他人员为 50 元

计件工资=本月工时×计件单价

应发合计=岗位补贴+计件工资+交通补贴

养老保险=(2 500+岗位补贴)×0.05(养老保险按照社会平均基数 2 500 元计算)

扣款合计=养老保险+代扣税

实发合计=应发合计-扣款合计

银行名称：工商银行重庆分行两江支行；账号长度：4 位。

操作过程

1. 设置部门

(1) 选择工资类别。

选择"人力资源"|"工资管理"|"类别管理"|"选择类别"，再选择"临时人员"类别。

(2) 设置部门。

选择"人力资源"|"工资管理"|"设置"|"部门管理"，单击"导入"按钮，选择"工资其它类别"，如图 4—63 所示。

逐一选择制造中心、一车间、二车间，单击左下部的"导入"按钮，即完成部门导入，然后单击"浏览"按钮，如图 4—64 所示。

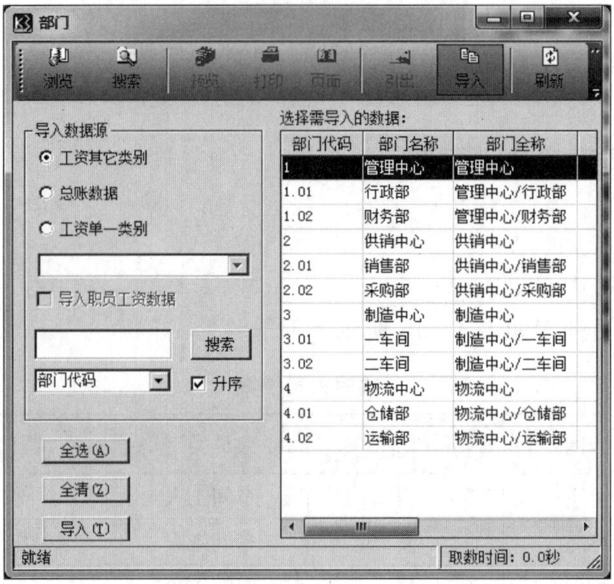

图 4—63 部门引入

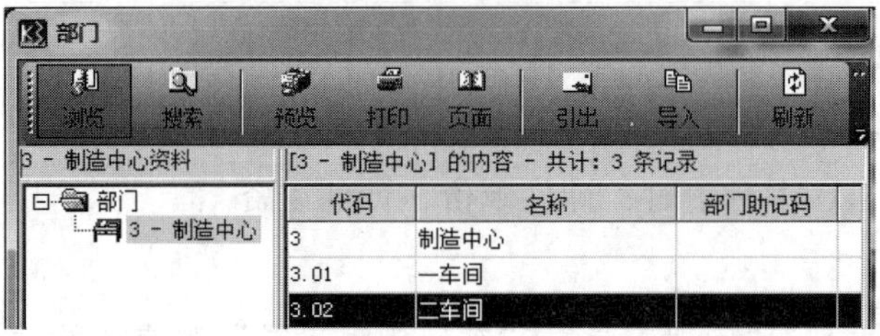

图 4—64 部门导入

2. 银行

在“银行管理”功能中可定义代为发放工资的银行。在前面已经设置过，共用。

3. 职员

选择“人力资源”|“工资管理”|“设置”|“职员管理”，直接输入资料中的人员，如图 4—65 所示。

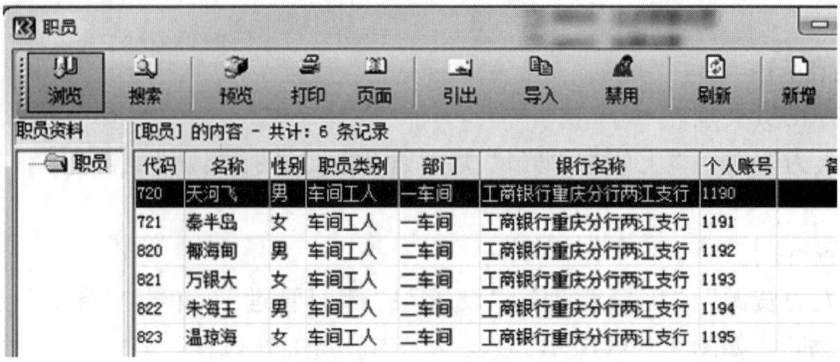

图 4—65 职员

4. 项目设置

选择“人力资源”|“工资管理”|“设置”|“项目设置”，设置完成后如图 4—66 所示。

图 4—66 工资项目设置

操作提示

在金蝶 K/3 中，各类别工资的项目都是放在一起的。在建立各类别工资表的时候才予以区分。

这里的排序等功能，也只是大致排一下，具体的顺序要在各类别的工资表中体现。

5. 公式设置

选择“人力资源”|“工资管理”|“设置”|“公式设置”，先单击“新增”按钮，然后输入公式名称。设置完成后如图 4—67 所示。

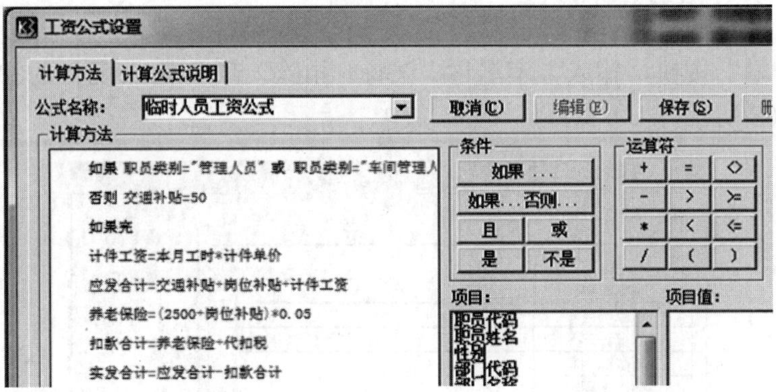

图 4—67 设定公式

公式为：

如果 职员类别="管理人员" 或 职员类别="车间管理人员" 则 交通补贴=100

否则 交通补贴=50

如果完

计件工资＝本月工时＊计件单价

应发合计＝交通补贴＋岗位补贴＋计件工资

养老保险＝(2500＋岗位补贴)＊0.05

扣款合计＝养老保险＋代扣税

实发合计＝应发合计－扣款合计

4.4.4 个人所得税设置

案例资料

计算个人所得税的扣税项目为“应发合计”，每个职员需选择“征收个人所得税”，扣税标准：扣税起点每月 3 500 元。个人所得税的征收，会随着国家个人所得税法的改变而改变，具体请参照当时的法规确定。个人所得税计算方法举例如表 4—16 所示。

表 4—16　　工资、薪金所得适用个人所得税七级超额累进税率表

级数	全月应纳税所得额（含税所得额，元）	税率（%）	速算扣除数（元）
1	不超过 1 500 元的	3	0
2	超过 1 500 元至 4 500 元的部分	10	105
3	超过 4 500 元至 9 000 元的部分	20	555
4	超过 9 000 元至 35 000 元的部分	25	1 005
5	超过 35 000 元至 55 000 元的部分	30	2 755
6	超过 55 000 元至 80 000 元的部分	35	5 505
7	超过 80 000 元的部分	45	13 505

操作过程

1. 正式人员个人所得税设置

选择“人力资源”|“工资管理”|“类别管理”|“选择类别”，再选择正式人员工资类别。

选择“人力资源”|“工资管理”|“设置”|“所得税设置”，单击“编辑”选项卡。

单击“新增”按钮，输入方案名称，“基本扣除”项目输入现行的扣除标准 3 500 元，如图 4—68 所示。

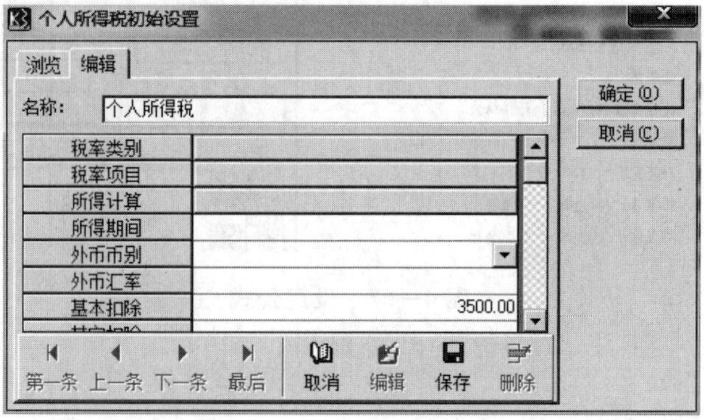

图 4—68　方案设置

单击“税率类别”，再选择“编辑”选项卡。

单击“新增”按钮，出现“是否使用‘含税级距’，若选择‘否’则不选择含税级距”提示时，选择“是”，“名称”栏输入“税率”。

按照案例税率进行设置，如图 4—69 所示。

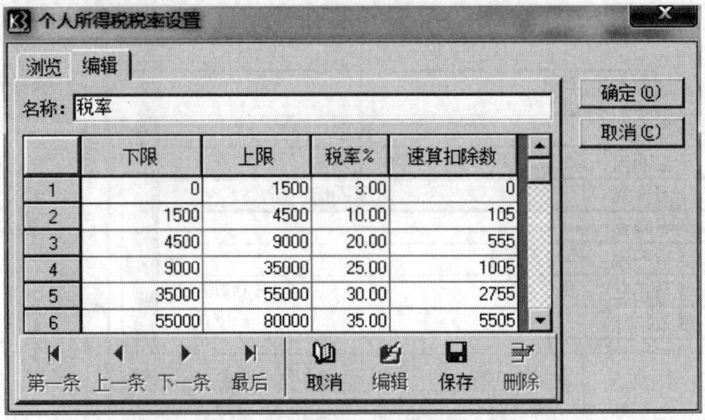

图 4—69　案例税率设置

单击“保存”按钮后，再单击“确定”按钮返回。

单击“税率项目”，再选择“编辑”选项卡，单击“新增”按钮，注意项目属性的设置。设置完成的应税项目如图 4—70 所示。

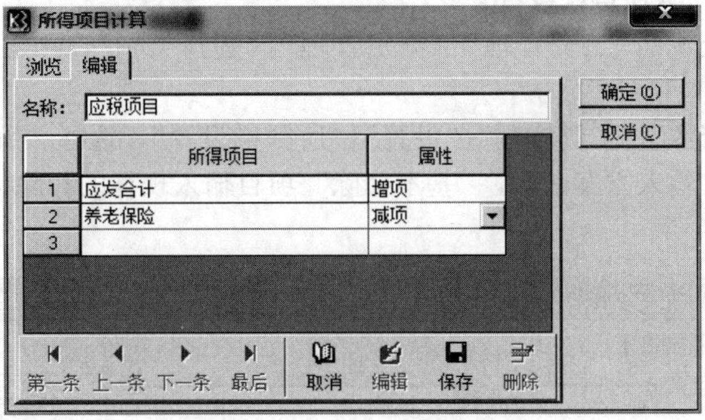

图 4—70　应税项目设置

单击“保存”，再单击“确定”返回。

单击“所得计算”，选择“编辑”选项卡，单击“保存”，再单击“确定”按钮返回，如图 4—71 所示。

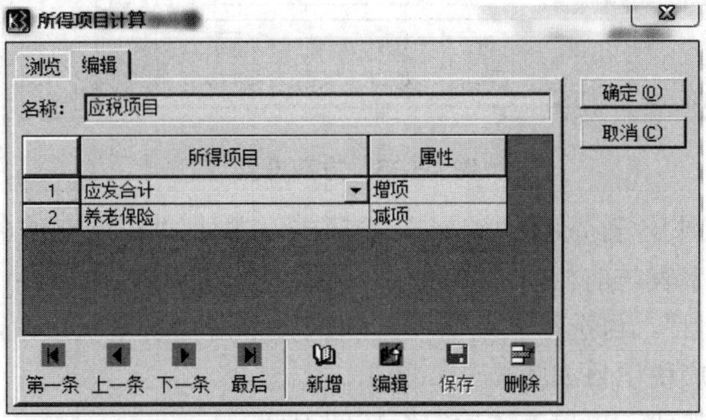

图 4—71　所得项目计算

设置的结果如图 4—72 所示，先单击“保存”按钮，再单击“确定”按钮完成。

图 4—72 个人所得税初始设置

单击“保存”按钮，再单击“确定”按钮完成。

2. 临时人员个人所得税设置

选择“人力资源”|“工资管理”|“类别管理”|“选择类别”，再选择临时人员工资类别。

选择“人力资源”|“工资管理”|“设置”|“所得税设置”，选择“编辑”选项卡，单击“新增”按钮，输入方案名称，“基本扣除”项目输入现行的扣除标准 3 500 元，如图 4—73 所示。

图 4—73 方案设置

单击“税率类别”，再选择“编辑”选项卡，单击“新增”按钮，设置具体的税率，设置完成的税率表与前相同。先保存，然后返回再设置。

单击“税率项目”，再选择“编辑”选项卡，单击“新增”按钮，注意项目属性的设置。设置完成的应税项目如图 4—74 所示。

单击“保存”按钮，再单击“确定”按钮返回。

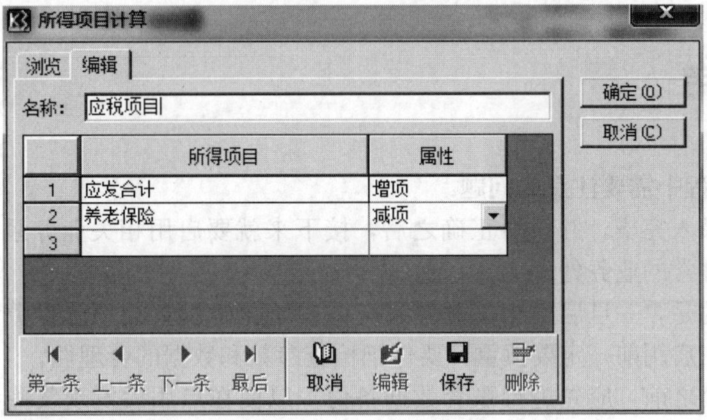

图 4—74　应税项目设置

单击“所得计算”，选择“编辑”选项卡，单击“保存”按钮，再单击“确定”按钮返回，如图 4—75 所示。

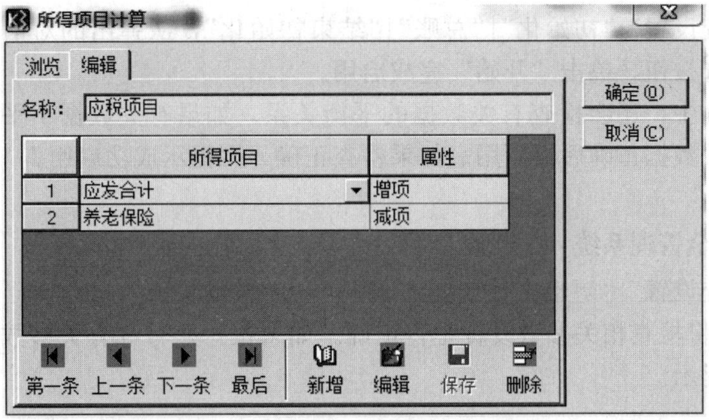

图 4—75　所得项目计算

设置的结果如图 4—76 所示，先单击“保存”按钮，再单击“确定”按钮完成。

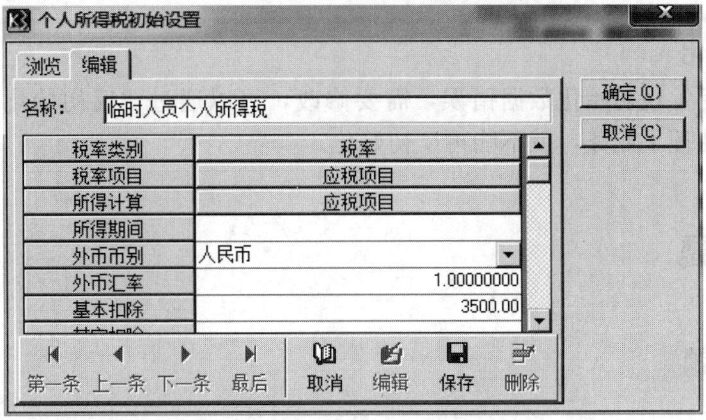

图 4—76　个人所得税初始设置

单击“保存”按钮，再单击“确定”按钮完成。

4.5 启 用

1. 启用过程中需要注意的问题

初始数据录入完毕，并核对正确之后，接下来就要启用相关业务系统，结束初始化操作，进入日常的业务处理。

需要注意的是，一旦启用相关业务系统，初始化中设定的部分参数和数据将不能再修改，所以在启用前一定要慎重，要仔细检查参数和数据的合理性。

在启用账套之前，应先进行账套数据备份，以便在启用后发现某些参数设置错误时，能利用备份数据恢复账套并做出修改。

2. 启用总账系统

用系统管理员“孙胜业”登录。

选择“系统设置”|“初始化”|“总账”|“结束初始化”，从弹出的对话框中选择“结束初始化”单选按钮，单击“开始”完成启用。

在启用过程中，还会检查有关数据的平衡关系。如果有关数据不平衡，则不能启用，需修改有关数据正确后再启用。如果检查正确，则提示成功启用。

3. 启用现金管理系统

选择“系统设置”|“初始化”|“现金管理”|“初始数据录入”，再选择“编辑”|“结束初始化”，系统将检查相关参数设置是否正确。如果银行账号等有关参数没有设置，则会出现有关的提示。

4. 启用业务系统

其他有关业务系统的启用，将在后面相关业务部分介绍。

5. 反初始化

如果启用后发现初始化数据错误，需要修改，可以通过“反初始化”功能进行操作。如果已经处理了业务，就不能再反初始化。

4.6 复习题

4.6.1 思考题

1. 初始化的作用是什么？
2. 启用系统的目的是什么？有什么影响？

4.6.2　判断题

1. 全部仓库的存货期初金额合计必须与科目的库存商品期初余额相等。　（　　）
2. 存货期初金额合计可以传递到科目期初的库存商品期初中进行替换。　（　　）
3. 输入的固定资产初始数据，可以将汇总数据传送到科目初始数据的相关科目中。　（　　）
4. 某科目输入了期初数据后，还可以修改科目名称。　（　　）
5. 通过基础设置完成会计科目后，一旦启用了系统，就不能再增加科目了。　（　　）
6. 在增加凭证字（凭证类型）时一定要设定"科目范围"，否则系统不让保存。　（　　）
7. 在初始化中，应收应付初始数据输入完成后，可以将数据传送到科目初始数据中。　（　　）
8. 有外币业务核算的情况下，对初始数据进行试算检查一定要将币别切换为综合本位币状态。　（　　）
9. 在进行日常业务处理前，必须启用系统。　（　　）

4.6.3　单项选择题

1. 固定资产的预计使用年限 5 年，折合成使用期间是（　　）。

A. 60 期　　B. 50 期

C. 30 期　　D. 25 期

2. 固定资产卡片的期初原值总和应当（　　）会计科目的固定资产期初金额。

A. 大于　　B. 等于

C. 小于　　D. 不等于

3. 某企业成立于 2010 年 6 月，2014 年 12 月购入金蝶 K/3 软件，2015 年 3 月开始正式使用软件并录入 2015 年 1 月的账务数据，则该企业的账套启用期间是（　　）。

A. 2010 年 6 月　　B. 2014 年 12 月

C. 2015 年 3 月　　D. 2015 年 1 月

4. 如何录入下设核算项目的科目的初始数据？（　　）

A. 直接录入

B. 要点击核算项目栏的"√"进入特定界面输入

C. 无须录入由汇总数据自动生成

D. 输入凭证时录入

5. 某企业于 2014 年 1 月购进一台复印机，在 2015 年 6 月初开始使用金蝶 K/3 软件录入固定资产卡片，这台复印机的已提折旧期间是（　　）。

A. 17 期　　B. 13 期

C. 15 期　　D. 16 期

6. 固定资产初始化流程为：a. 基础资料设置；b. 初始数据的录入；c. 结束初始

化；d. 系统参数的设置。正确顺序是（　　）。

A. abcd　　B. dabc

C. bcad　　D. abdc

4.6.4　多项选择题

1. 物料的计价方法提供了（　　）及分批认定法。

A. 加权平均法　　B. 移动平均法

C. 先进先出法　　D. 后进先出法

2. 科目期初中的固定资产科目数据，可以（　　）。

A. 通过“科目初始数据”直接输入

B. 通过“固定资产初始数据”输入后传入总账

C. 通过凭证输入

D. 通过固定资产卡片输入

3. 非年初启用的账套，初始数据录入窗口中，能录入的内容主要包括（　　）。

A. 期初余额　　B. 累计借方

C. 累计贷方　　D. 本年累计借贷方合计

4. 关于核算项目下列说法正确的是（　　）。

A. 在科目中挂接核算项目可起到以新增方式添加明细科目一样的效果

B. 任何时候会计科目下都能挂接核算项目

C. 核算项目当中还可再挂接核算项目或下设明细科目

D. 会计科目中可挂接多个核算项目，且这些核算项目之间是并列平行的关系

5. 关于明细科目及核算项目下列说法正确的是（　　）。

A. 在科目中挂接核算项目可以起到明细科目的效果

B. 任何时候会计科目下都能挂接核算项目

C. 会计科目中可以挂接多个核算项目，且这些核算项目之间是并列平行的关系

D. 已经使用的会计科目，可以继续下设明细会计科目，原数据由新建科目继承

第5章 Chapter 5 总账和现金业务处理

5.1 总账处理的基本功能和流程

5.1.1 基本功能

总账是一切财务数据的汇集点，是金蝶 K/3 系统各个模块之间联系的交汇点，起着数据归集、分类、汇总、分析的中心作用。总账处理的基本功能构成如图 5—1 所示。

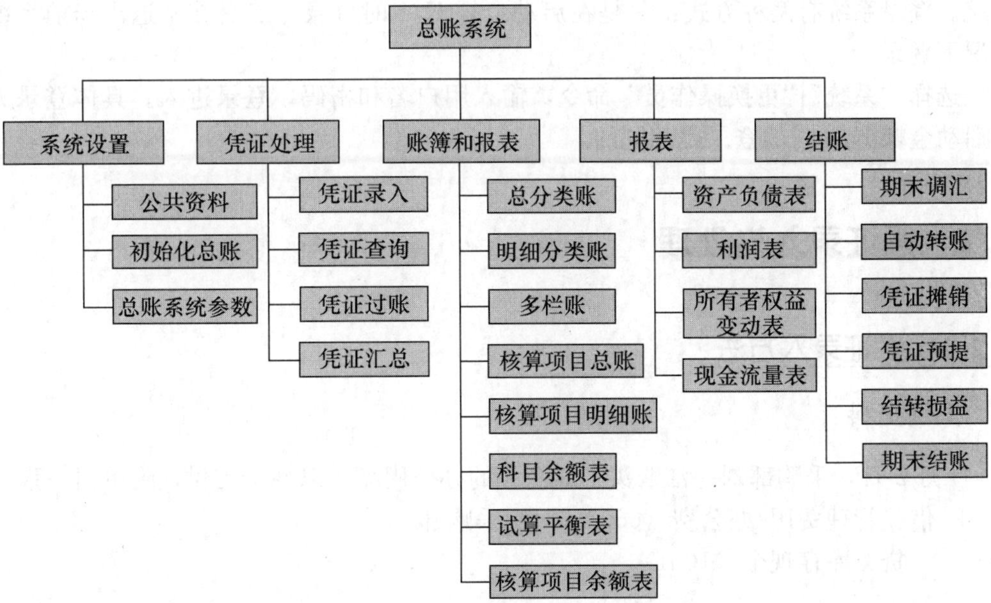

图 5—1 总账处理基本功能构成

5.1.2 凭证处理流程

凭证是总账系统的入口，是关键环节，其他处理都是自动控制的。凭证的日常处理流程如图 5—2 所示。

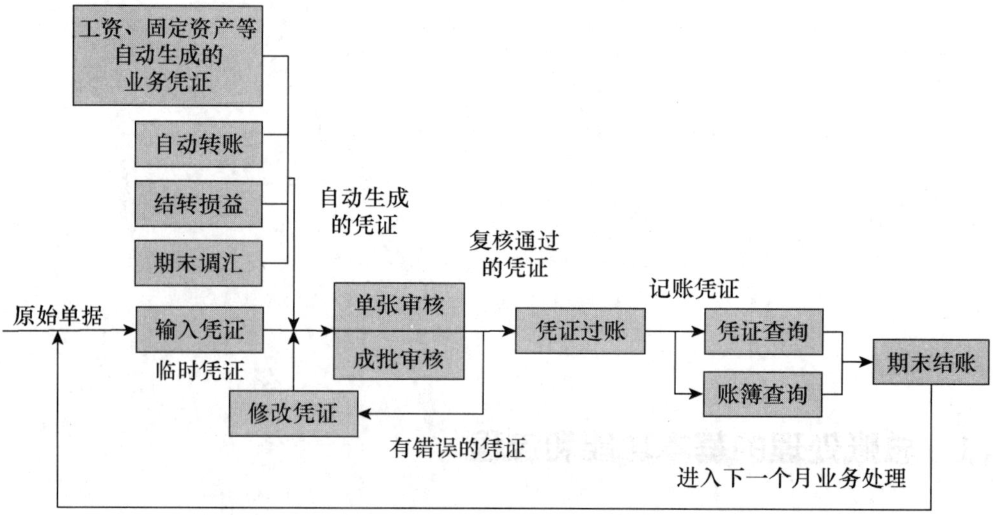

图 5—2 凭证日常处理流程

5.1.3 重新登录

在处理业务时，每个人负责的业务不同，权限也不同，必须以自己的用户名登录系统。登录系统有两种方式：一是在启动金蝶 K/3 时登录；二是在不退出当前系统的情况下登录。

选择“系统”|“更换操作员”命令，输入用户名和密码，登录进入。具体登录方法与启动金蝶 K/3 时的登录是相同的。

5.2 凭证录入与处理

5.2.1 凭证录入方法

案例资料

4 月 2 日，采购部刘一江购买了 350 元的办公用品，以现金支付，附单据一张。

借：管理费用/办公费（6602.03）/采购部 350

贷：库存现金（1001） 350

操作过程

选择“财务会计”|“总账”|“凭证处理”|“凭证录入”，根据案例资料录入凭证，数

据输入确认无误后单击“保存”完成（注意业务日期与凭证日期一致），如图 5—3 所示。

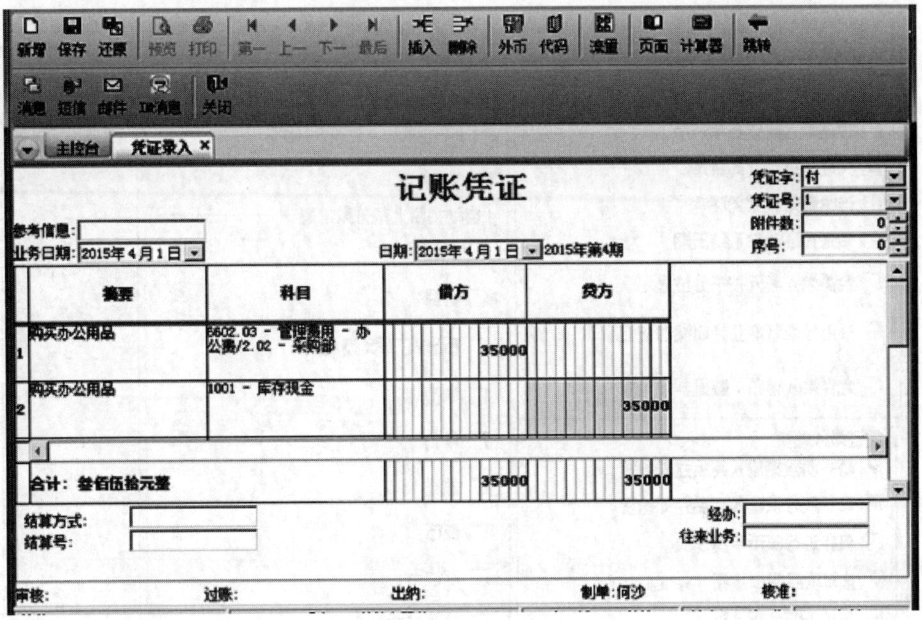

图 5—3　凭证录入

操作提示

如果不清楚会计科目代码、辅助核算项目等，可以将光标移到会计科目下，按 F7 键打开相应的代码表直接选取。

在操作过程中，首先要确定“凭证字”，即所输入凭证的类型是什么。其次是“日期”，这个日期就是业务发生的日期。

“凭证号”是系统自动根据录入顺序设定的，但如果中间出现过因删除凭证等形成的空号，也可以直接输入某个凭证号去填号（具体与凭证输入参数的设置有关，参见“系统设置”|“系统设置”|“总账”|“系统参数”）。

在实际工作中，凭证的录入工作量很大，因此就要采用一些辅助功能来加快凭证的录入速度。在凭证录入过程中常用的快捷键如表 5—1 所示。

表 5—1　常用快捷键

快捷键	功能
F7	在凭证和业务单据编制界面，通过快捷键可调出基础资料，如科目代码、人员代码、部门代码等
减号键	在凭证录入界面，可使输入的金额在正负间转换
..（两个句点）	快速复制摘要，在下一行中按“..”可复制上一条摘要
//（两个斜杠）	快速复制摘要，在下一行中按“//”可复制第一条摘要
空格键	在凭证录入界面，可以帮助转换金额的借贷方向
=	制作凭证时，通过快捷键，系统会根据分录的借贷金额，直接在当前光标停留处填入差额，达到金额借贷自动平衡

为了提高凭证的录入效率，在凭证输入状态下，选择“查看”|“选项”命令，可按

照自己的习惯和需要进行设置。一般至少选择“凭证保存后立即新增”，如图 5—4 所示。

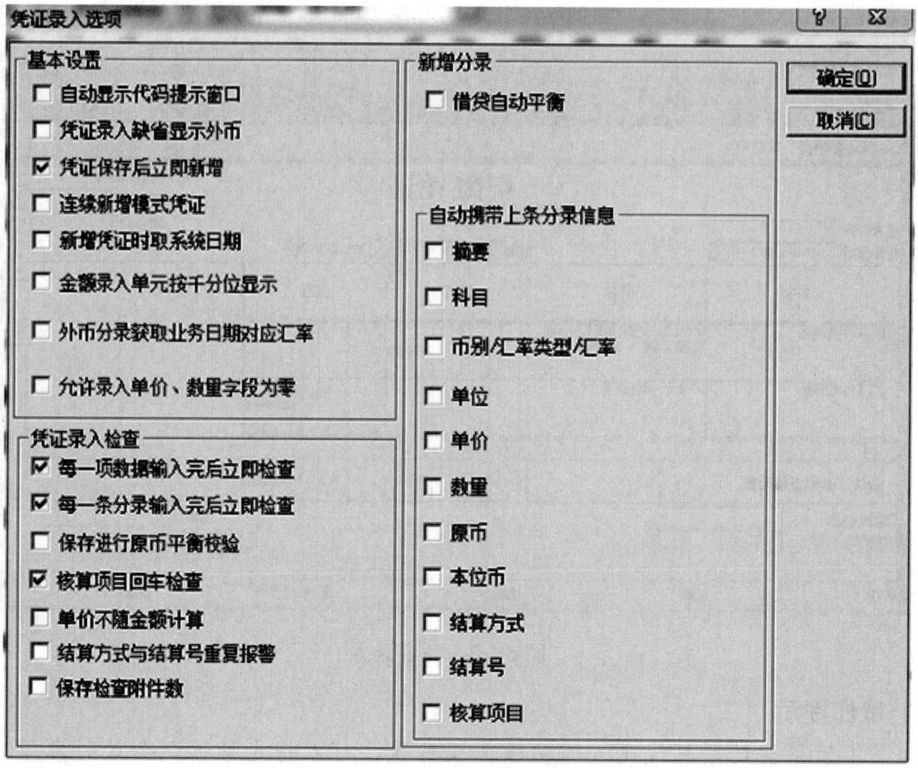

图 5—4　凭证录入选项

凭证输入的技巧需要仔细摸索，并充分利用系统提供的功能来提高效率。常用的部分功能如下。

（1）还原：发现凭证录入错误，要将凭证内容整个删除，此时可以单击“还原”按钮。注意：“还原”功能并非将保存后的凭证删除，而是将凭证保存前的操作全部废除。

（2）插入、删除：插入或删除凭证中的某条分录。

（3）外币：外币凭证的格式和一般凭证的格式不同，用于两者格式的切换。“外币”按钮还用于数量金额凭证格式的切换。

（4）代码：代码查询功能，与按 F7 键功能相同。

（5）流量：针对科目属性中指定为现金类科目或现金等价物的会计科目，可以在此定义其现金流量内容，是做现金流量表的一种方法。

（6）日期：凭证录入的日期，录入后业务日期会跟着改变。系统会自动填入上一次录入的最后一张凭证的日期，可以修改。凭证录入的日期若在当前的会计期间之前，则系统不允许输入，但允许输入本期以后任意期间的记账凭证，在过账时系统只处理本期的记账凭证，以后期间的凭证不作处理。

（7）摘要：对凭证分录的文字解释，可以直接录入，也可以按 F7 键到摘要库中读取。系统提供了摘要库的功能，在凭证录入界面，将光标移动到摘要栏，按下 F7 键，就可以选择已录入摘要库中的摘要，单击“确定”按钮后，摘要会自动填入当前的凭证中。可以对摘要库进行增加、修改、删除，如图 5—5 所示。

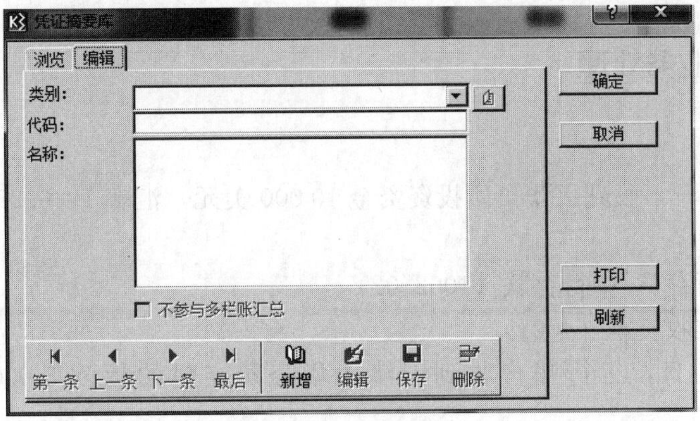

图 5—5　凭证摘要库

（8）金额：在输入完前面的项目以后，如果没有外币和数量的分录，就可以输入金额了。金额分为借方金额和贷方金额两栏，每条分录的金额只能在借方或贷方，不能在借贷双方同时存在。若要输入负金额，在录入数字后再输入“—”号，系统即会以红字显示。如果需要清除金额栏中的数据，只需将光标移至金额处，按下 Esc 键即可。如果要将已录入的金额转换到另一方，只需将光标定位于要转换的金额栏上，然后按空格键进行切换。

（9）币别、汇率、原币金额：当会计科目有外币核算时，单击“外币”转换到外币凭证格式。币别可以按 F7 键查询，汇率在选择了币别后自动提供。原币金额是指外币的金额，录入后系统会根据“外币汇率×原币金额”得出本位币的金额。

（10）单位、单价和数量：当会计科目要进行数量金额核算时，系统会自动要求录入数量。单位会根据会计科目属性中提供的内容自动出现，只要录入单价和金额即可。系统会检验数量单价的乘积是否与原币金额相等，如不相等，系统会提示是否继续。

（11）往来业务：对选择了核算往来业务的会计科目，要录入往来业务的编码。本案例中，可执行设定。

（12）结算方式和结算号：银行存款的结算方式和结算单据的号码，用户可以录入，也可以不录入。具体与“系统设置”|“系统设置”|“总账”|“系统参数”中的凭证相关设置有关。

（13）输入有核算项目的凭证：当在科目中定义了核算项目后，输入相应的科目时，就会提示输入核算项目。输入科目后，在凭证下部显示“部门”，提示输入部门，按 F7 键可以调出部门，然后从中选择，如图 5—6 所示。

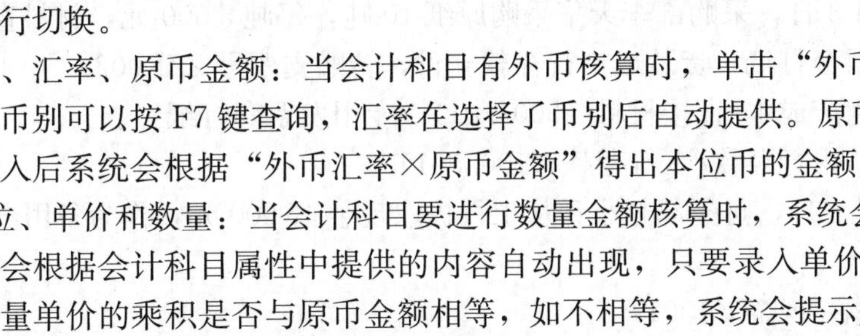

图 5—6　核算项目输入

5.2.2 日常业务处理

案例资料

（1）4 月 2 日，收到兴华集团投资资金 10 000 美元，汇率 1∶6.25，中行转账支票号 ZZW002。

借：银行存款/中行存款（1002.02） 62 500
　贷：实收资本（4001） 62 500

（2）4 月 2 日，工行账户收到天津大华公司支付的货款 3 000 元，转账支票号 ZZ45623。

借：银行存款/工行存款（1002.01） 3 000
　贷：应收账款（1122）/大华 3 000

（3）4 月 2 日，接银行通知，工行账户支付短期借款利息 2 000 元。结算方式：其他；结算号：QT001。

借：财务费用/利息支出（6603.01） 2 000
　贷：银行存款/工行存款（1002.01） 2 000

（4）4 月 3 日，采购部李天华采购原纸 10 吨，每吨 5 000 元，材料直接送入二车间生产专用发票套打纸，货款以工行存款支付，转账支票号 ZZR002。

借：生产成本/直接材料（5001.01）/专用发票套打纸 50 000
　贷：银行存款/工行存款（1002.01） 50 000

（5）4 月 3 日，财务部赵小兵从工行提取现金 15 000 元，作为备用金，现金支票号 XJ001。

借：库存现金（1001） 15 000
　贷：银行存款/工行存款（1002.01） 15 000

（6）4 月 12 日，销售部刘一江收到重庆嘉陵公司转来一张转账支票，金额 49 600 元，用以偿还前欠货款，转账支票号 ZZR003。

借：银行存款/工行存款（1002.01） 49 600
　贷：应收账款（1122）/嘉陵 49 600

（7）4 月 12 日，采购部李天华从重庆大江公司公司购入“税控Ⅱ号使用指南”光盘 1 000 张，单价 10 元，货税款暂欠，商品已验收入库，适用税率 17%。

借：库存商品（1405） 10 000
　　应交税费/应交增值税/进项税额（2221.01.01） 1 700
　贷：应付账款（2202）/大江 11 700

（8）4 月 18 日，行政部孙正出差归来，报销差旅费 1 800 元，交回现金 200 元。

借：管理费用/差旅费（6602.04）/行政部 1 800
　　库存现金（1001） 200
　贷：其他应收款（1221.02） 2 000

（9）4 月 20 日，开具工行转账支票（支票号：ZG1226）20 000 元支付本月制造中心租用房屋的租赁费。

借：制造费用/租赁费（5101.03） 20 000

贷：银行存款/工行存款（1002.01）　　20 000

（10）4 月 20 日，行政部支付业务招待费 1 500 元，转账支票号 ZZR004。

借：管理费用/招待费（6602.05）　　1 500

贷：银行存款/工行存款（1002.01）　　1 500

操作过程

1. 凭证修改

如果凭证没有审核，修改方法如下：选择“财务会计”|“总账”|“凭证处理”|“凭证查询”，先设置条件，如图 5—7 所示。

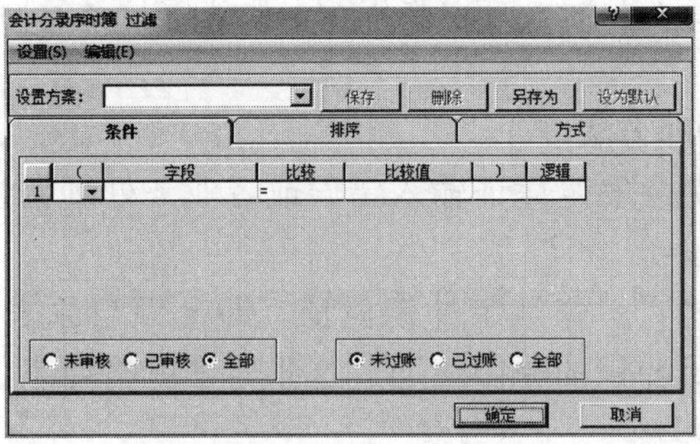

图 5—7　设置条件

进入凭证查询后，将光标定位于要修改的凭证行，单击工具栏中的“修改”按钮，或单击鼠标右键，从弹出的快捷菜单中选择“修改凭证”，如图 5—8 所示。

日期	凭证字号	分录号	摘要	科目代码	科目名称	币别	原币金额	借方	贷方
2015-04-02	付·1	1	购买办公用品	6602.03	管理费用·办公费	人民币	350.00	350.00	0.00
		2	购买办公用品	1001	库存现金	人民币	350.00	0.00	350.00
2015-04-02	收·1	1	收到投资	1002.02	银行存款·中行存款	美元	10,000.00	62,500.00	0.00
		2	收到投资	4001	实收资本	人民币	62,500.00	0.00	62,500.00
2015-04-02	收·2	1	收到货款	1002.01	银行存款·工行存款	人民币	3,000.00	3,000.00	0.00
		2	收到货款	1122	应收账款	人民币	3,000.00	0.00	3,000.00
2015-04-02	付·2	1	付短期借款利息	6603.01	财务费用·利息支出	人民币	2,000.00	2,000.00	0.00
		2	付短期借款利息	1002.01	银行存款·工行存款	人民币	2,000.00	0.00	2,000.00
2015-04-03	付·3	1	采购原纸	5001.01	生产成本·直接材料	人民币	50,000.00	50,000.00	0.00
		2	采购原纸	1002.01	银行存款·工行存款	人民币	50,000.00	0.00	50,000.00
2015-04-03	付·4	1	提取备用金	1001	库存现金	人民币	15,000.00	15,000.00	0.00
		2	提取备用金	1002.01	银行存款·工行存款	人民币	15,000.00	0.00	15,000.00
2015-04-12	收·3	1	收货款	1002.01	银行存款·工行存款	人民币	49,600.00	49,600.00	0.00
		2	收货款	1122	应收账款	人民币	49,600.00	0.00	49,600.00
2015-04-12	转·1	1	购买使用指南	1405	库存商品	人民币	10,000.00	10,000.00	0.00
		2	购买使用指南	2202	应付账款	人民币	1,700.00	1,700.00	0.00
		3	购买使用指南	2202	应付账款	人民币	11,700.00	0.00	11,700.00
2015-04-18	收·4	1	报销差旅费	6602.04	管理费用·差旅费	人民币	1,800.00	1,800.00	0.00
		2	报销差旅费	1001	库存现金	人民币	200.00	200.00	0.00
		3	报销差旅费	1221.02	其他应收款·应收个人款	人民币	2,000.00	0.00	2,000.00
2015-04-20	付·5	1	付房屋租赁费	5101.03	制造费用·租赁费	人民币	20,000.00	20,000.00	0.00
		2	付房屋租赁费	1002.01	银行存款·工行存款	人民币	20,000.00	0.00	20,000.00
2015-04-20	付·6	1	付招待费	6602.05	管理费用·招待费	人民币	1,500.00	1,500.00	0.00
		2	付招待费	1002.01	银行存款·工行存款	人民币	1,500.00	0.00	1,500.00
			合计					217,650.00	217,650.00

图 5—8　凭证查询与修改

在实际工作中，由于网络上并发操作或其他原因，凭证顺序、编号不一定相同，只要业务正确即可。

在凭证修改页面对凭证进行修改，完成后单击“保存”按钮保存，具体与填制凭证的方法相同。

操作提示

如果凭证已经审核，但没有过账，则可以反审核（取消审核），然后再修改凭证、再审核；如果凭证已经过账，则需要使用“对冲”的方法先生成一张红字凭证，再制作一张蓝字凭证。

反审核的操作是审核操作的逆过程，其操作的方法同凭证的审核，在凭证审核窗口的工具栏上单击“审核”按钮，可以在审核和取消审核之间切换。

2. 对出错凭证的处理方法

在实际工作中，难免会发生凭证输入错误或者业务处理错误的情况。当发现出错时，有以下几种处理方法：

对照原来的凭证，输入一张红字冲销凭证，即金额与原来相同，但数据为红字，摘要写明冲销哪张凭证及冲销的原因。通过这张凭证就将原来的凭证冲销为零。然后再做一张正确的凭证。

如果科目没有错，仅仅是金额多了或少了，可以再输入一张凭证，相应地增加金额或冲销多余部分，摘要要写明具体的凭证号和原因。

3. 出纳复核

对于涉及“现金”和“银行存款”科目的凭证，出纳人员都需要进行复核，具体是出纳人员选择“财务会计”|“总账”|“凭证处理”|“凭证查询”，单击“编辑”菜单中的“出纳复核”，系统会自动将当前操作者的姓名添加在凭证的“出纳”上。

进入出纳复核状态后，单击“复核”按钮，就完成了复核。复核后会显示出纳人员的名字。

出纳复核功能与是否设置了需要出纳复核有关。如果没有设置必须进行出纳复核，出纳人员可以选择部分凭证进行出纳复核。

4. 凭证审核

凭证审核是对录入凭证正确性的审查。审核人与制单人不能为同一操作员，否则系统拒绝审核。因此需要换用具有审核权的操作员进入。

本案例中，用“孙胜业”登录进行审核。先选择“系统”|“更换操作员”，进行登录。然后选择“财务会计”|“总账”|“凭证处理”|“凭证查询”，再选择凭证过滤条件，单击“确定”按钮进入会计分录序时簿。

在会计分录序时簿里，将光标定位于需要审核的凭证上，然后单击工具栏中的“审核”按钮，系统即进入凭证窗口，在此窗口中可以对记账凭证进行审核。此窗口中的项目不能修改，只能查看。查看完毕后可以对此张凭证审核并签章，单击“审核”按钮即表示审核通过，系统会在审核人处进行签章。

还有一种审核方法是成批审核。在会计分录序时簿的界面，选择“编辑”|“成批审

核”功能，或单击鼠标右键，从弹出的快捷菜单中进行选择。

选择“成批审核”命令，将显示成批审核凭证的提示。选择“审核未审核的凭证”就将会计序时簿中所有未审核凭证成批审核（也可以选择取消审核）。

如果在进行基础设置时选择了“凭证过账前必须出纳复核”，则在凭证审核后，出纳还要进行复核。也可以先进行出纳复核。

5. 凭证过账

凭证过账就是系统将已录入的记账凭证根据其会计科目登记到相关的明细账簿中的过程。经过记账的凭证以后将不允许再修改，只能采取补充凭证或红字冲销凭证的方式进行更正。因此，在过账前应该对记账凭证的内容仔细审核，系统只能检验记账凭证中的数据关系错误，而无法检查业务逻辑关系。

选择“财务会计”|“总账”|“凭证处理”|“凭证过账”命令进行凭证过账，如图5—9所示。单击“开始过账”按钮后，系统自动完成过账工作。

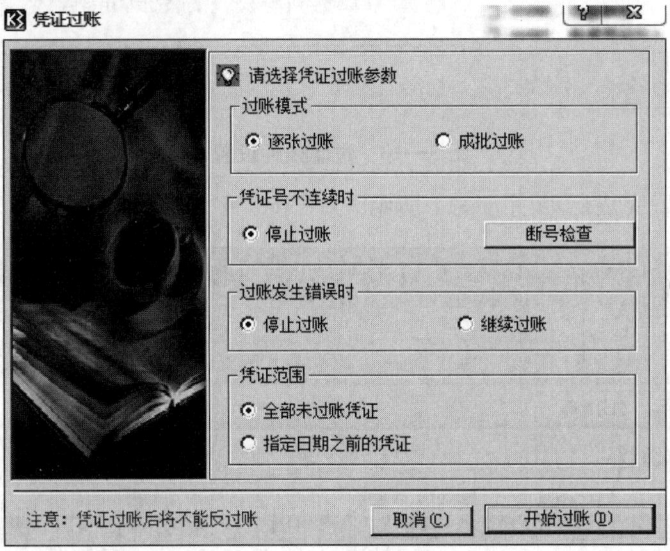

图5—9　凭证过账

操作提示

如果选择记账功能时提示“初始化未完成不能过账”，这时需要选择“系统设置”|“初始化”|“总账”|“结束初始化”，完成初始化工作，然后再进行凭证记账。

5.3 常用账表

5.3.1 总分类账

选择“财务会计”|“总账”|“账簿”|“总分类账”，再设置“过滤条件”，如图5—10所示。

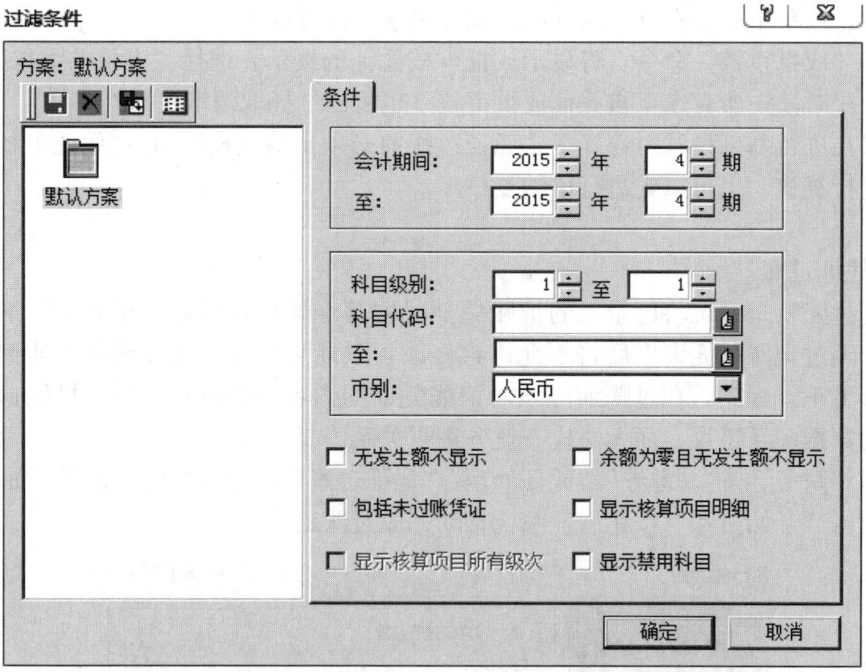

图 5—10 过滤条件设置

过滤条件设置完成后如图 5—11 所示。

科目代码	科目名称	期间	摘要	借方	贷方		余额
1001	库存现金	4	期初余额			借	6,875.00
		4	本期合计	15,200.00	350.00	借	21,725.00
		4	本年累计	34,089.00	19,210.00	借	21,725.00
1002	银行存款	4	期初余额			借	511,057.00
		4	本期合计	52,600.00	88,500.00	借	475,157.00
		4	本年累计	522,451.00	490,480.00	借	475,157.00

图 5—11 总分类账

要查哪个科目的明细账，应先将光标移到该科目上，双击该科目，或者单击工具栏上的“明细账”按钮。如选择“银行存款”科目，双击后显示该科目的明细账，如图 5—12 所示。

科目代码	科目名称	日期	业务日期	凭证字号	摘要	结算方式	结算号	对方科目	借方金额	贷方金额		余额
1002	银行存款	2015-04-01			期初余额						借	511,057.00
		2015-04-02	2015-04-02	收 - 2	收到货款	转账支票	ZZ45623	1122 应收账款	3,000.00		借	514,057.00
		2015-04-02	2015-04-02	付 - 2	付短期借款利息	其他	QT001	6603.01 利息支出		2,000.00	借	512,057.00
		2015-04-02			本日合计				3,000.00	2,000.00	借	512,057.00

图 5—12 明细账

5.3.2　科目余额表

选择“财务会计”|“总账”|“财务报表”|“科目余额表”，在账表的查询中，要注意过滤条件的设置。一是注意“科目级别”的设置，默认是一级科目。二是“包括未过账凭证”的设置。三是选择“币别”。具体可根据实际需要设置。

这里按照默认设置，单击“确定”按钮后，查询结果如图 5—13 所示。

科目余额表　期间：2015年第4期

科目代码	科目名称	期初余额		本期发生		本年累计		期末余额	
		借方	贷方	借方	贷方	借方	贷方	借方	贷方
1001	库存现金	6,875.00		15,200.00	350.00	34,089.00	19,210.00	21,725.00	
1002	银行存款	511,057.00		52,600.00	88,500.00	522,451.00	490,480.00	475,157.00	
1122	应收账款	157,600.00			52,600.00	60,000.00	252,600.00	105,000.00	
1221	其他应收款	3,800.00			2,000.00	7,000.00	7,300.00	1,800.00	
1231	坏账准备		5,090.00			3,000.00	6,600.00		5,090.00
1401	材料采购		80,000.00				80,000.00		80,000.00
1403	原材料	1,004,000.00				293,180.00		1,004,000.00	
1405	库存商品	3,569,000.00		10,000.00		150,142.00	90,000.00	3,579,000.00	
1601	固定资产	3,690,860.00						3,690,860.00	
1602	累计折旧		108,995.00				39,511.00		108,995.00
1701	无形资产	58,500.00					58,500.00	58,500.00	
2001	短期借款		200,000.00				200,000.00		200,000.00
2202	应付账款		276,850.00		11,700.00	150,557.00	71,700.00		288,550.00
2211	应付职工薪酬		13,200.00				3,400.00		13,200.00
2221	应交税费	16,800.00		1,700.00		38,481.00	15,581.00	18,500.00	
2241	其他应付款		2,100.00				2,100.00		2,100.00
4001	实收资本		7,615,444.00		62,500.00		62,500.00		7,677,944.00
4103	本年利润		1,478,000.00						1,478,000.00
4104	利润分配	119,022.00				13,172.00	9,330.00	119,022.00	
5001	生产成本	17,165.00		50,000.00		58,711.00	10,121.00	67,165.00	
5101	制造费用			20,000.00		20,000.00		20,000.00	
6001	主营业务收入					350,000.00	350,000.00		
6051	其他业务收入					250,000.00	250,000.00		
6401	主营业务成本					300,000.00	300,000.00		
6402	其他业务成本					180,096.00	180,096.00		
6403	营业税金及附加					8,561.00	8,561.00		
6601	销售费用					18,000.00	18,000.00		
6602	管理费用			3,650.00		26,200.00	22,550.00	3,650.00	
6603	财务费用			2,000.00		10,000.00	8,000.00	2,000.00	
	合计	9,154,679.00	9,779,679.00	155,150.00	217,650.00	2,493,640.00	2,556,140.00	9,166,379.00	9,653,879.00

图 5—13　科目余额表

在过滤条件中选择“显示核算项目明细”（科目级别设置为 3）后的显示结果如图 5—14 所示。

科目余额表　期间：2015年第4期

科目代码	科目名称	期初余额		本期发生		本年累计		期末余额	
		借方	贷方	借方	贷方	借方	贷方	借方	贷方
1001	库存现金	6,875.00		15,200.00	350.00	34,089.00	19,210.00	21,725.00	
1002	银行存款	511,057.00		52,600.00	88,500.00	522,451.00	490,480.00	475,157.00	
1122	应收账款	157,600.00			52,600.00	60,000.00	252,600.00	105,000.00	
1122	重庆嘉陵公司	99,600.00			49,600.00		249,600.00	50,000.00	
1122	天津大华公司	58,000.00			3,000.00	60,000.00	3,000.00	55,000.00	
1221	其他应收款	3,800.00			2,000.00	7,000.00	7,300.00	1,800.00	

图 5—14　科目余额表（核算项目明细）

可以选择某个科目或辅助核算，单击工具栏上的“明细账”按钮查询明细账。在明细账下，还可以双击某笔具体的业务，查看该业务的凭证。

通过科目余额表查询总括数据，通过具体的科目查询明细的流水数据，针对具体的业务查询凭证数据。要求能熟练掌握这种查询方法，以便灵活应用。

5.3.3 试算平衡表

选择“财务会计”|“总账”|“财务报表”|“试算平衡表”，币别选择“综合本位币”，如图 5—15 所示。

试算平衡表　　试算结果平衡　期间：2015年第4期　币别：(综合本位

科目代码	科目名称	期初余额		本期发生额		期末余额	
		借方	贷方	借方	贷方	借方	贷方
1001	库存现金	6,875.00		15,200.00	350.00	21,725.00	
1002	银行存款	1,136,057.00		115,100.00	88,500.00	1,162,657.00	
1122	应收账款	157,600.00			52,600.00	105,000.00	
1221	其他应收款	3,800.00			2,000.00	1,800.00	
1231	坏账准备		5,090.00				5,090.00
1401	材料采购		80,000.00				80,000.00
1403	原材料	1,004,000.00				1,004,000.00	
1405	库存商品	3,569,000.00		10,000.00		3,579,000.00	
1601	固定资产	3,690,860.00				3,690,860.00	
1602	累计折旧		108,995.00				108,995.00
1701	无形资产	58,500.00				58,500.00	
2001	短期借款		200,000.00				200,000.00
2202	应付账款		276,850.00		11,700.00		288,550.00
2211	应付职工薪酬		13,200.00				13,200.00
2221	应交税费	16,800.00		1,700.00		18,500.00	
2241	其他应付款		2,100.00				2,100.00
4001	实收资本		7,615,444.00		62,500.00		7,677,944.00
4103	本年利润		1,478,000.00				1,478,000.00
4104	利润分配	119,022.00				119,022.00	
5001	生产成本	17,165.00		50,000.00		67,165.00	
5101	制造费用			20,000.00		20,000.00	
6001	主营业务收入						
6051	其他业务收入						
6401	主营业务成本						
6402	其他业务成本						
6403	营业税金及附加						
6601	销售费用						
6602	管理费用			3,650.00		3,650.00	
6603	财务费用			2,000.00		2,000.00	
	合计	9,779,679.00	9,779,679.00	217,650.00	217,650.00	9,853,879.00	9,853,879.00

图 5—15 试算平衡表

5.3.4 核算项目余额表

选择“财务会计”|“总账”|“财务报表”|“核算项目余额表”，设置如图 5—16 所示的条件查看。

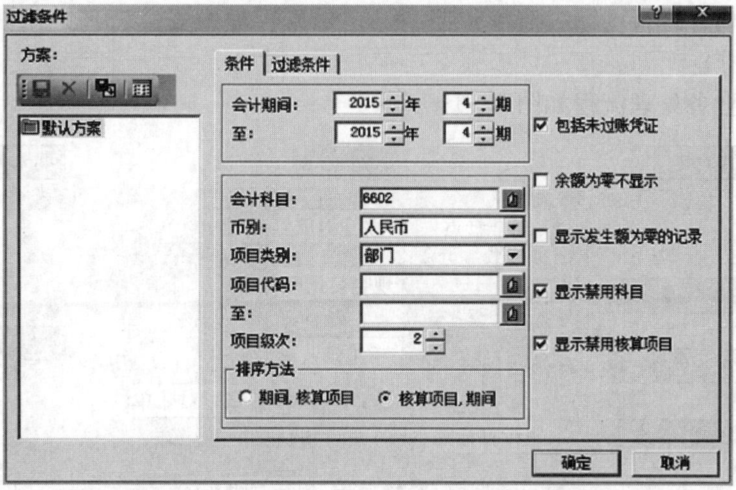

图 5—16　过滤条件

单击“确定”按钮后显示的结果如图 5—17 所示。

核算项目余额表　科目: 管理费用(6602)　项目类别: 部门

期间	项目代码	项目名称	期初余额 借方	期初余额 贷方	本期发生 借方	本期发生 贷方	本年累计 借方	本年累计 贷方	期末余额 借方	期末余额 贷方
2015.4	1	管理中心			3,300.00		25,850.00	22,550.00	3,300.00	
2015.4	1.01	行政部			3,300.00		25,850.00	22,550.00	3,300.00	
2015.4	2	供销中心			350.00		350.00		350.00	
2015.4	2.02	采购部			350.00		350.00		350.00	
		合计			3,650.00		26,200.00	22,550.00	3,650.00	

图 5—17　核算项目余额表

也可以双击某一行显示该核算项目的具体明细账，如图 5—18 所示。

核算项目明细账　科目范围: [6602]-管理费用　期间: 2015年第4期　币别: 人民币　核算项目: [部门] - [1.01]行政部

日期	期间	凭证字号	摘要	借方	贷方	余额	
	2015.4		期初余额			平	
2015-04-1	2015.4	收 - 4	报销差旅费	1,800.00		借	1,800.00
2015-04-2	2015.4	付 - 6	付招待费	1,500.00		借	3,300.00
	2015.4		本期合计	3,300.00		借	3,300.00
	2015.4		本年累计	25,850.00	22,550.00	借	3,300.00

图 5—18　核算项目明细账

对各种账表的查询结果，要通过有关查询参数的改变，观察其变化，以达到辅助管理的目的。

5.4　现金业务处理

5.4.1　现金管理业务处理内容

出纳是重要的会计工作岗位，负责核算与管理现金。现金管理模块主要是对现金收入、支出和库存进行预算、监督和控制，是财务管理中资金管理的重要内容，也是出纳的重要工作。

现金管理业务处理流程如图 5—19 所示。

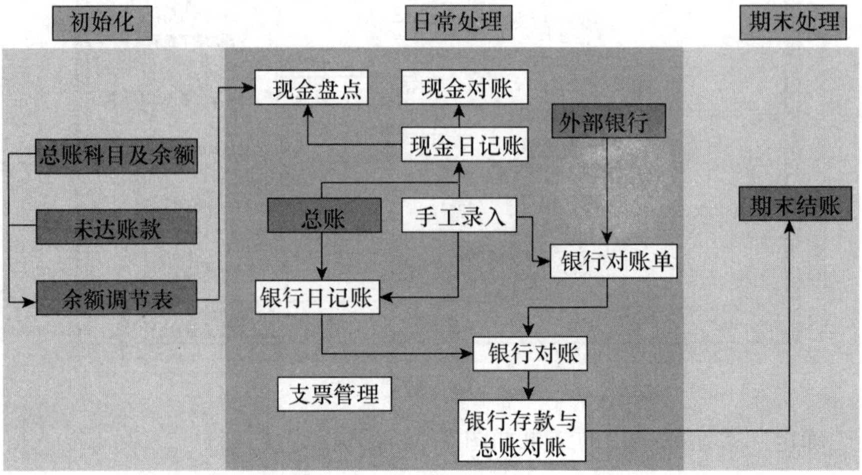

图 5—19 现金管理业务处理流程

5.4.2 现金管理

现金管理主要包括现金日记账记账、现金盘点、现金对账、日报表、收付流水账等。其中日记账的登记有三种方法：(1) 直接从总账引入现金类凭证记录，可按日或期间登记日记账，能选择按对方科目或现金类科目进行登账；(2) 直接逐笔登记日记账，或录入日期、凭证字号后自动取凭证摘要、金额等信息进行登账；(3) 通过复核记账的方式逐笔或选择批量登记日记账，可选择按对方科目或现金类科目进行登账。

考虑到出纳人员记账的连续性、每笔业务的清晰度以及与总账的对账，确保账务的准确性和可比性，一般以直接逐笔录入每笔发生的业务为最好。

1. 结束初始化

选择“系统设置”|“初始化”|“现金管理”|“初始数据录入”，选择银行科目，再选择“编辑”|“结束初始化”，完成现金管理初始化。

2. 引入或录入现金日记账

在引入总账数据之前，应当先对前面录入的凭证进行审核、过账。

选择“财务会计”|“现金管理”|“总账数据”|“引入日记账”，选择银行存款日记账，再选择“引入本期所有凭证”，其他的保持默认值，如图 5—20 所示。

单击“引入”完成。

选择“现金日记账”，期间模式要选择“引入本期所有凭证”单选按钮，单击“引入”完成。完成后单击“关闭”返回。

选择“财务会计”|“现金管理”|“现金”|“现金日记账”，先设置条件，记录选项设置为“显示所有记录”，查询的现金日记账如图 5—21 所示。

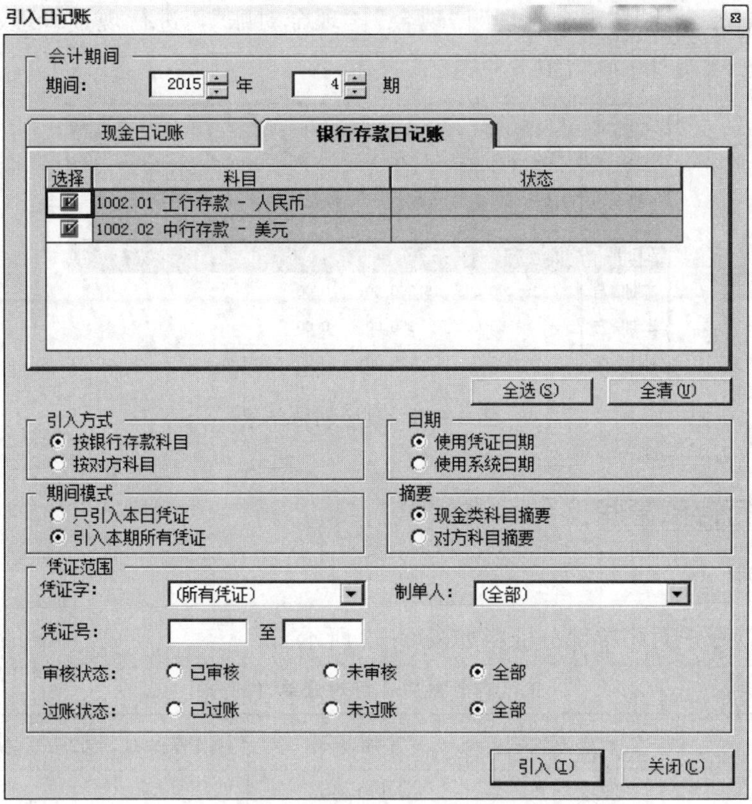

图 5—20　引入日记账条件设置

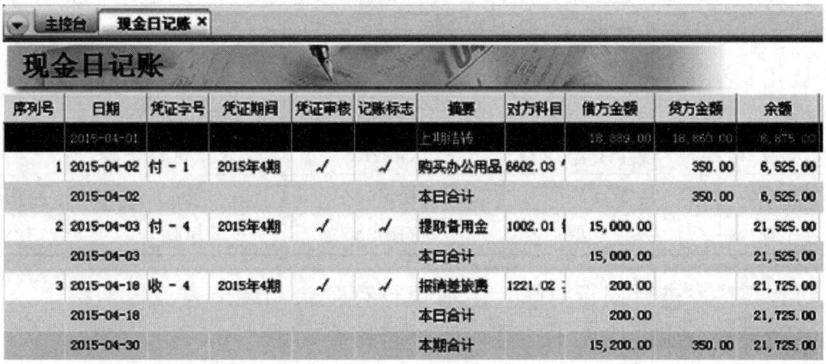

主控台　现金日记账

现金日记账

序列号	日期	凭证字号	凭证期间	凭证审核	记账标志	摘要	对方科目	借方金额	贷方金额	余额
	2015-04-01					上期结转		18,899.00	18,860.00	6,875.00
1	2015-04-02	付 - 1	2015年4期	√	√	购买办公用品	6602.03		350.00	6,525.00
	2015-04-02					本日合计			350.00	6,525.00
2	2015-04-03	付 - 4	2015年4期	√	√	提取备用金	1002.01	15,000.00		21,525.00
	2015-04-03					本日合计		15,000.00		21,525.00
3	2015-04-18	收 - 4	2015年4期	√	√	报销差旅费	1221.02	200.00		21,725.00
	2015-04-18					本日合计		200.00		21,725.00
	2015-04-30					本期合计		15,200.00	350.00	21,725.00

图 5—21　引入后的现金日记账

单击工具栏上的“新增”，可以实现手工录入。

3. 录入现金盘点单

出纳人员在每天业务终了后，需要对现金进行盘点，以核对现金日记账及实际库存现金，选择“财务会计”|“现金管理”|“现金”|“现金盘点单”，可以录入现金盘点单。

4. 现金对账

现金对账是指系统自动将出纳账与日记账（总账）当期现金发生额、现金余额进行核对，并生成对账表。

选择“财务会计”|“现金管理”|“现金”|“现金对账”，进行现金管理、总账、现金盘点的对账，现金对账后的结果如图 5—22 所示。

现金对账

项目	现金管理系统	总账系统	差额	现金盘点	
				日期	实存金额
期初余额	6,875.00	6,875.00	0.00	2015-03-31	0.00
本期借方	15,200.00	15,200.00	0.00		
本期贷方	350.00	350.00	0.00		
期末余额	21,725.00	21,725.00	0.00	2015-04-30	0.00

图 5—22　现金对账结果

5.4.3　银行存款管理

案例资料

工行存款账户对账单部分资料如表 5—2 所示。

表 5—2　　　　工行存款账户 4 月对账单（部分）

日期	结算方式	票号	借方金额（元）	贷方金额（元）
2015-04-02	现金支票	XJ445353	2 500.00	
2015-04-04	转账支票	ZZ30254	3 000.00	
2015-04-08	转账支票	ZZ8341		50 000.00
2015-04-12	其他		2 000.00	
2015-04-12	转账支票	ZZ123	33 345.00	
2015-04-16	转账支票	ZZR002	50 000.00	
2015-04-20	现金支票	XJ001	15 000.00	
2015-04-20	转账支票	ZZR003		49 600.00
2015-04-20	转账支票	ZZR004	1 500.00	

根据以上资料，进行银行对账，生成银行存款余额调节表。

中行存款期初及期末均无未达账，不进行银行对账。

操作过程

总账的银行存款与出纳的银行存款有可能不一致，例如已经开出银行票据，会计已经做账，但出纳由于特殊原因没有提交银行，这时就会出现不一致。从银行拿回票据时，出纳已经记账，但总账可能没有入账，也会出现不一致。具体采用什么方式，依各单位的管理要求确定。

1. 录入或引入银行存款日记账

选择“财务会计”|“现金管理”|“银行存款”|“银行存款日记账”，设置相关条件，记录选项设为“显示所有记录”，进入“银行存款日记账”，银行存款日记账如图 5—23 所示。

银行存款日记账

银行：工行两江支行　账号：787978797879

科目：1002.01 工行存款　币别：人民币　期间：2015年4期

日期	凭证字号	摘要	对方科目	结算方式	结算号	借方金额	贷方金额	余额	勾对
2015-04-01		上期结转				469,851.00	401,980.00	511,057.00	
2015-04-02	收 - 2	收到货款	1122 应收	转账支票	ZZ45623	3,000.00		514,057.00	未勾对
2015-04-02	付 - 2	付短期借款利息	6603.01	其他	QT001		2,000.00	512,057.00	未勾对
2015-04-02		本日合计				3,000.00	2,000.00	512,057.00	
2015-04-03	付 - 3	采购原纸	5001.01	转账支票	ZZR002		50,000.00	462,057.00	未勾对
2015-04-03	付 - 4	提取备用金	1001 库存	现金支票	XJ001		15,000.00	447,057.00	未勾对
2015-04-03		本日合计					65,000.00	447,057.00	
2015-04-12	收 - 3	收货款	1122 应收	转账支票	ZZR003	49,600.00		496,657.00	未勾对
2015-04-12		本日合计				49,600.00		496,657.00	
2015-04-20	付 - 5	付房屋租赁费	5101.03	转账支票	ZG1226		20,000.00	476,657.00	未勾对
2015-04-20	付 - 6	付招待费	6602.05	转账支票	ZZR004		1,500.00	475,157.00	未勾对
2015-04-20		本日合计					21,500.00	475,157.00	
2015-04-30		本期合计				52,600.00	88,500.00	475,157.00	
2015-04-30		本年累计				522,451.00	490,480.00	475,157.00	

图 5—23　银行存款日记账

2. 输入银行对账单

选择“财务会计”|“现金管理”|“银行存款”|“银行对账单”，再选择“工行存款”账户，设置条件后单击“确定”，进入银行对账单查询界面，如图 5—24 所示。

现金管理系统 - [银行对账单]

系统(S)　我的K/3(K)　文件(F)　编辑(E)　查看(V)　帮助(H)

KSM平台　论坛　Kingdee　请输入助记码

打开　预览　打印　引入　新增　下一　最末　过滤　查找　刷新　关闭

主控台　银行对账单

银行对账单

银行：工行两江支行　账号：787978797879

科目：1002.01 工行存款　币别：人民币　期间：2015年4期

日期	摘要	结算方式	结算号	借方金额	贷方金额	余额	勾对	勾对期间
2015-04-01	上期结转			401,980.00	469,851.00	467,557.00		
2015-04-30	本期合计					467,557.00		
2015-04-30	本年累计			401,980.00	469,851.00	467,557.00		

图 5—24　银行对账单

单击“新增”，录入银行对账单，如图 5—25 所示，输入完成后单击“保存”按钮。

银行对账单录入

余额(D)

科目：1002.01 工行存款

	日期	摘要	结算方式	结算号	借方金额	贷方金额
1	2015-04-02		现金支票	XJ445353	2,500.00	
2	2015-04-04		转账支票	ZZ30254	3,000.00	
3	2015-04-08		转账支票	ZZ8341		50,000.00
4	2015-04-12		其他		2,000.00	
5	2015-04-12		转账支票	ZZ123	33,345.00	
6	2015-04-16		转账支票	ZZR002	50,000.00	
7	2015-04-20		现金支票	XJ001	15,000.00	
8	2015-04-20		转账支票	ZZR003		49,600.00
9	2015-04-20		转账支票	ZZR004	1,500.00	

图 5—25　银行对账单

如果某行数据录入有误，可以双击进行修改。

3. 银行对账

选择“财务会计”|“现金管理”|“银行存款”|“银行存款对账”，进入科目选择和基本条件设置，如图 5—26 所示。

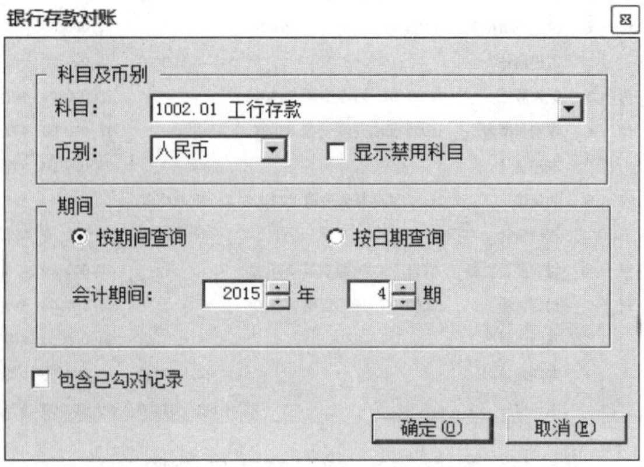

图 5—26 银行存款对账科目选择

单击“确定”按钮后进入对账，如图 5—27 所示。

勾对	日期	摘要	结算方式	结算号	借方金额	贷方金额	制单人
	2015-03-26	银行收到天津大华公司款	转账支票	ZZ45623		3,000.00	何沙
	2015-03-28	银行支付短期借款利息	其他		2,000.00		何沙
	2015-04-02		现金支票	XJ445353	2,500.00		何沙
	2015-04-04		转账支票	ZZ30254	3,000.00		何沙
	2015-04-08		转账支票	ZZ8341		50,000.00	何沙
	2015-04-12		其他		2,000.00		何沙
	2015-04-12		转账支票	ZZ123	33,345.00		何沙
	2015-04-16		转账支票	ZZR002	50,000.00		何沙
	2015-04-20		现金支票	XJ001	15,000.00		何沙
	2015-04-20		转账支票	ZZR003		49,600.00	何沙
	2015-04-20		转账支票	ZZR004	1,500.00		何沙

勾对	日期	凭证字号	摘要	对方科目	结算方式	结算号	借方金额	贷方金额
	2015-03-28	付 - 27	支付采购货款		现金支票	XJ445353		2,500.00
	2015-03-29	付 - 32	支付货款		转账支票	ZZ30254		3,000.00
	2015-03-30	收 - 56	收嘉陵公司货款		转账支票	ZZ8341	50,000.00	
	2015-04-02	收 - 2	收到货款	1122 应	转账支票	ZZ45623	3,000.00	
	2015-04-02	付 - 2	付短期借款利息	6603.01	其他	QT001		2,000.00
	2015-04-03	付 - 3	采购原纸	5001.01	转账支票	ZZR002		50,000.00
	2015-04-03	付 - 4	提取备用金	1001 库	现金支票	XJ001		15,000.00
	2015-04-12	收 - 3	收货款	1122 应	转账支票	ZZR003	49,600.00	
	2015-04-20	付 - 5	付房屋租赁费	5101.03	转账支票	ZG1226		20,000.00
	2015-04-20	付 - 6	付招待费	6602.05	转账支票	ZZR004		1,500.00

图 5—27 银行存款对账

可以选择手工对账或自动对账，这里选择自动对账。单击“自动”按钮，然后设置勾对条件，这里选择结算号相同，如图 5—28 所示。

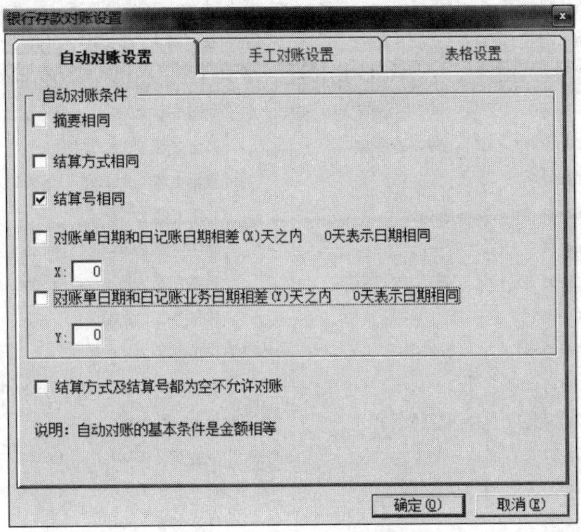

图 5—28　自动对账设置

选择的对账条件越多，则对账越严格。如果不选择条件，则以金额相等为条件进行对账。按照上面设置的条件勾对的结果如图 5—29 所示（勾对后留下未勾对上的记录）。

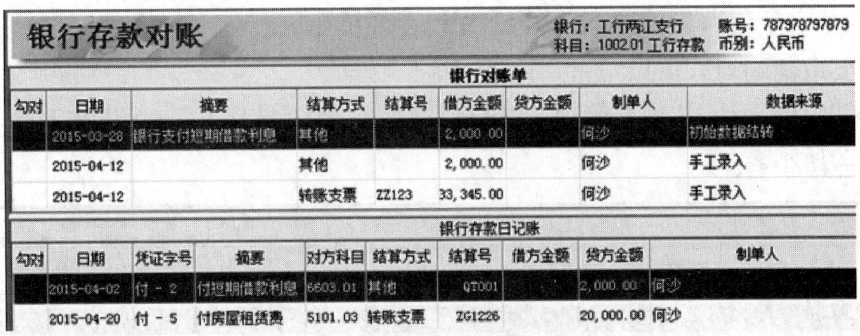

图 5—29　自动对账后的结果

自动勾对后，还可对剩下的进行手工勾对。先选择要勾对的银行对账单业务，然后再选择对应的银行存款日记账业务，如支付利息的业务。

单击“手工”，会完成勾对。勾对后如图 5—30 所示。

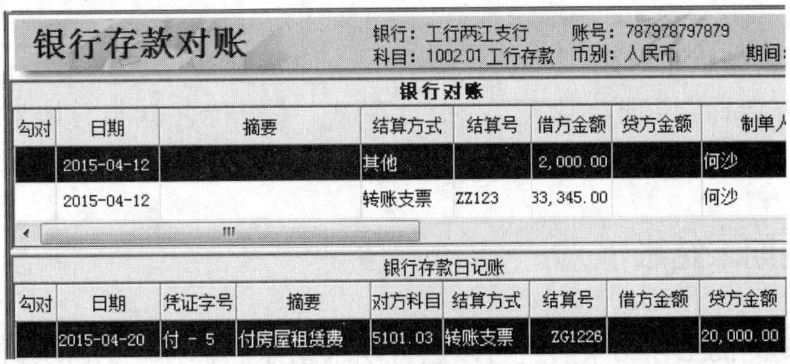

图 5—30　手工勾对完成

单击“已勾对”，可以查看已经勾对的记录，如图 5—31 所示。

已勾对记录列表　　银行：工行两江支行　账号：787978797879　科目：1002.01 工行存款　币别：人民币　期间：2015年4期

记录	日期	凭证字号	摘要	对方科目	结算方式	结算号	借方金额	贷方金额
日记账	2015-04-02	收 - 2	收到货款	1122 应	转账支票	ZZ45623	3,000.00	
行对账!	2015-03-26		银行收到天津大华公司		转账支票	ZZ45623		3,000.00
日记账	2015-03-28	付 - 27	支付采购货款		现金支票	XJ445353		2,500.00
行对账!	2015-04-02				现金支票	XJ445353	2,500.00	
日记账	2015-03-29	付 - 32	支付货款		转账支票	ZZ30254		3,000.00
行对账!	2015-04-04				转账支票	ZZ30254	3,000.00	
日记账	2015-03-30	收 - 56	收嘉陵公司货款		转账支票	ZZ8341	50,000.00	
行对账!	2015-04-08				转账支票	ZZ8341		50,000.00
日记账	2015-04-03	付 - 3	采购原纸	5001.01	转账支票	ZZR002		50,000.00
行对账!	2015-04-16				转账支票	ZZR002	50,000.00	
日记账	2015-04-03	付 - 4	提取备用金	1001 库	现金支票	XJ001		15,000.00
行对账!	2015-04-20				现金支票	XJ001	15,000.00	
日记账	2015-04-12	收 - 3	收货款	1122 应	转账支票	ZZR003	49,600.00	
行对账!	2015-04-20				转账支票	ZZR003		49,600.00
日记账	2015-04-20	付 - 6	付招待费	6602.05	转账支票	ZZR004		1,500.00
行对账!	2015-04-20				转账支票	ZZR004	1,500.00	
日记账	2015-04-02	付 - 2	付短期借款利息	6603.01	其他	QT001		2,000.00
行对账!	2015-03-28		银行支付短期借款利息		其他		2,000.00	

图 5—31　对账结果

如果要取消勾对，可以单击“取消对账”按钮。

选择“财务会计”|“现金管理”|“银行存款”|“余额调节表”，可以查看余额调节表，如图 5—32 所示。

余额调节表　　银行：工行两江支行　账号：787978797879　科目：1002.01 工行存款　币别：人民币　期间：2015年4期

企业未达账					银行未达账						
项目	日期	结算方式	结算号	金额	项目	日期	凭证字号	对方科目	结算方式	结算号	金额
银行存款日记账余额				475,157.00	银行对账单余额						459,812.00
加：银行已收，企业未收				0.00	加：企业已收，银行未收						0.00
减：银行已付，企业未付				35,345.00	减：企业已付，银行未付						20,000.00
	2015-04-12	其他		2,000.00	付房屋租赁费	2015-04-20	付 - 5	5101.03	转账支票	ZG1226	20,000.00
	2015-04-12	转账支票	ZZ123	33,345.00							
调整后（银行存款日记账）余额				439,812.00	调整后（银行对账单）余额						439,812.00

图 5—32　余额调节表

4. 银行存款与总账对账

选择“财务会计”|“现金管理”|“银行存款”|“银行存款与总账对账”，查看是否正确。

5.4.4　出纳期末结账

当本会计期间的工作结束后，可以进行期末结账。选择“财务会计”|“现金管理”|“期末处理”|“期末结账”，结出本会计期间借、贷发生额和余额，进入下一会计期间。

5.5 复习题

5.5.1 思考题

1. 总账业务处理的主要流程是怎样的?
2. 银行对账的基本方法有哪些?

5.5.2 判断题

1. 总账中错误的凭证只能采用红字冲销法进行冲销。 ( )
2. 凭证的制作人和审核人可以是同一人。 ( )
3. 在K/3 WISE中，如果本期凭证没有过账，则不能查询当期科目余额表的数据。 ( )
4. 凭证审核后就不能再修改凭证，只能冲销后再新作一张。 ( )
5. 录入凭证摘要的快速复制功能是“//”。 ( )
6. 现金日记账只能从总账中引入，不能直接输入。 ( )
7. 现金日记账只能在月末一次引入。 ( )
8. 现金日记账如果重复引入，就会出现重复的相同业务。 ( )
9. 银行对账单可以从总账的银行账中引入，也可以直接输入。 ( )
10. 按照财政部的相关规定，特殊情况下允许对已经过账的凭证进行反过账。 ( )

5.5.3 单项选择题

1. 在新增凭证界面发现凭证录入错误，要将整个录入的内容删除，可以通过( )实现。

A. 还原　　B. 删除
C. 作废　　D. 清除

2. 凭证的操作过程，最合适的流程是( )。

A. 录入—审核—过账　　B、录入—过账—审核
C. 录入—编辑—过账　　D. 录入—检查—过账

3. 在科目余额表中，要查看某科目的明细账和相关凭证，正确的操作方法是( )。

A. 不必退出科目余额表，双击某科目，即可查看到相应的明细账和凭证
B. 退出科目余额表，选择账簿中的“明细分类账”进行查看
C. 在科目余额表直接查看明细账，然后选择“凭证查询”进行查看
D. 不必退出科目余额表，双击某科目，即可查看到相应的明细账，再双击明细记录，即可查看该张凭证

4. 以下四种报表中，查询前需要先设置的是( )。

A. 总分类账　　B. 日报表

C. 多栏账　　D. 试算平衡表

5. 为控制总账操作人员对凭证号的修改，在系统设置的总账系统参数设置中需要选择（　　）参数进行控制。

A. 允许修改凭证号　　B. 不允许手工修改凭证号

C. 结账　　D. 账套权限

6. 某凭证制单员将借方金额误填入贷方，可用以下（　　）的简便方法将金额放回借方。

A. 按回车键　　B. 按 Esc 键

C. 按空格键　　D. 按左移键

7. 总账中会计科目如果使用过，在（　　）不能进行修改和删除。

A. 使用当天　　B. 本会计期间

C. 本会计年度　　D. 任何时间内

8. 为了明确业务中各操作员的工作范围和职责，应为每个操作员设定（　　）。

A. 操作员代码　　B. 操作权限

C. 操作员姓名　　D. 操作时间

9. 如果账套的启用日期是 2015 年 1 月，则初始余额录入时需录入（　　）。

A. 期初余额　　B. 借方发生额

C. 贷方发生额　　D. 三种都要

10. 填制凭证时，如输入的科目属于外币核算，则需要输入（　　）。

A. 外币原值　　B. 外币汇率

C. 外币币种　　D. 外币原值和汇率

11. 发现已记账的凭证有错误时，可用（　　）修改错误。

A. 红字冲销法　　B. 删除该凭证

C. 直接修改　　D. 都不对

12. 总账系统中，凭证输入和审核应由（　　）完成。

A. 一个人　　B. 两个人

C. 财务经理　　D. 会计主管

13. 在金蝶 K/3 WISE 中，关于出纳日记账获得方法说法正确的是（　　）。

A. 可以手工录入，也可以从总账引入

B. 可以从手工录入，不可以从总账引入

C. 不可以手工录入，可以从总账引入

D. 可以从银行日记账中引入

14. 在 K/3 WISE 中，增加“银行存款 1002”的下级科目，下列科目编码正确的是（　　）。

A. 1002.01　　B. 1002—01

C. 100201　　D. 1002 | 01

5.5.4 多项选择题

1. 凭证号整理功能需要满足的前提有（　　）。

A. 凭证已审核　　B. 凭证未审核且未过账
C. 凭证在已结账期间　　D. 凭证存在断号

2. 凭证整理功能可以实现（　）。
A. 凭证号按照制单人重新排序　　B. 凭证号按照日期重新排序
C. 为填补断号排序　　D. 已审核的凭证进行重新排序

3. 如果凭证不能过账，一般是由（　　）等原因造成的。
A. 初始化工作没有完成　　B. 操作员没有过账的权力
C. 该凭证不是当期凭证　　D. 凭证未审核

4. 关于核算项目下列说法正确的是（　　）。
A. 在科目中挂接核算项目可起到与新增明细科目一样的效果
B. 任何时候会计科目下都能挂接核算项目
C. 核算项目当中还可再挂接核算项目或下设明细科目
D. 会计科目中可挂接多个核算项目，且这些核算项目之间是并列平行的关系

5. 银行存款对账有（　　）等几种。
A. 自动方式　　B. 手工方式
C. 流水线方式　　D. 智能方式

6. 凭证的审核有（　　）等方式。
A. 单张审核　　B. 成批审核
C. 零星审核　　D. 全部审核

7. 关于凭证审核正确的说法是（　　）。
A. 审核人与过账人必须是同一人
B. 要修改已审核过的记账凭证时，必须先取消审核，然后才能修改
C. 审核与制单人不能为同一操作员，否则系统拒绝审核
D. 反审核必须与审核人是同一操作员，否则不能进行

8. 在总账系统中，对于错账修改，符合法规要求和信息化处理要求的修改方法是（　　）。
A. 红字冲销法　　B. 补充登记法
C. 划线更正法　　D. 反过账反审核修改

第6章 Chapter 6 采购和应付业务处理

6.1 采购管理

6.1.1 功能和流程

1. 功能

本模块主要完成采购订单、采购入库、采购发票和查询有关数据等采购业务工作，主要功能如图6—1所示。

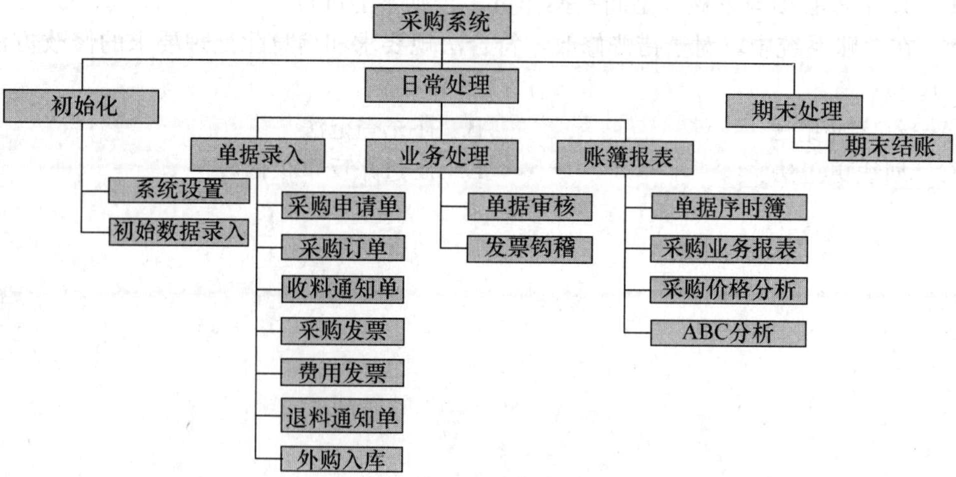

图6—1 采购管理主要功能

2. 基本流程

采购业务的日常处理工作如图6—2所示。

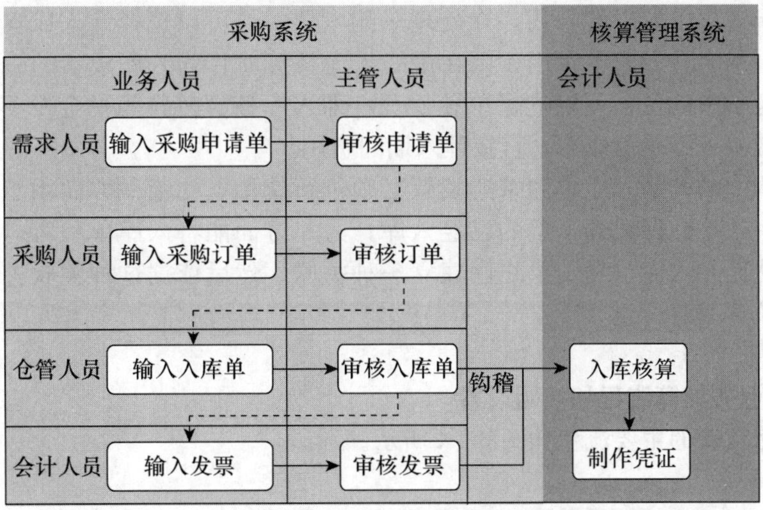

图 6—2　采购业务日常处理

采购业务涉及生产、总账、付款、成本核算和内部控制，其总体业务处理关系如图 6—3 所示。

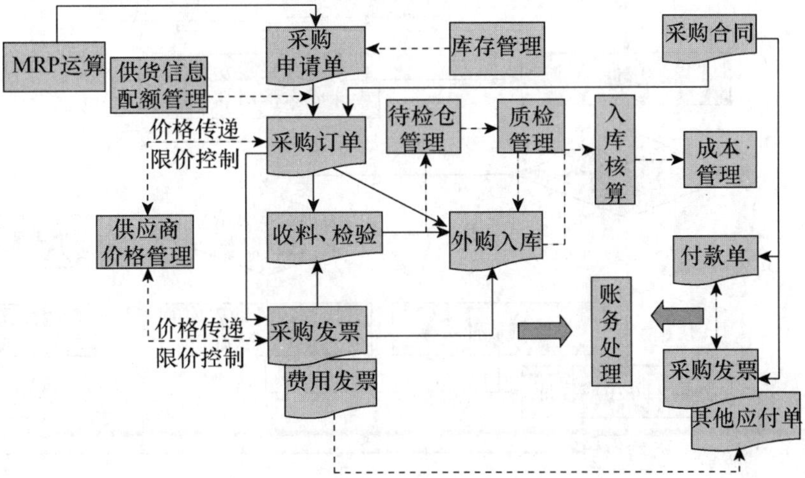

图 6—3　总体业务处理关系

企业的实际业务比较复杂，处理的过程也各不相同，有些步骤可以根据实际情况进行调整。

在采购业务中，主要有现购、赊购和退购业务。赊购是一种最常见的采购业务，是购销双方利用商业信用进行购销交易的一种业务。赊购的业务步骤如下：

（1）业务人员依据具体采购物料的需要和采购价格，向供应商下达采购订单，并跟踪订单执行情况；也可以根据实际情况进行订单变更或手工关闭订单。

（2）仓库管理人员收货完毕之后，直接填写外购入库单；还可以依据采购订单、采购发票直接制作外购入库单。

（3）会计收到已经确认的外购入库单和发票，确认应付款，之后再根据应付情况进行具体付款业务。

（4）采购过程中发生的费用，在处理采购发票时，可以选择计入成本费用或不计入成本费用。如果计入成本费用，则在最终入库核算时作为入库成本的一部分来计算单位成本，运费中的税金可以进行单独处理，即入库核算时作为税金专项处理；不计入成本则不影响入库单位成本，直接计入期间费用。

（5）赊购中的外购入库单和采购发票必须进行钩稽。钩稽一方面用于确认入库和收到的发票一致，即保证开了票的已经入库；另一方面能将入库单和对应的采购发票进行匹配，从而在入库单和发票之间建立一种关联，然后依据这种关联进行费用分配和入库成本核算。

3. 采购业务核算流程和初始设置

外购入库核算的主要流程如图6—4所示。

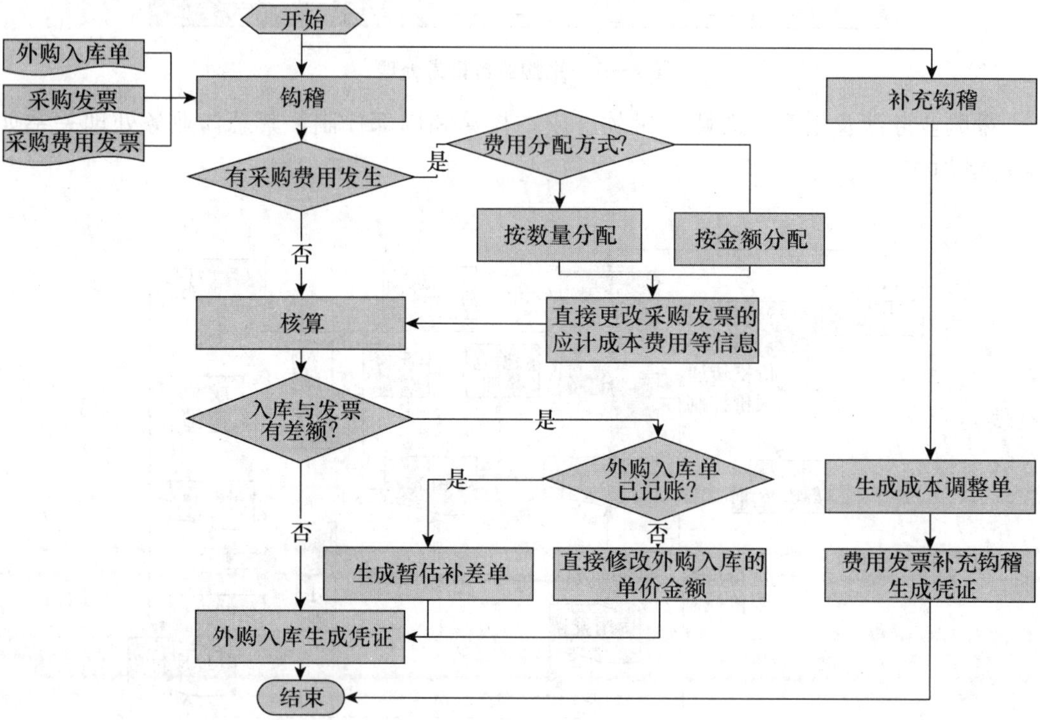

图6—4 外购入库核算的主要流程

在输入有关单据前，应进行单据相关参数的设置，如果不设置，系统就会采用默认方式。如采购发票，一般应该按照实际发票的编号录入，因此就需要进行设置。

选择“系统设置”|“系统设置”|“采购管理”|“单据设置”，先选择“单据设置”，再选择“购货发票（专用）单据”，如图6—5所示。

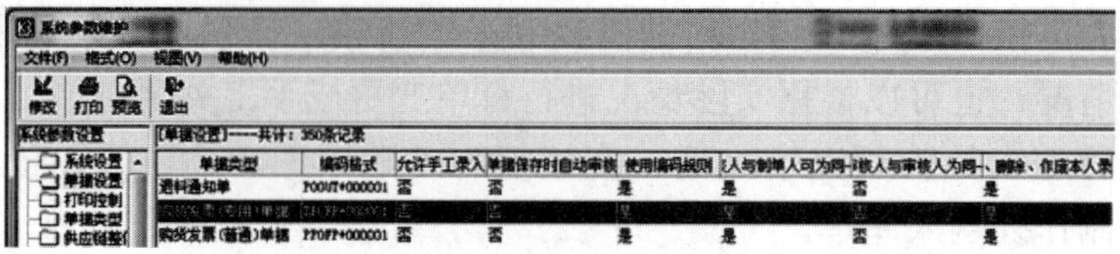

图6—5 单据设置

双击“购货发票（专用）单据”进入修改。首先是编码设置，系统提供了默认的方式，也可以重新设定，如图 6—6 所示。

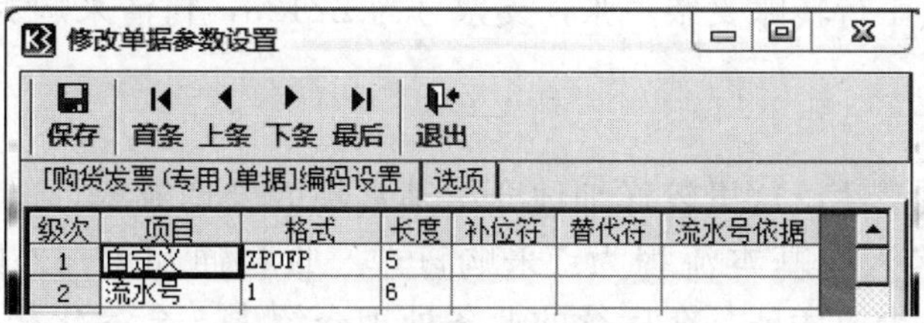

图 6—6　单据设置（编码设置）

选择“选项”页，默认是“使用编码规则”，就是自动生成单据编号。针对购货发票，为便于查询和核对，应选择“允许手工录入”，如图 6—7 所示。设置完成，单击“保存”。

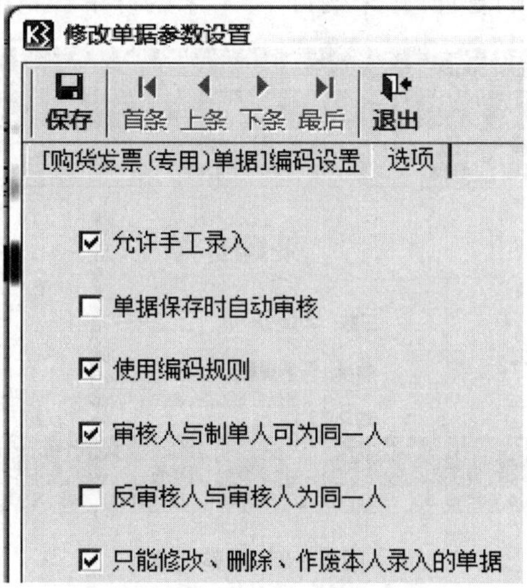

图 6—7　单据控制选项设置

销售发票（专用）单据按照同样的方法设置，其他票据若需要设置，方法相同。

采购有许多环节，根据业务的要求要填制不同的单据进行处理，在本章的常规业务案例中，对主要环节进行了处理，其他案例中则对关键环节进行处理，以体现关键的业务要求。

6.1.2　常规采购业务

案例资料

（1）4 月 1 日，业务员李天华向成都大成公司询问键盘的价格（95 元/只），经过评估后确认价格合理，随即向业务主管提出请购要求，请购数量为 300 只。审批同意后向成都大成公司订购键盘 300 只，单价为 95 元，要求到货日期为 4 月 3 日。

（2）4 月 3 日，收到所订购的键盘 300 只。填制收料通知单。

将所收到的货物验收入原料库。填制外购入库单。

收到该笔货物的专用发票一张，发票号为 4001。

业务部门将采购发票交给财务部门，财务部门确定此业务所涉及的应付账款及采购成本，材料会计记材料明细账。

财务部门开出工行转账支票一张，支票号为 ZZ123，付清采购货款。

操作过程

本业务具有典型性，这里较详细地介绍其常规的处理流程，以掌握采购业务的总体处理方法。外购入库基本流程为：采购订单—收料通知单—外购入库单—采购发票—钩稽—核算—生成凭证。在后续的业务处理介绍中，会简化相关的流程处理，只列出关键处理步骤。

1. 采购订单

（1）采购订单录入。

选择“供应链”|“采购管理”|“采购订单”|“采购订单—新增”，如图 6—8 所示。

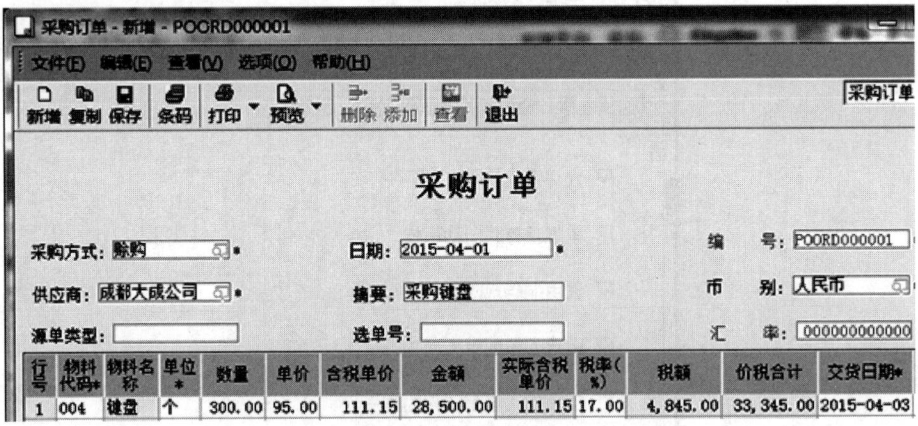

图 6—8 采购订单

在录入采购订单、外购入库单、采购发票的过程中，都可以查询基础资料、采购价格、库存。方法是选择“查看”菜单下的“库存查询”、“历史价格查询”等功能实现。

对录入单据的有关设置，可以选择“选项”，具体根据需要进行设置，如“保存后立即新增”等。

输入完毕，单击“保存”按钮。

（2）采购订单审核。

审核是业务处理的重要环节，通过审核操作，主管人员可以随时监控业务的开展状况，同时也只有已审核的单据才可以被其他单据关联和获取数据，进行后续业务的处理。

采购订单的审核有两种方法，一种是在保存后直接单击“审核”完成。另一种是选择“供应链”|“采购管理”|“采购订单”|“采购订单—维护”，然后设置过滤条件。进入后，在“采购订单序时簿”上显示已经录入的采购订单。审核的方法是：先选定要审核的单据，然后单击鼠标右键，从弹出的快捷菜单中选择“审核”命令，也可以单击“审核”按钮，如图 6—9 所示。

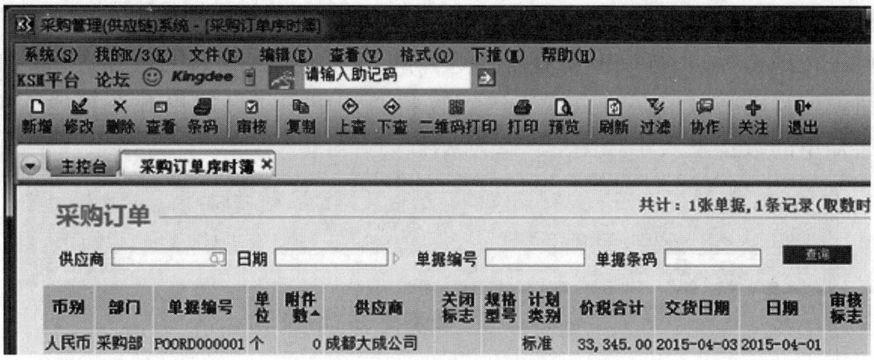

图 6—9　审核采购订单

如果需要取消审核，可选择“反审核”命令。

未审核的采购订单也可以在这里进行修改。

2. 填制并审核收料通知单

收料通知单是入库前的一个环节，一般情况下货物到了，需要进行验货、理化实验等，验货完成才进行入库。

选择“供应链”|“采购管理”|“收料通知”|“收料通知/请检单—新增”，录入收料通知中的供应商、日期、仓库等信息，如图 6—10 所示。

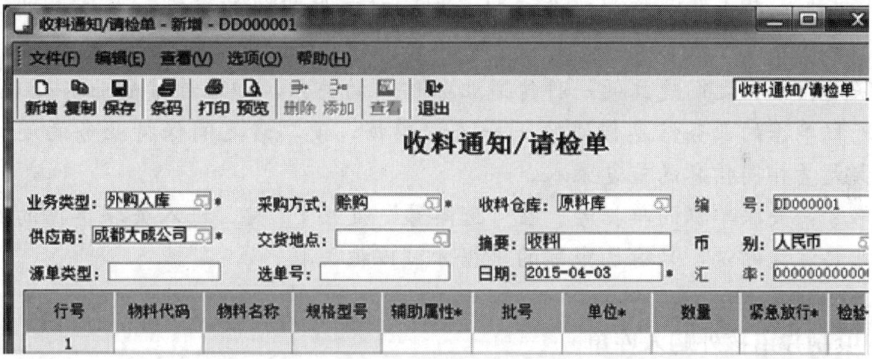

图 6—10　收料通知

收料通知可以通过前面录入的采购订单数据关联转入。先选择源单类型，此处选择“采购订单”，在“选单号”处按 F7 键可以调出已经审核的采购订单，如图 6—11 所示。

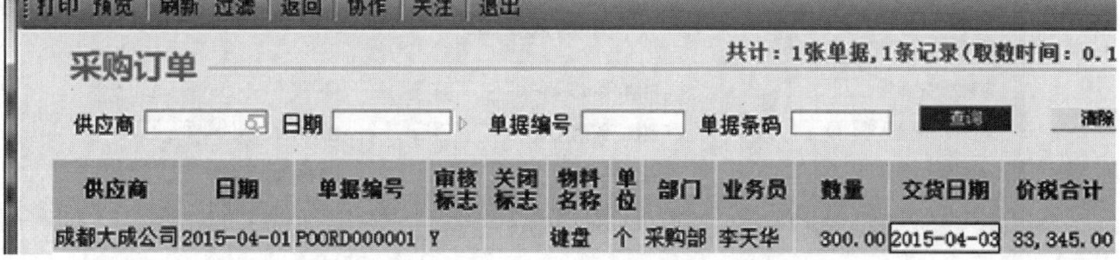

图 6—11　关联采购订单

选择的方法是，如果有多行的话，先选择第一行，然后按 Shift 键（或者按 Ctrl 键，一行一行地选择），再单击最后需要选择的一行，则将相邻的行都选中，单击“返回”按钮，就自动将该单据的数据传送到收料通知单中。最后再补充其他相关信息完成收料通知单的数据录入，如图 6—12 所示。

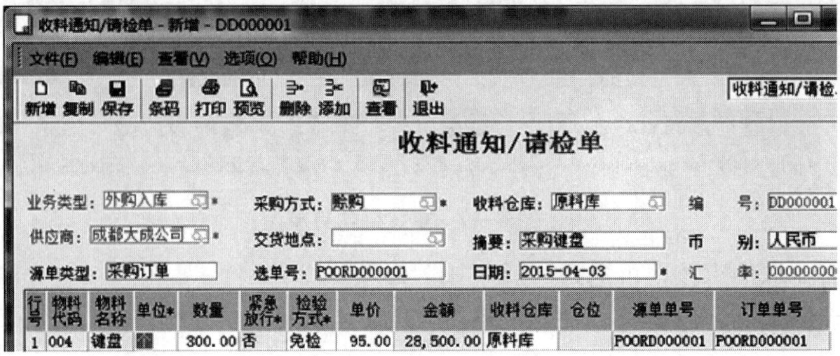

图 6—12 收料通知单

单击“保存”完成。然后单击“审核”完成审核工作。

也可以选择“供应链”|“采购管理”|“收料通知”|“收料通知/请检单—维护”功能完成审核工作。还可以用修改功能对收料通知单进行修改。

操作提示

源单类型：指关联其他单据生成记录时，被关联单据的类型。入库单可以根据采购订单、采购发票生成。

关联是指单据之间建立的一种传递业务信息的关系，即在连续的业务处理过程中，将某一流程单据的业务信息传递给下一流程单据，使二者之间保持业务的连续性，同时也减少大量相同信息的重复录入。

选单号：关联单据的单据号。在“选单号”处按 F7 键，进入关联单据的过滤条件窗口。需要注意的是，只有已审核的单据才可以被关联。

3. 填制并审核外购入库单

采购入库单在金蝶 K/3 中叫外购入库单。

选择“供应链”|“采购管理”|“外购入库”|“外购入库单—新增”，录入外购入库单的基本信息，如图 6—13 所示。

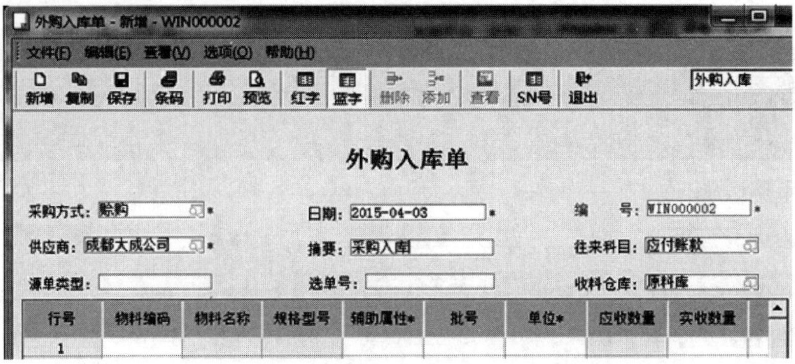

图 6—13 外购入库单

外购入库单可以通过前面录入的收料通知单或采购订单数据关联转入（一般关联上一单据）。先选择源单类型，此处选择收料通知单，在“选单号”处按 F7 键可以调出已经审核的收料通知单，如图 6—14 所示。

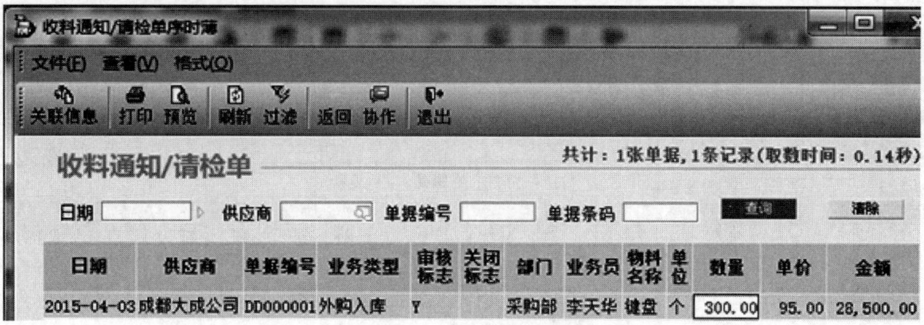

图 6—14　关联收料通知单

先选中相关的行，单击“返回”，系统自动将该单据的数据传送到外购入库单中。最后再补充其他相关信息完成外购入库单的数据录入，如图 6—15 所示。

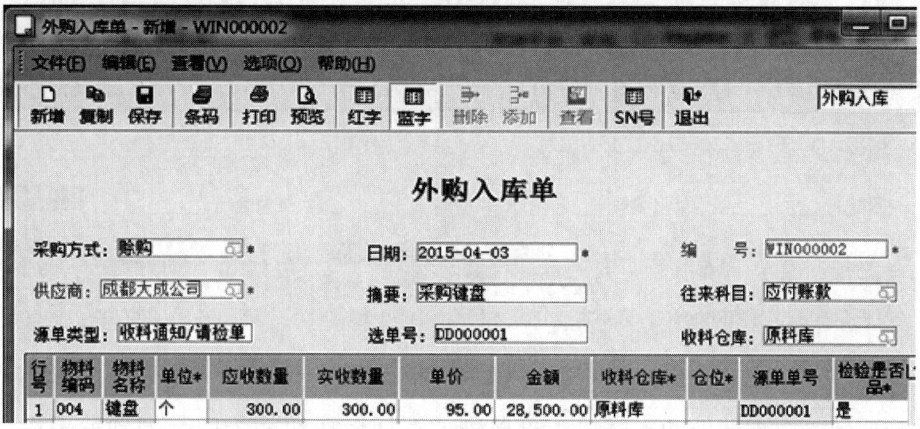

图 6—15　外购入库单

需要录入验收人员，才能保存外购入库单，具体在单据末行选择。

保存后，单击“审核”功能完成审核工作。

录入完成后，也可选择“供应链”|“采购管理”|“外购入库”|“外购入库单—维护”进行审核或修改。

4. 填制并审核采购发票

采购发票是企业采购物料时供应商开具的凭据，是会计核算的重要原始单据。采购发票在形式上分为专用和普通两种，它们的区别在于专用发票涉及增值税，而普通发票不涉及，普通发票在格式上只比专用发票少了几个与增值税有关的项目。同时，发票还分蓝字和红字发票，蓝字发票是真正的采购发票，红字采购发票则是指退货发票。

选择“供应链”|“采购管理”|“采购发票”|“采购发票—新增”，发票的种类在右上角进行选择，录入发票的基本信息，如图 6—16 所示。

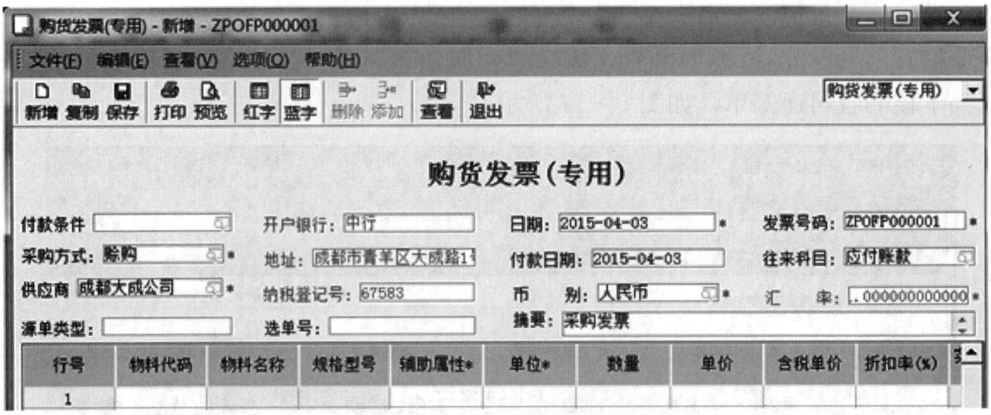

图 6—16 采购发票

先选择源单类型为“外购入库”，然后在“选单号”处按 F7 键，调入外购入库单，如图 6—17 所示。

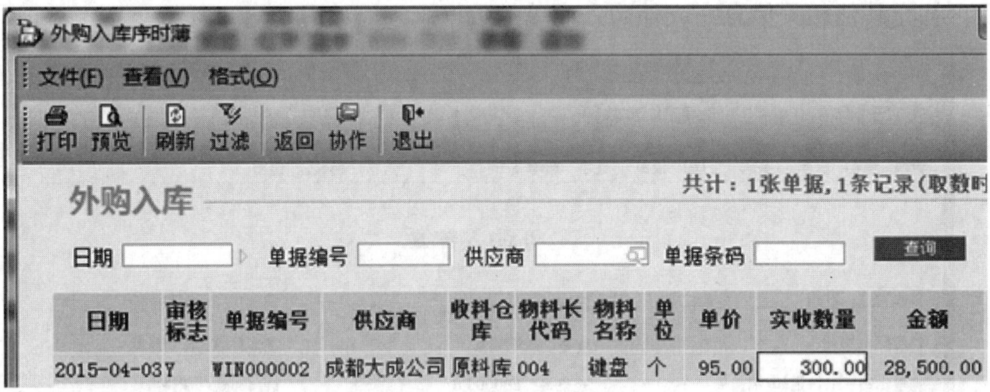

图 6—17 外购入库单

选择要转入数据的外购入库单，再单击“返回”按钮就传回数据到发票中，然后补充相关信息，完成后的发票如图 6—18 所示。

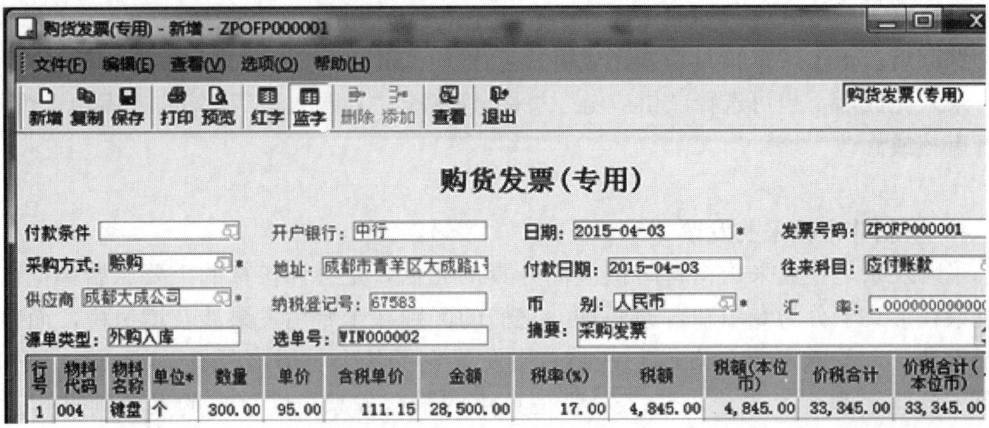

图 6—18 采购发票（专用）

单击“保存”结束发票的输入。然后单击“审核”完成发票的审核工作。

操作提示

采购发票是采购管理的关键操作，它涉及采购成本，是采购管理与存货核算的接口。

采购发票的生成有两种方法，一种是直接录入，另一种则是通过关联采购订单、外购入库单生成。

在货物先入库，发票后到的情况下，如果发票上的价格与前面预估的价格不同，要以发票上的价格为准输入。

采购发票审核还可以选择“供应链”|“采购管理”|“采购发票”|“采购发票—维护”，先设置条件，一般选择默认方案，同时要注意“钩稽状态”、“审核状态”选项的选择（可设置为“全部”）。在设置过滤条件时，一定要注意每个条件的含义，往往会因为设置的时间、审核标志、钩稽状态等设置不对而不能显示出来。进入采购发票序时簿窗口后，先选择要审核的发票，单击“审核”按钮完成。对未审核的发票，也可以在这里修改。

5. 发票与外购入库单的钩稽

采购发票与外购入库单，由于产生的时间大多不同，发票上的数量、单价、金额与实际入库的数量、单价、金额也有可能不一致，这在实际工作中很常见。

采购发票的钩稽具有特殊性，其实质就是采购发票和外购入库单的核对，一些单位也叫做“配单”，就是发票与外购入库单进行匹配。钩稽的主要作用是进行实际成本的匹配确认，使外购入库单的成本与采购发票保持一致。

无论本期还是以前期间的发票，钩稽后都作为钩稽当期发票来计算成本。

选择“供应链”|“采购管理”|“采购发票”|“采购发票—维护”，设置过滤条件，进入采购发票序时簿。

进入后，可选择“编辑”功能对光标所在的发票进行处理，如进行审核和钩稽，也可以选择工具栏的“钩稽”功能。

选择一张还没有钩稽的发票，再选择“钩稽”功能。发票钩稽窗口的上半部分显示参与钩稽的发票列表，左边显示本次发票钩稽的数量。发票钩稽窗口的下半部分显示参与钩稽的外购入库单列表，左边显示本次钩稽的外购入库数量。本次钩稽的发票数量与本次钩稽的外购入库数量原则上应保持一致，如图6—19所示。

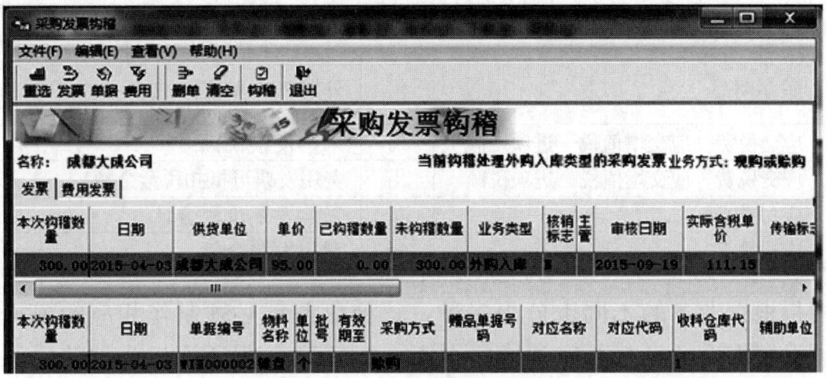

图6—19 采购发票钩稽

有多行的话，可以先按 Ctrl 键或 Shift 键，然后单击鼠标在单据或发票上进行多项选择，单击“钩稽”，完成钩稽后系统会提示“钩稽成功”。

操作提示

如果只收到部分物料，但发票对方已经全额开具时，发票数量大于入库单数量，钩稽前需要在发票序时簿上先将该发票进行拆分处理。同样，如果物料全部入库，但只收到部分采购发票，发票数量小于外购入库单数量，钩稽前需要在外购入库单序时簿上先将入库单进行拆分处理。

对于暂估入库材料，发票价格与暂估单价不一致的，只要数量吻合也能钩稽，具体的金额差额在核算时处理。

如果发现钩稽有误，可以进行反钩稽，就是取消钩稽。操作方法是：在采购发票序时簿下，在所选的发票上单击鼠标右键，从弹出的快捷菜单中选择“反钩稽”命令，完成后系统提示反钩稽成功。

选择“供应链”|“采购管理”|“采购发票”|“采购发票—钩稽日志”，可以查看发票与入库单的钩稽日志，如图 6—20 所示。

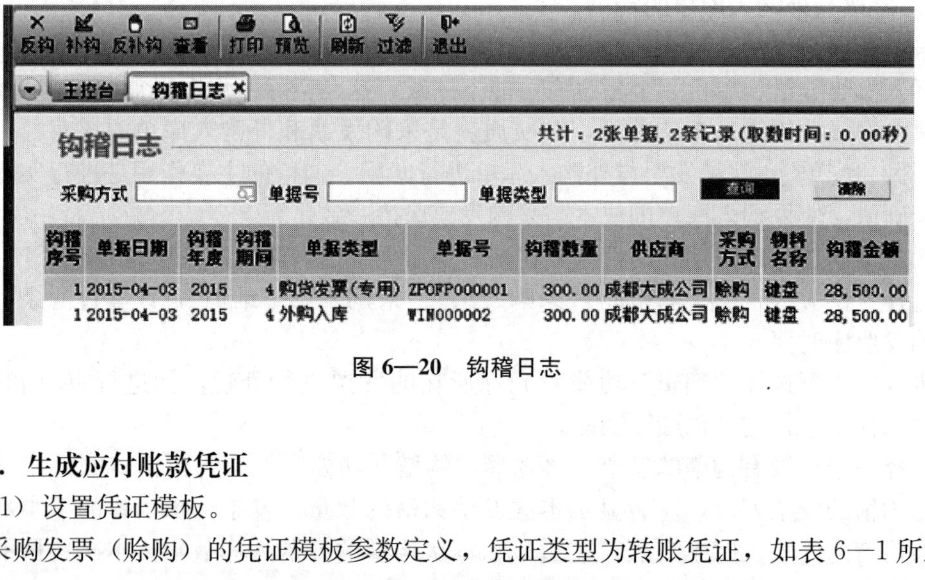

图 6—20　钩稽日志

6. 生成应付账款凭证

(1) 设置凭证模板。

采购发票（赊购）的凭证模板参数定义，凭证类型为转账凭证，如表 6—1 所示。

表 6—1　采购发票（赊购）的凭证模板

科目来源	科目	方向	金额来源	摘要	核算项目
单据上物料的存货科目	库存商品	借	外购入库单实际成本		
凭证模板	应交税费—应交增值税—进项税额	借	采购发票税额		
凭证模板	应交税费—应交增值税—进项税额	借	费用发票可抵扣税金金额		
凭证模板	应付账款	贷	采购发票价税合计		供应商
凭证模板	应付账款	贷	费用发票金额		供应商

凭证模板根据业务的不同也分为多种，每种业务都必须制作相应的模板。每一种核算单据可设置多个凭证模板，通常情况下，指定某个凭证模板为默认凭证模板，在应用中可以根据需要选择。

在金蝶 K/3 WISE 中，已经预置了很多业务的模板，但由于科目的设置不同等原因，均要在应用前按照具体单位的业务处理要求来修改。同时，可根据具体单位的业务处理方法来新设置凭证模板。

选择“供应链”|“存货核算”|“凭证管理”|“凭证模板”，设置有关的凭证模板，如图 6—21 所示。

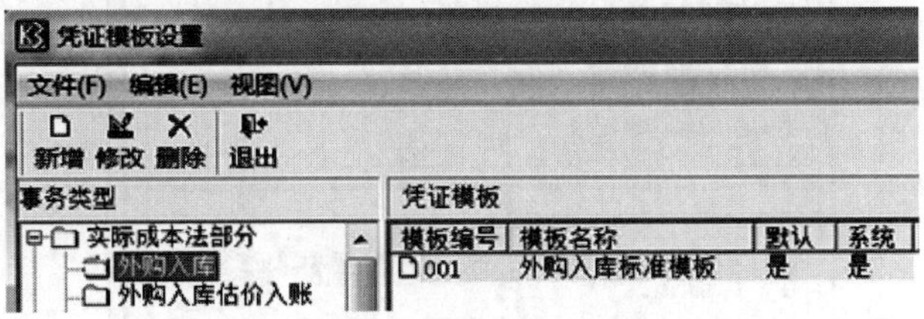

图 6—21　选择采购发票模板

选择“实际成本法部分”|“外购入库”的凭证模板，双击“外购入库标准模板”进行设置，凭证字为“转”，应付账款的核算项目为“供应商”（注意“对应单据上项目”要选择“供货单位”）。具体设置如图 6—22 所示。

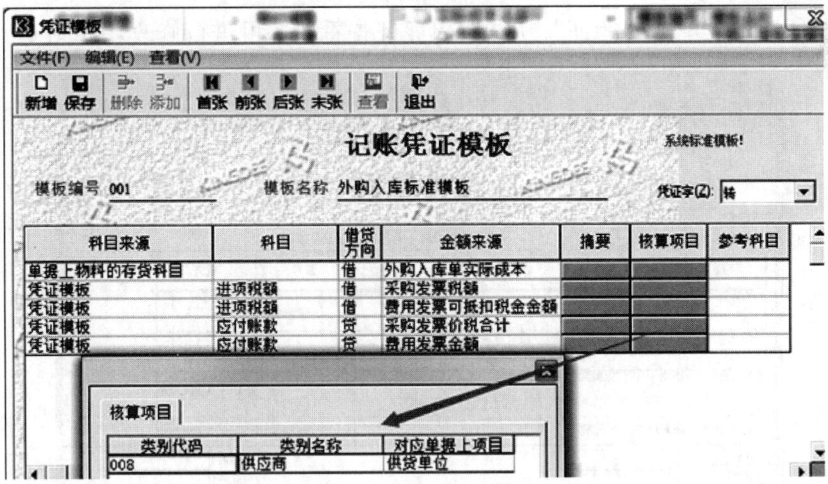

图 6—22　记账凭证模板

单击“保存”按钮完成设置。

（2）生成凭证。

选择“供应链”|“存货核算”|“凭证管理”|“生成凭证”，选择“外购入库”，单击“重设”按钮，系统过滤出所有采购发票，选择需要生成凭证的发票，如图 6—23 所示。

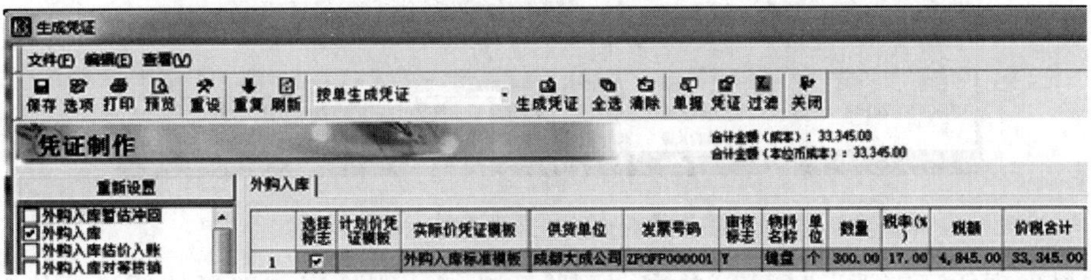

图 6—23　选择需要生成凭证的发票

在正式生成凭证前，可以单击“选项”按钮，设置有关凭证生成过程中的相关处理方式，如图 6—24 所示。

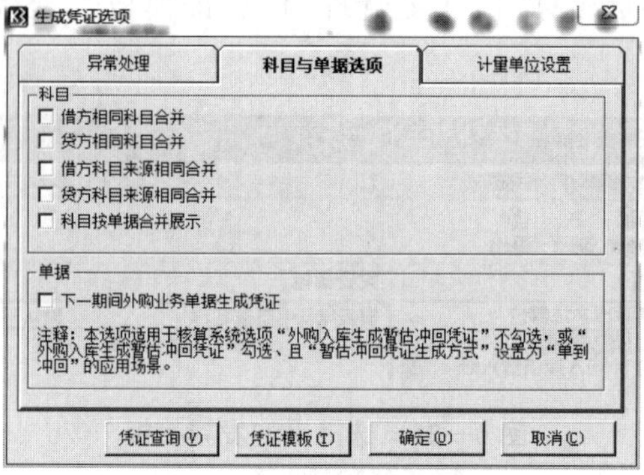

图 6—24　生成凭证选项设置

先选择要生成凭证的发票（勾选选择标志），单击“生成凭证”按钮，则根据凭证模板自动生成相关凭证。

生成的凭证可以单击“凭证”功能调入凭证查看，还可进行修改，如图 6—25 所示。

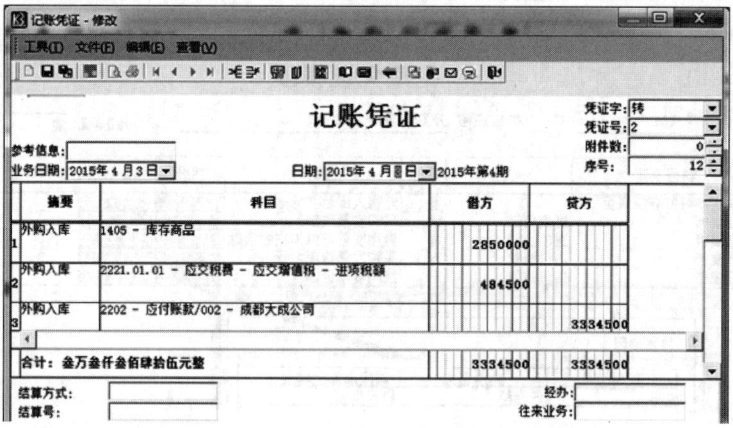

图 6—25　采购发票生成的凭证

还可以进行凭证查询，选择“供应链”|“存货核算”|“凭证管理”|“凭证查询”，如图 6—26 所示。

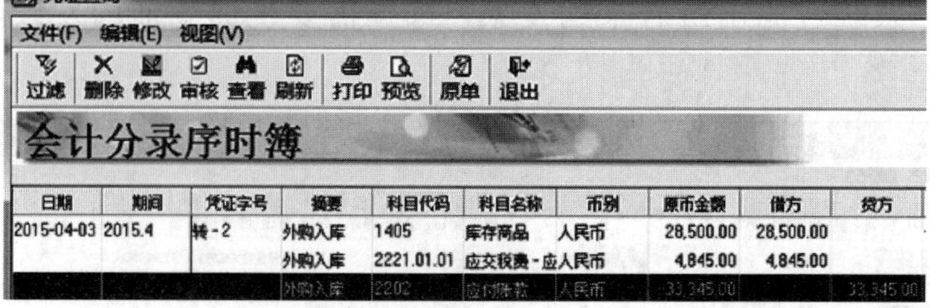

图 6—26　凭证查询

如果发现凭证有误，还可以单击“删除”功能，删除当前选择的凭证，修改有关错误后再行生成。

操作提示

生成凭证错误的常见原因主要有如下几类：

找不到科目，这时应采取的措施是补录科目或在凭证模板中调整科目来源。

科目不是最明细级别，凭证借贷不平衡，一般是因为金额来源设置不正确。

单据上数据为零，取不到核算项目，此时应对科目进行调整。

凭证不能保存，可能是业务系统当前会计期间小于总账系统的当前会计期间。

此外，在生成凭证前，还可以选择凭证生成的方式。

1）按单生成凭证。对于选择的单据以一对一方式生成凭证，即一张单据就生成一张凭证。

如果在一个单据类型里面选择了多张单据，使用这种模式生成凭证时，系统为每一张单据生成一张对应的凭证，在单据上记录各自不同的凭证号。

如果在不同的单据类型中选择单据（一张或多张），则只是对于当前过滤界面中的单据按单生成凭证，其他单据类型中的单据不能同时生成凭证。

2）按单据类型生成汇总凭证。实现对于同一个单据类型中的单据汇总生成一张凭证，对于选项中设置成科目合并的，凭证借贷方存在相同科目则合并反映（核算项目和单位必须相同）。

如果在不同单据类型中同时选择了多张单据，生成方式是对于当前过滤界面中的单据汇总生成凭证，其他单据类型中已经选择的单据不能同时生成凭证。

3）所有选择单据生成汇总凭证。使不同单据类型的单据同时选择有效，即如果在不同单据类型中同时选择了多张单据，使用这种模式汇总生成凭证，则可以同时将一种单据类型的单据汇总生成一张凭证。

7. 生成付款凭证

（1）付款单。

选择"财务会计"|"应付款管理"|"付款"|"付款单—新增"，进行付款单录入，如图 6—27 所示。其数据也是通过源单（采购发票）传入，即选择要付款的发票，然后将数据转移过来。

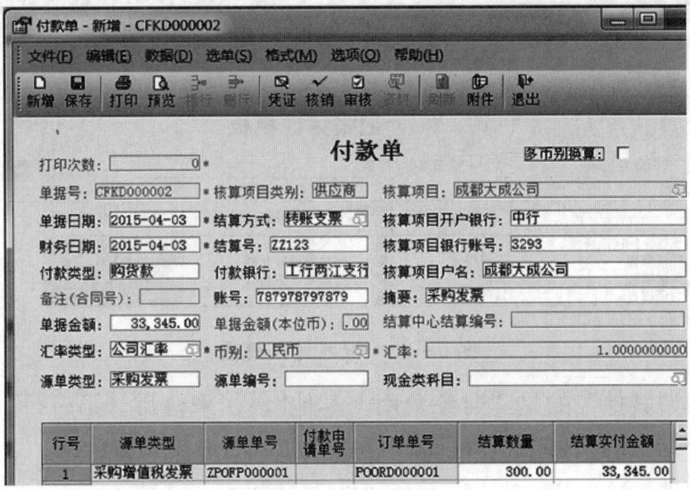

图 6—27 付款单

先保存，然后单击“审核”完成审核工作。

付款单首先要选择具有审核权限的人员进行审核（具体与设置有关）。原则上要更换操作员，一般由部门领导审核。

如果设置为制单人可审核，可以在输入付款单时审核。

还可以选择“财务会计”|“应付款管理”|“付款”|“付款单—维护”，对每张付款单进行审核。

（2）凭证模板。

在设置模板之前，先选择“系统设置”|“基础资料”|“科目”，增加“6603.99 其他”（财务费用—其他）科目，后面将要使用。在业务发生过程中，往往会根据实际需要增加相应的科目，这在系统中是允许的。

选择“财务会计”|“应付款管理”|“凭证处理”|“凭证—生成”，选择事务类型为“付款”，进入“单据序时簿”后，单击“选项”，如图 6—28 所示。

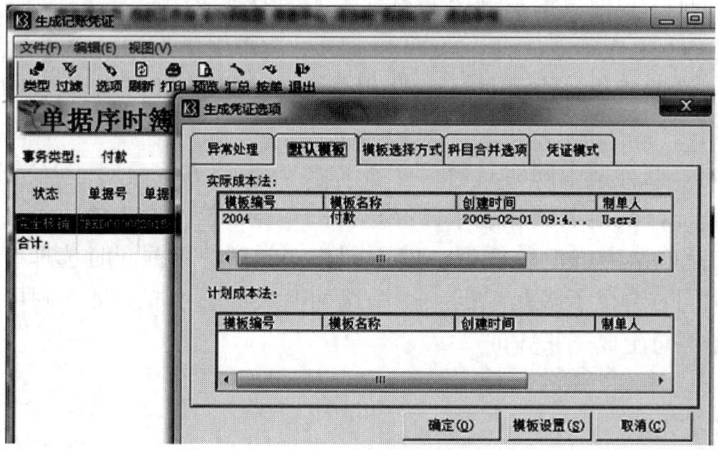

图 6—28 凭证模式设置

单击“模板设置”按钮，选择“付款”事务类型的凭证模板进行定义，如图 6—29 所示。

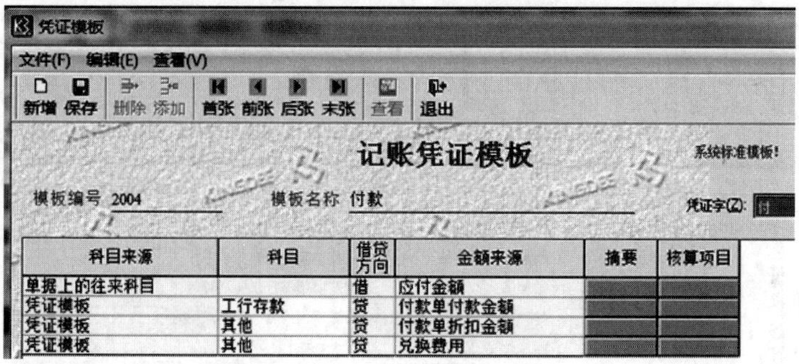

图 6—29 记账凭证模板

科目显示为“其他”的是“财务费用—其他”。往来科目（第一行）的核算项目是供应商（对应单据上的项目为核算项目），设置完成后退出设置模式。

（3）生成凭证。

在单据序时簿下，单击“按单”（按单生成凭证），对付款单生成凭证。

生成的凭证通过选择“财务会计”|“应付款管理”|“凭证处理”|“凭证—维护”查看，如图 6—30 所示。

会计分录序时簿

日期	期间	凭证字号	摘要	科目	借方	贷方
2015-04-03	2015-4	付-7	付款	应付账款 - 2202	33,345.00	
				银行存款 - 工行存款 - 1002.01		33,345.00

图 6—30　付款凭证分录

如果生成的凭证有问题，可以删除，然后修改有关设置再生成。

6.1.3　暂估入库报销处理

案例资料

4 月 4 日，收到重庆大江公司提供的上月已验收入库的 100 盒 2TB 硬盘的专用发票一张，发票单价为 790 元。进行暂估报销处理，确定采购成本及应付账款。

操作过程

1. 暂估业务处理方法

所谓暂估业务，就是物料先到发票后到的采购业务，而且是在不同会计期间到达。

当发票和物料不同时到达，仓库先收到了货物，仓库先入账，财务在当前期间以后才收到发票入账，所以在发票到达前实际的仓库账与财务账是有差异的，这种情况适用于估价入库核算。其中有一点要注意：采购发票在当月无法到达，采购发票与物料入库的处理不在同一个会计期间内，所以财务上一般使用暂估入库，在核算成本时一般结合以前的采购情况人为地给该物料一个预估单位成本。

按照前面暂估差额生成方式的设置，是差额调整。在“差额调整”方式下，当期获得的发票金额（不含税）与以前期间暂估的入库单暂估金额不一致时，系统自动生成外购入库暂估补差单。

2. 录入并审核采购发票

选择“供应链”|“采购管理”|“采购发票”|“采购发票—新增”，输入有关信息，如图 6—31 所示。

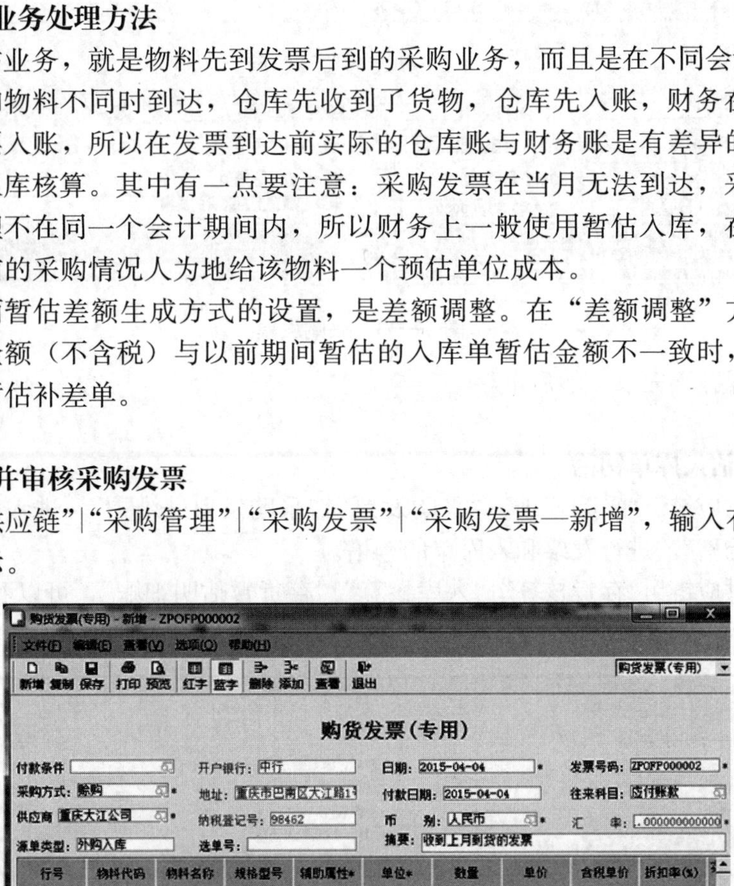

图 6—31　采购发票

源单类型选择“外购入库”，在“选单号”处按 F7 键，显示启用前的暂估入库单，如图 6—32 所示。

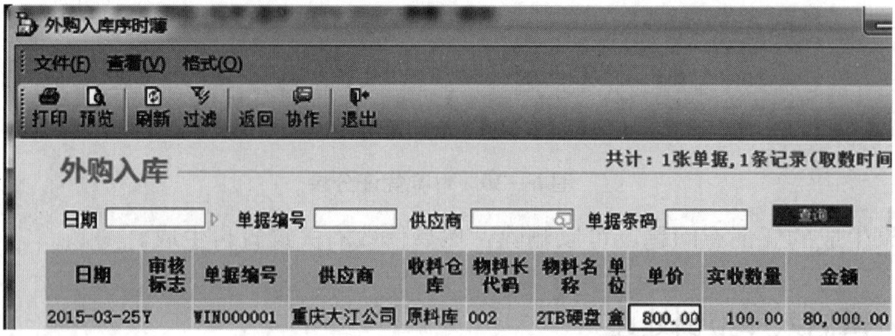

图 6—32 外购入库单（暂估入库单）

单击“返回”按钮，然后将数量、单价改为与发票相同的数据（800 元改为 790 元），如图 6—33 所示。

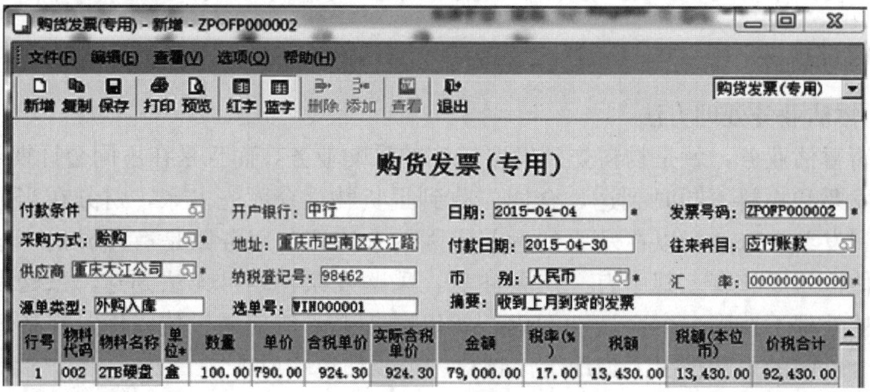

图 6—33 采购发票

单击“保存”完成，然后审核。

3. 与暂估入库单钩稽

选择“供应链”|“采购管理”|“采购发票”|“采购发票—维护”，进入采购发票序时簿，单击“钩稽”，进行发票和入库单的钩稽。

选择“供应链”|“存货核算”|“入库核算”|“存货暂估明细账”，可以看到已经钩稽，如图 6—34 所示。

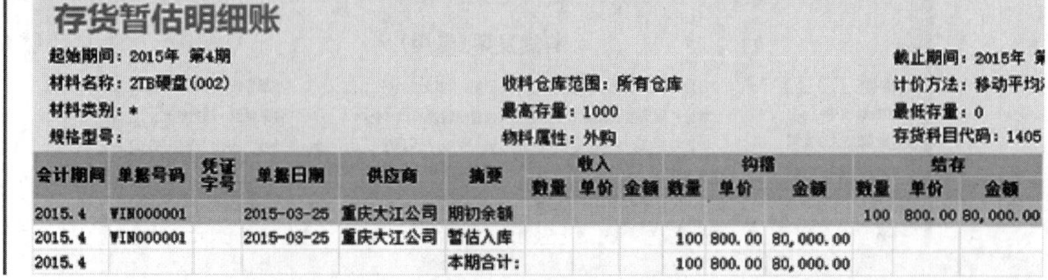

图 6—34 存货暂估明细账

4. 外购入库暂估冲回

选择“供应链”|“存货核算”|“凭证管理”|“凭证模板”，事务类型选择实际成本法部分的“外购入库估价入账”，设置模板如图 6—35 所示。

图 6—35　凭证模板

应付账款的核算项目为供应商，对应单据上的项目为供应商。

选择“供应链”|“存货核算”|“凭证管理”|“生成凭证”，再选择“外购入库暂估冲回”，单击“重设”按钮，选择本案例要生成凭证的暂估入库单，实际价凭证模板选择“估价入账标准模板”，如图 6—36 所示。

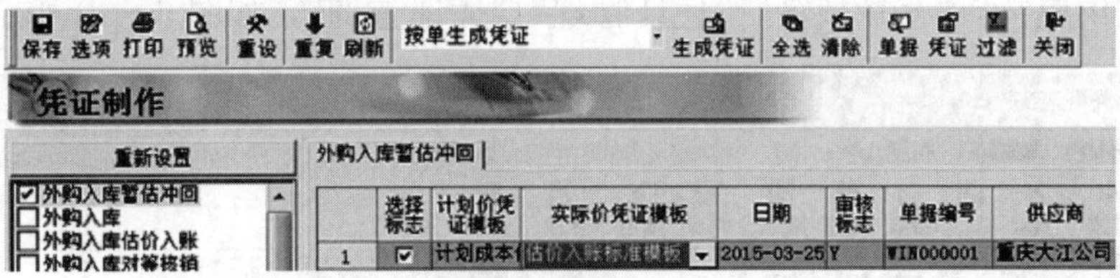

图 6—36　生成凭证

选择“生成凭证”完成凭证生成。

选择“供应链”|“存货核算”|“凭证管理”|“凭证查询”，查看生成的暂估回冲凭证，如图 6—37 所示。

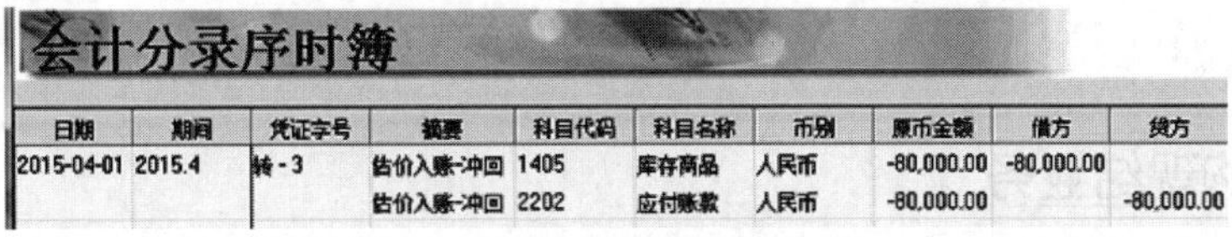

图 6—37　凭证分录

5. 生成暂估补差单

选择“供应链”|“存货核算”|“入库核算”|“外购入库核算”，如图 6—38 所示。

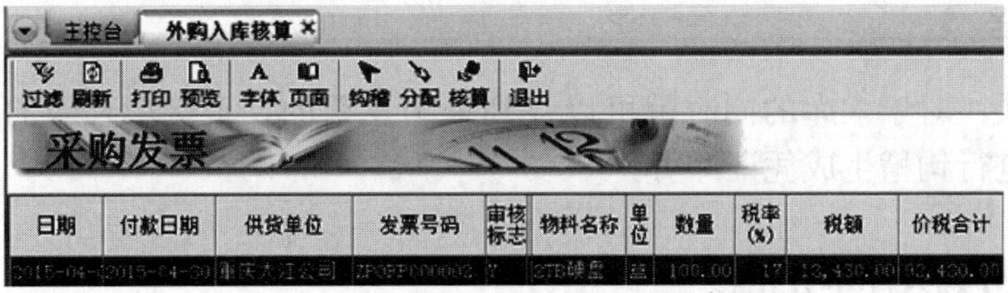

图 6—38　外购入库核算

单击“核算”，系统自动核算完成相关工作。

选择“供应链”|“存货核算”|“报表分析”|“材料明细账”，可以看到生成的外购入库补差单，如图 6—39 所示。

图 6—39 材料明细账（外购入库补差单）

6. 生成应付账款凭证

选择“供应链”|“存货核算”|“凭证管理”|“生成凭证”，选择“外购入库”，单击“重设”按钮，系统过滤出所有采购发票，选择需要生成凭证的发票（重庆大江公司，物料为 2TB 硬盘），单击“生成凭证”按钮，则根据凭证模板自动生成相关凭证。

选择“供应链”|“存货核算”|“凭证管理”|“凭证查询”，如图 6—40 所示。

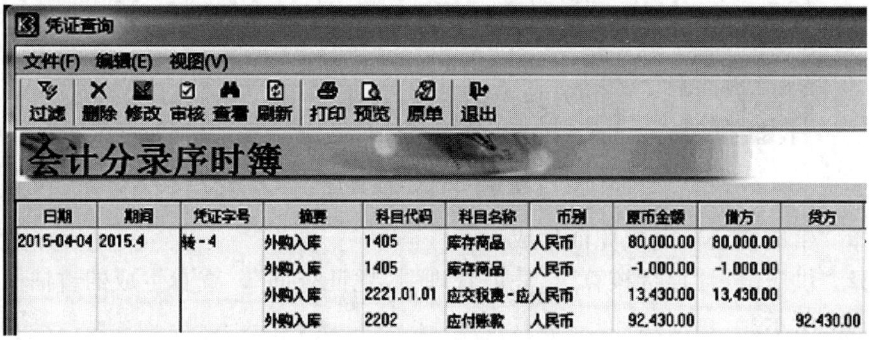

图 6—40 凭证查询

6.1.4 采购现结业务

案例资料

4 月 4 日，向成都大成公司购买鼠标 30 箱，单价为 600 元/箱（无税单价），直接验收入原料仓库。同时收到专用发票一张，立即以工行转账支票（支票号 ZZ011）支付其货款。确定采购成本，进行付款处理。

操作过程

处理方法：对于入库的同时就可以收到采购发票的，直接做现购的采购发票，与外购入库单进行钩稽生成凭证即可。

1. 填制外购入库单并审核

选择“供应链”|“采购管理”|“外购入库”|“外购入库单—新增”，直接录入外购入

库单，注意采购方式为“现购”，如图 6—41 所示。

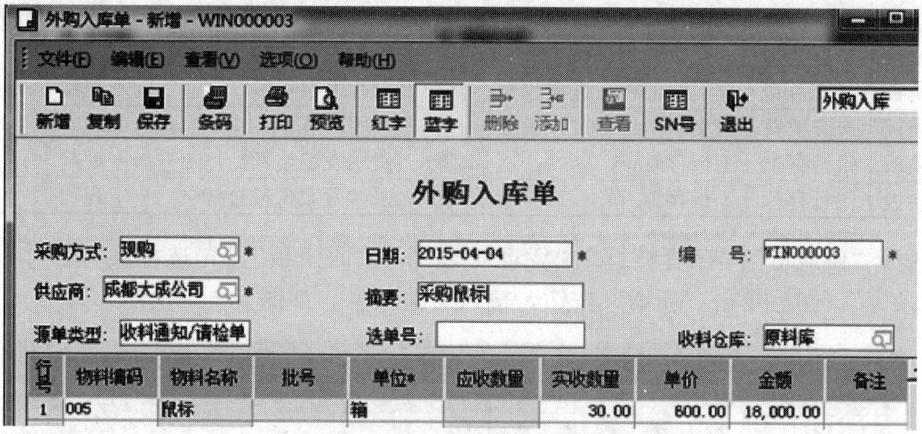

图 6—41　外购入库单

录入完毕后，单击“保存”完成，然后审核。

2. 填制采购发票并审核

选择“供应链”|“采购管理”|“采购发票”|“采购发票—新增”，采用外购入库单的数据关联转入，发票的录入如图 6—42 所示。

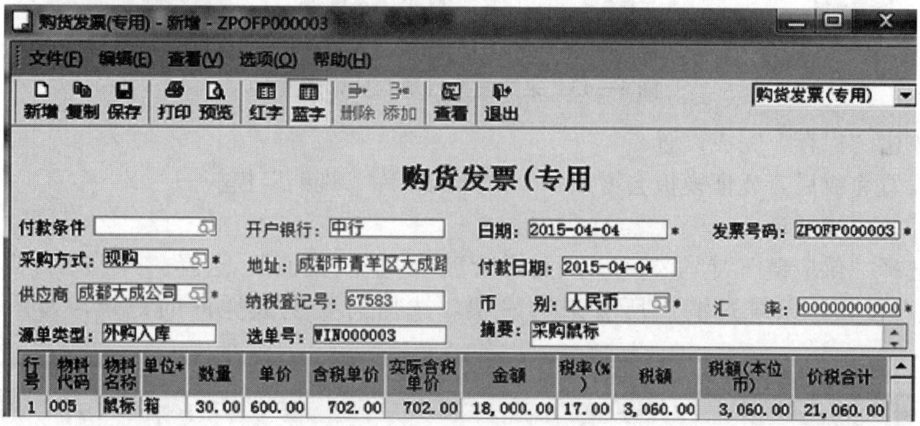

图 6—42　采购发票（专用）

单击“保存”按钮完成录入，然后审核。

3. 发票与外购入库单的钩稽

选择“供应链”|“采购管理”|“采购发票”|“采购发票—维护”，设置选择条件，进入采购发票序时簿。

选择待钩稽的发票（成都大成公司，鼠标 30 箱），再选择“钩稽”功能完成钩稽。

4. 付款凭证生成

（1）设置凭证模板。

采购发票（现购）的凭证模板参数定义，凭证类型为付款凭证，如表 6—2 所示。

表 6—2　　采购发票（现购）的凭证模板

科目来源	科目	方向	金额来源	摘要	核算项目
凭证模板	单据上物料的存货科目	借	外购入库单实际成本	现购	
凭证模板	应交税费—应交增值税—进项税额	借	采购发票税额	现购	
凭证模板	应交税费—应交增值税—进项税额	借	费用发票可抵扣税金金额	现购	
凭证模板	银行存款—工行存款	贷	费用发票金额	现购	
凭证模板	银行存款—工行存款	贷	采购发票价税合计	现购	

选择“供应链”|“存货核算”|“凭证管理”|“凭证模板”，先选择实际成本法部分“外购入库”，然后单击“新增”按钮，输入有关信息，如图 6—43 所示。

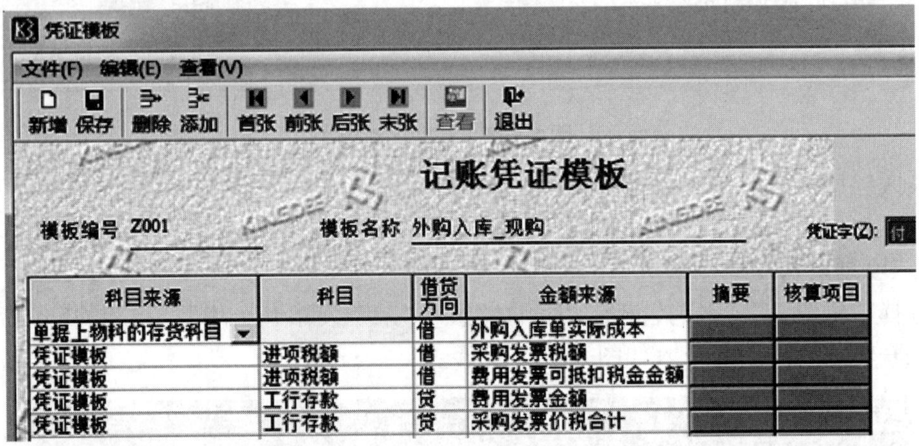

图 6—43　采购发票（现购）凭证模板

单击“保存”完成设置。

设置完成后，凭证模板会增加一个“外购入库 _ 现购”模板。

(2) 生成凭证。

选择“供应链”|“存货核算”|“凭证管理”|“生成凭证”，选择“外购入库”，单击“重设”按钮，系统过滤出所有采购发票，选择需要生成凭证的记录，如图 6—44 所示。

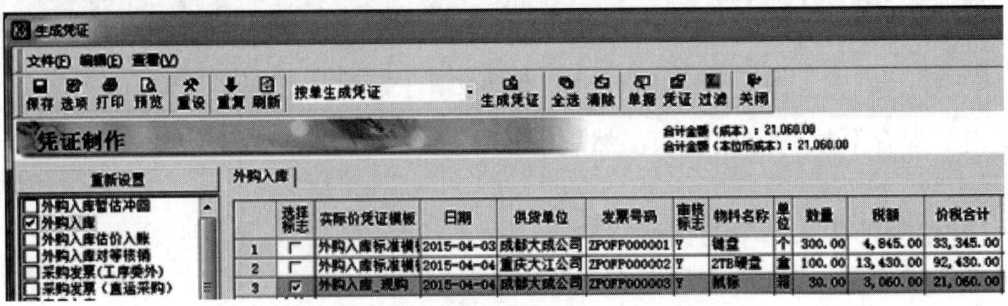

图 6—44　选择需要生成凭证的发票

注意要将实际价凭证模板选择为“外购入库 _ 现购”。

单击“生成凭证”按钮，则根据凭证模板自动生成凭证。

选择“供应链”|“存货核算”|“凭证管理”|“凭证查询”查看生成的凭证，如图 6—45 所示。

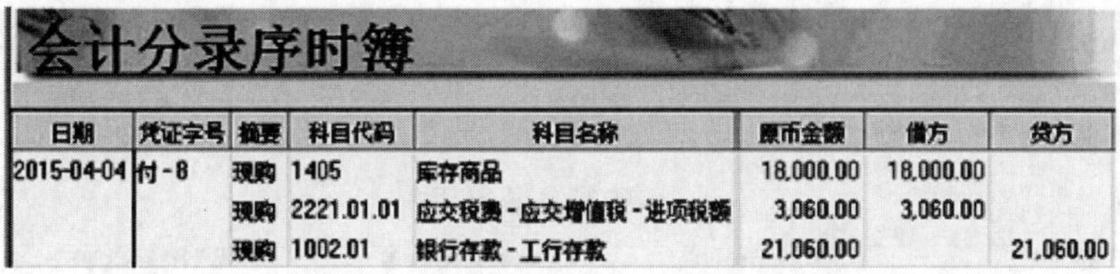

会计分录序时簿

日期	凭证字号	摘要	科目代码	科目名称	原币金额	借方	贷方
2015-04-04	付-8	现购	1405	库存商品	18,000.00	18,000.00	
		现购	2221.01.01	应交税费-应交增值税-进项税额	3,060.00	3,060.00	
		现购	1002.01	银行存款-工行存款	21,060.00		21,060.00

图 6—45　凭证查询

修改该凭证，补充输入结算方式等信息。

6.1.5　采购运费处理

案例资料

4 月 6 日，向成都大成公司购买 2TB 硬盘 200 盒，单价为 800 元/盒，验收入原料仓库。同时还购买鼠标 5 箱，单价为 600 元/箱，验收入原料仓库。

当天收到专用发票一张。

另外，在采购的过程中，发生了一笔运输费 600 元，税率为 7%，收到相应的运费发票一张，费用按照金额分配。确定采购成本及应付账款，款项未付。

操作过程

1. 填制并审核外购入库单

选择“供应链”|“采购管理”|“外购入库”|“外购入库单—新增”，直接录入外购入库单，如图 6—46 所示。

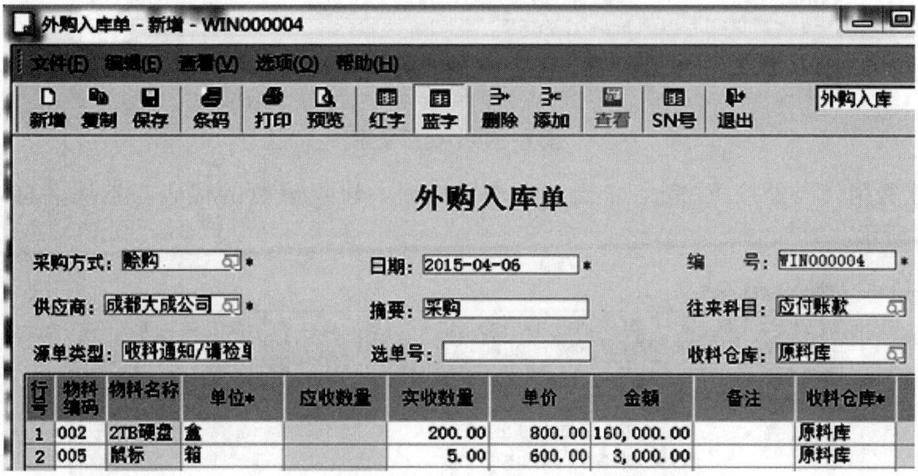

外购入库单 - 新增 - WIN000004

文件(F)　编辑(E)　查看(V)　选项(O)　帮助(H)

新增　复制　保存　条码　打印　预览　红字　蓝字　删除　添加　查看　SN号　退出　外购入库

外购入库单

采购方式：赊购　　日期：2015-04-06　　编号：WIN000004

供应商：成都大成公司　　摘要：采购　　往来科目：应付账款

源单类型：收料通知/请检单　　选单号：　　收料仓库：原料库

行号	物料编码	物料名称	单位*	应收数量	实收数量	单价	金额	备注	收料仓库*
1	002	2TB硬盘	盒		200.00	800.00	160,000.00		原料库
2	005	鼠标	箱		5.00	600.00	3,000.00		原料库

图 6—46　外购入库单

录入完成后，单击“保存”，然后审核。

2. 填制采购专用发票

选择“供应链”|“采购管理”|“采购发票”|“采购发票—新增”，采用外购入库单的数据关联转入（注意要两行一起选择）。发票的录入如图 6—47 所示。

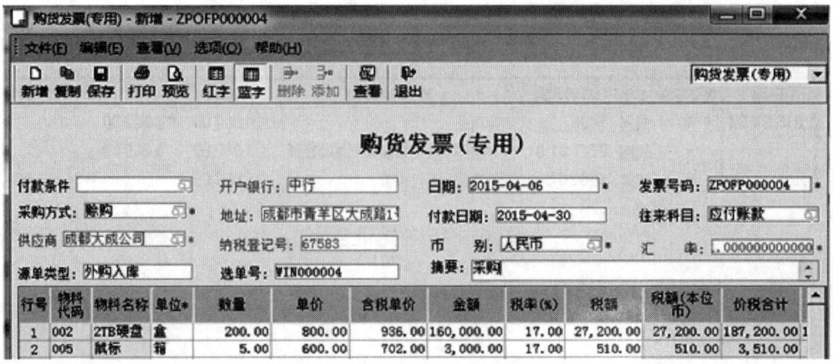

图 6—47 采购发票（专用）

单击“保存”按钮完成录入，然后审核。

3. 填制运费发票并分配

选择“供应链”|“采购管理”|“费用发票”|“费用发票—新增”，在“采购发票单号”处要输入本运费对应的采购发票号（按 F7 键进行选择），以使本运费与发票关联。发票头的录入如图 6—48 所示。

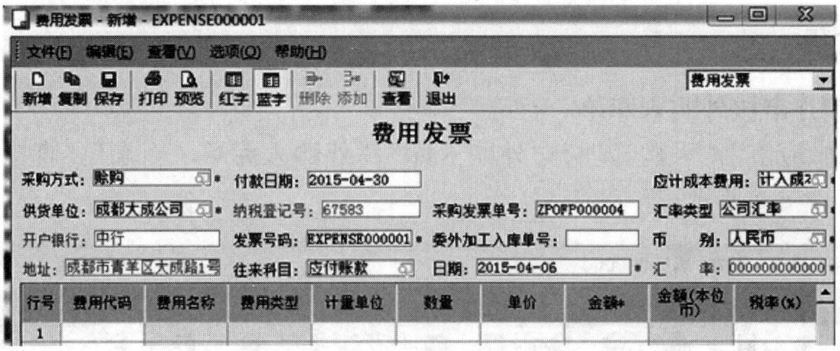

图 6—48 费用发票

在费用代码处按 F7 键，单击“新增”按钮，建立运费的代码与费用名称，如图 6—49 所示。

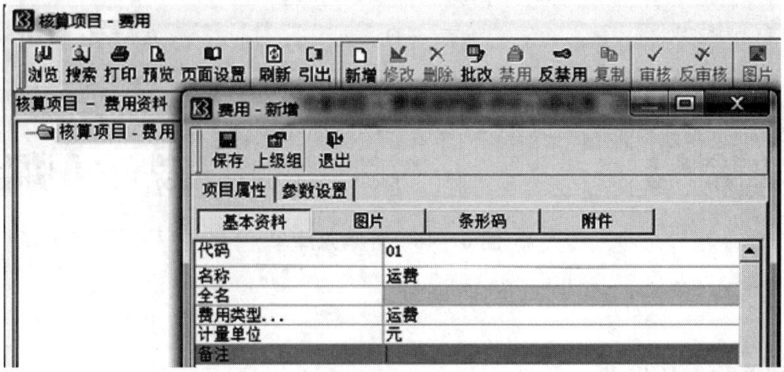

图 6—49 增加运费核算项目

单击“保存”按钮完成录入。

选择“01 运费”，输入案例数据后如图 6—50 所示。

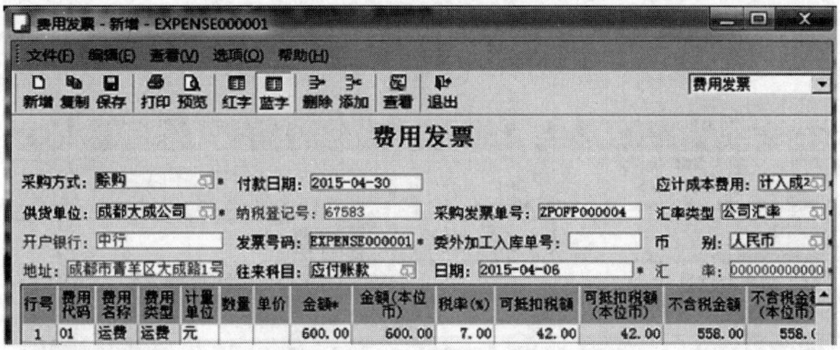

图 6—50　费用发票（运费）

应计成本费用包括“计入成本”和“不计入成本”两种类型。如果是“计入成本”，则在入库核算时会将费用作为入库成本的一部分来计算入库的单位成本；如果是“不计入成本”，则在入库核算时不会将费用作为入库成本的一部分，而直接作为期间费用处理。

先保存费用发票，然后审核。

可以选择“供应链”|“采购管理”|“费用发票”|“费用发票—维护”，查看、审核、修改费用发票。

4. 发票与外购入库单的钩稽

选择“供应链”|“采购管理”|“采购发票”|“采购发票—维护”，进入设置条件，然后进入采购发票序时簿。

选择待钩稽的发票，再选择“钩稽”功能，如图 6—51 所示。

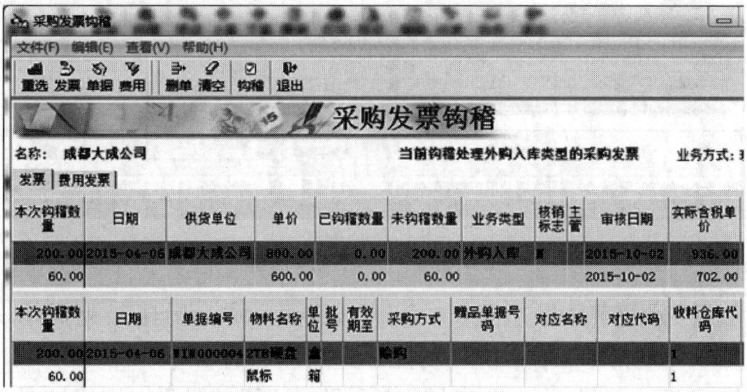

图 6—51　采购发票钩稽

选择费用发票，可以看到与本发票相关的费用发票，如图 6—52 所示。

图 6—52　费用发票

先选择发票的第一行，再按 Ctrl 键选择第二行，然后按照相同的方法选择入库单，如图 6—53 所示。

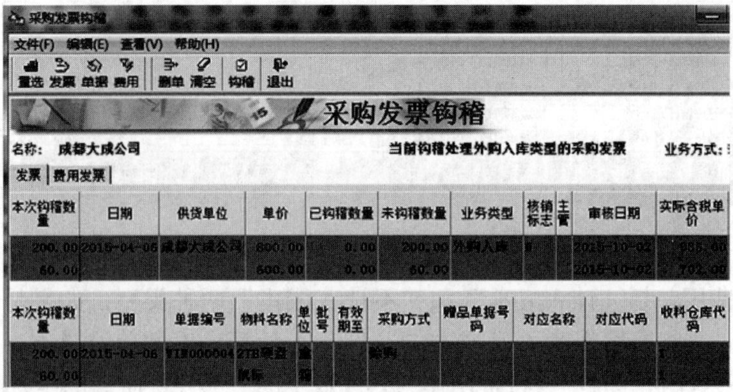

图 6—53 选择钩稽的行

单击“钩稽”，完成钩稽后系统会提示“钩稽成功”。费用发票也一同钩稽完成。

5. 费用分配

选择“供应链”|“存货核算”|“入库核算”|“外购入库核算”，先选择要进行费用分配的采购发票，然后选择“核算”|“费用分配方式”|“按金额分配”，如图 6—54 所示。

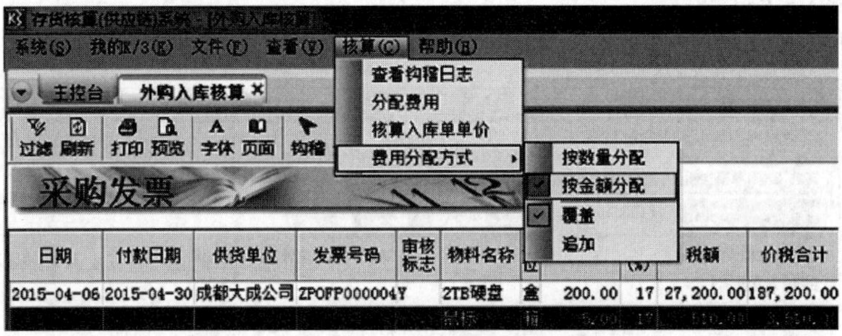

图 6—54 外购入库核算

选择“核算”|“分配费用”功能，分配完成会显示费用分配结束提示。

选择“核算”|“核算入库单单价”功能，进行单价计算。

费用分配完成后，可选择“供应链”|“采购管理”|“外购入库”|“外购入库单—维护”，进入外购入库序时簿，如图 6—55 所示。

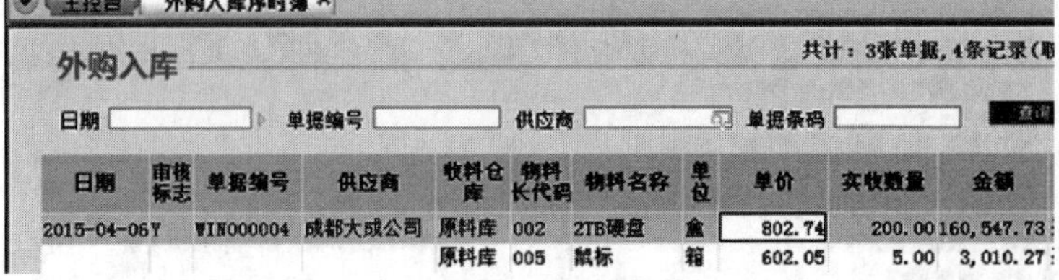

图 6—55 费用分配后的入库单

这时可以发现 2T 硬盘的单价已经从 800 元变为 802.74 元，鼠标的价格从 600 元变为 602.05 元，金额也发生了相应变化。

6. 生成应付账款凭证

选择“供应链”|“存货核算”|“凭证管理”|“生成凭证”，选择“外购入库”，单击“重设”按钮，系统过滤出所有采购发票，选择需要生成凭证的发票（成都大成公司，2TB 硬盘和鼠标），实际价凭证模板选择“外购入库标准模板”，单击“生成凭证”按钮，则根据凭证模板自动生成相关凭证。

选择“供应链”|“存货核算”|“凭证管理”|“凭证查询”，如图 6—56 所示。

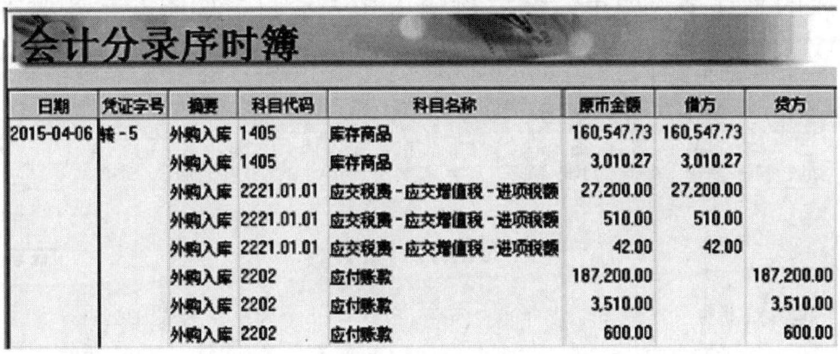

会计分录序时簿

日期	凭证字号	摘要	科目代码	科目名称	原币金额	借方	贷方
2015-04-06	转-5	外购入库	1405	库存商品	160,547.73	160,547.73	
		外购入库	1405	库存商品	3,010.27	3,010.27	
		外购入库	2221.01.01	应交税费-应交增值税-进项税额	27,200.00	27,200.00	
		外购入库	2221.01.01	应交税费-应交增值税-进项税额	510.00	510.00	
		外购入库	2221.01.01	应交税费-应交增值税-进项税额	42.00	42.00	
		外购入库	2202	应付账款	187,200.00		187,200.00
		外购入库	2202	应付账款	3,510.00		3,510.00
		外购入库	2202	应付账款	600.00		600.00

图 6—56　凭证查询

6.1.6　采购物料结算前退货

案例资料

4 月 9 日，收到成都大成公司提供的液晶显示器，数量 52 台，单价为 1 200 元。验收入原料库。

4 月 10 日，仓库反映有 2 台液晶显示器有质量问题，退回给供应商，办理相关出库手续。

收到成都大成公司开具的 50 台液晶显示器的专用发票一张，单价 1 200 元，编制有关凭证。

操作过程

1. 填制并审核外购入库单

选择“供应链”|“采购管理”|“外购入库”|“外购入库单—新增”，直接录入外购入库单，如图 6—57 所示。

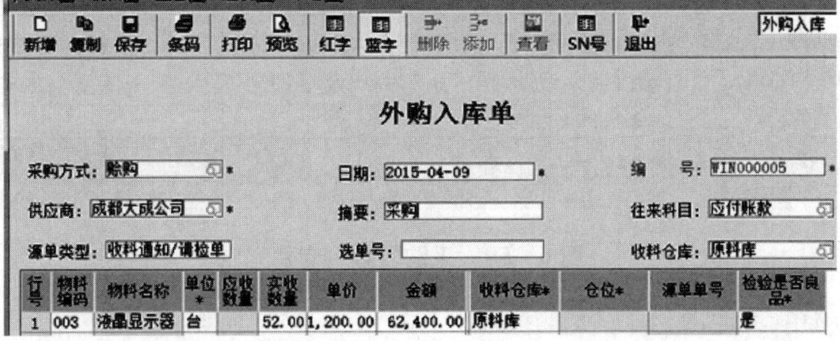

文件(F)　编辑(E)　查看(V)　选项(O)　帮助(H)

新增　复制　保存　条码　打印　预览　红字　蓝字　删除　添加　查看　SN号　退出　外购入库

外购入库单

采购方式：赊购 *　日期：2015-04-09 *　编　号：WIN000005 *

供应商：成都大成公司 *　摘要：采购　往来科目：应付账款

源单类型：收料通知/请检单　选单号：　收料仓库：原料库

行号	物料编码	物料名称	单位*	应收数量	实收数量	单价	金额	收料仓库*	仓位*	源单单号	检验是否良品*
1	003	液晶显示器	台		52.00	1,200.00	62,400.00	原料库			是

图 6—57　外购入库单

录入完成后，单击“保存”完成。可选择“供应链”|“采购管理”|“外购入库”|“外购入库单—维护”完成审核。

2. 填制并审核红字外购入库单

对退货部分，填制红字外购入库单。

选择“供应链”|“采购管理”|“外购入库”|“外购入库单—新增”，先单击“红字”，表示输入的是红字入库单，然后再输入相关资料，如图 6—58 所示（数据显示为红字）。

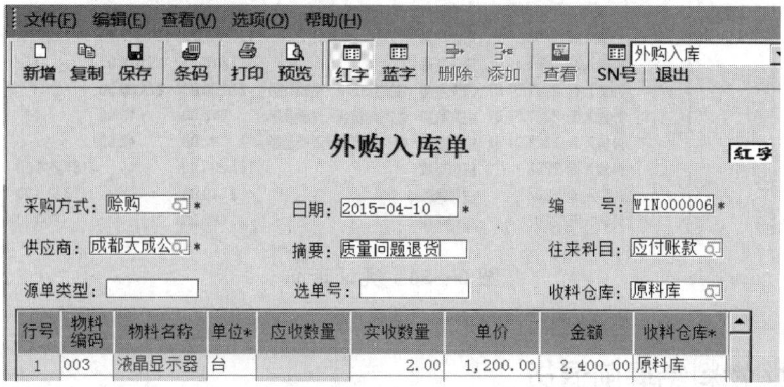

图 6—58 外购入库单

录入完成后，单击“保存”按钮完成。

选择“供应链”|“采购管理”|“外购入库”|“外购入库单—维护”，注意要选择“红字”条件，数量和金额会显示为负数，单击“审核”按钮完成审核工作。

3. 填制并审核采购发票，进行外购入库单钩稽

（1）录入发票。

选择“供应链”|“采购管理”|“采购发票”|“采购发票—新增”，采用外购入库单的数据关联转入，数量改为发票数量。发票的录入如图 6—59 所示。

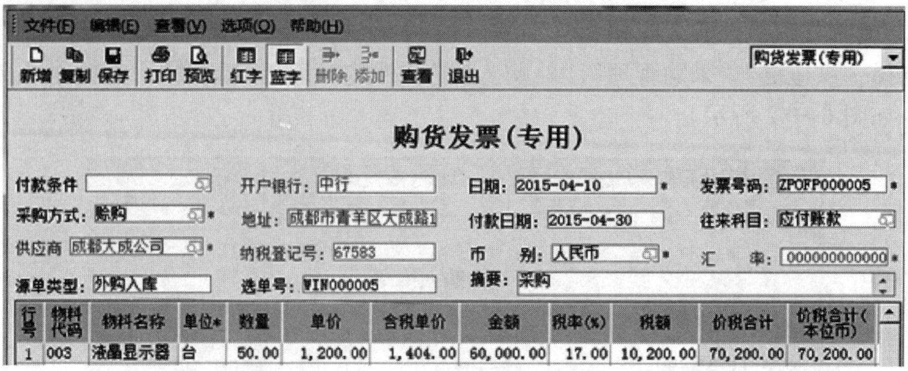

图 6—59 采购发票（专用）

单击“保存”完成录入。

选择“供应链”|“采购管理”|“采购发票”|“采购发票—维护”，审核录入的发票。

（2）拆分外购入库单。

一张外购入库单拆分成的两张单据的单据头除单据号码外完全相同，拆分后，被拆分的单据减去拆分部分称为母单，单据号码不变，可继续拆分，拆分出的数量形成的单据称为子单，不能再拆分，在原单据号后加 A 标记，母单继续拆分后，子单编号加 B、C，如此类推。单据体中除数量、金额可能变动外，其他如计量单位、单价等均不变。

外购入库单拆分的目的，主要是为了与发票相钩稽。

选择“供应链”|“采购管理”|“外购入库”|“外购入库单—维护”，选择要拆分的单据（成都大成公司，液晶显示器，数量为 52），再选择“编辑”|“拆分单据”。

选择拆分单据后，进入拆分单据输入状态，在“拆分数量”中输入要拆分的数量，其他信息是不能修改的，如图 6—60 所示。

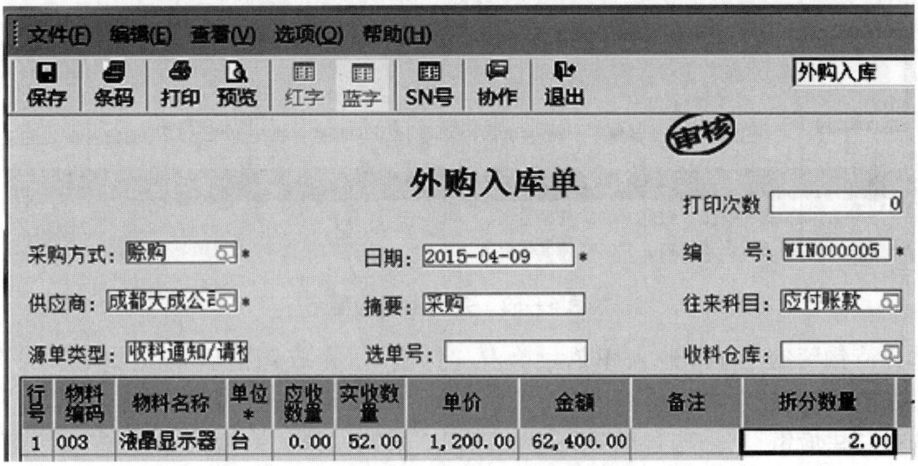

图 6—60　拆分入库单

单击“保存”按钮，会显示保存成功。

选择“供应链”|“采购管理”|“外购入库”|“外购入库单—维护”，就能看到拆分出来的入库单，如图 6—61 所示。

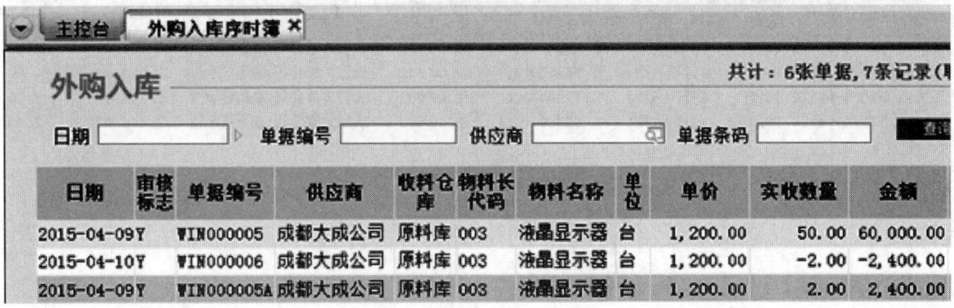

图 6—61　拆分后的入库单

拆分出来的单据，在原来的入库单号上增加了“A”。

单击“审核”按钮，完成对拆分后的入库单的审核。

（3）采购发票钩稽。

选择“供应链”|“采购管理”|“采购发票”|“采购发票—维护”，先设置选择条件，

进入采购发票序时簿。

选择待钩稽的发票（成都大成公司，液晶显示器，数量为 50），再选择“钩稽”功能，如图 6—62 所示。

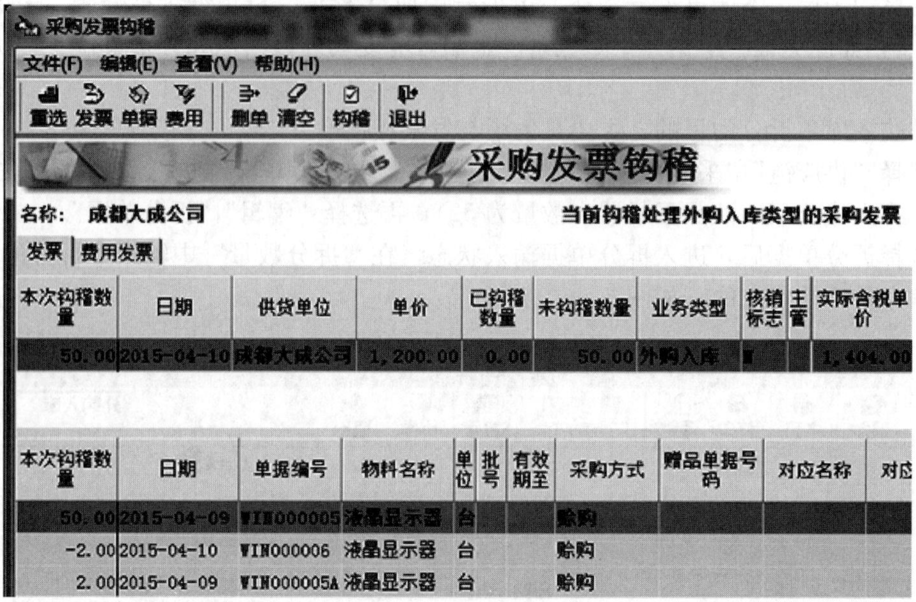

图 6—62 采购发票钩稽

选择待钩稽的三个外购入库单，单击“钩稽”，完成钩稽后系统会提示“钩稽成功”，入库单的三条全部钩稽完成。

选择“供应链”|“采购管理”|“采购发票”|“采购发票—钩稽日志”，进入钩稽日志，如图 6—63 所示。

图 6—63 钩稽日志

从钩稽日志可以看出，已经将退货的也进行了钩稽。

4. 生成应付账款凭证

选择“供应链”|“存货核算”|“凭证管理”|“生成凭证”，再选择“外购入库”，单击“重设”，系统过滤出所有采购发票，选择需要生成凭证的记录（成都大成公司，液晶显示器，数量为 50）。

实际价凭证模板选择“外购入库标准模板”，单击“生成凭证”按钮，则根据凭证模板自动生成。

选择“供应链”|“存货核算”|“凭证管理”|“凭证查询”，凭证如图 6—64 所示。

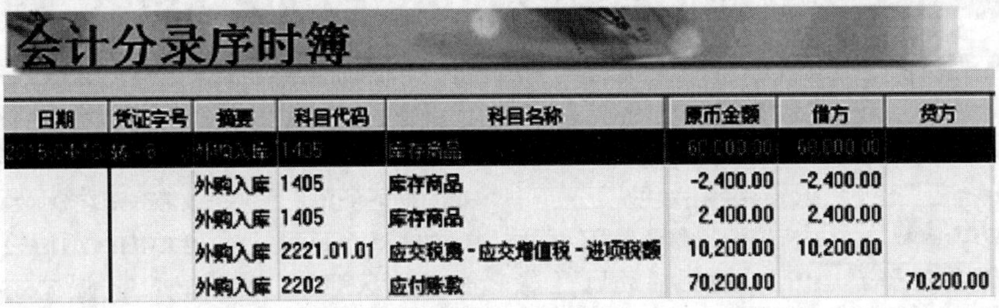
会计分录序时簿

日期	凭证字号	摘要	科目代码	科目名称	原币金额	借方	贷方
2015-04-10	[illegible]	外购入库	1405	库存商品	60,000.00	60,000.00	
		外购入库	1405	库存商品	-2,400.00	-2,400.00	
		外购入库	1405	库存商品	2,400.00	2,400.00	
		外购入库	2221.01.01	应交税费-应交增值税-进项税额	10,200.00	10,200.00	
		外购入库	2202	应付账款	70,200.00		70,200.00

图 6—64 凭证查询

6.1.7 采购结算后退货

案例资料

4 月 15 日，前期从成都大成公司购入的键盘质量有问题，从原料库退回 4 个给供货方，单价为 95 元，同时收到退货红字专用发票一张。对外购入库单和红字专用采购发票进行业务处理。

操作过程

1. 填制并审核红字入库单

选择“供应链”|“采购管理”|“外购入库”|“外购入库单—新增”，先单击“红字”，表示输入的是红字入库单，然后再输入相关资料，如图 6—65 所示（数据为红字）。

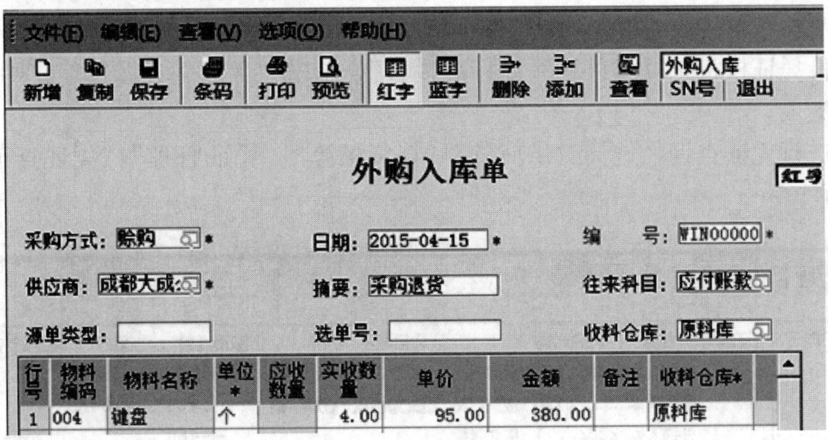

图 6—65 外购入库单

录入完成后，单击“保存”，然后单击“审核”。

2. 填制并审核红字采购发票，进行外购入库单钩稽

(1) 录入发票。

选择“供应链”|“采购管理”|“采购发票”|“采购发票—新增”，先单击“红字”，采用外购入库单的数据关联转入，为红字显示。发票的录入如图 6—66 所示。

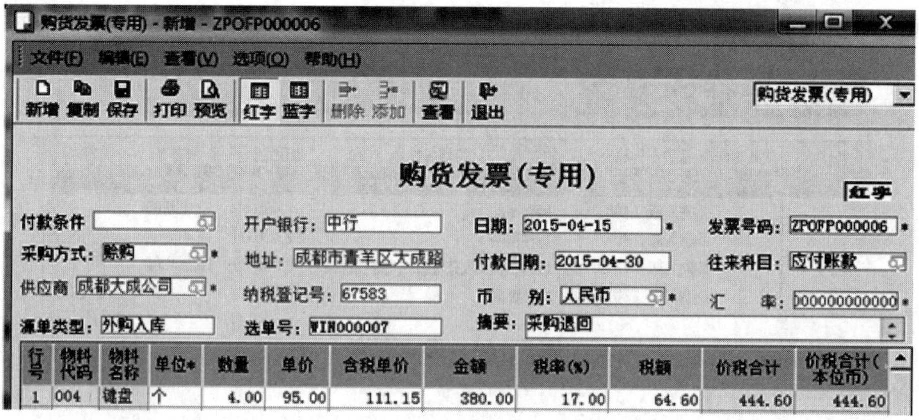

图 6—66 红字采购发票（专用）

单击“保存”按钮完成录入，然后审核。

(2) 采购发票钩稽。

选择“供应链”|“采购管理”|“采购发票”|“采购发票—维护”，单击进入采购发票过滤窗口，设置选择条件，进入采购发票序时簿。

选择待钩稽的发票（成都大成公司，键盘，数量为−4），再选择“钩稽”功能。

单击“钩稽”按钮，完成钩稽。

3. 生成应付账款冲销凭证

选择“供应链”|“存货核算”|“凭证管理”|“生成凭证”，再选择“外购入库”，单击“重设”按钮，注意设置过滤红字发票条件，选择需要生成凭证的红字发票（成都大成公司，键盘，数量为−4）。

实际价凭证模板选择“外购入库标准模板”，单击“生成凭证”按钮，则根据凭证模板自动生成。

可以进行凭证查询，选择“供应链”|“存货核算”|“凭证管理”|“凭证查询”，如图6—67所示。

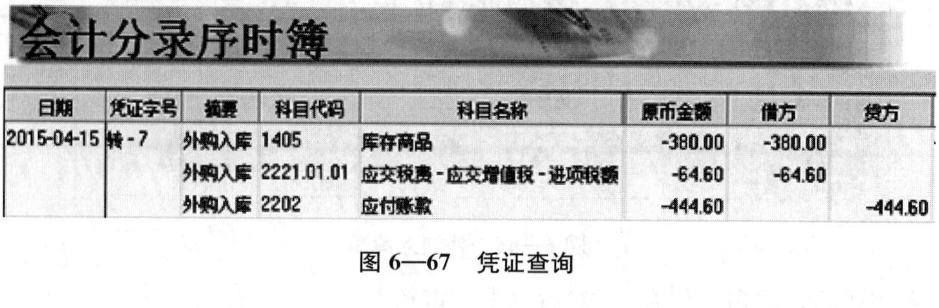

日期	凭证字号	摘要	科目代码	科目名称	原币金额	借方	贷方
2015-04-15	转-7	外购入库	1405	库存商品	-380.00	-380.00	
		外购入库	2221.01.01	应交税费-应交增值税-进项税额	-64.60	-64.60	
		外购入库	2202	应付账款	-444.60		-444.60

图 6—67 凭证查询

6.1.8 暂估入库处理

案例资料

4 月 20 日，收到上海大坤公司提供的 HP 激光打印机 50 台，入配套用品库。由于到了月底发票仍未收到，每台的暂估价为 1 500 元，进行暂估记账处理。

操作过程

1. 输入并审核外购入库单

选择“供应链”|“采购管理”|“外购入库”|“外购入库单—新增”，直接录入外购入库单，如图 6—68 所示。

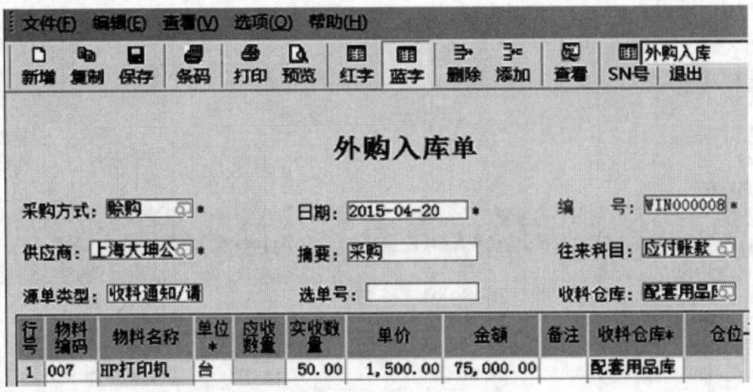

图 6—68　外购入库单

录入完成后，单击“保存”按钮完成，然后审核。

2. 生成采购暂估凭证

选择“供应链”|“存货核算”|“凭证管理”|“凭证模板”，选择实际成本法部分的“外购入库估价入账”，设置模板如图 6—69 所示。

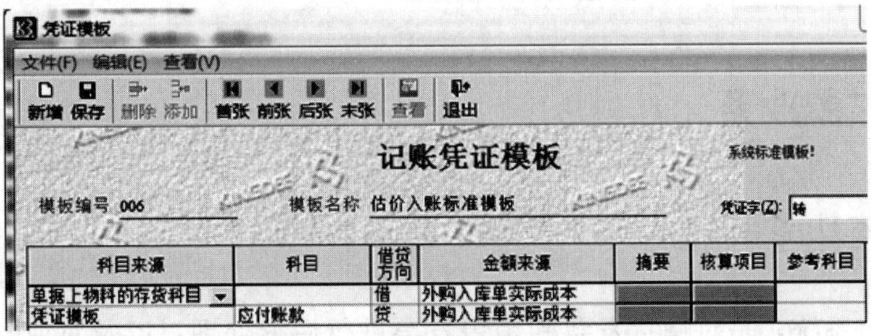

图 6—69　估价入账标准模板

选择“供应链”|“存货核算”|“凭证管理”|“生成凭证”，再选择“外购入库估价入账”凭证模板，单击“重设”，选择要生成凭证的上海大坤公司外购入库单。

单击“生成凭证”按钮完成凭证生成。

通过选择“供应链”|“存货核算”|“凭证管理”|“凭证查询”，生成的凭证按照会计分录序时簿列示，如图 6—70 所示。

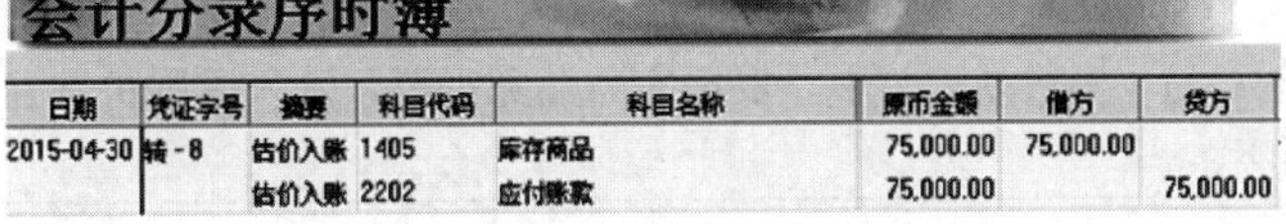

图 6—70　会计分录序时簿

6.1.9 采购查询

1. 采购汇总表

选择“供应链”|“采购管理”|“报表分析”|“采购汇总表”，然后设置具体的查询条件，案例如图 6—71 所示。

采购汇总表

起始日期：2015-04-01　　截止日期：2015-04-30

物料代码范围：所有物料　　汇总依据：1—1级物料类别

供应商代码范围：所有供应商

1级物料类别	发票				入库		差异	
	数量(基本)	金额(本位币)	含税金额(本位币)	应计成本费用(本位币)	数量(基本)	金额	数量(基本)	金额
HP打印机(小计)					50	75,000.00	-50	-75,000.00
液晶显示器(小计)	50	60,000.00	70,200.00		50	60,000.00		
键盘(小计)	296	28,120.00	32,900.40		296	28,120.00		
2TB硬盘(小计)	300	239,000.00	279,630.00	547.73	200	160,547.73	100	79,000.00
鼠标(小计)	420	21,000.00	24,570.00	10.27	420	21,010.27		
合计	1,066	348,120.00	407,300.40	558.00	1,016	344,678.00	50	4,000.00

图 6—71　采购汇总表

2. 采购明细表

选择“供应链”|“采购管理”|“报表分析”|“采购明细表”，然后设置具体的查询条件，可以查看具体的明细情况。

可以根据具体需要，查询相关的采购信息。

6.2 应付款业务

6.2.1 基本功能

应收应付系统，是对购货发票和销售发票进行后续处理，以及对业务资金运用进行分析的综合管理系统，通过对采购和销售资金流的全过程进行有效的控制和跟踪，实现对企业的资金信息管理。

应付系统则主要是针对采购处理相关的应付款业务。

企业在采购业务中，需要根据发票确认应付账款，申请付款，最终付款记账，其处理步骤一般如表 6—3 所示。

表 6—3　从发票到付款的全过程

序号	处理说明	责任人
1	“应付款管理”的“发票处理”中，根据实际业务需要，录入或维护普通发票或增值税发票	应付会计
2	经审核发票录入无误后，选择“应付款管理”|“凭证处理”，确认应付账款并生成凭证，并可查询系统生成并审核的凭证	应付会计

续前表

序号	处理说明	责任人
3	根据业务需要，选择“应付款管理”|“付款申请单”，录入或维护付款申请单	应付会计
4	经审核付款申请单后，付款申请单信息传递至财务部门付款并自动生成付款单或由现金系统出纳付款后手工录入付款单或付款后用付款申请单下推付款单	财务部门/出纳
5	现金系统的付款单审核后，付款信息传递至应付款管理系统并转换成应付款管理系统的付款单或由应付会计手工录入付款单	应付会计
6	应付款管理系统的付款单审核后，在“应付款管理”的“凭证处理”中生成凭证，并在“应付款管理”的“结算”中核销付款单与发票	应付会计

付款申请与实现流程为：付款申请单（应付系统）—付款申请单（现金系统）—付款单（现金系统）—付款单（应付系统），如图 6—72 所示。

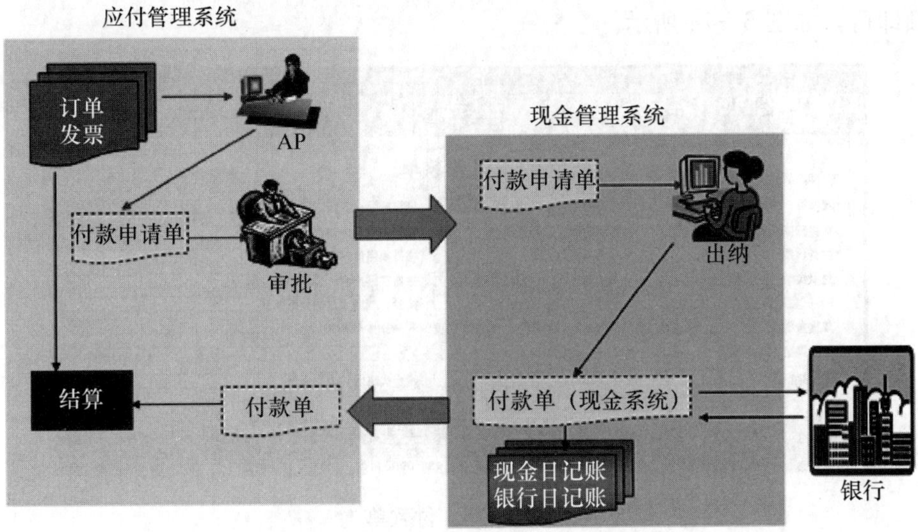

图 6—72 付款的申请与实现过程

对于通过委托收款方式，则到期就需要付款，这时的付款驱动是从现金管理开始的，如图 6—73 所示。

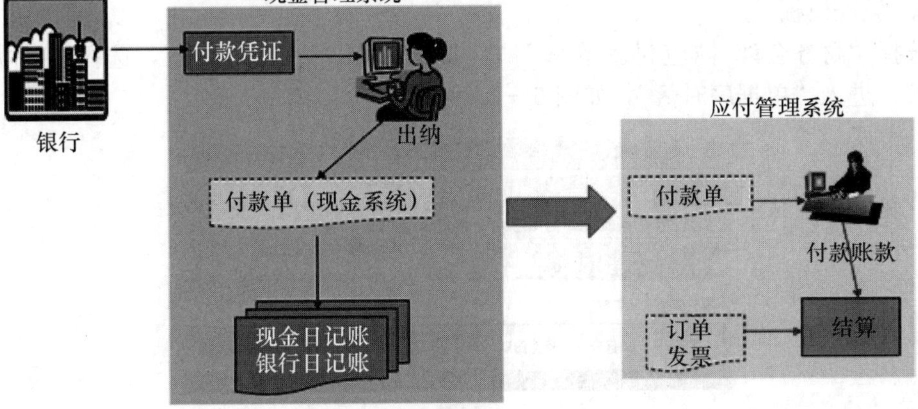

图 6—73 直接付款处理流程

6.2.2 一般付款业务

案例资料

4 月 20 日，财务部开出工行转账支票一张（支票号 ZZ7777），金额 92 430 元，支付重庆大江公司前欠 2TB 硬盘货款。

操作过程

1. 填制并审核付款单

选择“财务会计”|“应付款管理”|“付款”|“付款单—新增”，进入付款单录入，其数据通过源单（采购发票），选择要付款的 2TB 硬盘发票，然后将数据传递过来，更改付款额即可，如图 6—74 所示。

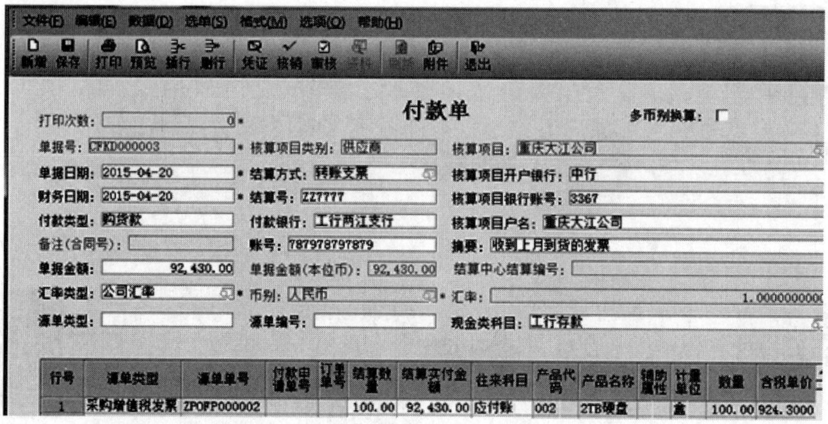

图 6—74 付款单

先保存，然后审核。

也可选择“财务会计”|“应付款管理”|“付款”|“付款单—维护”，进行付款单据的审核。

2. 凭证模板

选择“财务会计”|“应付款管理”|“凭证处理”|“凭证—生成”，选择事务类型为“付款”，进入“单据序时簿”，如图 6—75 所示。

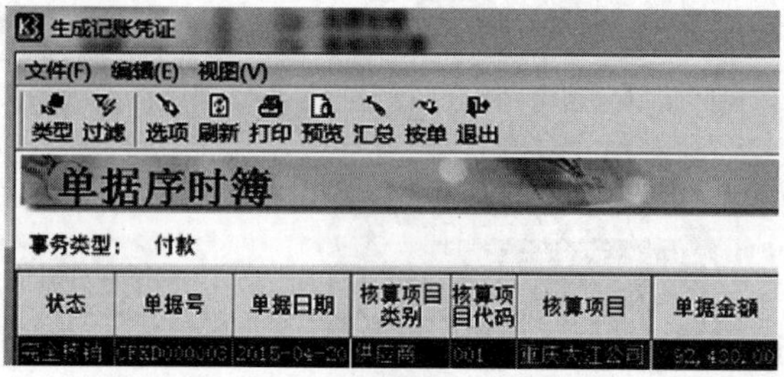

图 6—75 付款单据

单击“按单”（按单生成凭证）按钮，生成凭证。

生成的凭证通过选择“财务会计”|“应付款管理”|“凭证处理”|“凭证—维护”查看，如图 6—76 所示。

会计分录序时簿

日期	期间	凭证字号	摘要	科目	借方	贷方
2015-04-20	2015-4	付-9	付款	应付账款 - 2202	92,430.00	
				银行存款 - 工行存款 - 1002.01		92,430.00

图 6—76　付款凭证分录

6.2.3　预付款支付

案例资料

4 月 20 日，预付南京天华商行购货定金 90 000 元，工行支票已经开出，转账支票号 ZF002。

操作过程

1. 填制并审核付款单

选择“财务会计”|“应付款管理”|“付款”|“预付单—新增”，进入预付单录入，如图 6—77 所示。

图 6—77　预付单

先保存，然后审核。

也可选择“财务会计”|“应付款管理”|“付款”|“付款单—维护”，设置过滤条件时事务类型选择“预付单”，进行预付单的审核。

2. 生成凭证

选择“财务会计”|“应付款管理”|“凭证处理”|“凭证—生成”，选择事务类型为“预付款”，进入“单据序时簿”，如图 6—78 所示。

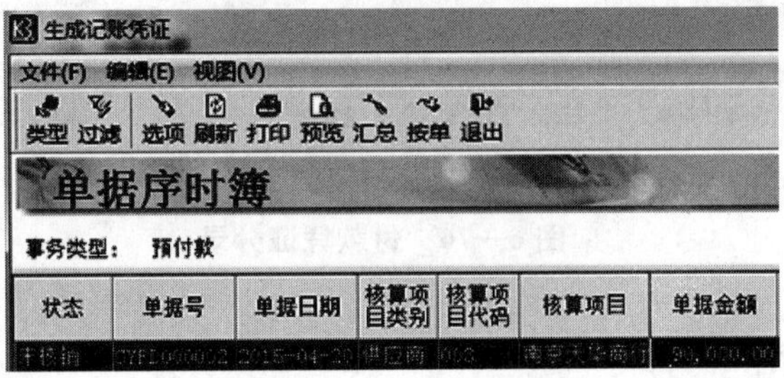

图 6—78 付款单据

单击“选项”按钮，进入生成凭证选项设置。单击“模板设置”，事务类型选择“预付款”，单击“新增”进行新凭证模板的建立。新建立的模板如图 6—79 所示。

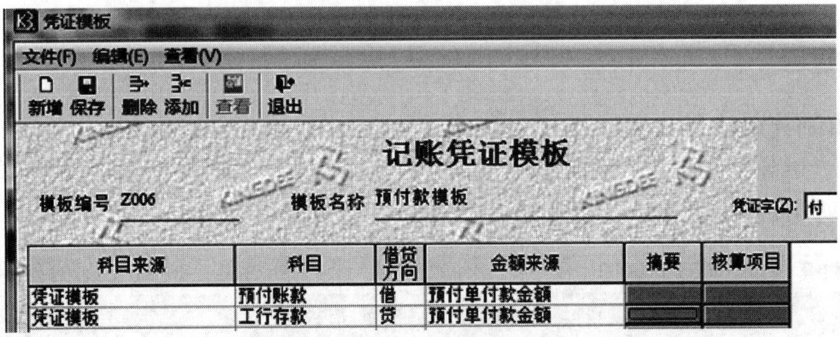

图 6—79 凭证模板

预付账款的核算项目为供应商，对应单据上的项目为“核算项目”。

将新建的模板设置为默认模板，然后返回生成记账凭证窗口。

单击“按单”按钮，生成凭证。

生成的凭证通过选择“财务会计”|“应付款管理”|“凭证处理”|“凭证—维护”查看，如图 6—80 所示。

图 6—80 预付款凭证

6.2.4 账表查询

1. 应收账款明细表

选择“财务会计”|“应付款管理”|“账表”|“应付款明细表”，如图 6—81 所示。

主控台　应付款明细表 ×

应付款明细表

核算项目类别:供应商

核算项目名称:001(重庆大江公司)

部门查询范围:全部　　业务员查询范围:全部　　币别:人民币

会计科目范围:全部　　查询时间范围:2015年第4期

核算项目代码	核算项目名称	单据日期	单据类型	明细类型	凭证号	往来科目	摘要	本期应付	本期实付	期末余额
							期初余额			276,850.00
001	重庆大江公司	2015-04-04	采购增值税发票		转-4	应付账款	收到上月到货的发票	92,430.00		369,280.00
001	重庆大江公司	2015-04-20	付款单	购货款	付-9	应付账款	收到上月到货的发票		92,430.00	276,850.00
							本期合计	92,430.00	92,430.00	

图 6—81　应付款明细表

2. 应付款汇总表

选择“财务会计”|“应付款管理”|“账表”|“应付款汇总表”，如图 6—82 所示。

应付款汇总表

核算项目类别:供应商

核算项目范围:全部

部门查询范围:全部　　业务员查询范围:全部

查询时间范围:2015年第4期

核算项目代码	核算项目名称	期间	期初余额	本期应付	本期实付	本年累计应付	本年累计实付	期末余额
001	重庆大江公司	2015.4	276,850.00	92,430.00	92,430.00	369,280.00	92,430.00	276,850.00
002	成都大成公司	2015.4		294,410.40	33,345.00	294,410.40	33,345.00	261,065.40
003	南京天华商行	2015.4			90,000.00		90,000.00	-90,000.00
	合计	2015.4	276,850.00	386,840.40	215,775.00	663,690.40	215,775.00	447,915.40

图 6—82　应付款汇总表

应付账款的有关数据也可按照类似方式查询。

其他账表可根据需要查询。

6.2.5　期末处理

进行相关的业务对账和结账。

6.3　复习题

6.3.1　思考题

1. 采购业务处理的主要流程是怎样的?
2. 采购与应付账款之间的业务关系是怎样的?
3. 凭证模板的作用有哪些?
4. 采购发票与采购入库单之间钩稽的作用有哪些?

6.3.2 判断题

1. 凭证模板是系统预置好的，相关业务直接使用凭证模板生成凭证即可。（　　）
2. 根据业务的需要，企业可自己设置凭证模板。（　　）
3. 采购发票只能在输入的时候进行审核。（　　）
4. 没有采购订单是不能进行采购入库的。（　　）
5. 采购暂估差额生成方式有单到冲回和差额调整两种方式。（　　）
6. 在采购业务处理中，可以设置制单和审核为同一人。（　　）
7. 采购业务处理的系统参数设置在系统设置时完成。（　　）
8. 采购管理中生成的业务凭证，不能修改和删除。（　　）
9. 核算项目中的供应商，当基础设置完成后，就不能再新增了。（　　）
10. 采购入库与采购发票数量不等时，需要拆单钩稽。（　　）

6.3.3 单项选择题

1. 确定入库单与发票的对应关系，进行入库核算的操作是（　　）。

A. 关联　　B. 钩稽

C. 核销　　D. 复制

2. 下列计价方法在金蝶 K/3 WISE 中不能实现的是（　　）。

A. 分批认定法　　B. 移动平均法

C. 计划成本法　　D. 先进先出法

3. 在金蝶 K/3 WISE 业务系统中，暂估冲回确认的依据是（　　）。

A. 以前期间入库单已经与当期发票钩稽

B. 以前期间入库单没有与当期发票钩稽

C. 以前期间入库单已经与当期发票关联

D. 入库单与发票的钩稽日期在以后期间

4. 可以通过单据序时簿上的（　　）按钮来查询与之关联的单据。

A. 上查、下查　　B. 关联

C. 核销　　D. 查看

5. 入库单和发票分为红字单据和蓝字单据，若要录入红字单据，必须在录入单据时点击工具条上的（　　）按钮。

A. 新增　　B. 复制

C. 红字　　D. 蓝字

6. 暂估采购差额处理方式为单到冲回，本期的采购发票与以前期间的暂估入库单钩稽并进行入库成本核算后，会生成（　　）。

A. 一张红字外购入库单

B. 一张蓝字外购入库单

C. 一张红字外购入库单和一张蓝字外购入库单

D. 一张成本调整单

7. 计量单位组内有两个计量单位，基本计量单位 a 为默认计量单位，换算率为 1，

b 计量单位的换算率是 12，是指（ ）。

A. 1b=12a B. 1a=12b

C. a×b=12 D. 不确定

8. 一种单据类型可以有（ ）凭证模板。

A. 一个 B. 二个

C. 多个 D. 五个

9. 下列功能中，采购系统没有的是（ ）。

A. 采购询价 B. 采购订单

C. 外购入库 D. 采购发票

10. 系统参数中设置了“审核和制单可为同一人”，表示（ ）。

A. 同一个人既可制单又可以审核

B. 自己制的单可以自己审核，也可以审核别人制的单，别人也可以审核自己制作的单据

C. 只能审核别人制作的单据

D. 自己制作的单据只能别人审核

6.3.4 多项选择题

1. 以下（ ）单据之间进行钩稽。

A. 外购入库 B. 采购发票

C. 生产领料 D. 产品入库

2. 存货核算中通过凭证管理的生成凭证功能生成的凭证，可以在其凭证查询中实现（ ）。

A. 修改 B. 删除

C. 查看 D. 审核

3. 在业务系统中，下列情况单据不允许删除的是（ ）。

A. 单据已审核 B. 单据已核销

C. 单据为以前期间的单据 D. 单据已过账

4. 业务凭证模板可以进行（ ）。

A. 新增 B. 修改

C. 删除 D. 合并

5. 在采购管理中，必须录入的单据是（ ）。

A. 采购订单 B. 外购入库单

C. 采购发票 D. 采购计划

第 7 章 Chapter 7 销售与应收业务处理

7.1 销售管理

7.1.1 基本功能和业务处理

1. 基本功能

销售管理模块的功能主要是完成销售订货、销售出库、销售发票等一系列的销售管理工作，如图 7—1 所示。

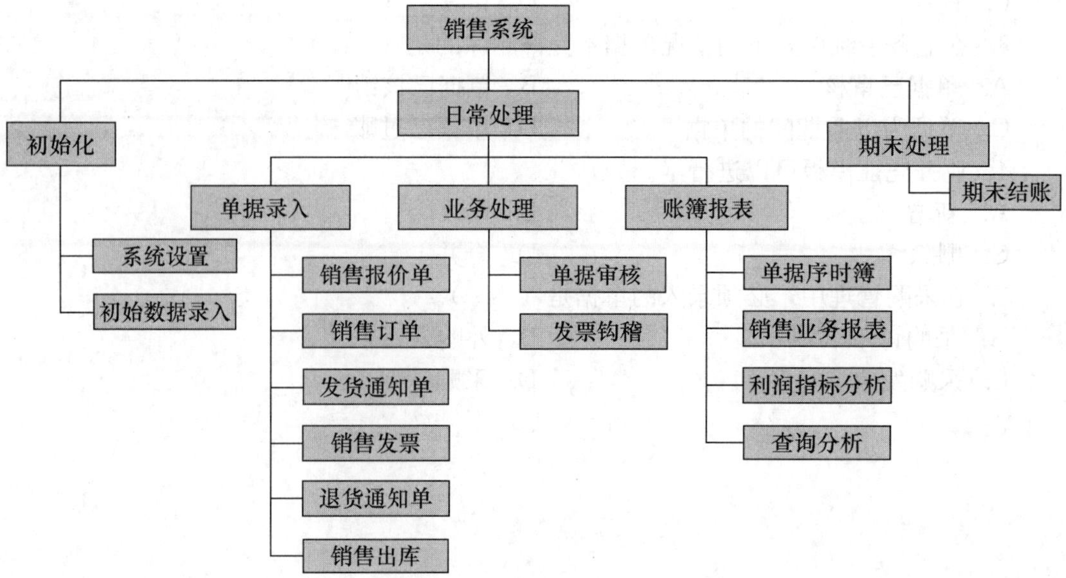

图 7—1 销售管理主要功能

2. 销售业务处理流程

销售业务涉及多种单据，一般处理流程如图 7—2 所示。

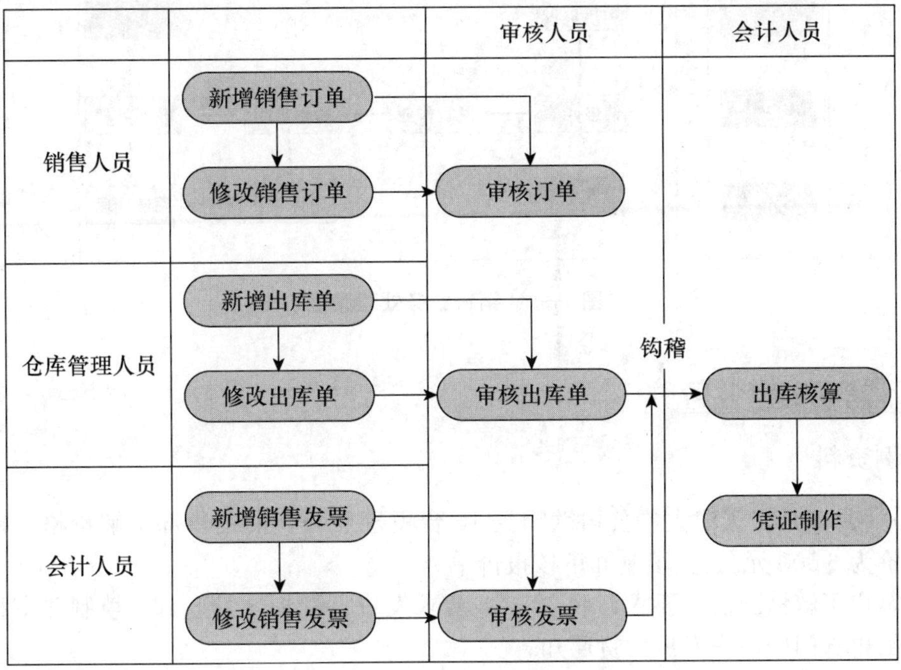

图 7—2 销售业务单据处理流程

此流程是销售业务的主要流程，而企业的实际业务比较复杂，处理的过程也各不相同。即使是此基本流程图中的各项步骤也并非一成不变，有些步骤可以根据实际情况进行调整。

图 7—2 中，前三列加上“钩稽”的操作在销售管理模块中处理，最后一列中的出库核算和凭证制作的操作在存货核算中处理。

销售业务的处理方法和流程如下：

(1) 由销售部业务人员根据市场、客户和成本信息进行销售报价，向系统录入销售报价单。录入方式包括手工录入和根据价格资料自动生成。录入的销售报价单可以由销售主管审批。

(2) 业务人员将客户提出的产品需求整理后录入系统，以形成销售订单。销售订单还可依据报价单生成。

(3) 仓库管理人员备货完毕之后，填写销售出库单。销售出库单还可以依据销售订单、销售发票、采购入库和产品入库单生成。

(4) 会计收到已经确认的销售出库单，按照销售出库单进行开票和收款。

(5) 现销中的销售出库单和销售发票的钩稽主要是可以核对销售出库单和销售发票，保证出库和开票信息的一致，另外从会计核算上讲可以保证成本与收入的匹配。

销售业务的处理流程如图 7—3 所示。

销售有许多环节，根据业务的要求要填制不同的单据进行处理，在本章的常规业务案例中，对主要环节进行了处理，其他案例中则对关键环节进行处理，以体现关键的业务要求。

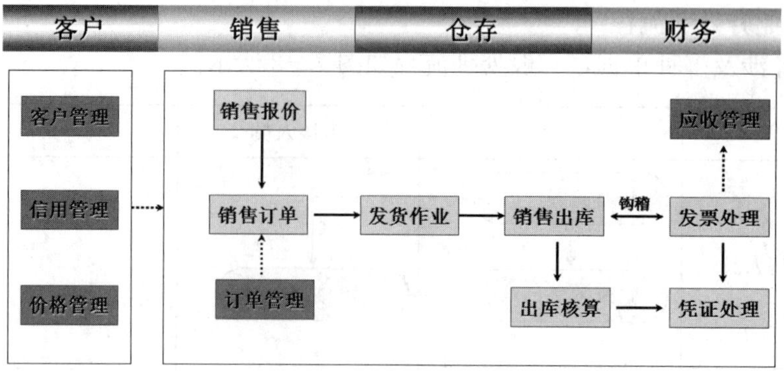

图 7—3 销售业务处理流程

7.1.2 常规销售业务

案例资料

(1) 4 月 5 日，天津大华公司欲购买 10 台税控Ⅱ号，向销售部了解价格。销售部无税报价为 6 500 元/台。填制并审核报价单。

该客户了解情况后，要求订购 20 台，要求发货日期为 4 月 8 日。填制并审核销售订单。销售部门向库房发出发货通知。

(2) 4 月 8 日，从成品仓库向天津大华公司发出其所订货物，并据此开具专用销售发票一张。

业务部门将销售发票（留存联）交给财务部门，财务部门结转此业务的收入和成本。

(3) 4 月 12 日，财务部收到天津大华公司转账支票一张，金额 152 100 元，支票号 ZP1155，款项入工行账户。据此填制收款单并审核。

操作过程

1. 填制并审核报价单

(1) 填制报价单。

销售报价单是销售部门综合企业销售政策、产品成本、目标利润率、以往价格资料和当前的市场情况等因素，向客户提出的销售报价。

选择“供应链”|“销售管理”|“销售报价”|“销售报价单—新增”，输入报价的有关信息，如图 7—4 所示。

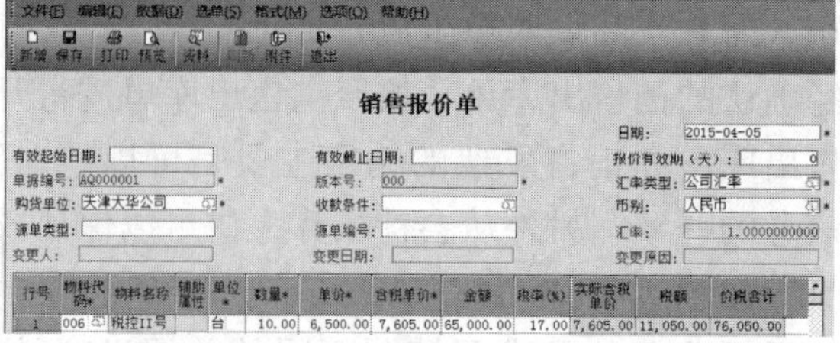

图 7—4 销售报价单

单击“保存”完成。

(2) 设置审核权限。

用账套管理员登录。

选择“系统设置”|“系统设置”|“销售管理”|“审批流管理”，单击“销售报价单”，如图 7—5 所示。

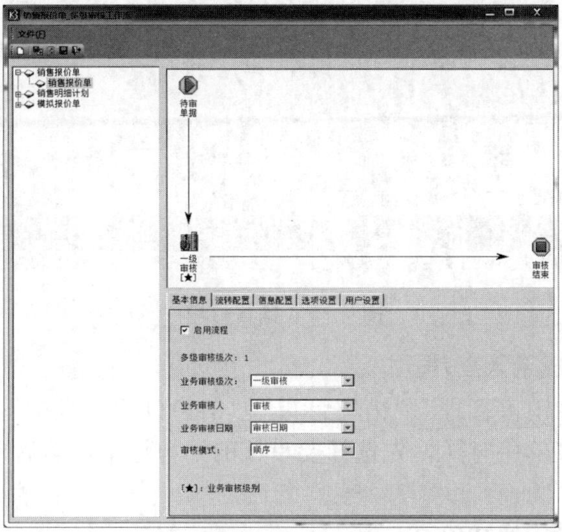

图 7—5　销售报价单工作流设置

选择“用户设置”选项卡，将孙胜业设置为审核人，如图 7—6 所示。

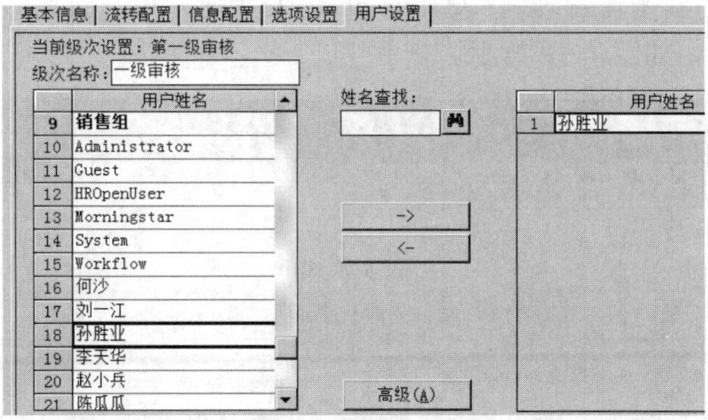

图 7—6　用户设置

单击“保存”按钮完成。

(3) 审核。

选择对销售报价单有审核权限的人员登录，对销售报价单进行审核。

选择“供应链”|“销售管理”|“销售报价”|“销售报价单—维护”，再选择要审核的报价单，单击“审核”按钮完成审核工作。

2. 填制并审核销售订单

销售订单是企业销售部门交给客户作为订货依据的单据。销售订单是销售订货业务工作中非常重要的管理单据，通过销售订单可以查询销售订单的发货情况和订单执行状况。单据填制后要审核。

选择“供应链”|“销售管理”|“销售订单”|“销售订单—新增”，单据的信息通过报价单关联转入，然后修改数量，如图 7—7 所示。

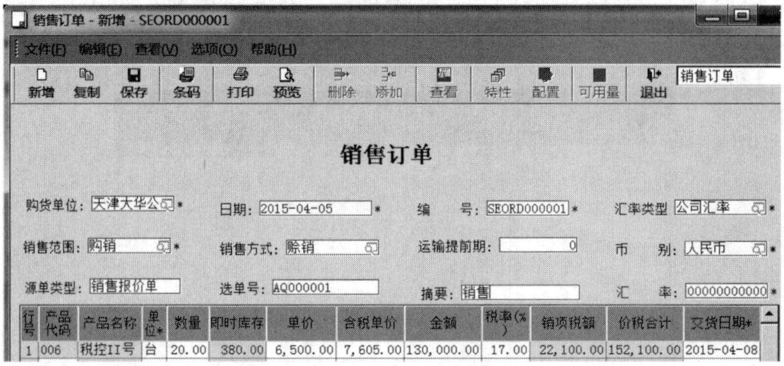

图 7—7 销售订单

单击“保存”完成录入工作。

选择“供应链”|“销售管理”|“销售订单”|“销售订单—维护”，条件过滤选择“默认方案”，进入销售订单序时簿，先选择要审核的销售订单，然后单击“审核”完成。

3. 填制并审核发货通知单

发货通知单是销售部门在确定销售订货成立后，向仓库部门发出的发货通知，从而方便物料的跟踪与查询。

选择“供应链”|“销售管理”|“发货通知”|“发货通知单—新增”，单据的信息通过销售订单关联转入，如图 7—8 所示。

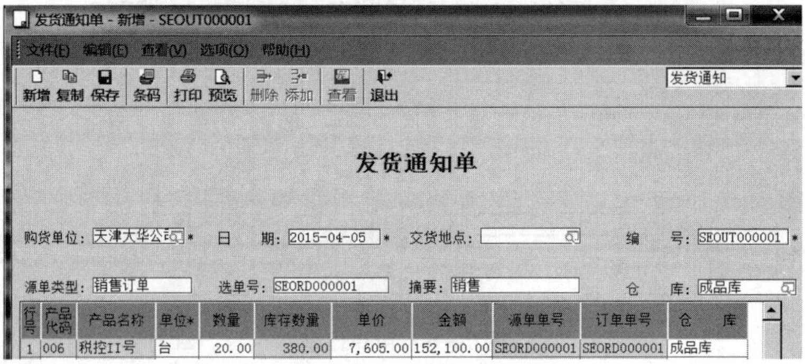

图 7—8 发货通知单

单击“保存”完成录入。

选择“供应链”|“销售管理”|“发货通知”|“发货通知单—维护”，进入销售发货序时簿后，选择要审核的发货通知，单击“审核”按钮完成审核工作。

4. 填制并审核销售出库单

销售出库单是仓库管理人员发货出库的凭据。有两种生成方式，一是直接录入；二是从销售订单、销售发票、产品入库单、采购入库单关联生成。

选择“供应链”|“销售管理”|“销售出库”|“销售出库单—新增”，这里采用发货通

知关联的方式输入销售出库单，如图 7—9 所示。

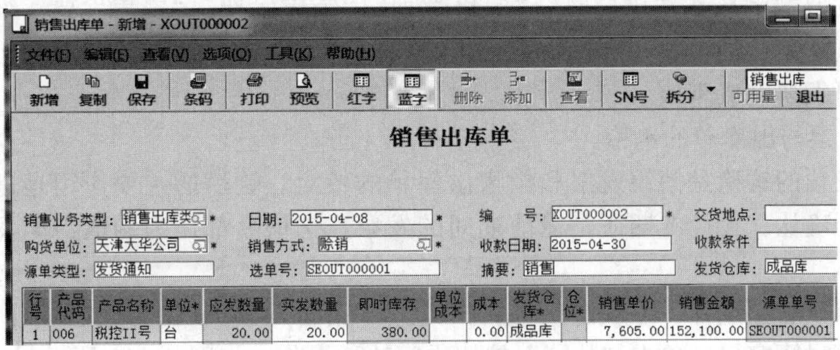

图 7—9　销售出库单

然后再输入发货仓库、发货人等信息，单击“保存”完成。

选择“供应链”|“销售管理”|“销售出库”|“销售出库单—维护”，进入销售出库序时簿，选择要审核的销售出库单，单击“审核”完成审核工作。

5. 填制并审核销售发票

(1) 填制发票。

销售发票在形式上分为专用和普通两种，它们的区别在于专用发票涉及增值税，而普通发票不涉及，普通发票在格式上只比专用发票少了几个与增值税有关的项目，其他基本相同。不管专用发票还是普通发票，都分为两种，即蓝字、红字发票，它们的生成方式也有所不同。蓝字发票是真正的销售发票，而红字销售发票则是指销售后的退货发票。

销售发票是销售管理的关键环节，它涉及销售收入，是销售管理与存货核算的接口。

销售发票的生成有两种方法，一种直接录入，另一种则是通过关联销售订单、销售出库单生成。

选择“供应链”|“销售管理”|“销售发票”|“销售发票—新增”，销售发票的录入通过销售出库单关联输入，如图 7—10 所示。

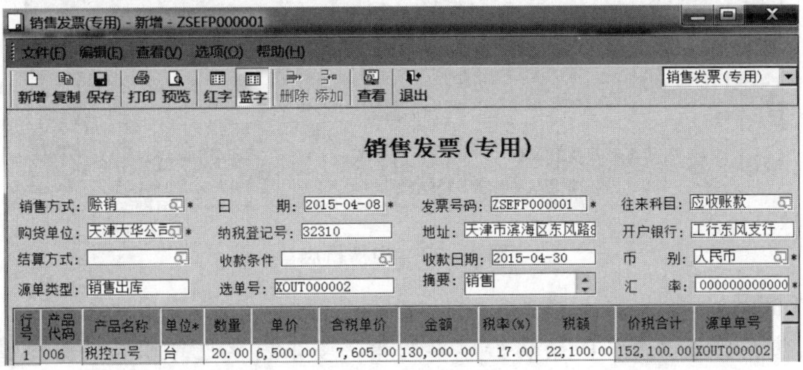

图 7—10　销售发票

单击“保存”完成录入。

（2）审核发票。

销售发票的审核在“供应链”|“销售管理”|“销售发票”|“销售发票—维护”中进行，注意过滤条件的设置，选择“默认方案”，将钩稽状态设置为“全部”，通过“审核”功能对发票完成审核。

（3）发票与出库单的钩稽。

销售发票的钩稽是销售发票和销售出库单的核对，钩稽的主要作用是进行收入和成本的匹配确认。无论本期还是以前期间的发票，钩稽后都作为钩稽当期发票来计算收入。

发票审核后，选择“供应链”|“销售管理”|“销售发票”|“销售发票—维护”，进入销售发票序时簿窗口，单击“钩稽”按钮进行钩稽操作，如图7—11所示。

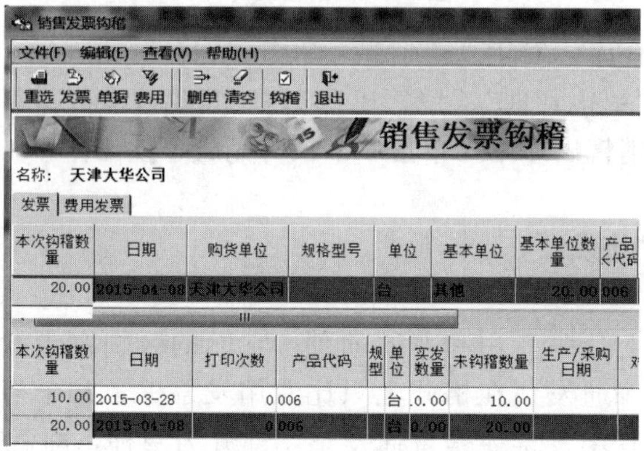

图7—11 钩稽

单击“删单”，删除不钩稽的出库单（数量为10）。

选定需要钩稽的销售发票和对应的出库单数据，单击“钩稽”，系统会提示“钩稽成功”。

选择“供应链”|“销售管理”|“销售发票”|“销售发票—钩稽日志”，可以查看钩稽的情况予以验证，如果钩稽不对，可以取消钩稽，在找到原因后再钩稽，如图7—12所示。

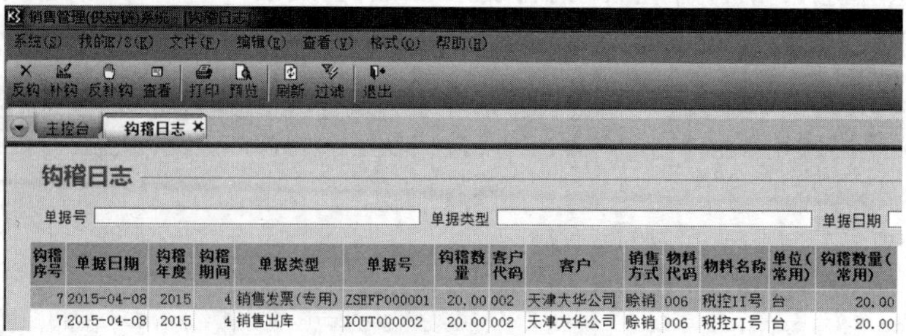

图7—12 钩稽日志

操作提示

一张销售发票可以与多张销售出库单钩稽，多张发票也可以与一张销售出库单钩稽，同样，多张销售发票可以与多张销售出库单钩稽。

如果只发出部分商品，但发票全额开给对方，发票数量大于销售出库单数量，钩稽前需要在发票序时簿中先将该发票进行拆分处理。

同样，如果货物全部发出，但只开出部分销售发票，发票数量小于销售出库单数量，钩稽前需要在销售出库单序时簿中先将销售出库单进行拆分处理。

已经钩稽的销售发票可以通过反钩稽取消钩稽操作。

6. 根据销售发票生成销售收入凭证

(1) 赊销凭证。

销售收入（赊销）凭证模板参数定义如表 7—1 所示。

表 7—1　　销售收入（赊销）凭证模板

科目来源	科目	借贷方向	金额来源	摘要	核算项目
凭证模板	应收账款	借	销售发票价税合计		购货单位
单据上物料的销售收入科目		贷	销售发票不含税金额		
凭证模板	应交税费—应交增值税—销项税额	贷	销售发票税额		

选择“供应链”|“存货核算”|“凭证管理”|“凭证模板”，在“实际成本法部分”再选择“销售收入—赊销”。

设置“销售收入—赊销”的凭证模板，直接在原来的模板上进行修改，如图 7—13 所示。

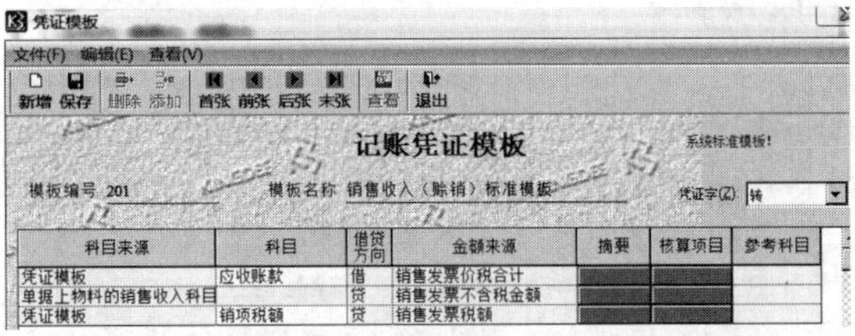

图 7—13　销售收入（赊销）凭证模板定义

应收账款的“核算项目”为客户，“对应单据上项目”为购货单位。设置完成后，单击“保存”按钮，然后退出参数的定义。

(2) 生成凭证。

选择“供应链”|“存货核算”|“凭证管理”|“生成凭证”，进入后再选择“销售收入—赊销”。

在生成凭证之前，可以单击“选项”按钮，设置生成凭证的有关参数。

单击“重设”按钮，然后设置过滤条件，再选择要生成凭证的发票，如图 7—14 所示。

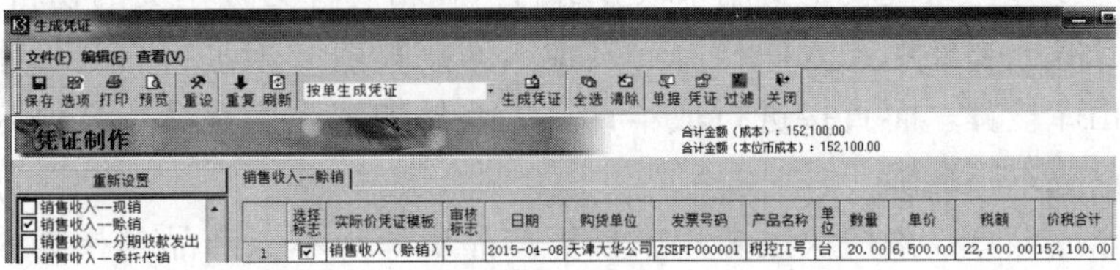

图 7—14　选择销售发票

单击“生成凭证”按钮，即完成凭证的生成。

选择“供应链”|“存货核算”|“凭证管理”|“凭证查询”，可以查看到生成的凭证，如图 7—15 所示。

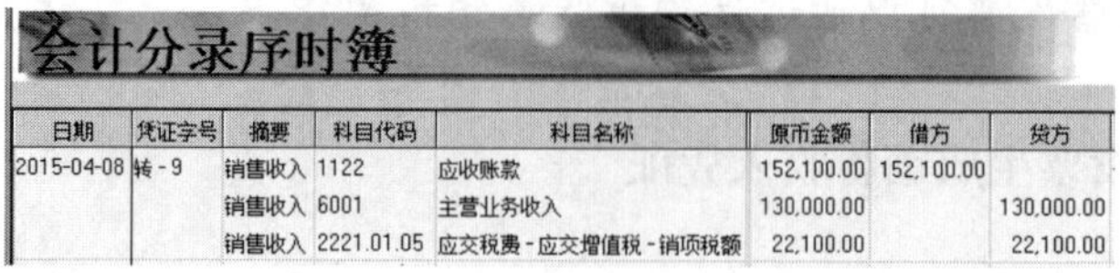
会计分录序时簿

日期	凭证字号	摘要	科目代码	科目名称	原币金额	借方	贷方
2015-04-08	转-9	销售收入	1122	应收账款	152,100.00	152,100.00	
		销售收入	6001	主营业务收入	130,000.00		130,000.00
		销售收入	2221.01.05	应交税费-应交增值税-销项税额	22,100.00		22,100.00

图 7—15　生成的销售收入凭证

7. 销售出库生成凭证

（1）赊销凭证。

销售出库（赊销）凭证模板参数定义如表 7—2 所示。

表 7—2　　销售出库（赊销）凭证模板

科目来源	科目	借贷方向	金额来源	摘要	核算项目
单据上物料的销售成本科目	主营业务成本	借	产品出库单实际成本		
单据上物料的存货科目	库存商品	贷	产品出库单实际成本		

选择“供应链”|“存货核算”|“凭证管理”|“凭证模板”，在“实际成本法部分”再选择“销售出库—赊销”。设置“销售出库—赊销”的凭证模板，直接在原来的模板上进行修改，如图 7—16 所示。

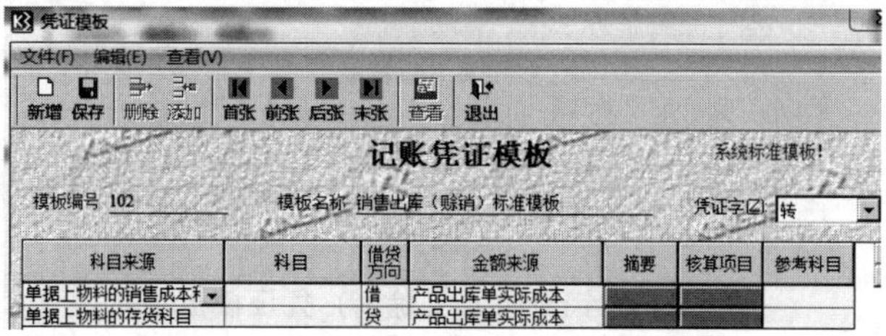

图 7—16　销售出库（赊销）凭证模板定义

设置完成后，单击“保存”按钮，然后退出参数的定义。

（2）出库核算。

出库核算功能，主要用来核算存货的出库成本，分为材料出库核算和产成品出库核算，可选择总仓、分仓或分仓库组核算，提供核算向导，提供计算报告和出错报告，反映出库核算过程。

材料出库核算：该模块主要用来核算材料（物料属性为外购类的物料）出库成本，一般在成本计算、委外加工入库核算、其他入库核算前必须进行材料出库核算，如未先进行材料出库核算，而直接进行成本计算、委外加工入库核算、其他入库核算可能造成对应产品成本不准确。

产成品出库核算：该模块主要用来核算产品出库成本（产品是指物料属性为非外购类的物料），其操作流程与材料出库核算类似。

选择“供应链”|“存货核算”|“出库核算”|“材料出库核算”，再选择“结转本期所有材料”，如图 7—17 所示。

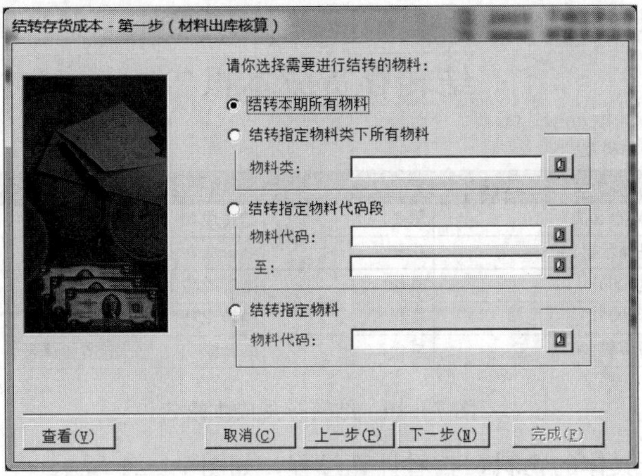

图 7—17　结转存货成本

单击“下一步”按钮，选择和填写有关选项，如图 7—18 所示。

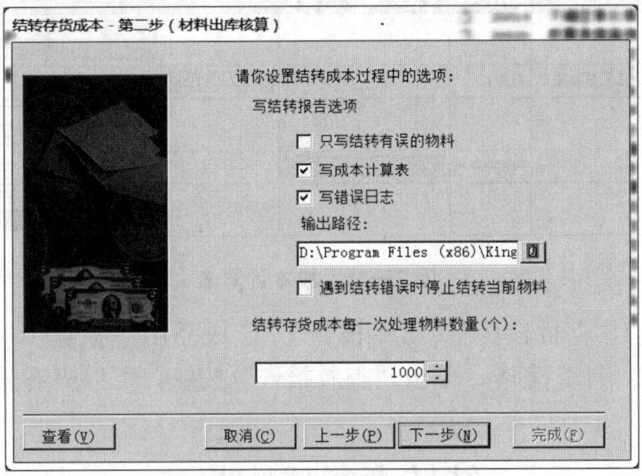

图 7—18　结转参数设置

单击“下一步”按钮，系统自动进行计算，计算完成后如图 7—19 所示。

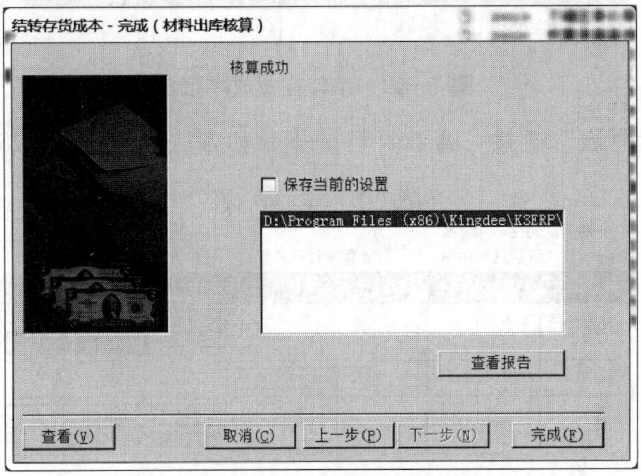

图 7—19　结转完成

单击“查看报告”按钮，可以查看计算的情况，如图 7—20 所示。

结转存货成本报告

会计期间:2015年 第4期
结转物料数：5

物料名称	仓库（组）	状态	附件
2TB硬盘(002)	总仓	结转成功	成本计算表
液晶显示器(003)	总仓	结转成功	成本计算表
键盘(004)	总仓	结转成功	成本计算表
鼠标(005)	总仓	结转成功	成本计算表
HP打印机(007)	总仓	结转成功	成本计算表

图 7—20　结转存货成本报告

可以选择某个具体的物料，查看计算过程，如图 7—21 所示。

成 本 计 算 表

会计期间：2015年 第4期
物料名称：2TB硬盘(002)　　计量单位：盒　　计价方法：移动平均法

事务类型	单据号码	收入	发出	结存
期初余额				200*820=164000 合计:200*820=164000
外购入库暂估补差单	WINA1		发出金额=1000	
余额				200*815=163000 合计:200*815=163000
外购入库	WIN000004	200*802.74=160547.73		
余额				400*808.87=323547.73 合计:400*808.87=323547.73

图 7—21　成本计算表

选择“供应链”|“存货核算”|“出库核算”|“产成品出库核算”，具体设置和步骤与材料出库核算相似，计算完毕，单击“查看报告”按钮，可以查看计算情况，如图 7—22 所示。

结转存货成本报告

会计期间:2015年 第4期
结转物料数：1

物料名称	仓库（组）	状态	附件
税控II号(006)	总仓	结转成功	成本计算表

图 7—22　结转存货成本报告

单击“成本计算表”链接，查看计算的步骤和方法，如图 7—23 所示。

成 本 计 算 表

会计期间：2015年 第4期
物料名称：税控II号(006)　　计量单位：其他　　计价方法：移动平均法

事务类型	单据号码	收入	发出	结存
期初余额				380*4800=1824000 合计:380*4800=1824000
销售出库	XOUT000002		20*4800=96000	
余额				360*4800=1728000 合计:360*4800=1728000

图 7—23　成本计算表

经过出库核算后，前面录入的销售出库单就自动写入了出库成本。选择“供应链”|“销售管理”|“销售出库”|“销售出库单—维护”，可以查看税控Ⅱ号销售出库单的成本数据，如图 7—24 所示。

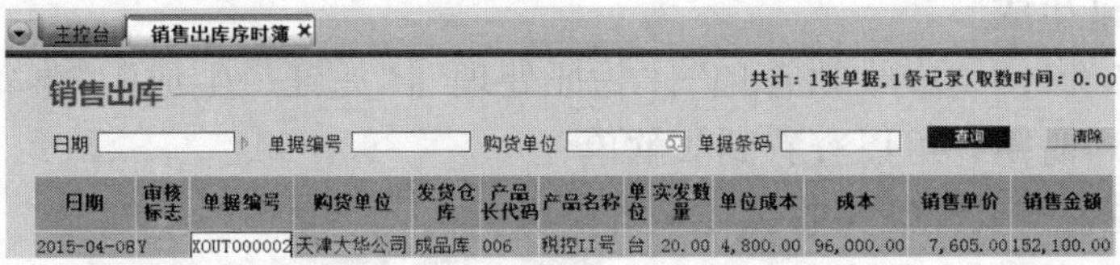

日期	审核标志	单据编号	购货单位	发货仓库	产品长代码	产品名称	单位	实发数量	单位成本	成本	销售单价	销售金额
2015-04-08	Y	XOUT000002	天津大华公司	成品库	006	税控II号	台	20.00	4,800.00	96,000.00	7,605.00	152,100.00

图 7—24　销售出库单（税控Ⅱ号）

（3）生成凭证。

选择“供应链”|“存货核算”|“凭证管理”|“生成凭证”，进入后再选择“销售出库—赊销”。

单击“重设”按钮，然后设置过滤条件，再选择本次销售出库要生成凭证的出库单（天津大华公司，税控Ⅱ号，数量为 20）。

单击“生成凭证”按钮，即完成凭证的生成。

选择“供应链”|“存货核算”|“凭证管理”|“凭证查询”，可以查看到生成的凭证，如图 7—25 所示。

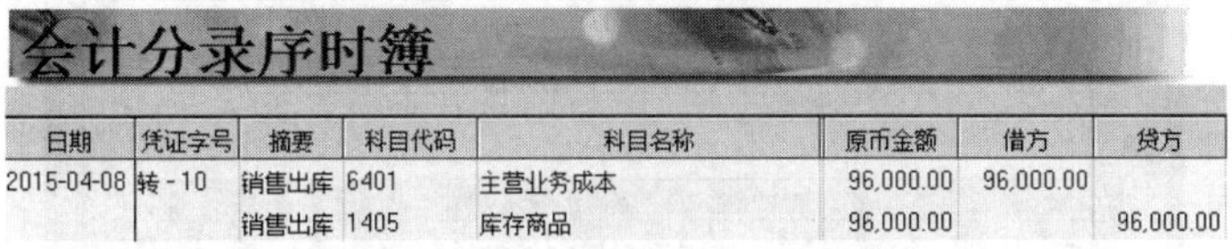

日期	凭证字号	摘要	科目代码	科目名称	原币金额	借方	贷方
2015-04-08	转 - 10	销售出库	6401	主营业务成本	96,000.00	96,000.00	
		销售出库	1405	库存商品	96,000.00		96,000.00

图 7—25　生成的销售出库凭证

对于全月一次加权平均法的物料销售成本的结转，应放到月末一次性结转，采用移动平均法的物料可逐笔结转。

8. 填制并审核收款单

选择“财务会计”|“应收款管理”|“收款”|“收款单—新增”，通过销售发票进行关联数据转入，如图 7—26 所示。

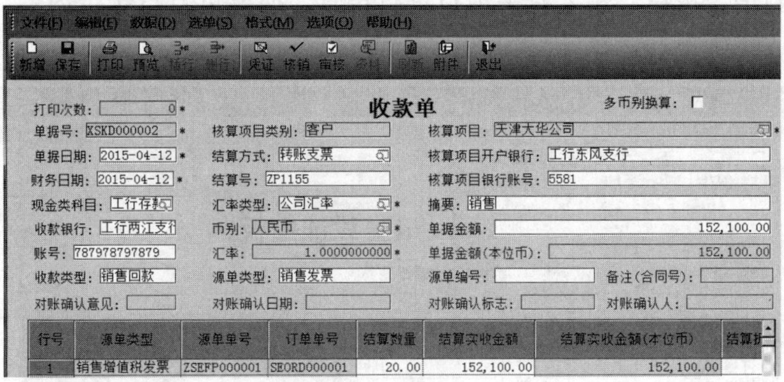

图 7—26　收款单

填制完成，单击“保存”结束。

选择有审核权限的用户名登录，然后选择“财务会计”|“应收款管理”|“收款”|“收款单—维护”，再选择要审核的收款单，单击“审核”按钮进行审核。

9. 收款凭证生成

选择“财务会计”|“应收款管理”|“凭证处理”|“凭证—生成”，事务类型选择“收款”，进入单据序时簿，可以查看到收款单。

生成凭证前，需要先定义收款凭证的模板。

销售收款凭证模板参数定义如表 7—3 所示。

表 7—3　　销售收款凭证模板

科目来源	科目	借贷方向	金额来源	摘要	核算项目
凭证模板	银行存款—工行存款	借	收款单收款金额		
凭证模板	应收账款	贷	收款单收款金额		客户—核算项目

在单据序时簿下，单击“选项”按钮，进行有关凭证生成的设置，如图 7—27 所示。

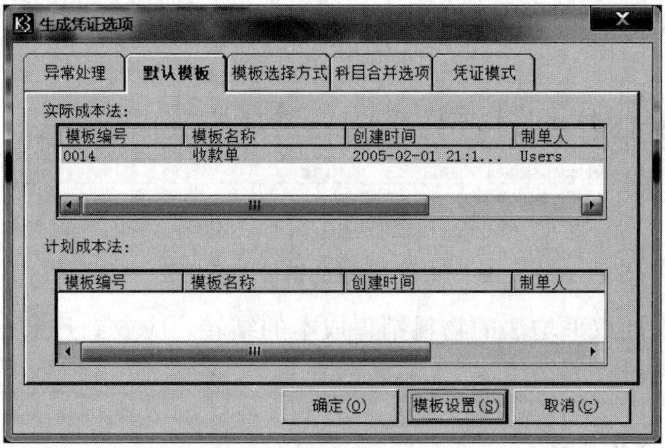

图 7—27　生成凭证选项

单击“模板设置”按钮，选择事务类型为“收款”。

单击“新增”按钮，输入有关项目进行设置，摘要可自行选定内容，如图 7—28 所示。

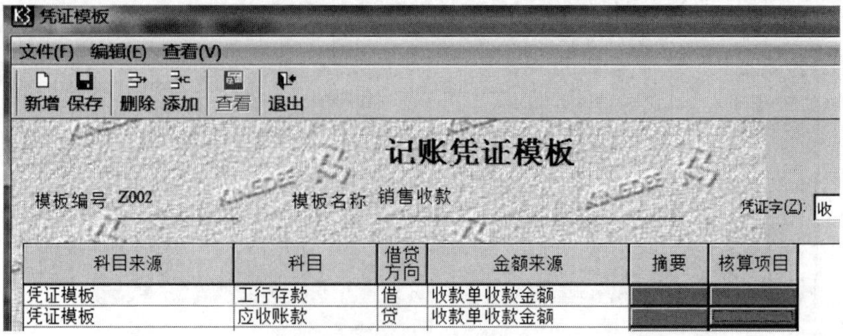

图 7—28　凭证模板

应收账款的“核算项目”为客户，“对应单据上的项目”为核算项目。

设置完成，单击“保存”按钮，然后退出。

选择新设置的凭证模板，再选择“编辑”|“设为默认模板”，将刚才设置的凭证模板设置为生成凭证的默认模板，然后退到生成凭证选项下，再退回到生成凭证窗口中。

单击“按单”生成凭证。

选择“财务会计”|“应收款管理”|“凭证处理”|“凭证—维护”，进入会计分录序时簿，可以查看生成的凭证，如图 7—29 所示。

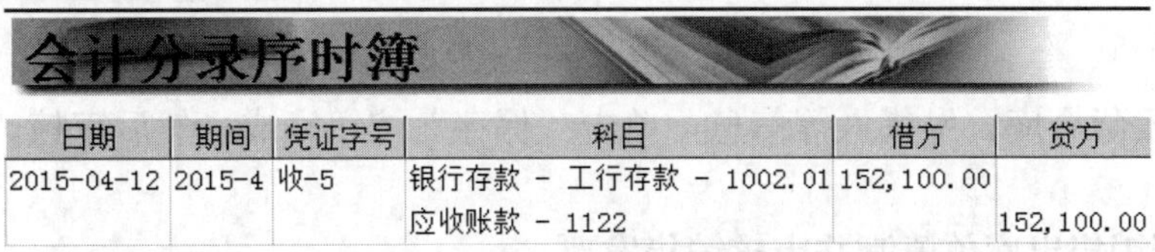

会计分录序时簿

日期	期间	凭证字号	科目	借方	贷方
2015-04-12	2015-4	收-5	银行存款 - 工行存款 - 1002.01	152,100.00	
			应收账款 - 1122		152,100.00

图 7—29　会计分录序时簿

7.1.3　商业折扣的处理

案例资料

4 月 12 日，销售部向天津大华公司出售 HP 激光打印机 10 台，报价为 2 400 元/台（含税价为 2 808 元），通知库房发货，然后货物从配套用品库发出。

最后商定的成交价为报价的 90%，根据上述发货单开具专用发票一张，记录应收账款。

操作过程

1. 填制并审核发货单

选择“供应链”|“销售管理”|“发货通知”|“发货通知单—新增”，录入有关信息，如图 7—30 所示。

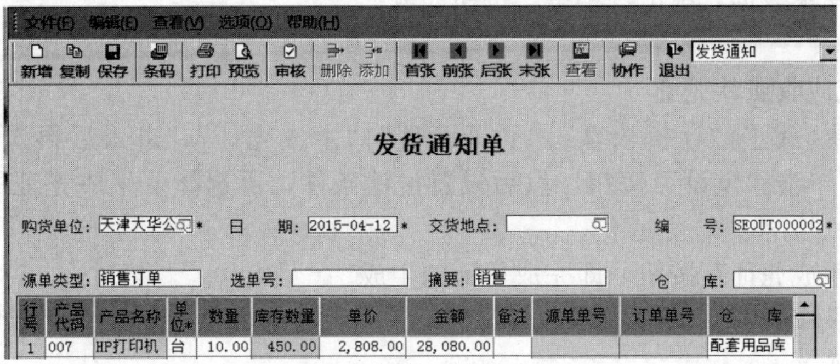

图 7—30　发货通知单

先保存，然后审核。

2. 填制并审核销售出库单

选择“供应链”|“销售管理”|“销售出库”|“销售出库单—新增”，本处采用发货通

知关联的方式输入销售出库单，如图 7—31 所示。

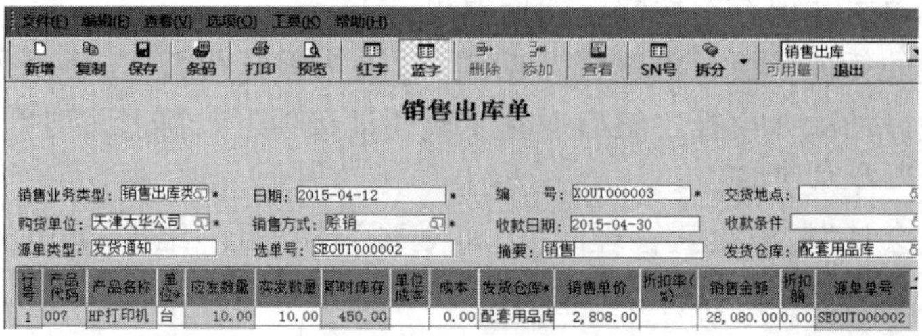

图 7—31 销售出库单

再输入发货仓库、发货人等信息，单击“保存”按钮完成，然后审核。

3. 根据销售出库单填制并审核销售发票

选择“供应链”|“销售管理”|“销售发票”|“销售发票—新增”，销售发票的录入通过销售出库单关联输入，录入折扣率，如图 7—32 所示。

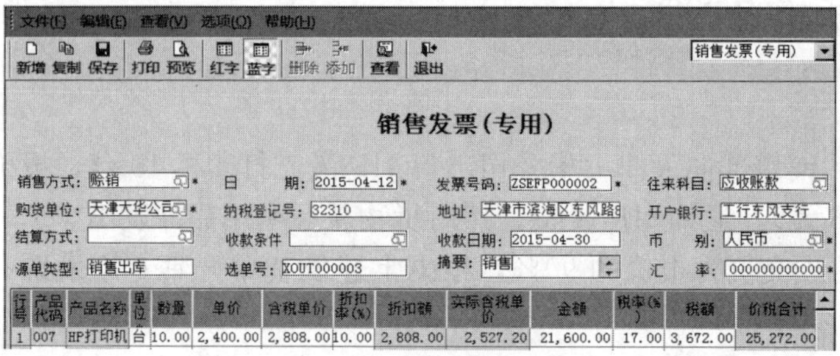

图 7—32 销售发票

先保存，然后审核。

选择“供应链”|“销售管理”|“销售发票”|“销售发票—维护”，进入销售发票序时簿窗口。选择要钩稽的发票，单击“钩稽”进入钩稽操作，选定需要钩稽的销售发票和对应的出库单数据，单击“钩稽”按钮完成。

4. 生成应收账款凭证

选择“供应链”|“存货核算”|“凭证管理”|“生成凭证”，进入后再选择“销售收入—赊销”。单击“重设”按钮，然后设置过滤条件，再选择要生成凭证的发票（HP激光打印机）。

单击“生成凭证”按钮，即完成凭证的生成。

选择“供应链”|“存货核算”|“凭证管理”|“凭证查询”，可以查看到生成的凭证，如图 7—33 所示。

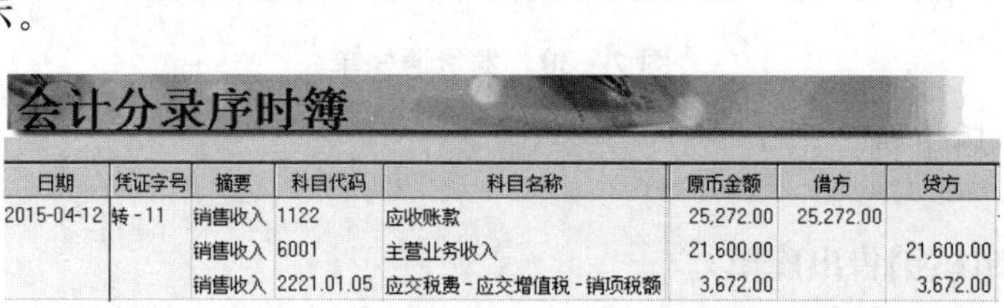
会计分录序时簿

日期	凭证字号	摘要	科目代码	科目名称	原币金额	借方	贷方
2015-04-12	转-11	销售收入	1122	应收账款	25,272.00	25,272.00	
		销售收入	6001	主营业务收入	21,600.00		21,600.00
		销售收入	2221.01.05	应交税费-应交增值税-销项税额	3,672.00		3,672.00

图 7—33 生成的销售收入凭证

5. 销售出库生成凭证

（1）出库核算。

选择“供应链”|“存货核算”|“出库核算”|“材料出库核算”，再选择结转本期所有材料（也可直接指定，因本案例数量不多，简化操作而已），计算完成后 HP 打印机的成本如图 7—34 所示。

成 本 计 算 表

会计期间：2015年 第4期

物料名称：HP打印机(007)　　计量单位：其他　　计价方法：移动平均法

事务类型	单据号码	收入	发出	结存
期初余额				400*1800=720000 合计:400*1800=720000
销售出库	XOUT000003		10*1800=18000	
余额				390*1800=702000 合计:390*1800=702000
外购入库	WIN000008	50*1500=75000		
余额				440*1765.91=777000 合计:440*1765.91=777000

图 7—34　结转完成

（2）生成凭证。

选择“供应链”|“存货核算”|“凭证管理”|“生成凭证”，进入后再选择“销售出库—赊销”。

单击“重设”按钮，然后设置过滤条件，再选择本次销售出库要生成凭证的出库单（天津大华公司，HP 打印机）。

单击“生成凭证”，完成凭证的生成。

选择“供应链”|“存货核算”|“凭证管理”|“凭证查询”，可以查看到生成的凭证，如图 7—35 所示。

会计分录序时簿

日期	凭证字号	摘要	科目代码	科目名称	原币金额	借方	贷方
2015-04-12	转 - 12	销售出库	6401	主营业务成本	18,000.00	18,000.00	
		销售出库	1405	库存商品	18,000.00		18,000.00

图 7—35　生成的销售出库凭证

7.1.4 现结业务

案例资料

4 月 15 日，向湖南宇子公司销售专用打印纸 200 箱，每箱 180 元（含税价 210.60 元）；普通发票打印纸 150 箱，每箱 150 元（含税价 175.50 元）。专用发票已开，商品已从成品库出库，款项转账支票已经收到入工行户，支票号 YZ1121。

操作过程

1. 填制并审核销售出库单

选择“供应链”|“销售管理”|“销售出库”|“销售出库单—新增”，输入出库单如图

7—36 所示。销售出库单上的单价为含税单价，注意销售方式为“现销”。

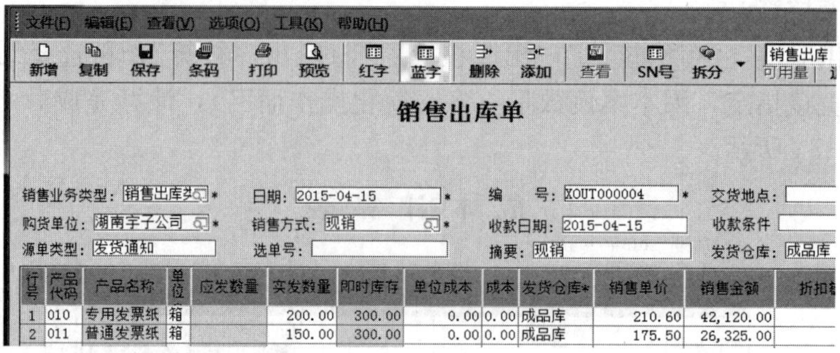

图 7—36　销售出库单

再输入发货人等信息，单击“保存”完成，然后审核。

2. 填制并审核销售发票

选择“供应链”|“销售管理”|“销售发票”|“销售发票—新增”，销售发票的录入通过销售出库单关联输入，注意销售方式为“现销”，如图 7—37 所示。

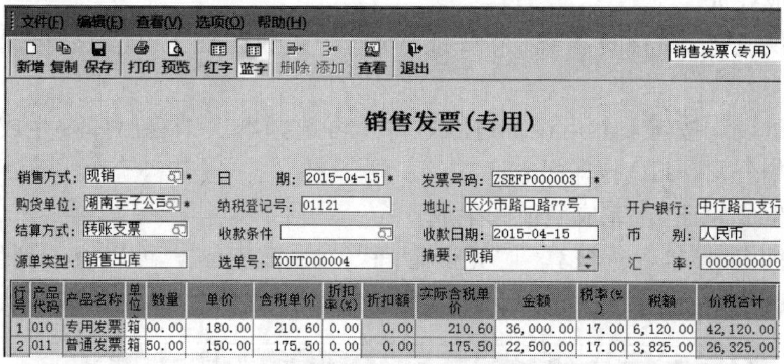

图 7—37　销售发票

先保存，然后审核。

选定需要钩稽的销售发票和对应的出库单数据，单击“钩稽”完成。对于有多笔的，要一起选择，可以按 Shift 键或 Ctrl 键进行重复选择。

3. 生成收款凭证

现销凭证模板的参数设置如表 7—4 所示。

表 7—4　现销凭证模板

科目来源	科目	方向	金额来源	摘要	核算项目
凭证模板	银行存款—工行存款	借	销售发票价税合计		
单据上物料的销售收入科目		贷	销售发票不含税金额		
凭证模板	应交税费—应交增值税—销项税额	贷	销售发票税额		

选择“供应链”|“存货核算”|“凭证管理”|“凭证模板”，再选择“销售收入—现销”

凭证模板，单击“新增”，设置完成后如图 7—38 所示。

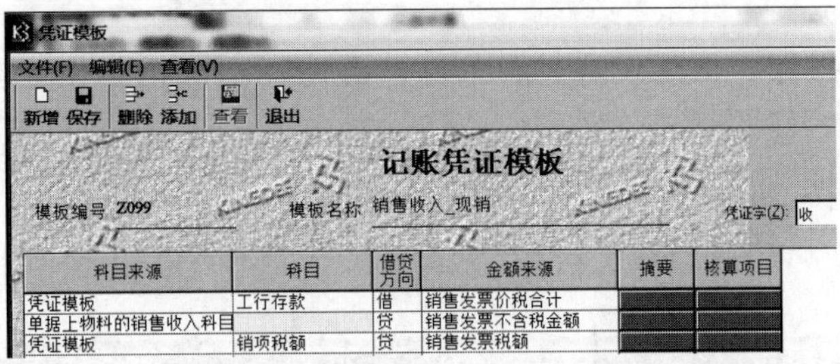

图 7—38　销售收入_现销凭证模板

先保存，选择“编辑”|“设为默认模板”，然后将增加的凭证模板设置为默认模板。

选择“供应链”|“存货核算”|“凭证管理”|“生成凭证”，再选择“销售收入—现销”凭证模板，单击“重设”，选择湖南宇子公司（发票纸）生成凭证。

选择“供应链”|“存货核算”|“凭证管理”|“凭证查询”，生成的凭证如图 7—39 所示。

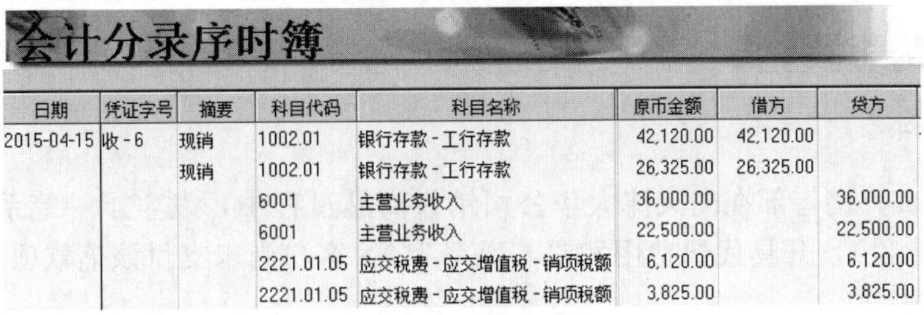
会计分录序时簿

日期	凭证字号	摘要	科目代码	科目名称	原币金额	借方	贷方
2015-04-15	收 - 6	现销	1002.01	银行存款 - 工行存款	42,120.00	42,120.00	
		现销	1002.01	银行存款 - 工行存款	26,325.00	26,325.00	
			6001	主营业务收入	36,000.00		36,000.00
			6001	主营业务收入	22,500.00		22,500.00
			2221.01.05	应交税费 - 应交增值税 - 销项税额	6,120.00		6,120.00
			2221.01.05	应交税费 - 应交增值税 - 销项税额	3,825.00		3,825.00

图 7—39　收款凭证

4. 销售出库生成凭证

（1）出库核算。

选择“供应链”|“存货核算”|“出库核算”|“产成品出库核算”，再选择结转本期所有材料，计算发票纸的成本。结果为：专用发票纸＝200×40＝8 000（元）；普通发票纸＝150×30＝4 500（元）。

（2）生成凭证。

选择“供应链”|“存货核算”|“凭证管理”|“凭证模板”，销售出库—现销的凭证模板设置如图 7—40 所示。

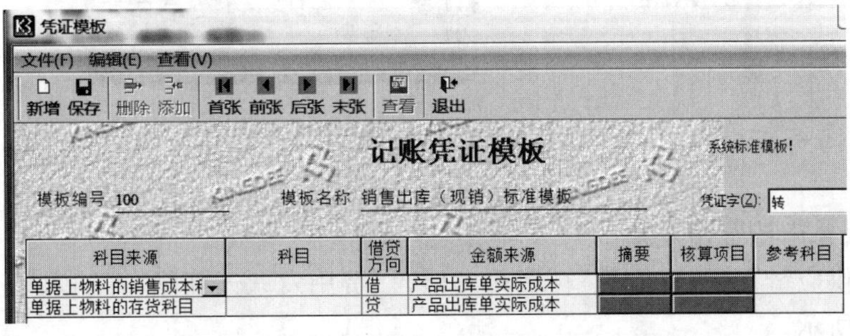

图 7—40　销售出库（现销）标准模板

选择“供应链”|“存货核算”|“凭证管理”|“生成凭证”，进入后再选择“销售出库—现销”。

单击“重设”按钮，然后设置过滤条件，再选择本次销售出库要生成凭证的出库单（湖南宇子公司，发票纸）。

单击“生成凭证”，完成凭证的生成。

选择“供应链”|“存货核算”|“凭证管理”|“凭证查询”，可以查看到生成的凭证，如图7—41所示。

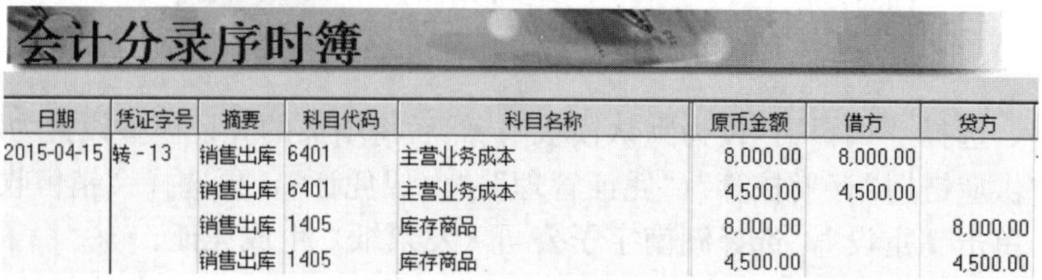

会计分录序时簿

日期	凭证字号	摘要	科目代码	科目名称	原币金额	借方	贷方
2015-04-15	转-13	销售出库	6401	主营业务成本	8,000.00	8,000.00	
		销售出库	6401	主营业务成本	4,500.00	4,500.00	
		销售出库	1405	库存商品	8,000.00		8,000.00
		销售出库	1405	库存商品	4,500.00		4,500.00

图7—41　生成的销售出库凭证

7.1.5　代垫费用处理

案例资料

4月15日，销售部在向天津大华公司销售商品过程中，发生了一笔系统调试服务费800元（含税），开具代垫费用发票，税率7%。客户尚未支付该笔款项。

操作过程

1. 增加费用项目

选择“系统设置”|“基础资料”|“公共资料”|“费用”，单击“新增”，费用类型选择“其他”，设置完成后如图7—42所示。

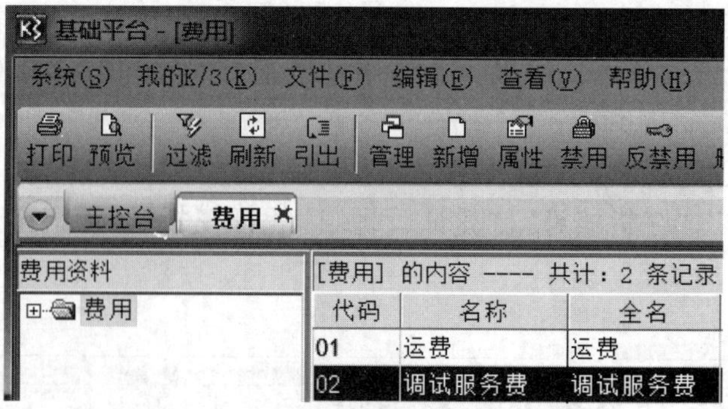

图7—42　费用项目

2. 录入并审核费用发票

选择“供应链”|“销售管理”|“费用发票”|“费用发票—新增”，输入相关业务数据，如图7—43所示。

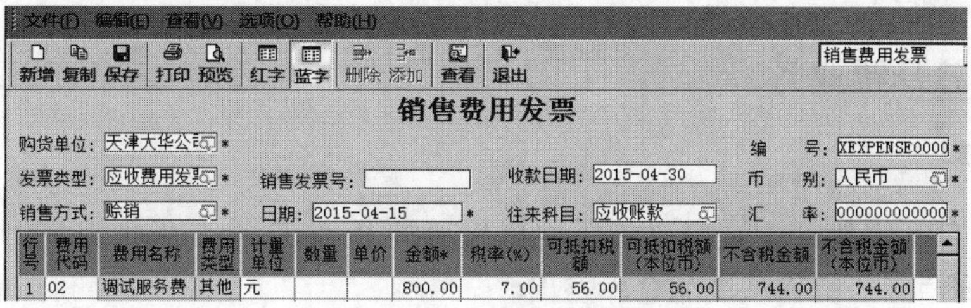

文件(F) 编辑(E) 查看(V) 选项(O) 帮助(H)

新增 复制 保存 打印 预览 红字 蓝字 删除 添加 查看 退出　　销售费用发票

销售费用发票

购货单位：天津大华公司 *　　编　号：XEXPENSE0000 *

发票类型：应收费用发票 *　销售发票号：　收款日期：2015-04-30　币　别：人民币 *

销售方式：赊销 *　日期：2015-04-15 *　往来科目：应收账款　汇　率：000000000000 *

行号	费用代码	费用名称	费用类型	计量单位	数量	单价	金额*	税率(%)	可抵扣税额	可抵扣税额(本位币)	不含税金额	不含税金额(本位币)
1	02	调试服务费	其他	元			800.00	7.00	56.00	56.00	744.00	744.00

图 7—43　费用发票

先保存，然后审核。

3. 生成凭证

销售费用发票（应收费用）凭证模板的参数设置如表 7—5 所示。

表 7—5　　销售费用发票（应收费用）凭证模板

科目来源	科目	方向	金额来源	摘要	核算项目
凭证模板	其他应收款—应收单位款	借	销售费用发票价税合计		客户（购货单位）
凭证模板	其他业务收入	贷	销售费用发票不含税金额		
凭证模板	应交税费—应交营业税	贷	销售费用发票税额		

选择“供应链”|“存货核算”|“凭证管理”|“凭证模板”，再选择事务类型“销售费用发票（应收费用）”。

然后设置凭证模板，填写有关科目。设置完成的凭证模板如图 7—44 所示。

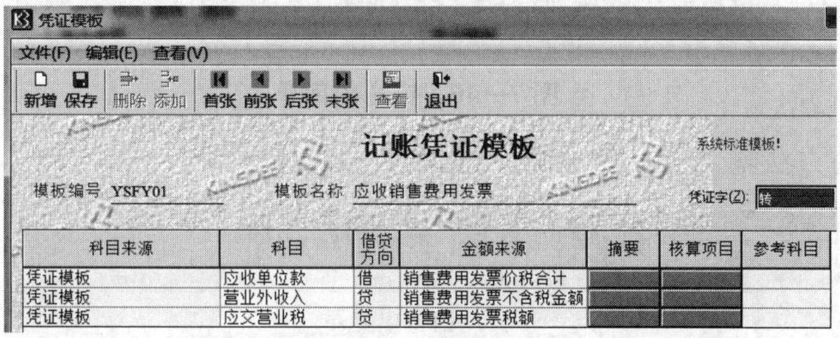

凭证模板

文件(F) 编辑(E) 查看(V)

新增 保存 删除 添加 首张 前张 后张 末张 查看 退出

记账凭证模板　　系统标准模板！

模板编号 YSFY01　模板名称 应收销售费用发票　凭证字(Z)：转

科目来源	科目	借贷方向	金额来源	摘要	核算项目	参考科目
凭证模板	应收单位款	借	销售费用发票价税合计			
凭证模板	营业外收入	贷	销售费用发票不含税金额			
凭证模板	应交营业税	贷	销售费用发票税额			

图 7—44　凭证模板

其他应收款—应收单位款的“核算项目”为客户，“对应单据上项目”为购货单位。

选择“供应链”|“存货核算”|“凭证管理”|“生成凭证”，选择“销售费用发票（应收费用）”，单击“重设”按钮，然后选择费用发票。

单击“生成凭证”，完成凭证的生成工作。

选择“供应链”|“存货核算”|“凭证管理”|“凭证查询”，可以查看生成的凭证，如图 7—45 所示。

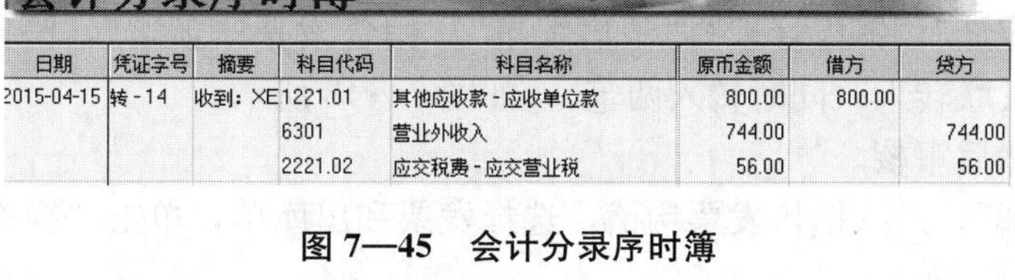

会计分录序时簿

日期	凭证字号	摘要	科目代码	科目名称	原币金额	借方	贷方
2015-04-15	转 - 14	收到：XE	1221.01	其他应收款 - 应收单位款	800.00	800.00	
			6301	营业外收入	744.00		744.00
			2221.02	应交税费 - 应交营业税	56.00		56.00

图 7—45　会计分录序时簿

7.1.6 汇总开票业务

案例资料

4 月 15 日，销售部向辽宁飞鸽公司出售税控Ⅱ号 50 台，无税报价为 6 400 元/台（含税价 7 488 元），货物从成品仓库发出。

4 月 16 日，销售部向辽宁飞鸽公司出售 HP 激光打印机 50 台，无税报价为 2 300 元/台（含税价 2 691 元），货物从配套用品库发出。

根据上述两张出库单开具专用发票一张，并制作凭证。

操作过程

1. 填制并审核销售出库单

选择“供应链”|“销售管理”|“销售出库”|“销售出库单—新增”，输入出库单，如图 7—46 所示。

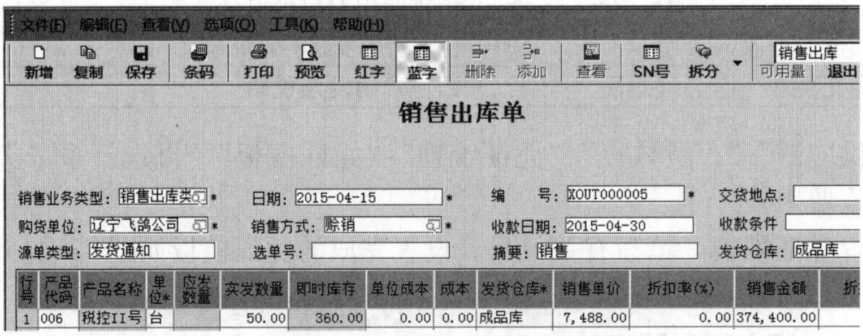

图 7—46 销售出库单

按照同样的方法输入另一笔业务，如图 7—47 所示。

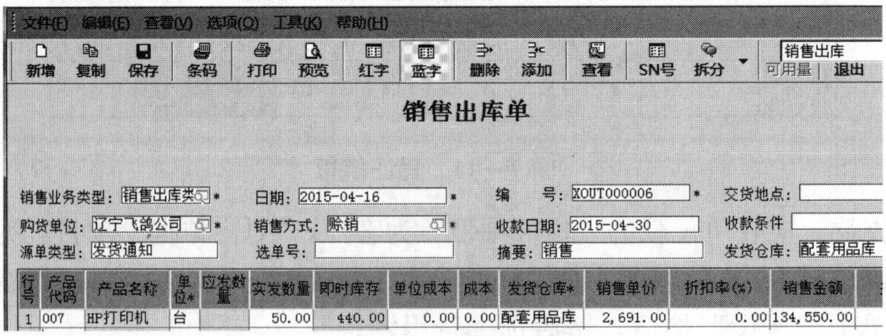

图 7—47 销售出库单

选择“供应链”|“销售管理”|“销售出库”|“销售出库单—维护”，逐一进行审核。

2. 填制并审核销售发票

选择“供应链”|“销售管理”|“销售发票”|“销售发票—新增”，销售发票的录入通过销售出库单关联转入（同时转入两笔），如图 7—48 所示。

先保存，然后审核。

单击“钩稽”，进入销售发票钩稽，选择发票和出库单，单击“钩稽”完成。

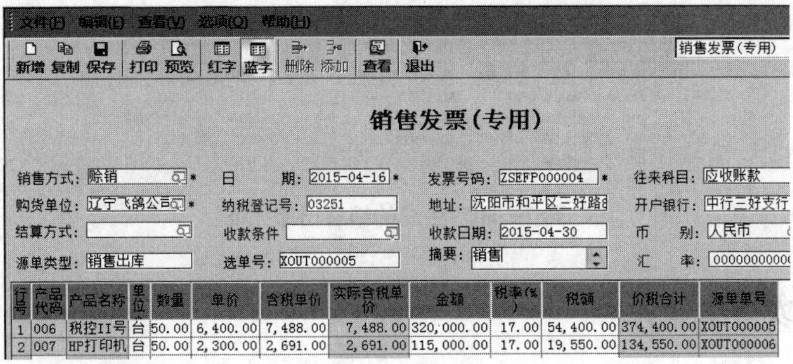

图 7—48　销售发票

3. 生成应收账款凭证

选择“供应链”|“存货核算”|“凭证管理”|“生成凭证”，进入后再选择“销售收入—赊销”。单击“重设”按钮，然后设置过滤条件，再选择要生成凭证的发票（辽宁飞鸽公司）。

单击“生成凭证”，即完成凭证的生成。

选择“供应链”|“存货核算”|“凭证管理”|“凭证查询”，可以查看到生成的凭证，如图 7—49 所示。

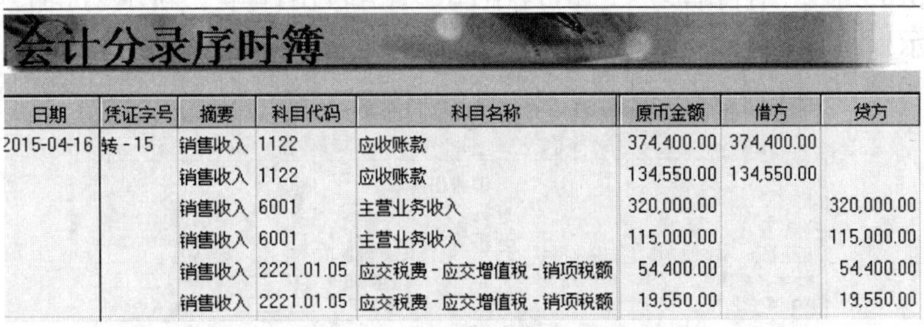
会计分录序时簿

日期	凭证字号	摘要	科目代码	科目名称	原币金额	借方	贷方
2015-04-16	转 - 15	销售收入	1122	应收账款	374,400.00	374,400.00	
		销售收入	1122	应收账款	134,550.00	134,550.00	
		销售收入	6001	主营业务收入	320,000.00		320,000.00
		销售收入	6001	主营业务收入	115,000.00		115,000.00
		销售收入	2221.01.05	应交税费 - 应交增值税 - 销项税额	54,400.00		54,400.00
		销售收入	2221.01.05	应交税费 - 应交增值税 - 销项税额	19,550.00		19,550.00

图 7—49　生成的应收账款凭证

4. 销售出库生成凭证

（1）出库核算。

选择“供应链”|“存货核算”|“出库核算”|“材料出库核算”，再选择结转本期所有材料，计算完成后 HP 打印机的成本为：50×1 800＝90 000（元）。

选择“供应链”|“存货核算”|“出库核算”|“产品出库核算”，再选择结转本期所有材料，计算完成后税控Ⅱ号的成本为：50×4 800＝240 000（元）。

（2）生成凭证。

选择“供应链”|“存货核算”|“凭证管理”|“生成凭证”，进入后再选择“销售出库—赊销”。单击“重设”按钮，然后设置过滤条件，再选择本次销售出库要生成凭证的出库单（辽宁飞鸽公司，HP 打印机和税控Ⅱ号）。

单击“生成凭证”，完成凭证的生成。

选择“供应链”|“存货核算”|“凭证管理”|“凭证查询”，可以查看到生成的凭证，如图 7—50 所示。

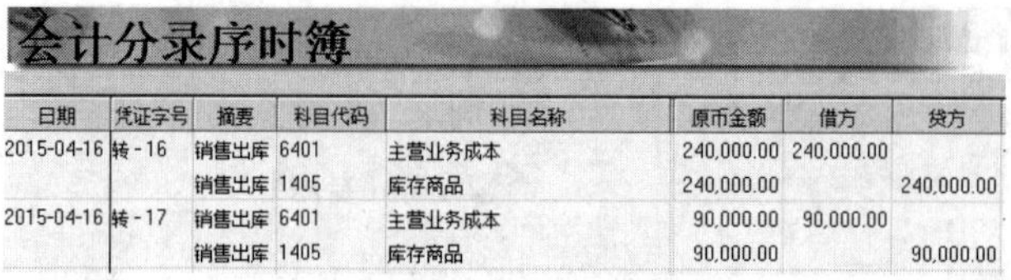
会计分录序时簿

日期	凭证字号	摘要	科目代码	科目名称	原币金额	借方	贷方
2015-04-16	转-16	销售出库	6401	主营业务成本	240,000.00	240,000.00	
		销售出库	1405	库存商品	240,000.00		240,000.00
2015-04-16	转-17	销售出库	6401	主营业务成本	90,000.00	90,000.00	
		销售出库	1405	库存商品	90,000.00		90,000.00

图 7—50　生成的销售出库凭证

7.1.7　分次开票业务

案例资料

4 月 16 日，销售部向重庆嘉陵公司出售 HP 激光打印机 65 台，无税报价为 2 300 元/台（含税价 2 691 元），货物从配套用品库发出。

4 月 17 日，应客户要求，对上述所发出的商品开具两张专用销售发票，第一张发票中所列示的数量为 40 台，第二张发票中所列示的数量为 25 台。

对发票和出库单进行钩稽，制作相关凭证。

操作过程

1. 填制并审核销售出库单

选择“供应链”|“销售管理”|“销售出库”|“销售出库单—新增”，输入出库单，如图 7—51 所示。

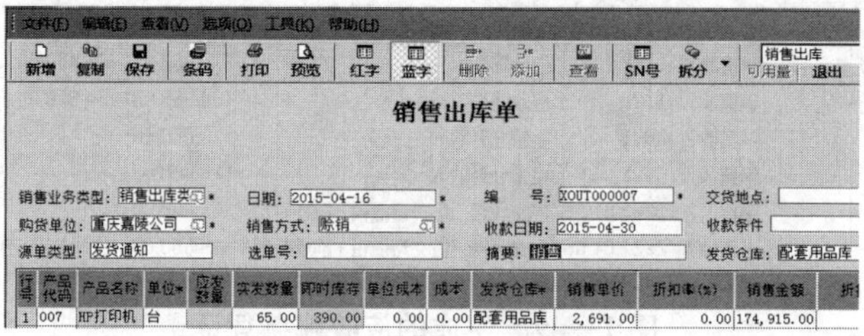

图 7—51　销售出库单

选择“供应链”|“销售管理”|“销售出库”|“销售出库单—维护”，然后进行审核。

2. 填制并审核发票

选择“供应链”|“销售管理”|“销售发票”|“销售发票—新增”，销售发票要直接录入，不能通过销售出库单关联输入，结果如图 7—52 所示。

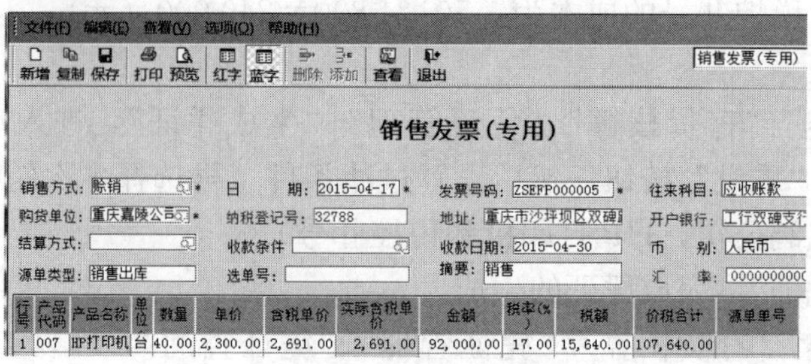

图 7—52　销售发票

按照同样的方法，开具第二张发票，如图 7—53 所示。

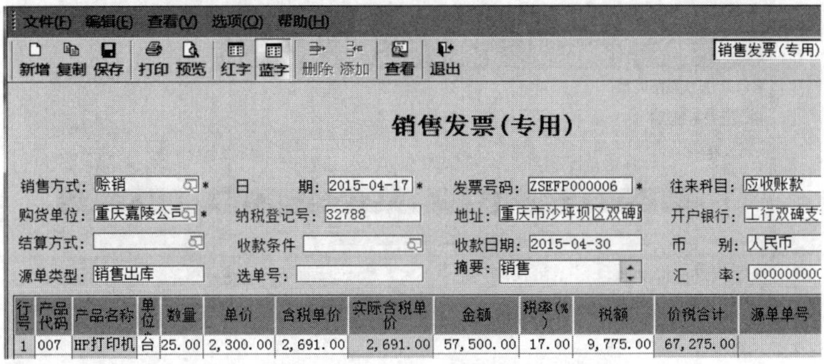

图 7—53 销售发票

选择“供应链”|“销售管理”|“销售发票”|“销售发票—维护”，分别对录入的发票进行审核。

3. 进行销售发票钩稽

（1）销售出库单拆分。

由于实际业务处理的需要，在以前期间或当前期间的单据可能会因为分期收款或开发票方式等造成某些销售出库单的部分数量必须分期处理，就需要进行销售拆单。拆分后，由于需要的变化，还可能合并单据。

由于销售出库单是一张，发票是两张，销售发票要与销售出库单钩稽，就需要将销售出库单拆分为与发票对应的数量，这样才能对应钩稽。

一张销售出库单分拆成的两张单据的单据头除单据号码外完全相同，拆分后，被拆分的单据减去拆分部分称为母单，单据号码不变，可继续拆分，拆分出的数量形成的单据称为子单，不能再拆分，在原单据号后加 A 标记，母单继续拆分后，子单编号加 B、C，如此类推。单据体中除数量、金额可能变动外，其他内容计量单位均不变。

选择“供应链”|“销售管理”|“销售出库”|“销售出库单—维护”，选择重庆嘉陵公司的销售出库单，选择“编辑”|“拆分单据”，进入销售出库单后，在拆分数量中输入为 25，单击“保存”完成拆分，如图 7—54 所示。

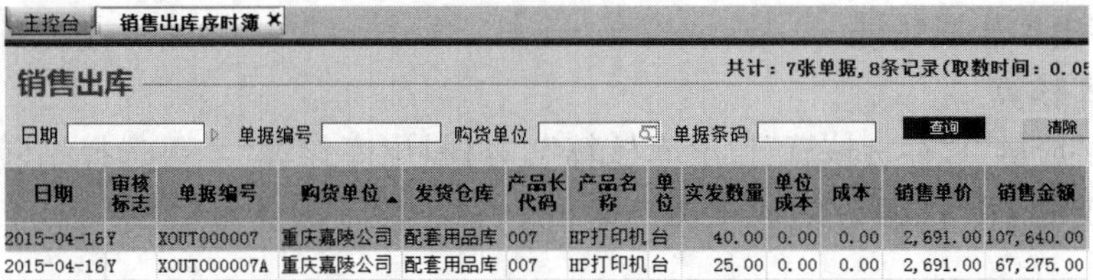

图 7—54 销售出库序时簿

（2）钩稽。

选择“供应链”|“销售管理”|“销售发票”|“销售发票—维护”，先选择第一张发票，单击“钩稽”按钮，进入钩稽窗口，如图 7—55 所示。

删除不钩稽的销售出库单（数量为 25），单击“钩稽”，然后退出。

在销售发票序时簿下再选择另外一张发票，单击“钩稽”完成钩稽工作。

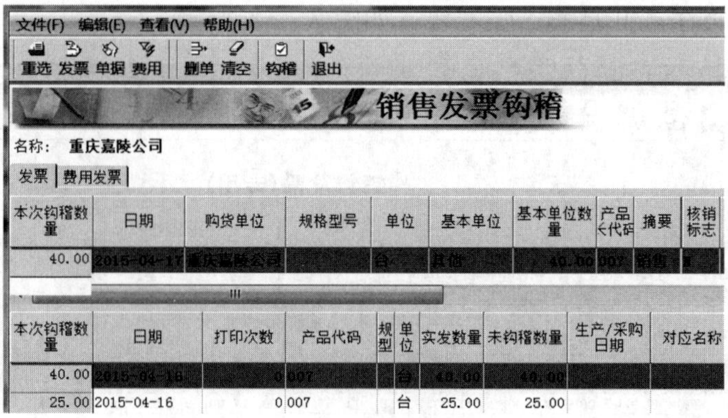

图 7—55 销售发票钩稽

4. 生成应收账款凭证

选择“供应链”|“存货核算”|“凭证管理”|“生成凭证”，进入后再选择“销售收入—赊销”。单击“重设”按钮，然后设置过滤条件，再选择要生成凭证的发票（重庆嘉陵公司的两张发票）。

先选择“所有选择单据生成汇总凭证”，再单击“生成凭证”，完成凭证的生成。

选择“供应链”|“存货核算”|“凭证管理”|“凭证查询”，可以查看到生成的凭证，如图 7—56 所示。

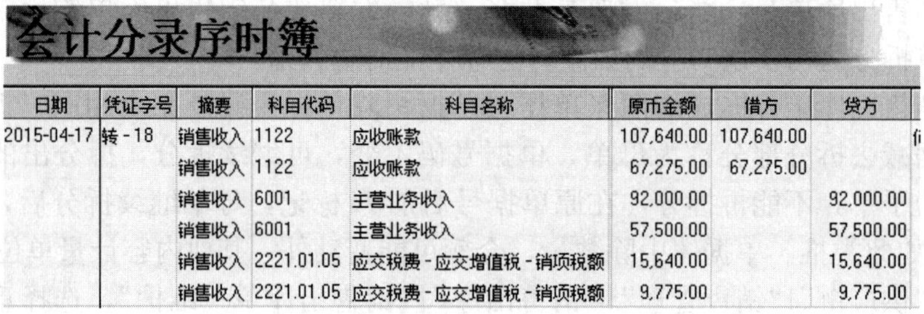
会计分录序时簿

日期	凭证字号	摘要	科目代码	科目名称	原币金额	借方	贷方
2015-04-17	转-18	销售收入	1122	应收账款	107,640.00	107,640.00	
		销售收入	1122	应收账款	67,275.00	67,275.00	
		销售收入	6001	主营业务收入	92,000.00		92,000.00
		销售收入	6001	主营业务收入	57,500.00		57,500.00
		销售收入	2221.01.05	应交税费-应交增值税-销项税额	15,640.00		15,640.00
		销售收入	2221.01.05	应交税费-应交增值税-销项税额	9,775.00		9,775.00

图 7—56 生成的应收账款凭证

5. 销售出库生成凭证

（1）出库核算。

选择“供应链”|“存货核算”|“出库核算”|“材料出库核算”，再选择结转本期所有材料，计算完成后 HP 打印机的成本为：40×1 800＝72 000（元）和 25×1 800＝45 000（元）。

（2）生成凭证。

选择“供应链”|“存货核算”|“凭证管理”|“生成凭证”，进入后再选择“销售出库—赊销”。单击“重设”按钮，然后设置过滤条件，再选择本次销售出库要生成凭证的出库单（重庆嘉陵公司，HP 打印机）（两张销售出库单）。

先选择“按单据类型生成汇总凭证”，再单击“生成凭证”，完成凭证的生成。

选择“供应链”|“存货核算”|“凭证管理”|“凭证查询”，可以查看到生成的凭证，如图 7—57 所示。

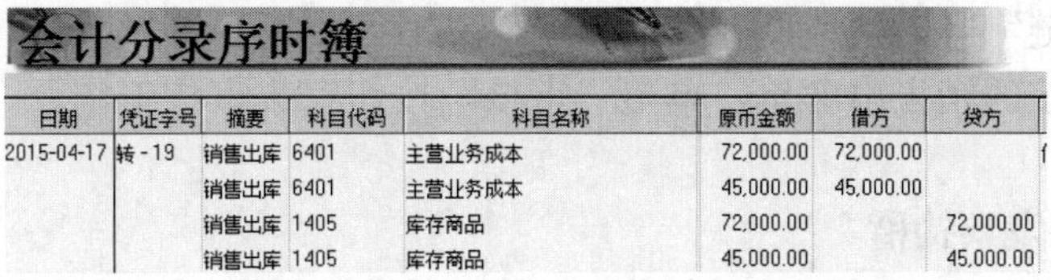

会计分录序时簿

日期	凭证字号	摘要	科目代码	科目名称	原币金额	借方	贷方
2015-04-17	转-19	销售出库	6401	主营业务成本	72,000.00	72,000.00	
		销售出库	6401	主营业务成本	45,000.00	45,000.00	
		销售出库	1405	库存商品	72,000.00		72,000.00
		销售出库	1405	库存商品	45,000.00		45,000.00

图 7—57　生成的销售出库凭证

7.1.8　开票直接发货

案例资料

4 月 17 日，销售部向上海长江公司出售 HP 激光打印机 50 台，无税报价为 2 300 元/台（含税价 2 691 元），物品从配套用品库发出，并据此开具专用销售发票一张，制作凭证。

操作过程

1. 填制并审核销售发票

选择“供应链”|“销售管理”|“销售发票”|“销售发票—新增”，输入有关业务信息，如图 7—58 所示。

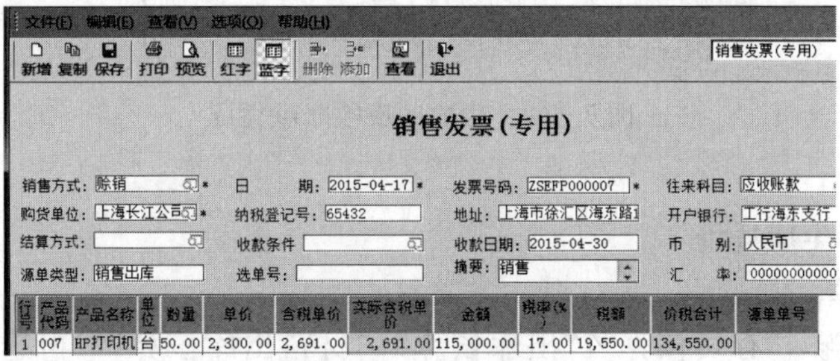

图 7—58　销售发票

选择“供应链”|“销售管理”|“销售发票”|“销售发票—维护”，通过“审核”功能完成审核。

2. 填制并审核销售出库单

选择“供应链”|“销售管理”|“销售出库”|“销售出库单—新增”，本处采用销售发票关联的方式输入销售出库单，如图 7—59 所示。

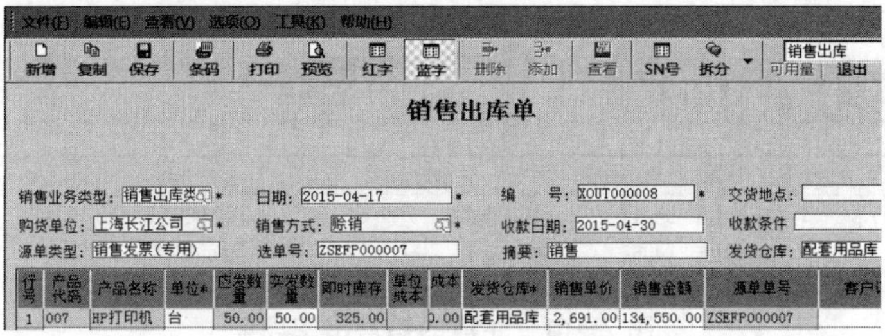

图 7—59　销售出库单

选择“供应链”|“销售管理”|“销售出库”|“销售出库单—维护”，进入销售出库序时簿，选择要审核的销售出库单，单击“审核”按钮完成审核工作。

3. 进行销售发票钩稽

选择“供应链”|“销售管理”|“销售发票”|“销售发票—维护”，进入销售发票序时簿窗口。

选定需要钩稽的销售发票（上海长江公司），单击“钩稽”完成。

4. 生成应收账款凭证

选择“供应链”|“存货核算”|“凭证管理”|“生成凭证”，进入后再选择“销售收入—赊销”。单击“重设”按钮，进入后选择要生成凭证的发票（上海长江公司）。

单击“生成凭证”，即完成凭证的生成。

选择“供应链”|“存货核算”|“凭证管理”|“凭证查询”，可以查看到生成的凭证，如图7—60所示。

会计分录序时簿

日期	凭证字号	摘要	科目代码	科目名称	原币金额	借方	贷方
2015-04-17	转-20	销售收入	1122	应收账款	134,550.00	134,550.00	
		销售收入	6001	主营业务收入	115,000.00		115,000.00
		销售收入	2221.01.05	应交税费-应交增值税-销项税额	19,550.00		19,550.00

图7—60 生成的应收账款凭证

5. 销售出库生成凭证

（1）出库核算。

选择“供应链”|“存货核算”|“出库核算”|“材料出库核算”，再选择结转本期所有材料，计算完成后本次销售出库HP打印机的成本为：500×1 800=90 000（元）。

（2）生成凭证。

选择“供应链”|“存货核算”|“凭证管理”|“生成凭证”，进入后再选择“销售出库—赊销”。单击“重设”按钮，然后设置过滤条件，再选择本次销售出库要生成凭证的出库单（上海长江公司，HP打印机）。

单击“生成凭证”，完成凭证的生成。

选择“供应链”|“存货核算”|“凭证管理”|“凭证查询”，查看到生成的凭证，如图7—61所示。

会计分录序时簿

日期	凭证字号	摘要	科目代码	科目名称	原币金额	借方	贷方
2015-04-17	转-21	销售出库	6401	主营业务成本	90,000.00	90,000.00	
		销售出库	1405	库存商品	90,000.00		90,000.00

图7—61 生成的销售出库凭证

7.1.9　一次销售分次出库

案例资料

4 月 17 日，销售部向上海长江公司出售 CN 处理器 100 盒，将由原料库发货，不含税报价为 1 500 元/盒（含税价 1 755 元）。同时开具销售 100 盒 CN 处理器的专用发票一张。

客户根据发货单先从原料仓库领出 CN 处理器 80 盒。

4 月 18 日，客户根据发货单再从原料仓库领出 CN 处理器 20 盒。

操作过程

1. 填制并审核发货通知单

选择“供应链”|“销售管理”|“发货通知”|“发货通知单—新增”，如图 7—62 所示。

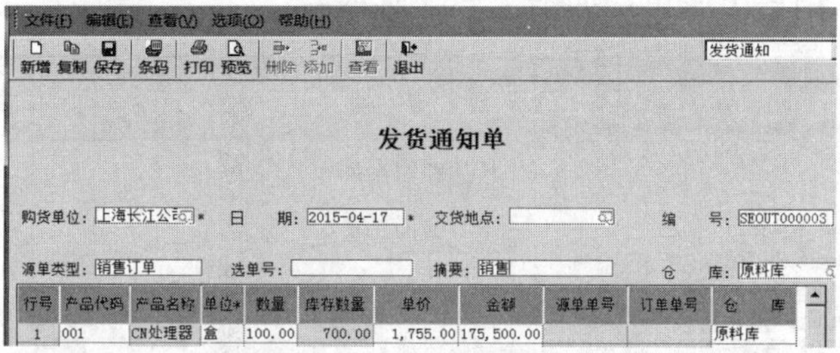

图 7—62　发货通知单

先保存，然后审核。

2. 填制并审核销售出库单

选择“供应链”|“销售管理”|“销售出库”|“销售出库单—新增”，本处采用与发货通知关联的方式输入销售出库单，变更实发数量为实际领取的数量 80，如图 7—63 所示。

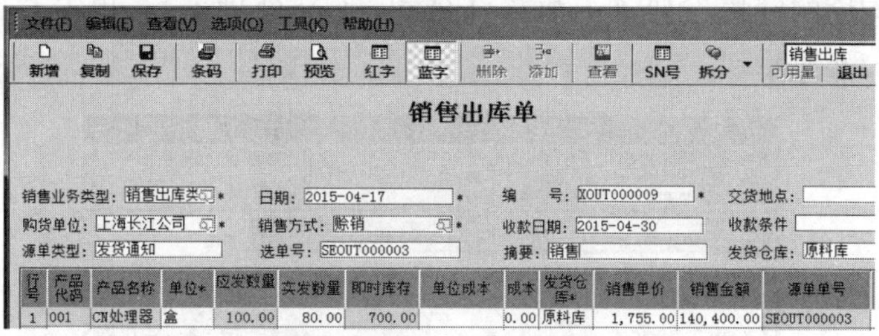

图 7—63　销售出库单

先保存，然后审核。

3. 填制并审核发票

选择“供应链”|“销售管理”|“销售发票”|“销售发票—新增”，直接输入有关业务信息，如图 7—64 所示。

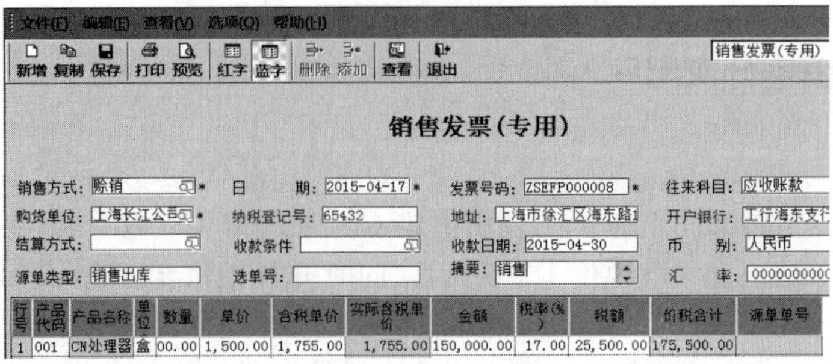

图 7—64　销售发票

先保存，然后审核。

4. 填制并审核销售出库单

选择“供应链”|“销售管理”|“销售出库”|“销售出库单—新增”，本处采用发货通知关联的方式输入销售出库单，如图 7—65 所示。

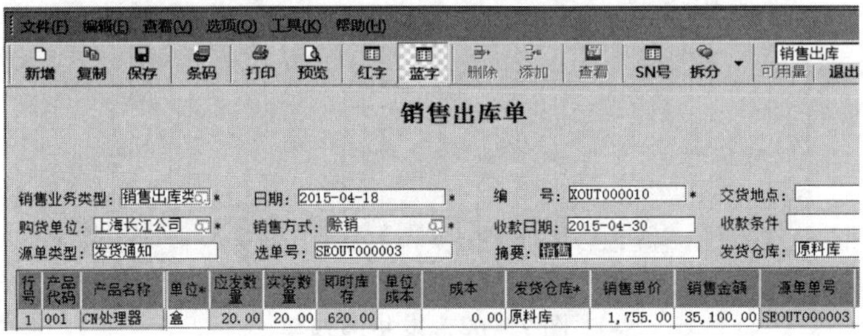

图 7—65　销售出库单

先保存，然后审核。

5. 进行销售发票钩稽

选择“供应链”|“销售管理”|“销售发票”|“销售发票—维护”，进入销售发票序时簿窗口。

选定需要钩稽的销售发票（上海长江公司，CN 处理器），单击“钩稽”按钮完成钩稽，如图 7—66 所示。

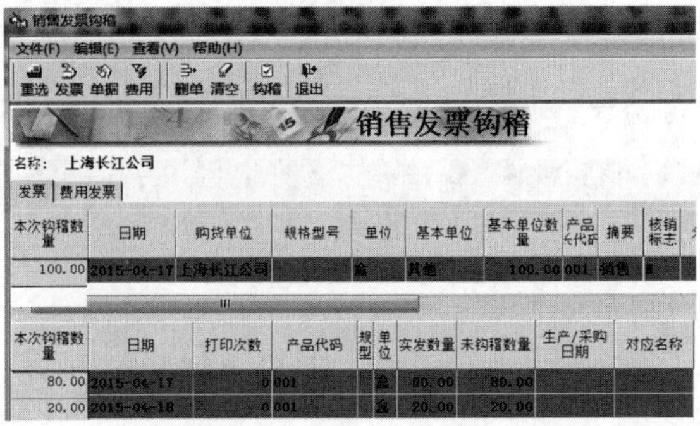

图 7—66　销售发票钩稽

一次性实现与两张出库单钩稽。

6. 生成应收账款凭证

选择“供应链”|“存货核算”|“凭证管理”|“生成凭证”，进入后再选择“销售收入—赊销”。单击“重设”按钮，然后设置过滤条件，再选择要生成凭证的发票（上海长江公司，CN 处理器）。

单击“生成凭证”，即完成凭证的生成。

选择“供应链”|“存货核算”|“凭证管理”|“凭证查询”，可以查看到生成的凭证，如图 7—67 所示。

会计分录序时簿

日期	凭证字号	摘要	科目代码	科目名称	原币金额	借方	贷方
2015-04-18	转 - 22	销售收入	1122	应收账款	175,500.00	175,500.00	
		销售收入	6001	主营业务收入	150,000.00		150,000.00
		销售收入	2221.01.05	应交税费 - 应交增值税 - 销项税额	25,500.00		25,500.00

图 7—67　生成的应收账款凭证

7. 销售出库生成凭证

（1）出库核算。

选择“供应链”|“存货核算”|“出库核算”|“材料出库核算”，再选择结转本期所有材料，计算完成后 CN 处理器的成本为：80×1 200=96 000（元）和 20×1 200=24 000（元）。

（2）生成凭证。

选择“供应链”|“存货核算”|“凭证管理”|“生成凭证”，进入后再选择“销售出库—赊销”。单击“重设”按钮，然后设置过滤条件，再选择本次销售出库要生成凭证的出库单（上海长江公司，CN 处理器，数量为 80 和 20 两笔）。

先选择“所有选择单据生成汇总凭证”，单击“生成凭证”，完成凭证的生成。

选择“供应链”|“存货核算”|“凭证管理”|“凭证查询”，可以查看到生成的凭证，如图 7—68 所示。

会计分录序时簿

日期	凭证字号	摘要	科目代码	科目名称	原币金额	借方	贷方
2015-04-18	转 - 23	销售出库	6401	主营业务成本	96,000.00	96,000.00	
		销售出库	6401	主营业务成本	24,000.00	24,000.00	
		销售出库	1405	库存商品	96,000.00		96,000.00
		销售出库	1405	库存商品	24,000.00		24,000.00

图 7—68　生成的销售出库凭证

7.1.10 超发货单出库

案例资料

4 月 18 日，销售部向上海长江公司出售 CN 处理器 30 盒，由原料库发货，不含税报价为 1 500 元/盒（含税价 1 755 元）。

开具发票时，客户要求再多买 5 盒，根据客户要求开具了 35 盒 CN 处理器的专用发票一张。

4 月 19 日，客户从原料仓库领出 CN 处理器 35 盒。

操作过程

1. 填制并审核发货通知单

选择“供应链”|“销售管理”|“发货通知”|“发货通知单—新增”，直接输入相关信息，如图 7—69 所示。

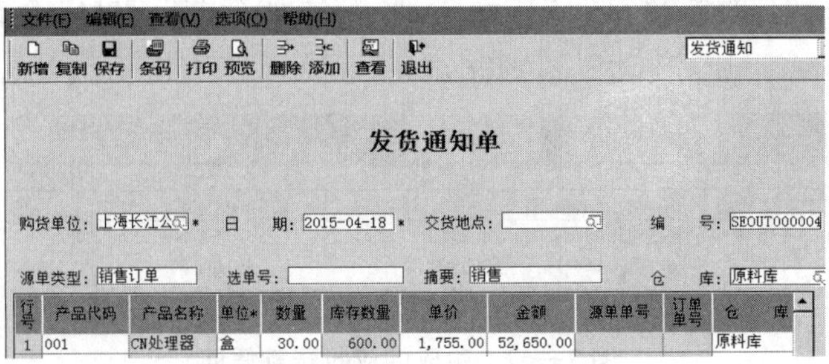

图 7—69 发货通知单

先保存，然后审核。

2. 填制并审核销售发票

选择“供应链”|“销售管理”|“销售发票”|“销售发票—新增”，直接输入有关业务信息，如图 7—70 所示。

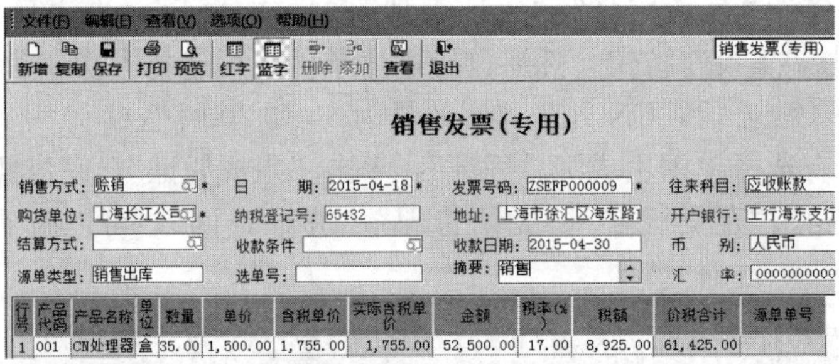

图 7—70 销售发票

先保存，然后审核。

3. 填制并审核销售出库单

选择“供应链”|“销售管理”|“销售出库”|“销售出库单—新增”，本处采用销售发票关联的方式输入销售出库单，如图 7—71 所示。

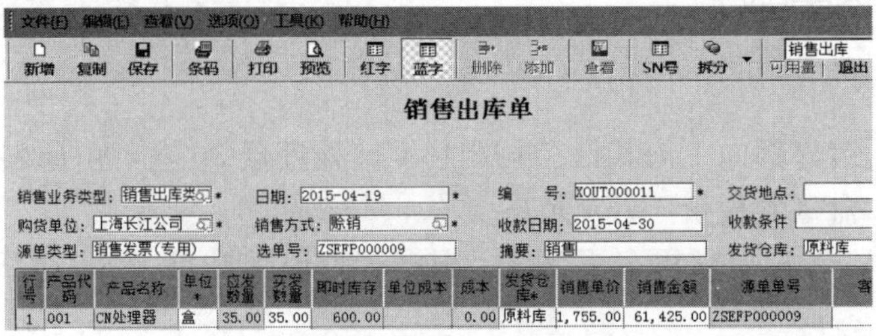

图 7—71 销售出库单

先保存，然后审核。

选择“供应链”|“销售管理”|“销售发票”|“销售发票—维护”，选择销售发票（上海长江公司，CN 处理器，数量为 35），单击“钩稽”功能完成钩稽工作。

4. 生成应收账款凭证

选择“供应链”|“存货核算”|“凭证管理”|“生成凭证”，进入后再选择“销售收入—赊销”。单击“重设”按钮，然后设置过滤条件，再选择要生成凭证的发票（上海长江公司，CN 处理器，数量为 35）。

单击“生成凭证”，即完成凭证的生成。

选择“供应链”|“存货核算”|“凭证管理”|“凭证查询”，可以查看到生成的凭证，如图 7—72 所示。

会计分录序时簿

日期	凭证字号	摘要	科目代码	科目名称	原币金额	借方	贷方
2015-04-18	转 - 24	销售收入	1122	应收账款	61,425.00	61,425.00	
		销售收入	6001	主营业务收入	52,500.00		52,500.00
		销售收入	2221.01.05	应交税费 - 应交增值税 - 销项税额	8,925.00		8,925.00

图 7—72　生成的应收账款凭证

5. 销售出库生成凭证

（1）出库核算。

选择“供应链”|“存货核算”|“出库核算”|“材料出库核算”，再选择结转本期所有材料，进行计算，本次销售出库成本为：35×1 200＝42 000（元）。

（2）生成凭证。

选择“供应链”|“存货核算”|“凭证管理”|“生成凭证”，进入后再选择“销售出库—赊销”。单击“重设”按钮，然后设置过滤条件，再选择本次销售出库要生成凭证的出库单（上海长江公司，CN 处理器，数量 35）。

如果没有显示相应的单据，检查是否进行了出库核算。

单击“生成凭证”，完成凭证的生成。

选择“供应链”|“存货核算”|“凭证管理”|“凭证查询”，可以查看到生成的凭证，如图 7—73 所示。

会计分录序时簿

日期	凭证字号	摘要	科目代码	科目名称	原币金额	借方	贷方
2015-04-19	转 - 25	销售出库	6401	主营业务成本	42,000.00	42,000.00	
		销售出库	1405	库存商品	42,000.00		42,000.00

图 7—73　生成的销售出库凭证

7.1.11 分期收款发出商品

案例资料

4 月 19 日，销售部向上海长江公司出售税控Ⅱ号 120 台。由成品仓库发货，无税报价为 6 600 元/台（含税价 7 722 元）。由于金额较大，客户要求以分期付款形式购买该商品。经协商，客户分 3 次付款，并据此开具相应销售发票。

第一次开具的专用发票数量为 40 台，无税单价 6 600 元/台。

业务部门将该业务所涉及的出库单及销售发票交给财务部门，财务部据此制作凭证。

操作过程

1. 填制并审核销售出库单

选择“供应链”|“销售管理”|“销售出库”|“销售出库单—新增”，输入相关业务信息，特别注意要将销售方式设置为“分期收款销售”，如图 7—74 所示。

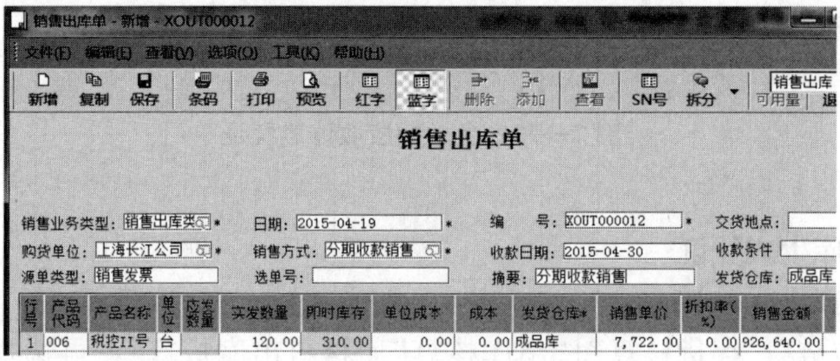

图 7—74 销售出库单

先保存，然后审核。

2. 填制并审核销售发票

选择“供应链”|“销售管理”|“销售发票”|“销售发票—新增”，直接输入发票信息（注意销售方式为分期收款销售），不通过关联传入，以便后续拆分单据，如图 7—75 所示。

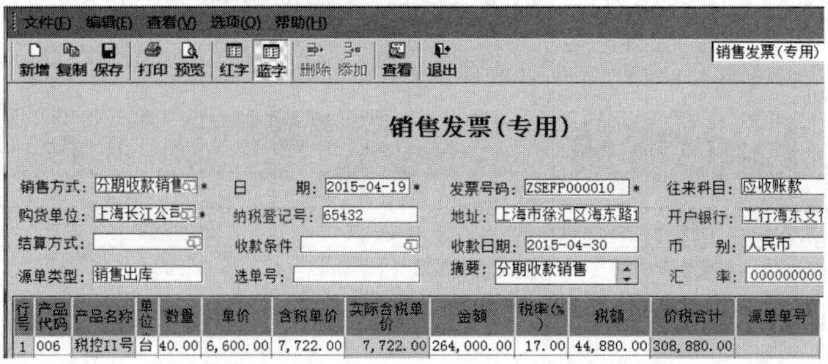

图 7—75 销售发票

先保存，然后审核。

3. 生成分期收款发出商品凭证

在实时结转销售成本情况下，发出商品时分期收款要制作会计分录。

（1）设置凭证模板。

销售出库（分期收款发出商品）凭证模板参数定义如表 7—6 所示。

表 7—6 销售出库（分期收款发出商品）凭证模板

科目来源	科目	借贷方向	金额来源	摘要	核算项目
凭证模板	发出商品	借	产品出库单实际成本		
单据上物料的存货科目		贷	产品出库单实际成本		

选择“供应链”|“存货核算”|“凭证管理”|“凭证模板”，在实际成本法下选择“销售出库—分期收款”，设置“销售出库（分期收款发出商品）”的凭证模板，直接在原来的模板上进行修改，如图 7—76 所示。

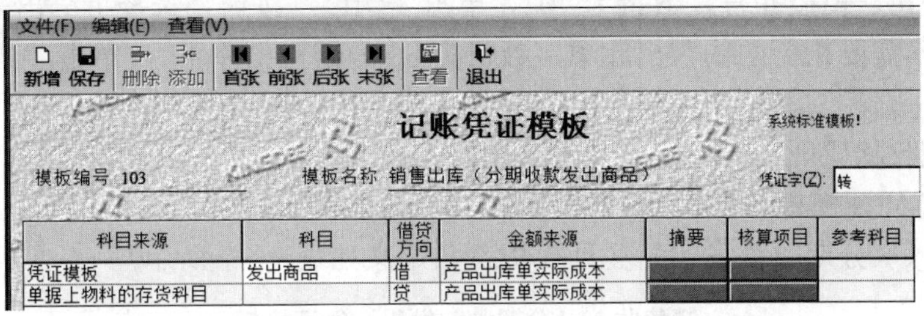

图 7—76 销售出库（分期收款发出商品）凭证模板定义

设置完成后，单击“保存”，然后退出参数的定义。

（2）出库核算。

选择“供应链”|“存货核算”|“出库核算”|“产成品出库核算”，再选择“结转本期所有材料”，然后进行核算。核算结果：税控Ⅱ号的成本为 120×4 800＝57 600（元）。

（3）生成凭证。

选择“供应链”|“存货核算”|“凭证管理”|“生成凭证”，进入后再选择“销售出库—分期收款”，单击“重设”按钮，然后设置过滤条件，再选择要生成凭证的出库单（上海长江公司，税控Ⅱ号，数量为 120）。

单击“生成凭证”按钮，即完成凭证的生成。

选择“供应链”|“存货核算”|“凭证管理”|“凭证查询”，查看到生成的凭证，如图 7—77 所示。

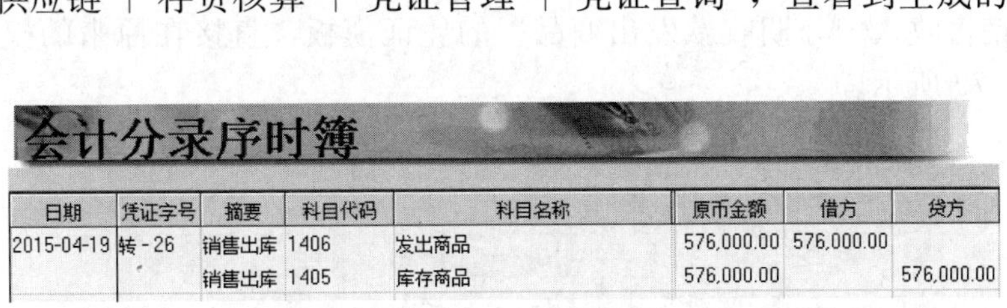

图 7—77 生成的发出商品凭证

4. 拆分出库单和发票钩稽

选择“供应链”|“销售管理”|“销售出库”|“销售出库—维护”，再选择要拆分的分

期收款发出商品出库单（上海长江公司，税控Ⅱ号），在销售出库序时簿下选择“编辑”|“拆分单据”，在拆分数量中输入 40。

单击“保存”按钮完成拆分，这时在销售出库序时簿中会显示出新拆分的单据，如图 7—78 所示。

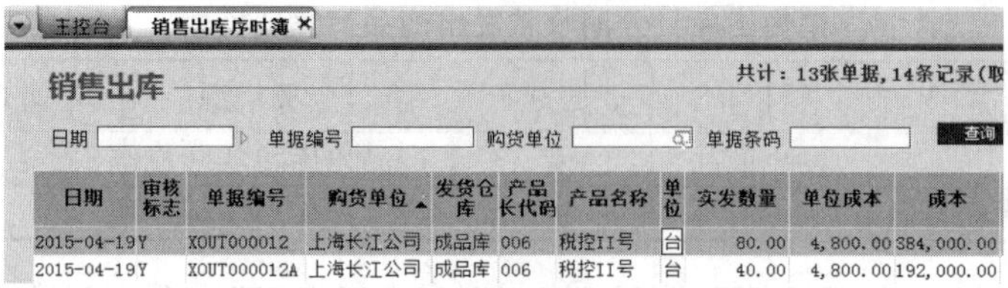

图 7—78　拆分后的销售出库单

选择“供应链”|“销售管理”|“销售发票”|“销售发票—维护”，选择要钩稽的发票（上海长江公司，税控Ⅱ号，数量为 40），单击“钩稽”按钮，选择拆分出来的出库单。

先删除不需要钩稽的销售出库单（数量为 80 的销售出库单），单击“钩稽”完成。

5. 分期收款凭证

(1) 设置凭证模板。

销售收入（分期收款发出）凭证模板参数定义如表 7—7 所示。

表 7—7　　销售收入（分期收款发出）凭证模板

科目来源	科目	借贷方向	金额来源	摘要	核算项目
凭证模板	应收账款	借	销售发票价税合计		购货单位
单据上物料的销售收入科目		贷	销售发票不含税金额		
凭证模板	销项税额	贷	销售发票税额		
单据上物料的销售成本科目		借	分期收款销售出库单的实际成本		
凭证模板	发出商品	贷	分期收款销售出库单的实际成本		

选择“供应链”|“存货核算”|“凭证管理”|“凭证模板”，再选择“销售收入—分期收款发出商品”。

设置“销售收入—分期收款发出商品”的凭证模板，直接在原来的模板上进行修改，如图 7—79 所示。

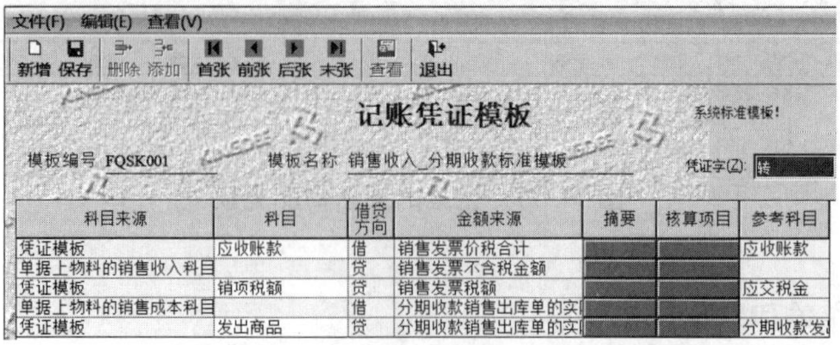

图 7—79　销售收入—分期收款发出商品凭证模板定义

应收账款的“核算项目”为客户，“对应单据上项目”为购货单位。

设置完成后，单击“保存”按钮，然后退出模板参数的定义。

(2) 生成凭证

选择“供应链”|“存货核算”|“凭证管理”|“生成凭证”，进入后再选择“销售收入—分期收款发出商品”。单击“重设”按钮，然后设置过滤条件，再选择要生成凭证的发票（上海长江公司，税控Ⅱ号，数量为 40）。

单击“生成凭证”按钮，即完成凭证的生成。

选择“供应链”|“存货核算”|“凭证管理”|“凭证查询”，查看到生成的凭证，如图 7—80 所示。

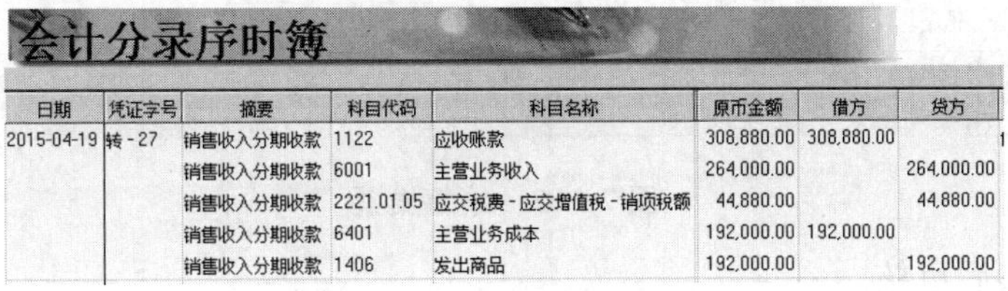
会计分录序时簿

日期	凭证字号	摘要	科目代码	科目名称	原币金额	借方	贷方
2015-04-19	转 - 27	销售收入分期收款	1122	应收账款	308,880.00	308,880.00	
		销售收入分期收款	6001	主营业务收入	264,000.00		264,000.00
		销售收入分期收款	2221.01.05	应交税费 - 应交增值税 - 销项税额	44,880.00		44,880.00
		销售收入分期收款	6401	主营业务成本	192,000.00	192,000.00	
		销售收入分期收款	1406	发出商品	192,000.00		192,000.00

图 7—80　生成的应收账款凭证

7.1.12　委托代销业务

案例资料

4 月 19 日，销售部委托辽宁飞鸽公司代为销售税控Ⅱ号 50 台，售价为 6 500 元/台（含税价 7 605 元），货物从成品仓库发出。

4 月 20 日，收到辽宁飞鸽公司的委托代销清单一张，结算税控Ⅱ号 30 台，售价为 6 500 元/台。立即开具销售专用发票给辽宁飞鸽公司。

业务部门将该业务所涉及的出库单及销售发票交给财务部门，财务部门据此结转收入等业务。

操作过程

1. 填制并审核销售出库单

选择“供应链”|“销售管理”|“销售出库”|“销售出库单—新增”，输入相关业务信息，注意销售方式为“委托代销”，如图 7—81 所示。

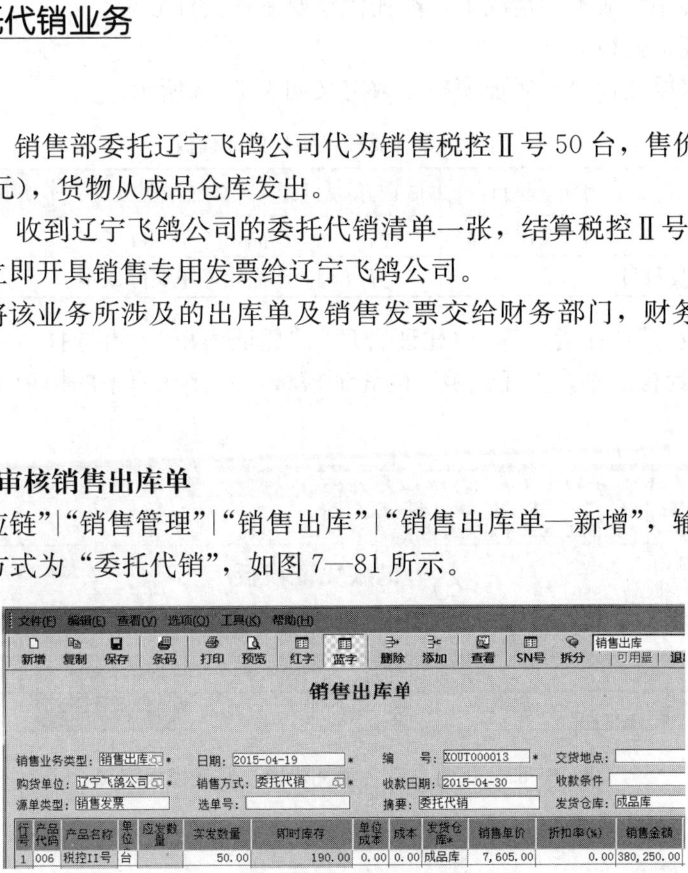

图 7—81　销售出库单

先保存，再审核。

2. 填制并审核销售发票

选择“供应链”|“销售管理”|“销售发票”|“销售发票—新增”，直接输入发票信息，不通过关联输入，以便后续拆分单据，注意销售方式为委托代销，如图7—82所示。

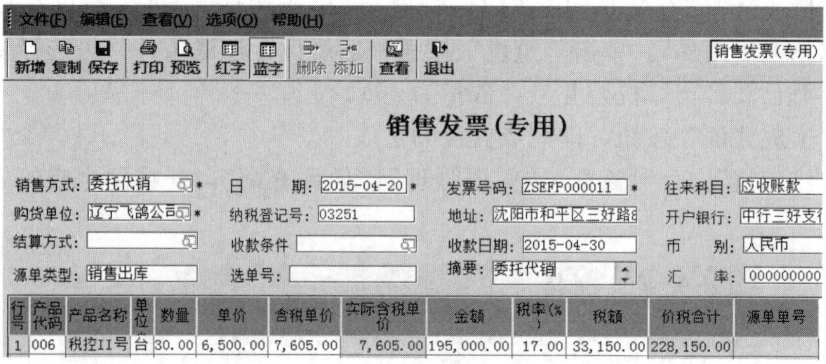

图7—82 销售发票

先保存，然后审核。

3. 委托代销出库凭证

在实时结转销售成本的情况下，委托代销要制作会计分录。

(1) 设置凭证模板。

销售出库（委托代销）凭证模板参数定义如表7—8所示。

表7—8 销售出库（委托代销）凭证模板

科目来源	科目	借贷方向	金额来源	摘要	核算项目
凭证模板	发出商品	借	产品出库单实际成本		
单据上物料的存货科目		贷	产品出库单实际成本		

选择“供应链”|“存货核算”|“凭证管理”|“凭证模板”，再选择“销售出库—委托代销”。设置“销售出库—委托代销”的凭证模板，直接在原来的模板上进行修改，如图7—83所示。

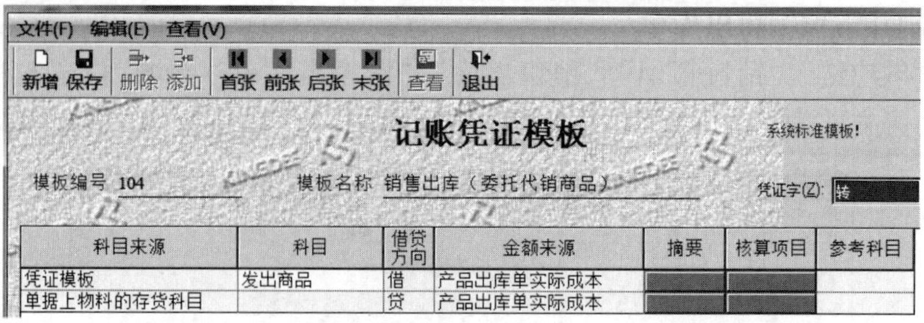

图7—83 销售出库（委托代销）凭证模板定义

设置完成后，单击“保存”完成。

(2) 出库核算。

选择“供应链”|“存货核算”|“出库核算”|“产成品出库核算”，选择“结转本期所有材料”，然后进行核算，税控Ⅱ号销售出库成本为：50×4 800=24 000（元）。

(3) 生成凭证。

选择“供应链”|“存货核算”|“凭证管理”|“生成凭证”，进入后再选择“销售出库—委托代销”，单击“重设”按钮，然后设置过滤条件，再选择要生成凭证的出库单（辽宁飞鸽公司，税控Ⅱ号，数量为 50）。

单击“生成凭证”按钮，即完成凭证的生成。

选择“供应链”|“存货核算”|“凭证管理”|“凭证查询”，查看到生成的凭证，如图 7—84 所示。

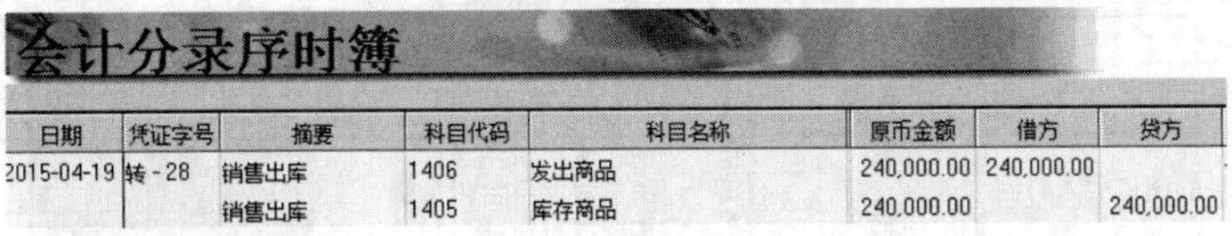

图 7—84 生成的委托代销凭证

4. 拆分出库单和发票钩稽

选择“供应链”|“销售管理”|“销售出库”|“销售出库单—维护”，在销售出库序时簿下选择要拆分的委托代销出库单（辽宁飞鸽公司，税控Ⅱ号，数量为 50），接着选择“编辑”|“拆分单据”命令，在拆分数量中输入 30，单击“保存”完成。

在销售出库序时簿中会显示出新拆分的单据，如图 7—85 所示。

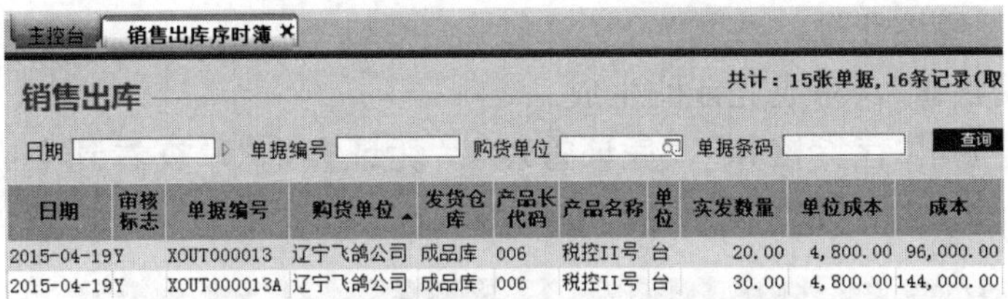

图 7—85 销售出库序时簿（拆分单据）

选择“供应链”|“销售管理”|“销售发票”|“销售发票—维护”，再选择要钩稽的发票（辽宁飞鸽公司，税控Ⅱ号，数量为 30），单击“钩稽”按钮，选择拆分出来的出库单。

先删除不需要钩稽的出库单（数量为 20 的出库单），单击“钩稽”完成。

5. 委托代销收款凭证

(1) 设置凭证模板。

销售收入（委托代销）凭证模板参数定义如表 7—9 所示。

表 7—9 销售收入（委托代销）凭证模板

科目来源	科目	借贷方向	金额来源	摘要	核算项目
凭证模板	应收账款	借	销售发票价税合计		购货单位
单据上物料的销售收入科目		贷	销售发票不含税金额		
凭证模板	销项税额	贷	销售发票税额		
单据上物料的销售成本科目		借	委托代销出库单的实际成本		
凭证模板	发出商品	贷	委托代销出库单的实际成本		

选择“供应链”|“存货核算”|“凭证管理”|“凭证模板”，再选择“销售收入—委托代销”。设置“销售收入—委托代销”的凭证模板，直接在原来的模板上进行修改，如图 7—86 所示。

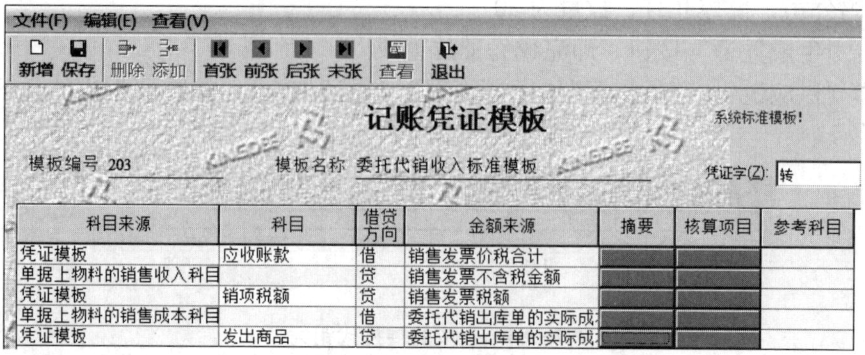

科目来源	科目	借贷方向	金额来源	摘要	核算项目	参考科目
凭证模板	应收账款	借	销售发票价税合计			
单据上物料的销售收入科目		贷	销售发票不含税金额			
凭证模板	销项税额	贷	销售发票税额			
单据上物料的销售成本科目		借	委托代销出库单的实际成			
凭证模板	发出商品	贷	委托代销出库单的实际成			

图 7—86　销售收入—委托代销凭证模板定义

应收账款的“核算项目”为客户，“对应单据上项目”为购货单位。

设置完成后，单击“保存”按钮，然后退出模板参数的定义。

(2) 生成凭证。

选择“供应链”|“存货核算”|“凭证管理”|“生成凭证”，进入后再选择“销售收入—委托代销”。单击“重设”按钮，然后设置过滤条件，再选择要生成凭证的发票（辽宁飞鸽公司，税控Ⅱ号，数量为 30）。

单击“生成凭证”，完成凭证的生成。

选择“供应链”|“存货核算”|“凭证管理”|“凭证查询”，查看到生成的凭证，如图 7—87 所示。

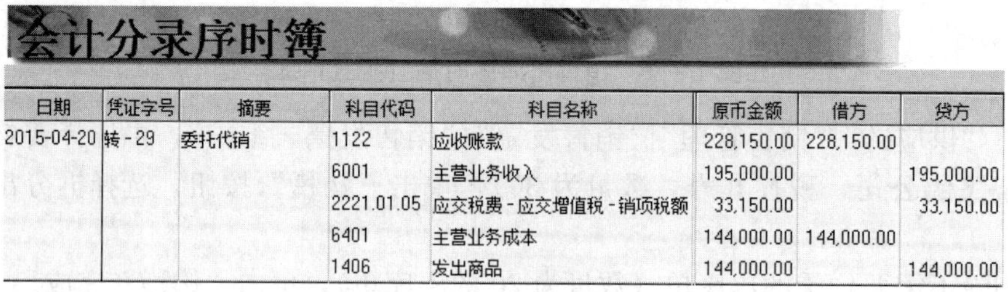

日期	凭证字号	摘要	科目代码	科目名称	原币金额	借方	贷方
2015-04-20	转 - 29	委托代销	1122	应收账款	228,150.00	228,150.00	
			6001	主营业务收入	195,000.00		195,000.00
			2221.01.05	应交税费 - 应交增值税 - 销项税额	33,150.00		33,150.00
			6401	主营业务成本	144,000.00	144,000.00	
			1406	发出商品	144,000.00		144,000.00

图 7—87　生成的应收账款凭证

7.1.13　开票前退货业务

案例资料

4 月 20 日，销售部出售给湖南宇子公司税控Ⅱ号 12 台，单价为 6 400 元/台（含税价 7 488 元），成品库发出。

4 月 21 日，销售部出售给湖南宇子公司的税控Ⅱ号因质量问题，退回 2 台，单价 6 400元/台，收回成品库待修。

开具相应的专用发票一张，数量为 10 台。

操作过程

1. 填制并审核销售出库单

选择“供应链”|“销售管理”|“销售出库”|“销售出库单—新增”，输入相关业务信息，如图 7—88 所示。

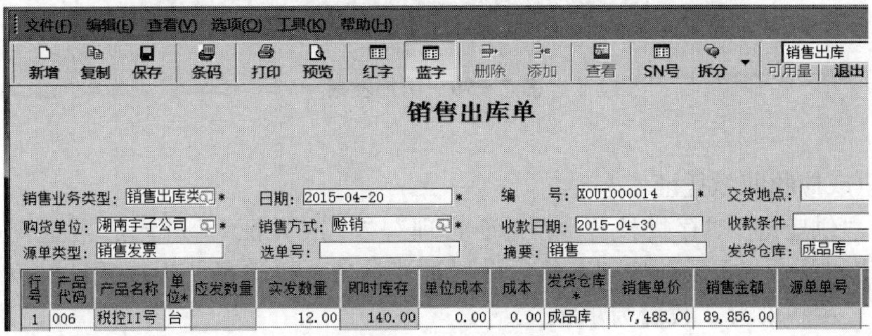

图 7—88　销售出库单

先保存，然后审核。

2. 填制并审核红字销售出库单

选择“供应链”|“销售管理”|“销售出库”|“销售出库单—新增”，单击“红字”（表示退货），通过关联销售出库单传入数据，然后数量更改为 2，如图 7—89 所示。

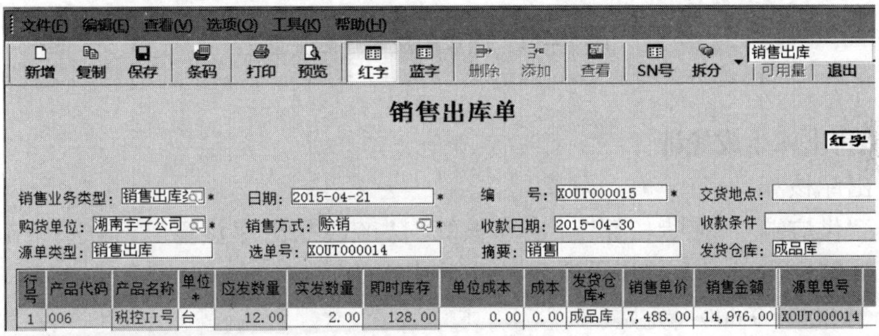

图 7—89　销售出库单

注意在关联源单时，要关联与本笔业务相关的那张源单。

选择“供应链”|“销售管理”|“销售出库”|“销售出库单—维护”，注意条件设置时，红蓝字要设置为“全部”，进入销售出库序时簿，选择要审核的红字销售出库单，单击“审核”完成审核工作。

3. 填制并审核销售发票

选择“供应链”|“销售管理”|“销售发票”|“销售发票—新增”，通过关联销售出库单输入有关业务信息，然后修改数量为 10，如图 7—90 所示。

先保存，然后审核。

单击“钩稽”，进入销售发票钩稽，同时选择发货和退货的出库单，数量分别为 12 和—2。单击“钩稽”完成钩稽工作。

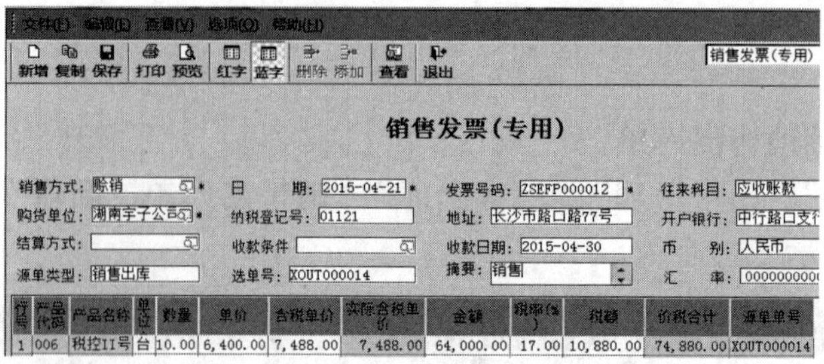

图 7—90 销售发票

4. 生成应收账款凭证

选择“供应链”|“存货核算”|“凭证管理”|“生成凭证”，进入后再选择“销售收入—赊销”。单击“重设”按钮，然后设置过滤条件，再选择要生成凭证的发票（湖南宇子公司，税控Ⅱ号，数量为10）。

单击“生成凭证”按钮，即完成凭证的生成。

选择“供应链”|“存货核算”|“凭证管理”|“凭证查询”，查看到生成的凭证，如图7—91所示。

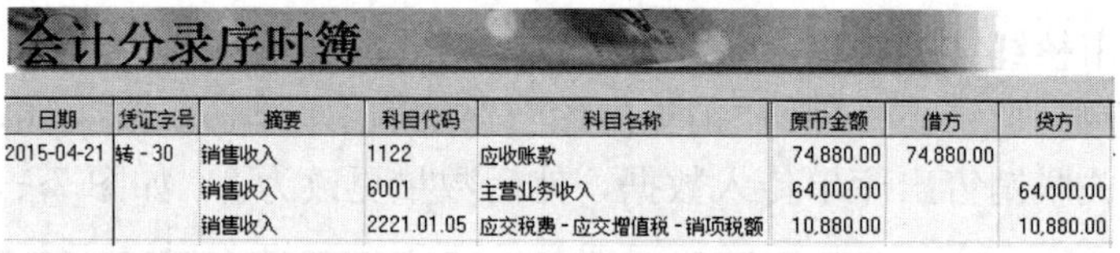
会计分录序时簿

日期	凭证字号	摘要	科目代码	科目名称	原币金额	借方	贷方
2015-04-21	转-30	销售收入	1122	应收账款	74,880.00	74,880.00	
		销售收入	6001	主营业务收入	64,000.00		64,000.00
		销售收入	2221.01.05	应交税费-应交增值税-销项税额	10,880.00		10,880.00

图 7—91 生成的应收账款凭证

5. 销售出库生成凭证

（1）出库核算。

选择“供应链”|“存货核算”|“出库核算”|“产成品出库核算”，再选择结转本期所有材料，计算完成后本次销售出库税控Ⅱ号成本为：12×4 800＝57 600（元），红字出库为：2×4 800＝9 600（元）。

（2）生成凭证。

选择“供应链”|“存货核算”|“凭证管理”|“生成凭证”，进入后再选择“销售出库—赊销”。单击“重设”按钮，然后设置过滤条件（注意红蓝字选择“全部”），再选择本次销售出库要生成凭证的出库单（湖南宇子公司，税控Ⅱ号）。

单击“生成凭证”，完成凭证的生成。

选择“供应链”|“存货核算”|“凭证管理”|“凭证查询”，查看到生成的凭证，如图7—92所示。

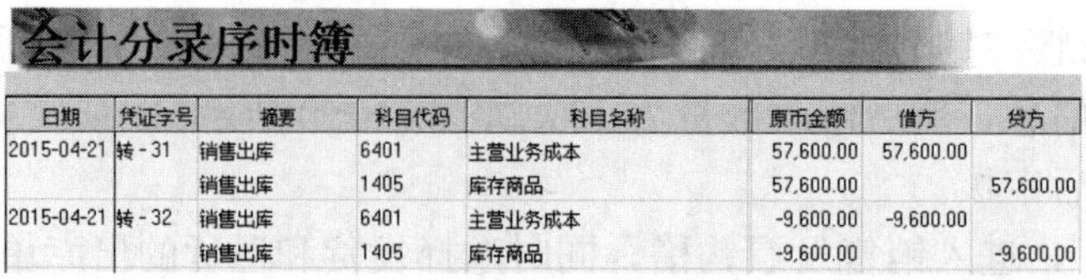
会计分录序时簿

日期	凭证字号	摘要	科目代码	科目名称	原币金额	借方	贷方
2015-04-21	转-31	销售出库	6401	主营业务成本	57,600.00	57,600.00	
		销售出库	1405	库存商品	57,600.00		57,600.00
2015-04-21	转-32	销售出库	6401	主营业务成本	-9,600.00	-9,600.00	
		销售出库	1405	库存商品	-9,600.00		-9,600.00

图 7—92 生成的销售出库凭证

7.1.14　委托代销退货业务

案例资料

4 月 21 日，委托辽宁飞鸽公司销售的税控Ⅱ号退回 2 台，入成品仓库。由于已经开具发票，故开具红字专用发票一张，单价 6 500 元（含税价 7 605 元）。

操作过程

1. 填制并审核红字销售出库单

选择“供应链”|“销售管理”|“销售出库”|“销售出库单—新增”，单击“红字”（表示退货），通过关联销售出库单传入数据（辽宁飞鸽公司，税控Ⅱ号，数量为 30），更改数量为 2，如图 7—93 所示。

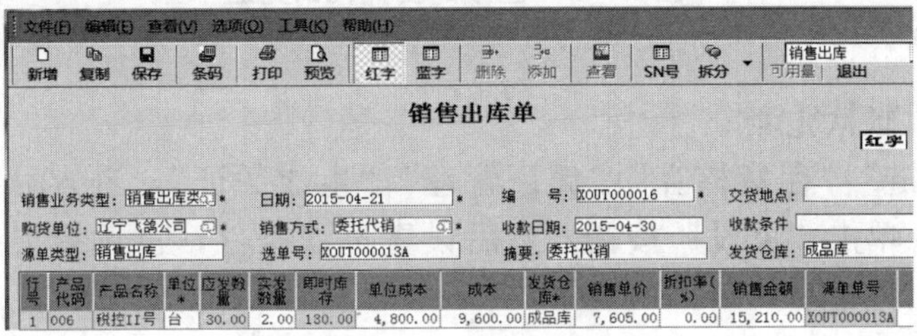

图 7—93　销售出库单

先保存，然后审核。

2. 填制并审核红字销售发票

选择“供应链”|“销售管理”|“销售发票”|“销售发票—新增”，单击“红字”，通过关联红字销售出库单输入有关业务信息（辽宁飞鸽公司，税控Ⅱ号，数量为－2），然后修改数量、单价等，如图 7—94 所示。

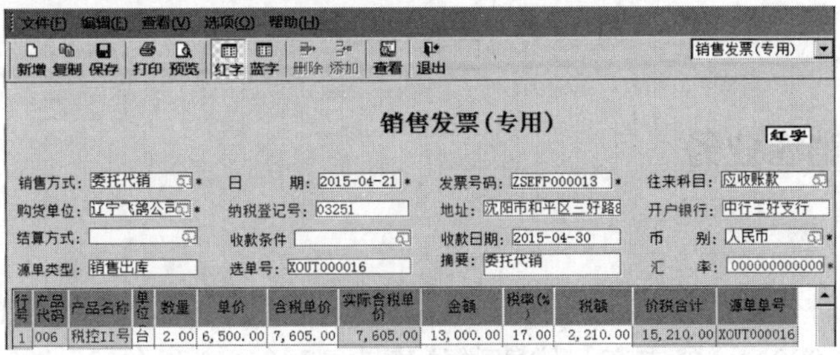

图 7—94　销售发票

先保存，然后审核。

单击“钩稽”完成对红字入库单的钩稽工作。

3. 生成委托代销退货出库凭证

（1）产成品出库核算。

选择“供应链”|“存货核算”|“出库核算”|“产成品出库核算”，再选择“结转本期

所有材料”，然后进行核算，结果为：2×4 800=9 600（元）。

（2）生成凭证。

选择“供应链”|“存货核算”|“凭证管理”|“生成凭证”，进入后再选择“销售出库—委托代销”，单击“重设”按钮，然后设置过滤条件，红蓝字要选择“红字”，再选择要生成凭证的出库单（辽宁飞鸽公司，数量为−2）。

单击“生成凭证”按钮，即完成凭证的生成。

选择“供应链”|“存货核算”|“凭证管理”|“凭证查询”，查看到生成的凭证，如图7—95所示。

会计分录序时簿

日期	凭证字号	摘要	科目代码	科目名称	原币金额	借方	贷方
2015-04-21	转-33	销售出库	1406	发出商品	-9,600.00	-9,600.00	
		销售出库	1405	库存商品	-9,600.00		-9,600.00

图 7—95　生成的委托代销凭证

4. 生成应收账款凭证

选择“供应链”|“存货核算”|“凭证管理”|“生成凭证”，进入后再选择“销售收入—委托代销”。单击“重设”按钮，然后设置过滤条件，再选择要生成凭证的发票（辽宁飞鸽公司，数量为−2）。

单击“生成凭证”，即完成凭证的生成。

选择“供应链”|“存货核算”|“凭证管理”|“凭证查询”，查看到生成的凭证如图7—96所示。

会计分录序时簿

日期	凭证字号	摘要	科目代码	科目名称	原币金额	借方	贷方
2015-04-21	转-34	委托代销	1122	应收账款	-15,210.00	-15,210.00	
			6001	主营业务收入	-13,000.00		-13,000.00
			2221.01.05	应交税费-应交增值税-销项税额	-2,210.00		-2,210.00
			6401	主营业务成本	-9,600.00	-9,600.00	
			1406	发出商品	-9,600.00		-9,600.00

图 7—96　生成的应收账款凭证

7.1.15　直运销售业务

案例资料

（1）4月21日，销售部接到业务信息，上海长江公司欲购买联想服务器2台。经协商以单价为30 000元/台成交，增值税税率为17%，含税价35 100元。随后，销售部填制相应销售订单。

销售部经联系以每台20 000元的价格向上海大坤公司发出采购订单，并要求对方直接将货物送到上海长江公司。

（2）4月22日，货物送至上海长江公司，上海大坤公司凭送货签收单根据订单开具了一张专用发票给销售部。

销售部根据销售订单给上海长江公司开具专用发票一张。

销售部将此业务的采购、销售发票交给财务部，财务部制作应收应付凭证，结转收入和成本。

操作过程

1. 填制并审核销售订单

选择“供应链”|“销售管理”|“销售订单”|“销售订单—新增”，注意销售方式为直运销售，如图 7—97 所示。

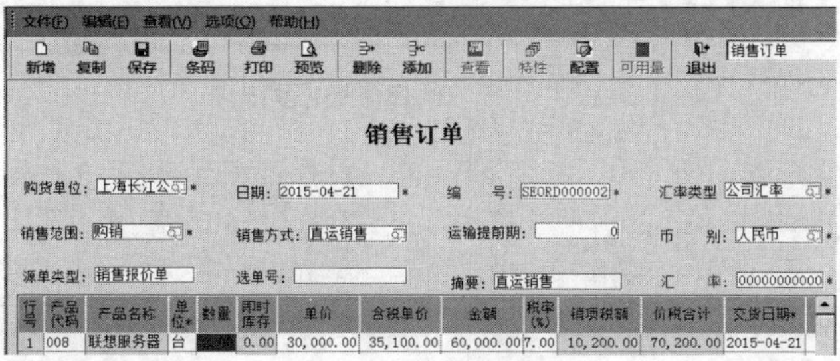

图 7—97　销售订单

先保存，然后审核。

2. 填制并审核采购订单

选择“供应链”|“采购管理”|“采购订单”|“采购订单—新增”，注意采购方式为直运采购，数据通过关联销售订单传入，如图 7—98 所示。

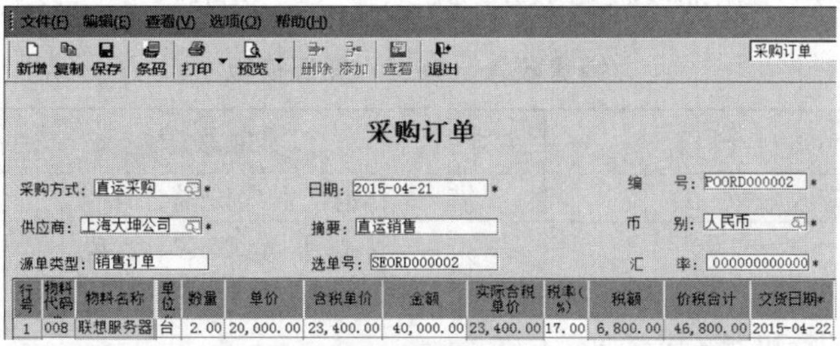

图 7—98　采购订单

选择“供应链”|“采购管理”|“采购订单”|“采购订单—维护”，完成审核工作。

3. 填制并审核采购发票

选择“供应链”|“采购管理”|“采购发票”|“采购发票—新增”，通过采购订单的数据关联转入，采购方式为直运采购，发票的录入如图 7—99 所示。

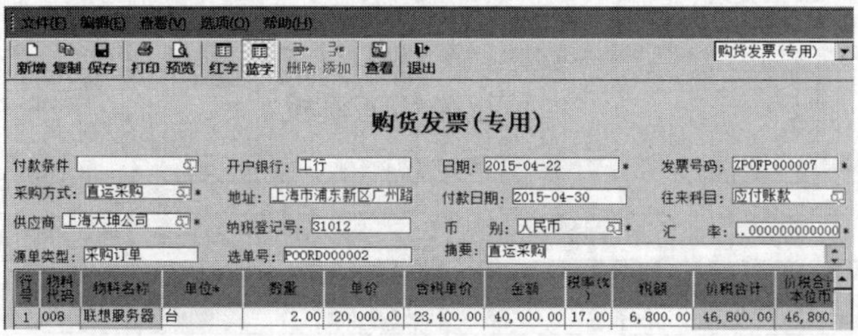

图 7—99　采购发票（专用）

先保存，然后审核。

4. 填制并审核销售发票

选择“供应链”|“销售管理”|“销售发票”|“销售发票—新增”，销售方式为直运销售，通过销售订单关联数据，输入有关业务信息，如图 7—100 所示。

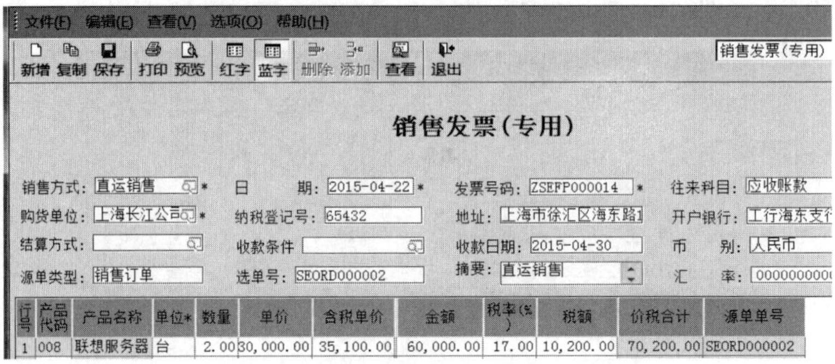

图 7—100　销售发票（专用）

先保存，然后审核。

5. 生成应收账款凭证

(1) 设置凭证模板。

销售收入（直运）凭证模板参数定义如表 7—10 所示。

表 7—10　　销售收入（直运）凭证模板

科目来源	科目	方向	金额来源	摘要	核算项目
凭证模板	应收账款	借	销售发票价税合计		购货单位
单据上物料的销售收入科目		贷	销售发票不含税金额		
凭证模板	应交税费—应交增值税—销项税额	贷	销售发票税额		

选择“供应链”|“存货核算”|“凭证管理”|“凭证模板”，再选择“销售收入—直运”。

设置“销售收入—直运”的凭证模板，直接在原来的模板上进行修改，如图 7—101 所示。

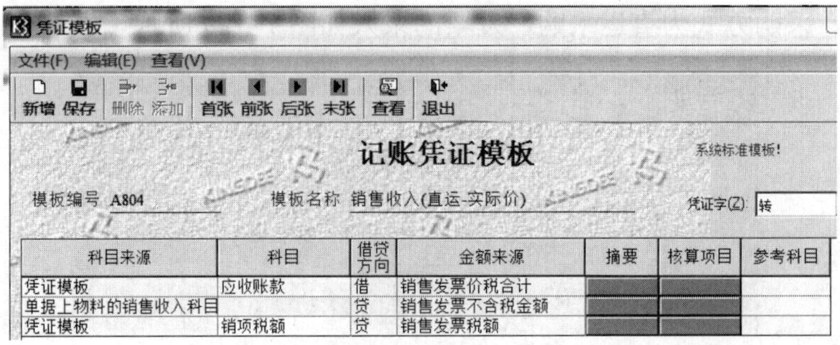

图 7—101　销售收入—直运凭证模板定义

应收账款的“核算项目”为客户，“对应单据上项目”为购货单位。

设置完成后，单击“保存”按钮，退出模板参数的定义。

(2) 生成凭证。

选择“供应链”|“存货核算”|“凭证管理”|“生成凭证”，进入后再选择“销售收入—直运”。单击“重设”按钮，然后设置过滤条件，再选择要生成凭证的发票（上海长江公司，联想服务器）。

单击“生成凭证”按钮，即完成凭证的生成。

选择“供应链”|“存货核算”|“凭证管理”|“凭证查询”，查看到生成的凭证，如图 7—102 所示。

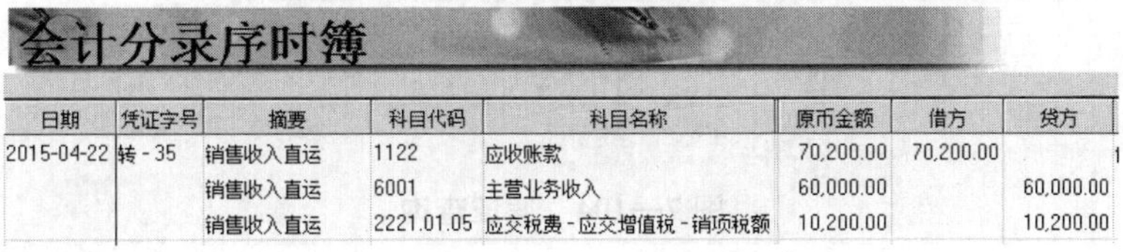

日期	凭证字号	摘要	科目代码	科目名称	原币金额	借方	贷方
2015-04-22	转 - 35	销售收入直运	1122	应收账款	70,200.00	70,200.00	
		销售收入直运	6001	主营业务收入	60,000.00		60,000.00
		销售收入直运	2221.01.05	应交税费 - 应交增值税 - 销项税额	10,200.00		10,200.00

图 7—102　生成的应收账款凭证

6. 生成应付账款凭证

(1) 设置凭证模板。

采购发票（直运业务）的凭证类型为转账凭证，凭证模板参数定义如表 7—11 所示。

表 7—11　　采购发票（直运业务）凭证模板

科目来源	科目	方向	金额来源	摘要	核算项目
凭证模板	主营业务成本	借	采购发票不含税金额		
凭证模板	应交税费—应交增值税—进项税额	借	采购发票税额		
凭证模板	应付账款	贷	采购发票价税合计		供应商

选择“供应链”|“存货核算”|“凭证管理”|“凭证模板”，选择“采购发票（直运采购）”凭证模板。

单击“新增”按钮，将凭证字设为“转”，应付账款的核算项目为“供应商”（注意要选择对应单据上项目为“供货单位”）。具体设置如图 7—103 所示。

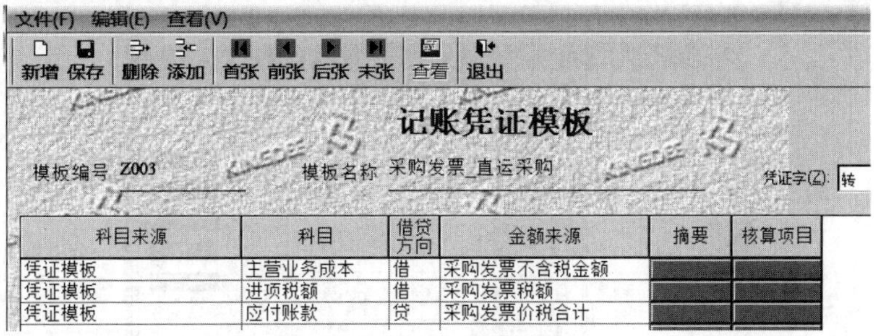

科目来源	科目	借贷方向	金额来源	摘要	核算项目
凭证模板	主营业务成本	借	采购发票不含税金额		
凭证模板	进项税额	借	采购发票税额		
凭证模板	应付账款	贷	采购发票价税合计		

图 7—103　记账凭证模板

单击“保存”按钮完成设置。

选择新设置的凭证模板，选择“编辑”|“设为默认模板”，将新设置凭证模板设为默认模板。

（2）生成凭证。

选择“供应链”|“存货核算”|“凭证管理”|“生成凭证”，再选择“采购发票（直运采购)”，单击“重设”按钮，系统过滤出相关采购发票，选择需要生成凭证的记录(上海大坤公司)。

单击“生成凭证”完成凭证的生成。

选择“供应链”|“存货核算”|“凭证管理”|“凭证查询”，如图 7—104 所示。

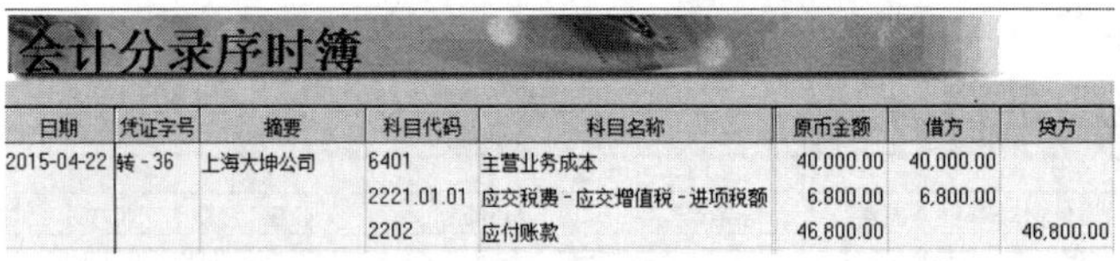
会计分录序时簿

日期	凭证字号	摘要	科目代码	科目名称	原币金额	借方	贷方
2015-04-22	转 - 36	上海大坤公司	6401	主营业务成本	40,000.00	40,000.00	
			2221.01.01	应交税费 - 应交增值税 - 进项税额	6,800.00	6,800.00	
			2202	应付账款	46,800.00		46,800.00

图 7—104　凭证查询

7.1.16　结转销售成本

1. 进行出库核算

选择“供应链”|“存货核算”|“出库核算”|“材料出库核算”，再选择“结转本期所有材料”，然后进行核算。

选择“供应链”|“存货核算”|“出库核算”|“产成品出库核算”，再选择“结转本期所有材料”，然后进行核算。

2. 生成出库成本结转凭证

本案例是实时做了凭证，这里作进一步检查，防止遗漏。

（1）销售出库—赊销凭证的生成。

选择“供应链”|“存货核算”|“凭证管理”|“生成凭证”，进入后再选择“销售出库—赊销”。

单击“重设”按钮，然后设置过滤条件，选择“显示隐藏列”，勾选“凭证字号”，并移动到较前面的位置，这样在查看出库单时，就能看出是否已经生成了凭证，如图 7—105 所示。

图 7—105　设置过滤条件

单击“确定”后进入销售出库单选择状态。在凭证字号栏目显示了凭证字号的，表示已经生成了凭证，不用再生成凭证。

选择要生成凭证的出库单（已经生成的不再选择），单击“生成凭证”按钮，即完成凭证的生成。

选择“供应链”|“存货核算”|“凭证管理”|“凭证查询”，查看到生成的凭证。

（2）其他销售出库凭证的生成。

选择“供应链”|“存货核算”|“凭证管理”|“生成凭证”，进入后再选择“销售出库—现销”、“销售出库—分期收款”、“销售出库—委托代销”、“销售出库—零售”、“销售出库—受托代销”，这样可以防止遗漏。

7.1.17 销售查询

1. 库存状态查询

选择“供应链”|“销售管理”|“库存查询”|“库存状态查询”，可以查询库存情况，如图7—106所示。

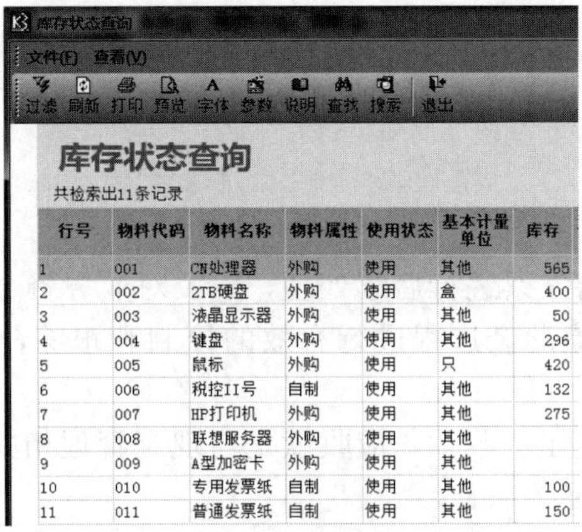

行号	物料代码	物料名称	物料属性	使用状态	基本计量单位	库存
1	001	CN处理器	外购	使用	其他	565
2	002	2TB硬盘	外购	使用	盒	400
3	003	液晶显示器	外购	使用	其他	50
4	004	键盘	外购	使用	其他	296
5	005	鼠标	外购	使用	只	420
6	006	税控II号	自制	使用	其他	132
7	007	HP打印机	外购	使用	其他	275
8	008	联想服务器	外购	使用	其他	
9	009	A型加密卡	外购	使用	其他	
10	010	专用发票纸	自制	使用	其他	100
11	011	普通发票纸	自制	使用	其他	150

图7—106 库存状态查询

2. 产品销售流向分析

选择“供应链”|“销售管理”|“报表分析”|“产品销售流向分析”，日期为本月，可以了解销售分区域的情况，如图7—107所示。

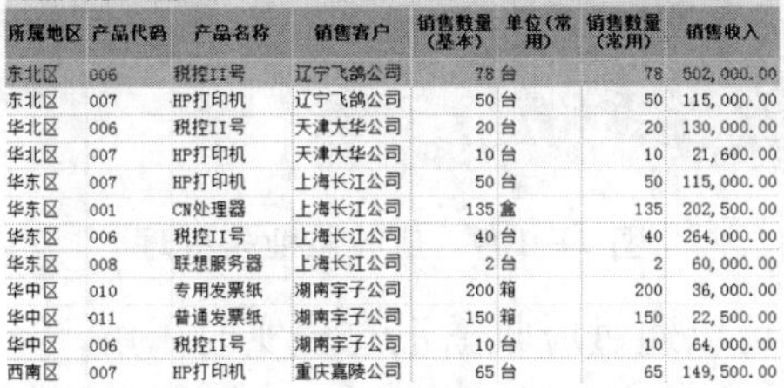

所属地区	产品代码	产品名称	销售客户	销售数量（基本）	单位（常用）	销售数量（常用）	销售收入
东北区	006	税控II号	辽宁飞鸽公司	78	台	78	502,000.00
东北区	007	HP打印机	辽宁飞鸽公司	50	台	50	115,000.00
华北区	006	税控II号	天津大华公司	20	台	20	130,000.00
华北区	007	HP打印机	天津大华公司	10	台	10	21,600.00
华东区	007	HP打印机	上海长江公司	50	台	50	115,000.00
华东区	001	CN处理器	上海长江公司	135	盒	135	202,500.00
华东区	006	税控II号	上海长江公司	40	台	40	264,000.00
华东区	008	联想服务器	上海长江公司	2	台	2	60,000.00
华中区	010	专用发票纸	湖南宇子公司	200	箱	200	36,000.00
华中区	011	普通发票纸	湖南宇子公司	150	箱	150	22,500.00
华中区	006	税控II号	湖南宇子公司	10	台	10	64,000.00
西南区	007	HP打印机	重庆嘉陵公司	65	台	65	149,500.00

图7—107 产品销售流向分析

3. 销售收入统计表

选择“供应链”|“销售管理”|“销售发票”|“销售收入统计表”，日期为本月，可以查看分客户的销售情况，如图 7—108 所示。

主控台　销售收入统计表

销售收入统计表

起始日期：2015-04-01

产品代码范围：所有产品

部门代码范围：所有部门　　职员代码范围：所有职员

1级物料类别	数量(基本)	单价(基本)	数量(常用)	销售收入	税率(%)	销项税额	合计
CN处理器(小计)	135	1,500.0000	135	202,500.00	17.00	34,425.00	236,925.00
HP打印机(小计)	175	2,292.0000	175	401,100.00	17.00	68,187.00	469,287.00
联想服务器(小计)	2	30,000.0000	2	60,000.00	17.00	10,200.00	70,200.00
普通发票纸(小计)	150	150.0000	150	22,500.00	17.00	3,825.00	26,325.00
税控II号(小计)	150	6,486.6667	150	973,000.00	17.00	165,410.00	1,138,410.00
专用发票纸(小计)	200	180.0000	200	36,000.00	17.00	6,120.00	42,120.00
合计	812	2,087.5616	812	1,695,100.00		288,167.00	1,983,267.00

图 7—108　销售收入统计表

7.2　应收业务处理

7.2.1　基本功能

应收系统，是对销售发票进行后续处理，以及对业务资金运用进行分析的综合管理系统，它对销售资金流的全过程进行有效的控制和跟踪，实现对企业的资金信息管理。

销售货物后，就产生了应收款，应收款是与现金管理相关联的，形成一体化的业务处理，如图 7—109 所示。

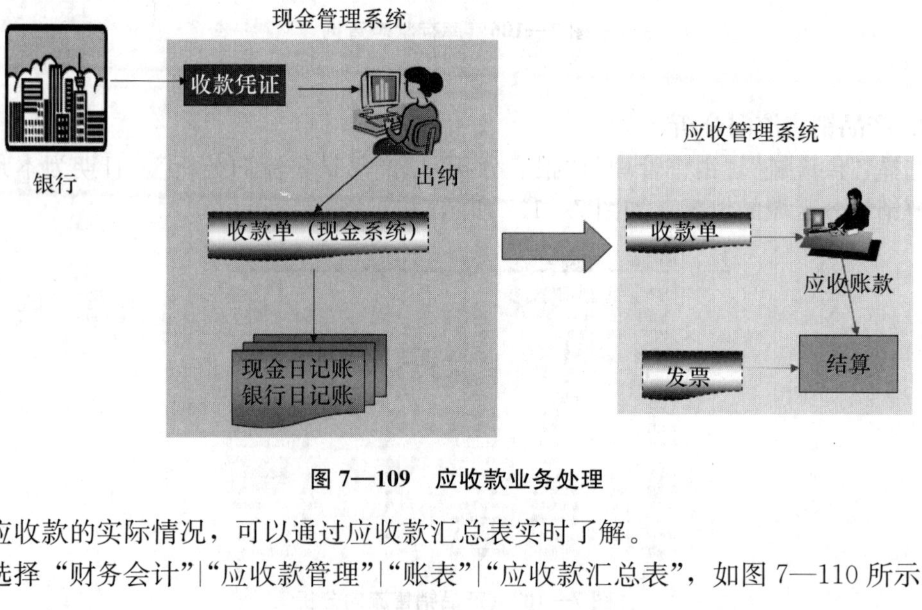

图 7—109　应收款业务处理

应收款的实际情况，可以通过应收款汇总表实时了解。

选择“财务会计”|“应收款管理”|“账表”|“应收款汇总表”，如图 7—110 所示。

应收款汇总表

核算项目类别:客户　　币别:

核算项目范围:全部

部门查询范围:全部　　业务员查询范围:全部　　会计科

查询时间范围:2015年第4期

核算项目代码	核算项目名称	期间	期初余额	本期应收	本期实收	本年累计应收	本年累计实收	期末余额
001	重庆嘉陵公司	2015.4	99,600.00	174,915.00		274,515.00		274,515.00
002	天津大华公司	2015.4	58,000.00	178,172.00	152,100.00	236,172.00	152,100.00	84,072.00
003	上海长江公司	2015.4		750,555.00		750,555.00		750,555.00
004	辽宁飞鸽公司	2015.4		721,890.00		721,890.00		721,890.00
005	湖南宇子公司	2015.4		74,880.00		74,880.00		74,880.00
	合计	2015.4	157,600.00	1,900,412.00	152,100.00	2,058,012.00	152,100.00	1,905,912.00

图 7—110　应收款汇总表

7.2.2　收款处理

案例资料

4 月 18 日，收到上海长江公司交来转账支票一张，金额 134 550 元，支票号 ZS001，用以归还前欠货款，款项转入工行户。

操作过程

1. 填制并审核收款单

选择“财务会计”|“应收款管理”|“收款”|“收款单—新增”，通过销售发票进行关联数据输入，如图 7—111 所示。

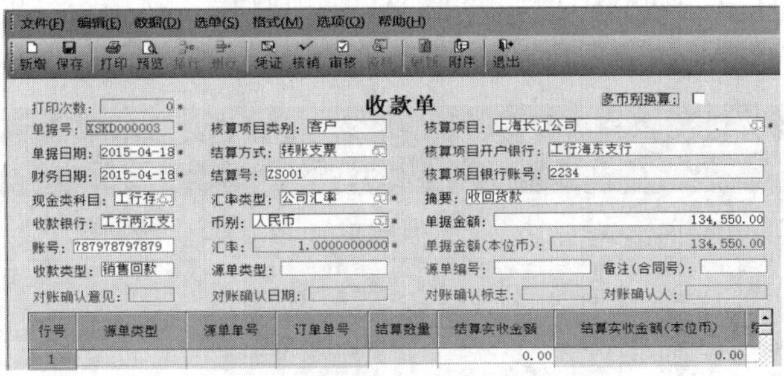

图 7—111　收款单

填制完成，单击“保存”结束。

选择“财务会计”|“应收款管理”|“收款”|“收款单—维护”，再选择要审核的收款单，单击“审核”按钮进行审核。

2. 收款凭证生成

选择“财务会计”|“应收款管理”|“凭证处理”|“凭证—生成”，事务类型选择“收款”，进入单据序时簿，如图 7—112 所示。

图 7—112　单据序时簿

单击“按单”按钮生成凭证。

选择“财务会计”|“应收款管理”|“凭证处理”|“凭证—维护”，进入会计分录序时簿，可以查看生成的凭证，如图 7—113 所示。

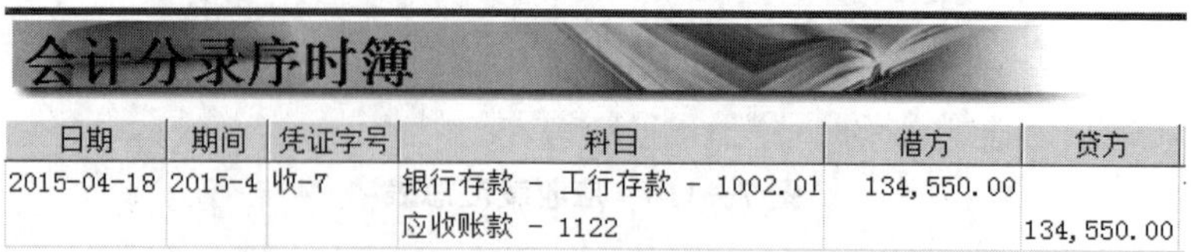

图 7—113　会计分录序时簿

7.2.3　预收款处理

案例资料

4 月 18 日，上海长江公司交来转账支票一张，金额 25 000 元，支票号 ZS002，作为预购货物的定金，入工商银行户。

操作过程

1. 填制并审核预收单

选择“财务会计”|“应收款管理”|“收款”|“预收单—新增”，输入业务信息，如图 7—114 所示。

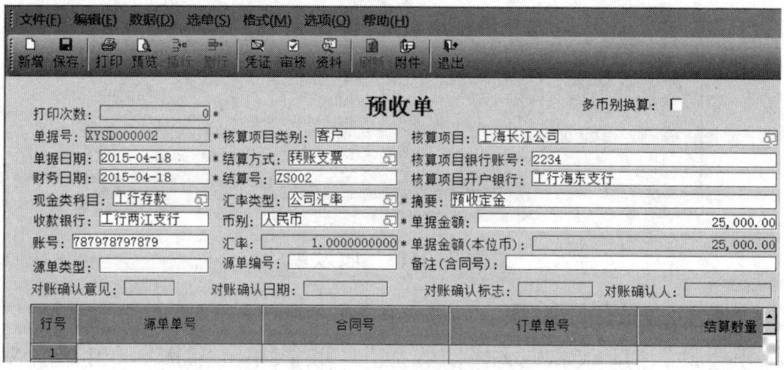

图 7—114　预收单

填制完成，单击“保存”按钮结束。

选择“财务会计”|“应收款管理”|“收款”|“收款单—维护”，事务类型选择“预收单”，选择要审核的收款单，单击“审核”进行审核。

2. 收款凭证生成

选择“财务会计”|“应收款管理”|“凭证处理”|“凭证—生成”，事务类型选择“预收款”，进入单据序时簿，可以看到上海长江公司的预收款。

单击“选项”按钮，显示生成凭证选项窗口。单击“模板设置”，选择事务类型为“预收款”，再单击“新增”，增加凭证模板。

预收款凭证模板如表 7—12 所示。

表 7—12　　　　　　　　　　　　　预收款凭证模板

科目来源	科目	借贷方向	金额来源	摘要	核算项目
凭证模板	银行存款/工行存款	借	预收单收款金额	预收款	
凭证模板	预收账款	贷	预收单收款金额		客户

单击“新增”按钮，设置新的模板，如图 7—115 所示。

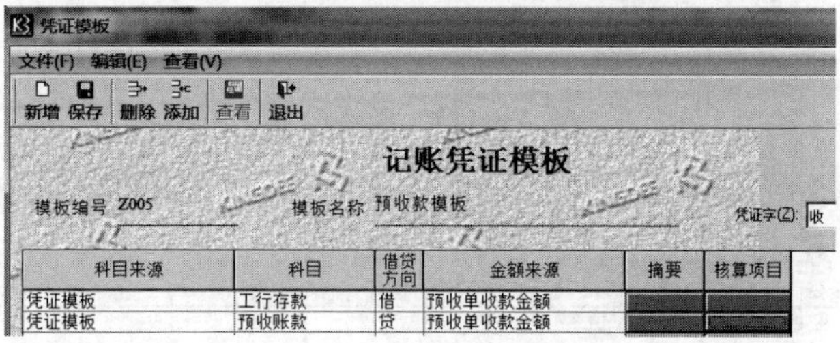

图 7—115　记账凭证模板

预收账款的“核算项目”为客户，“对应单据上项目”为核算项目。

单击“保存”按钮完成。设置为默认模板后退出设置。

在生成记账凭证窗口下，单击“按单”按钮生成凭证。

选择“财务会计”|“应收款管理”|“凭证处理”|“凭证—维护”，进入会计分录序时簿，可以查看生成的凭证，如图 7—116 所示。

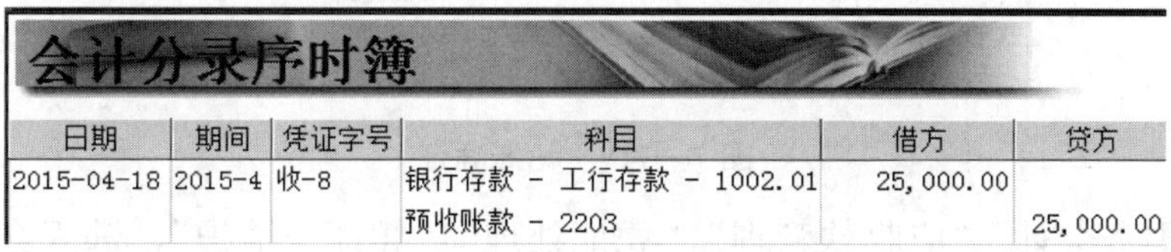

图 7—116　会计分录序时簿

7.2.4　坏账处理

案例资料

4 月末，经确认天津大华公司以前欠款 58 000 元，该批货物在运输途中遭遇损失，决定作为坏账处理。

操作过程

进行坏账损失处理的单据只能是初始化的销售发票、其他应收单及初始化结束后新增的已生成凭证的销售发票、其他应收单。初始化结束后新增的未生成凭证的销售发票、其他应收单不能进行坏账损失处理。

选择“财务会计”|“应收款管理”|“坏账处理”|“坏账损失”，输入查询条件，如图 7—117 所示。

选择作为坏账的单据，如图 7—118 所示。

单击“凭证”按钮，然后在凭证界面修改为如图 7—119 所示的凭证。

单击“保存”完成凭证制作。

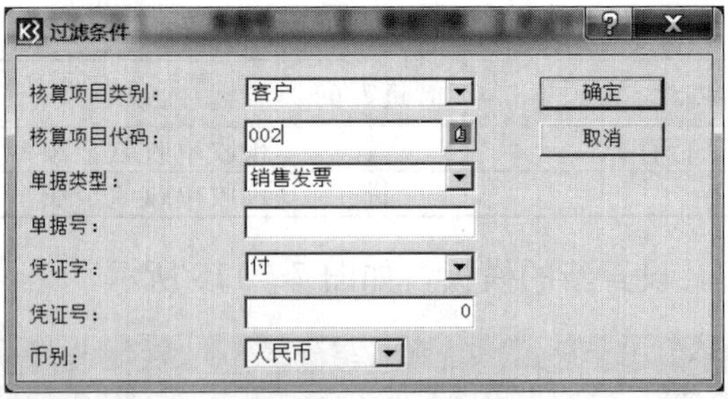

图 7—117 条件设置

图 7—118 坏账损失处理

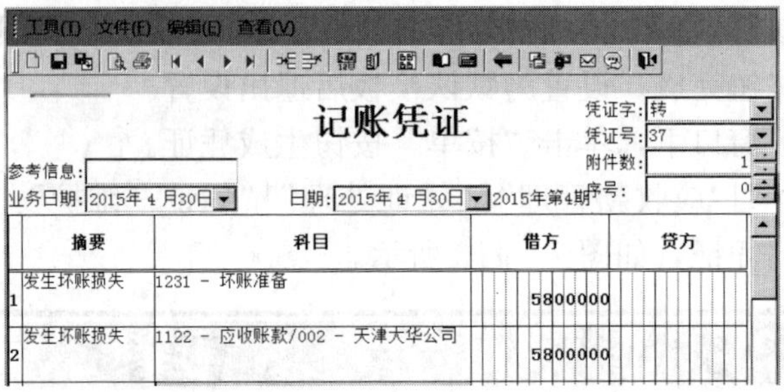

图 7—119 记账凭证

选择"财务会计"|"应收款管理"|"凭证处理"|"凭证—维护"，进入会计分录序时簿，可以查看生成的凭证。

7.2.5 预收冲应收

案例资料

4 月末，经过与上海长江公司商定，前付来的 25 000 元定金用于冲销其应收款项。

操作过程

选择"财务会计"|"应收款管理"|"结算"|"应收款核销—预收款冲应收款"，进行条件设置，核算项目代码输入上海长江公司的代码，日期在业务范围内，进入后选择对应要核销的单据，如图 7—120 所示。

输入预收冲应收—应收款的本次核销金额 25 000 元（原欠款金额为 175 500 元）。

然后单击"核销"按钮完成。

预收冲应收是否生成凭证，是依据应收账款系统参数的设置，选择"系统设置"|"系统设置"|"应收款管理"|"系统参数"，在"凭证处理"页设置，如果勾选"预收冲应收需要生成转账凭证"复选框，则在应收款期末结账时生成转账凭证，否则不生成。参数设置如图 7—121 所示。

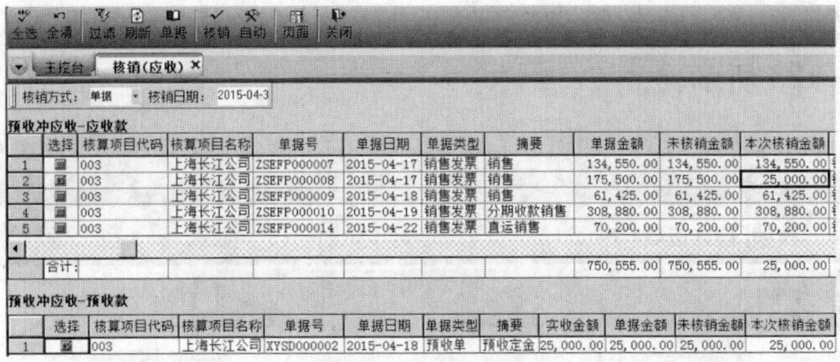

图 7—120　核销

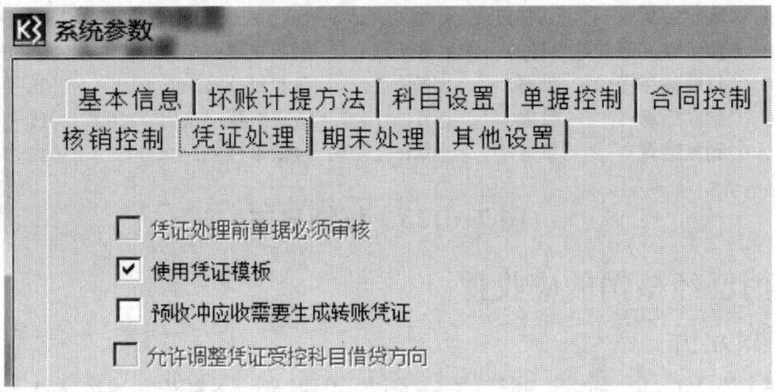

图 7—121　应收款管理参数设置

7.2.6　往来核销

核销单是为企业处理与供应商、客户之间业务交易产生的大量往来款项而设定的，其中的“往来核销”就是用来解决企业往来业务款项的核销，可以处理预收冲应收、预付冲应付、应收冲应付和应付冲应收等业务。

核销单据充当着到款与发票间的业务挂接功能，可以挂接预收、付款和发票，同样可以处理三角债情况。

（1）应收款核销。

选择“财务会计”|“应收款管理”|“结算”|“应收款核销—到款结算”，先设置条件，这里选择上海长江公司，日期到本月底，然后进入具体单据核销，如图 7—122 所示。

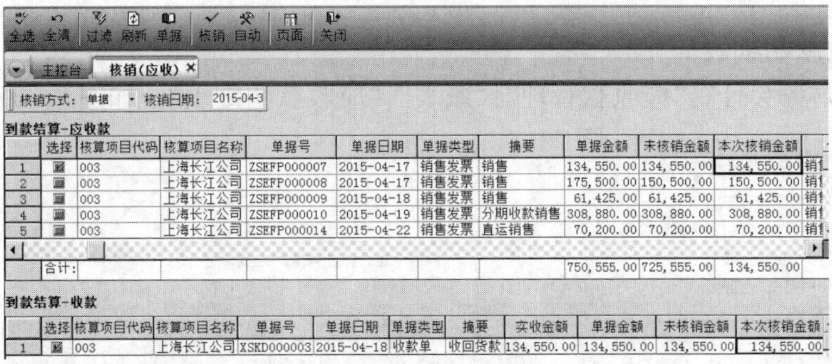

图 7—122　核销单

选择后，单击“核销”完成。

可以选择手工核销和自动核销两种方式。

选择“财务会计”|“应收款管理”|“结算”|“核销日志—维护”，可以查看已经核销的情况，如图 7—123 所示。

预览 打印 全选 全清 反核销 单据 刷新 过滤 退出

主控台 核销日志(应收)

核销日志

选择	核销序号	核销日期	核销类型	核销方式	客户名称	单据号	单据日期	摘要
	3	2015-04-30	到款结算	关联关系	天津大华公司	销售发票-ZSEFP000001	2015-04-08	销售
	3	2015-04-30	到款结算	关联关系	天津大华公司	收款单-XSKD000002	2015-04-12	销售
	5	2015-10-07	预收款冲应收款	单据	上海长江公司	销售发票-ZSEFP000008	2015-04-17	销售
	5	2015-10-07	预收款冲应收款	单据	上海长江公司	预收单-XYSD000002	2015-04-18	预收定金
	6	2015-10-07	到款结算	单据	上海长江公司	销售发票-ZSEFP000007	2015-04-17	销售
	6	2015-10-07	到款结算	单据	上海长江公司	收款单-XSKD000003	2015-04-18	收回货款

图 7—123　核销日志

可以在这里取消已经核销的应收款。

(2) 应收款账龄分析。

选择“财务会计”|“应收款管理”|“分析”|“账龄分析”，进入后首先需要设置过滤条件，这些条件要根据当时的数据分析需要进行设置。

条件设置完成，单击“确定”按钮，进入账龄分析，如图 7—124 所示。

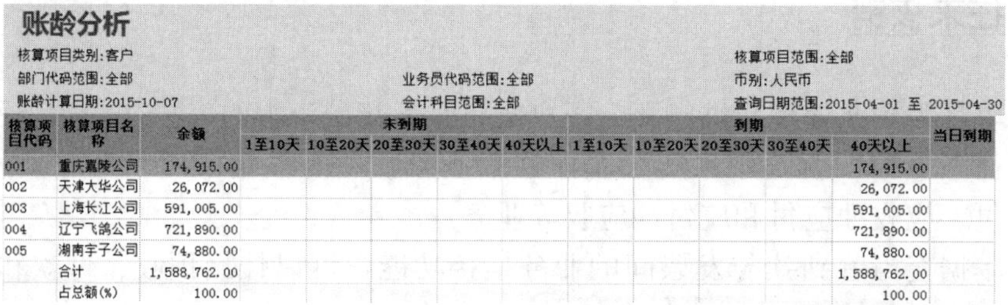

账龄分析

核算项目类别:客户　　核算项目范围:全部

部门代码范围:全部　　业务员代码范围:全部　　币别:人民币

账龄计算日期:2015-10-07　　会计科目范围:全部　　查询日期范围:2015-04-01 至 2015-04-30

核算项目代码	核算项目名称	余额	未到期					到期					当日到期
			1至10天	10至20天	20至30天	30至40天	40天以上	1至10天	10至20天	20至30天	30至40天	40天以上	
001	重庆嘉陵公司	174,915.00										174,915.00	
002	天津大华公司	26,072.00										26,072.00	
003	上海长江公司	591,005.00										591,005.00	
004	辽宁飞鸽公司	721,890.00										721,890.00	
005	湖南宇子公司	74,880.00										74,880.00	
	合计	1,588,762.00										1,588,762.00	
	占总额(%)	100.00										100.00	

图 7—124　账龄分析

7.2.7 账表查询

1. 应收款明细表

选择“财务会计”|“应收款管理”|“账表”|“应收款明细表”，如图 7—125 所示。

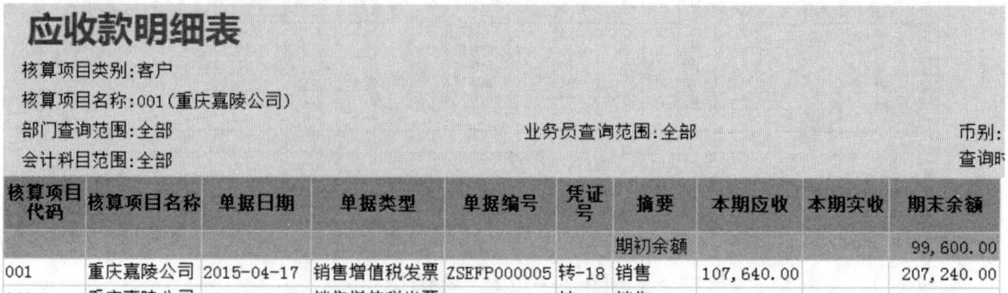

应收款明细表

核算项目类别:客户

核算项目名称:001(重庆嘉陵公司)

部门查询范围:全部　　业务员查询范围:全部　　币别:

会计科目范围:全部　　查询

核算项目代码	核算项目名称	单据日期	单据类型	单据编号	凭证号	摘要	本期应收	本期实收	期末余额
						期初余额			99,600.00
001	重庆嘉陵公司	2015-04-17	销售增值税发票	ZSEFP000005	转-18	销售	107,640.00		207,240.00
001	重庆嘉陵公司	2015-04-17	销售增值税发票	ZSEFP000006	转-18	销售	67,275.00		274,515.00

图 7—125　应收款明细表

2. 应收款汇总表

选择“财务会计”|“应收款管理”|“账表”|“应收款汇总表”，如图 7—126 所示。

应收款汇总表

核算项目类别:客户

核算项目范围:全部

部门查询范围:全部　　　　业务员查询范围:全部

查询时间范围:2015年第4期

核算项目代码	核算项目名称	期间	期初余额	本期应收	本期实收	本年累计应收	本年累计实收	期末余额
001	重庆嘉陵公司	2015.4	99,600.00	174,915.00		274,515.00		274,515.00
002	天津大华公司	2015.4	58,000.00	120,172.00	152,100.00	178,172.00	152,100.00	26,072.00
003	上海长江公司	2015.4		750,555.00	159,550.00	750,555.00	159,550.00	591,005.00
004	辽宁飞鸽公司	2015.4		721,890.00		721,890.00		721,890.00
005	湖南宇子公司	2015.4		74,880.00		74,880.00		74,880.00
	合计	2015.4	157,600.00	1,842,412.00	311,650.00	2,000,012.00	311,650.00	1,688,362.00

图 7—126　应收款汇总表

应付账款的有关数据也可按照类似方式查询。

其他账表可根据需要查询。

7.2.8 期末处理

进行相关的业务对账和结账。

7.3 复习题

7.3.1 思考题

1. 简述常规销售业务的单据处理流程。
2. 简述销售发票与销售出库单钩稽的作用。
3. 简述拆单的作用与方法。
4. 简述应收应付中核销单的作用。
5. 简述总账处理中往来核销的处理方法。

7.3.2 判断题

1. 业务单据制作完成必须生成业务凭证。　（　）
2. 对应业务必须先设置好凭证模板，才能生成业务凭证。　（　）
3. 销售业务凭证生成后，就不能补充或修改数据。　（　）
4. 生成销售出库凭证前，必须先进行存货出库核算。　（　）
5. 存货出库核算是计算存货的销售收入。　（　）
6. 存货核算需要在销售发票和销售出库单没有钩稽前执行。　（　）
7. 在生成业务凭证时，只能选择默认凭证模板。　（　）
8. 销售出库单一旦生成凭证，之后即使出库成本有变化，也不能更改。　（　）

9. 在移动平均法下，销售出库单的单位成本是动态变化的。（ ）
10. 在全月一次加权平均法下，全月销售出库单的单位成本都是相同的。（ ）
11. 必须要有销售订单才能制作销售出库单。（ ）
12. 销售发票和销售出库单的数量不相同直接就可以进行钩稽。（ ）
13. 往来核销后的业务，不能取消核销。（ ）

7.3.3 单项选择题

1. 销售发票钩稽时，若销售出单的数量大于销售发票的数量，需要（ ）。
A. 对销售出库单进行拆单 B. 对销售发票进行拆单
C. 合并销售发票和销售出库单 D. 进行存货出库核算

2. 销售订单可以通过（ ）关联输入数据。
A. 销售报价单 B. 销售订单
C. 销售出库单 D. 销售发票

3. 已经审核过的销售出库单，审核后发现数据有误，需要进行修改，应当（ ）。
A. 取消审核 B. 取消钩稽
C. 重新输入 D. 删除

4. 红字销售发票输入并正常保存后，在销售发票中查询时，没有显示该发票，原因是（ ）。
A. 没有审核 B. 没有钩稽
C. 过滤条件的红蓝标志设置不对 D. 作废标志设置不对

5. 在销售管理的各种序时簿中，为了简化不同需要的查询，可以在过滤条件中通过设置（ ）来实现。
A. 默认方案 B. 多个方案
C. 多个条件 D. 多种表格设置

6. 出库单和销售发票分为红字单据和蓝字单据，若要录入红字单据，必须在录入单据时点击工具条上的（ ）按钮。
A. 新增 B. 复制
C. 红字 D. 蓝字

7. 在销售管理中新增了一张销售方式为赊销的发票，则该张发票的凭证处理应在（ ）完成。
A. 销售管理 B. 存货核算
C. 应收应付 D. 账务处理

8. 销售出库单中，下列项目必须录入的是（ ）。
A. 购货单位 B. 交货地点
C. 摘要 D. 备注

9. 在新会计准则中，不支持的计价方法是（ ）。
A. 加权平均 B. 后进先出
C. 先进先出 D. 移动加权

10. 系统默认的可进行单据修改操作的人员是（ ）。

A. 有审核权限的所有人员　　B. 单据的制作人
C. 系统管理员　　D. 账套管理员

11. 以下关于金蝶 K/3 WISE 中单据拆分的说法正确的是（　　）。
A. 拆分出来的子单可以继续拆分
B. 拆分后的母单可以继续拆分
C. 单据拆分只能进行一次，不能多次拆分
D. 以上说法都正确

7.3.4　多项选择题

1. 销售业务单据制作完成后，可以（　　）生成凭证。
A. 立即　　B. 当月内
C. 本季内　　D. 当年内

2. 在销售管理中，必须填制的单据是（　　）。
A. 销售报价单　　B. 销售订单
C. 销售出库单　　D. 销售发票

3. 销售发票钩稽是进行（　　）两种单据的钩稽。
A. 销售报价单　　B. 销售订单
C. 销售出库单　　D. 销售发票

4. 销售发票可以通过（　　）关联输入发票数据。
A. 销售报价单　　B. 销售订单
C. 销售出库单　　D. 销售发票

5. 销售出库单可以通过（　　）关联输入数据。
A. 产品入库单　　B. 销售订单
C. 采购入库单　　D. 销售发票

6. 销售管理中的单据，可以通过系统设置实现（　　）。
A. 制单人审核　　B. 不能由制单人审核
C. 制单人和非制单人可以审核　　D. 系统管理员审核

7. 核销单可实现（　　）方面的核销。
A. 预收冲应收　　B. 应收冲应付和应收转应收
C. 预付冲应付　　D. 应付冲应收和应付转应付

8. 往来业务核销提供了（　　）方式。
A. 手工选择核销　　B. 自动核销
C. 匹配核销　　D. 顺序核销

9. 在金蝶 K/3 WISE 中，客户发生销售退货，不合理的处理方法为（　　）。
A. 制作“盘亏单 ”
B. 制作“其他入库单”
C. 制作销售出库单，输入负值
D. 关联销售出库蓝字单据制作销售出库红字单据

第 8 章 Chapter 8 仓存和存货核算业务处理

8.1 仓存管理

8.1.1 基本业务和功能

1. 基本功能

仓存管理的主要功能是完成物料的入库、在库、出库、调拨、盘点等一系列管理工作，如图 8—1 所示。

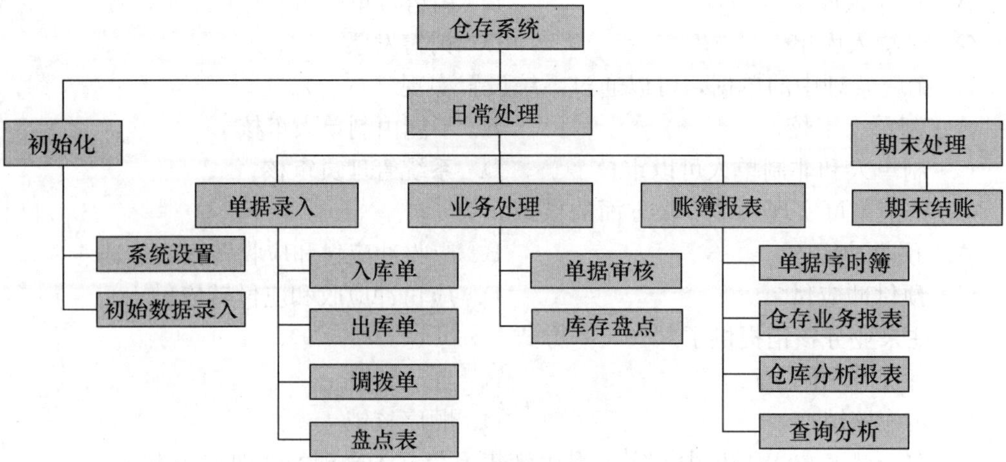

图 8—1 仓存管理功能

2. 仓存管理系统与其他系统的接口关系

在采购和销售系统中，订单、出入库单、发票三方关联，订单中的物料价格、出入库中的物料数量都会关联到发票中，实现业务的完整关联记录。

在仓存管理系统中，存在库存类单据的引用关系。因此在制作单据时，可以通过引用源单来实现单据间的关联。其作用主要体现在两方面：第一，在单据序时簿中通过对单据的上查下查，实现有引用关系的单据关联查询；第二，快速录单，通过引用源单，可以将源单的关联信息自动填入单据中，加快单据的录入速度。

3. 入库

一般情况下，物料的入库按不同的来源渠道分为外购入库、产品入库、盘盈入库、其他入库四种方式。

外购入库和退料流程如图 8—2 所示。

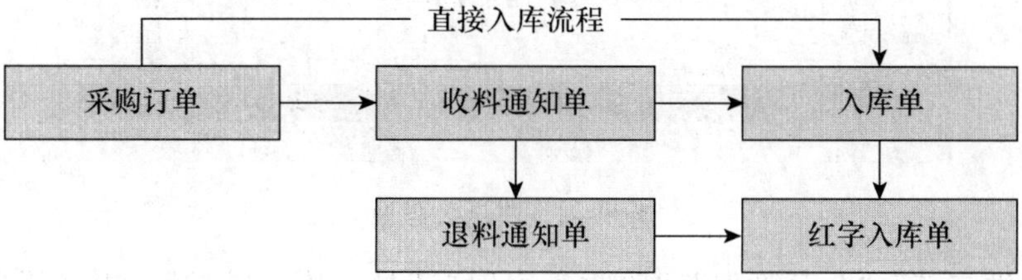

图 8—2　外购入库和退料流程

生产入库的是企业生产加工的自制产品，通过产品入库单据录入系统，入库产品成本由财务人员在存货核算系统中计算核定。

4. 调拨

调拨是指将物料从一个仓库转移到另一个仓库，如图 8—3 所示。

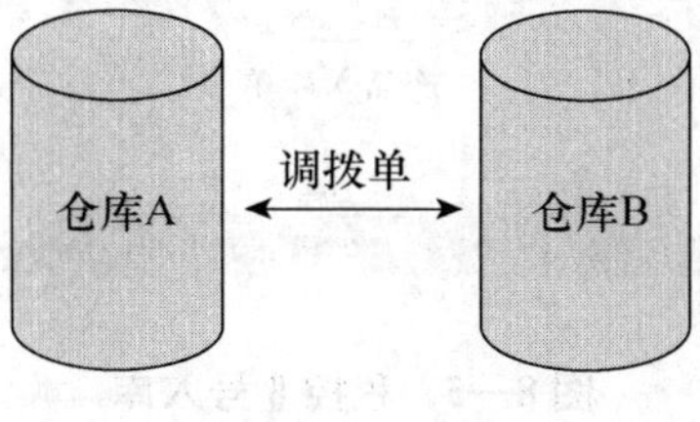

图 8—3　调拨

有些企业拥有很多仓库，常常需要将物料移动，此时就会用到仓库调拨。仓库调拨的关键是要注意调入仓库和调出仓库，调拨处理中一般不涉及调拨物料的成本确定。

调拨的调出一方会减少仓库的库存，调入的一方会增加库存，从总体的角度并没有增加和减少。

8.1.2　产成品入库业务

案例资料

(1) 4 月 5 日，成品库收到二车间加工的专用发票纸 300 箱，普通发票纸 400 箱，均入成品库。

(2) 4 月 10 日，成品库收到当月一车间加工的 30 台税控Ⅱ号产成品入库。

4 月 25 日收到财务部门提供的完工产品成本。其中税控Ⅱ号成本每台 3 000 元，计

90 000 元，随即做成本分配，生成记账凭证；专用发票打印纸成本每箱 50 元，计15 000 元；普通发票打印纸成本每箱 40 元，计 16 000 元，随即做成本分配，生成记账凭证。

操作过程

1. 发票打印纸入库

选择“供应链”|“仓存管理”|“验收入库”|“产品入库—新增”，选择默认条件，输入产品入库信息，如图 8—4 所示。

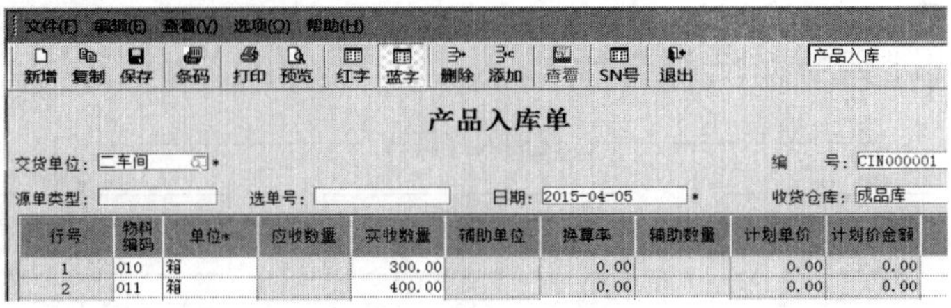

图 8—4 产品入库单

选择“供应链”|“仓存管理”|“验收入库”|“产品入库—维护”，再选择要审核的入库单，单击“审核”按钮完成审核工作。

2. 税控Ⅱ号入库

选择“供应链”|“仓存管理”|“验收入库”|“产品入库—新增”，输入产品入库信息，如图 8—5 所示。

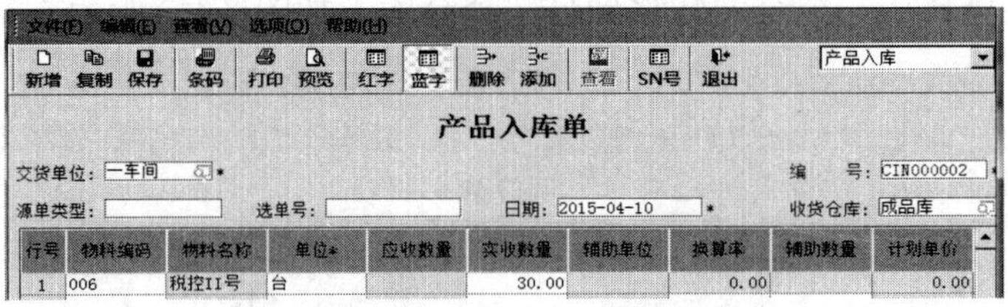

图 8—5 税控Ⅱ号入库

先保存，然后审核。

3. 产品入库核算

选择“供应链”|“存货核算”|“入库核算”|“自制入库核算”，输入单位成本，如图 8—6 所示。

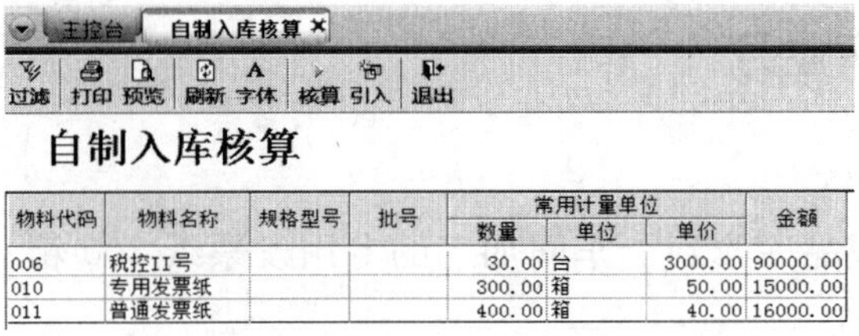

图 8—6 自制入库核算

单击“核算”按钮，系统会提示核算成功。

4. 生成入库凭证

（1）设置凭证模板。

产品入库凭证类型为转账凭证，模板参数定义如表 8—1 所示。

表 8—1　　**产品入库凭证模板**

科目来源	科目	方向	金额来源	摘要	核算项目
单据上物料的存货科目	库存商品	借	产品入库单实际成本		
凭证模板	生产成本—直接材料	贷	产品入库单实际成本		

说明：为简化定义，这里将成本都列为直接材料。

选择“供应链”|“存货核算”|“凭证管理”|“凭证模板”，再选择“产品入库”。双击“产品入库标准模板”，设置有关的参数，如图 8—7 所示。

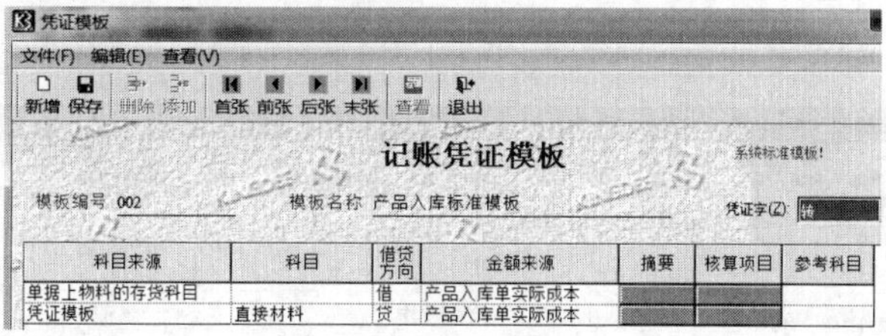

图 8—7　记账凭证模板

生产成本—直接材料科目的“核算项目”为自行开发项目，“对应单据上项目”为单据上无此资料。

单击“保存”完成设置。

（2）生成凭证。

选择“供应链”|“存货核算”|“凭证管理”|“生成凭证”，再选择“产品入库”，单击“重设”，系统过滤出所有产品入库单据，选择应生成凭证的记录，如图 8—8 所示。

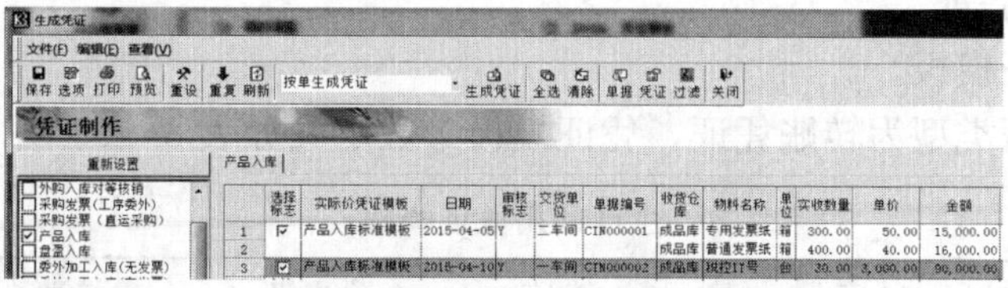

图 8—8　选择需要生成凭证的单据

单击“选项”，科目与单据选项中的项目全部不勾选。

单击“生成凭证”按钮。

选择“供应链”|“存货核算”|“凭证管理”|“凭证查询”，查看生成的凭证如图 8—9 所示。

图 8—9　凭证查询

先选择凭证，然后单击“修改”，输入对应的核算项目。

8.1.3 物料领用

案例资料

4 月 10 日，一车间向原料库领用 CN 处理器 100 盒，2TB 硬盘 100 盒，用于生产税控Ⅱ号。

操作过程

1. 录入领料单

选择“供应链”|“仓存管理”|“领料发货”|“生产领料—新增”，输入领料数据，如图 8—10 所示。

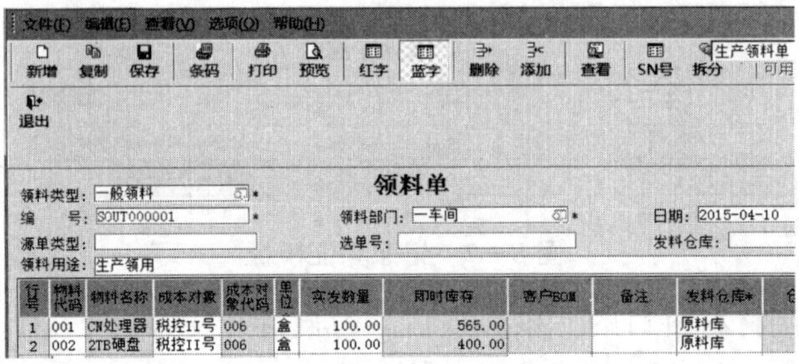

图 8—10 领料单

单击“保存”，然后选择“供应链”|“仓存管理”|“领料发货”|“生产领料—维护”，审核刚才录入的领料单。

2. 生成领料凭证

（1）设置凭证模板。

生产领用凭证类型为转账凭证，凭证模板参数定义如表 8—2 所示。

表 8—2 生产领用凭证模板

科目来源	科目	方向	金额来源	摘要	核算项目
凭证模板	生产成本—直接材料	借	生产领料单实际成本		
凭证模板	库存商品	贷	生产领料单实际成本		

选择“供应链”|“存货核算”|“凭证管理”|“凭证模板”，再选择“生产领用”事务类型。单击“新增”，建立新的“生产领用”模板，设置有关的参数，如图 8—11 所示。

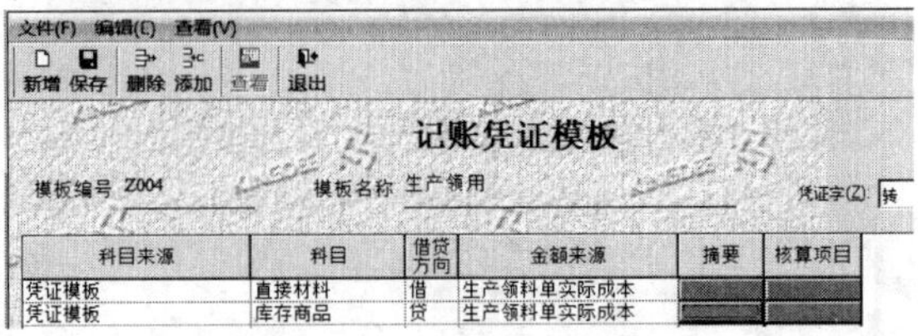

图 8—11 记账凭证模板

生产成本—直接材料科目的“核算项目”为自行开发项目，“对应单据上项目”为单据上无此资料。

单击“保存”按钮完成设置，并设置为默认模板。

（2）生成凭证。

选择“供应链”|“存货核算”|“出库核算”|“材料出库核算”，再选择“结转本期所有材料”，然后进行核算。

选择“供应链”|“存货核算”|“凭证管理”|“生成凭证”，再选择“生产领用”，单击“重设”，系统过滤出单据，选择需要生成凭证的记录，如图 8—12 所示。

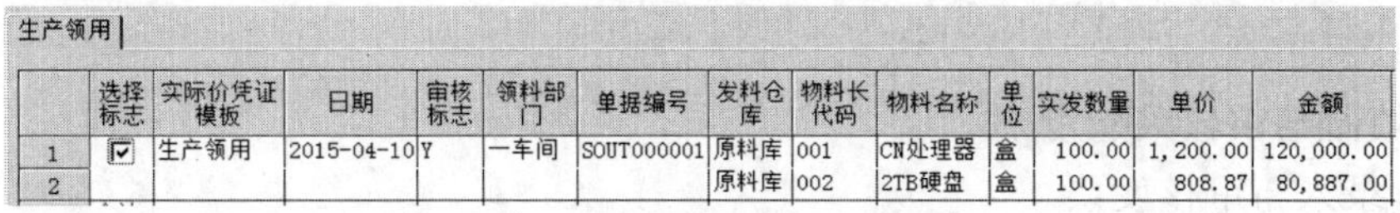
生产领用

	选择标志	实际价凭证模板	日期	审核标志	领料部门	单据编号	发料仓库	物料长代码	物料名称	单位	实发数量	单价	金额
1	☑	生产领用	2015-04-10	Y	一车间	SOUT000001	原料库	001	CN处理器	盒	100.00	1,200.00	120,000.00
2							原料库	002	2TB硬盘	盒	100.00	808.87	80,887.00

图 8—12　选择需要生成凭证的单据

单击“生成凭证”。

选择“供应链”|“存货核算”|“凭证管理”|“凭证查询”，如图 8—13 所示。

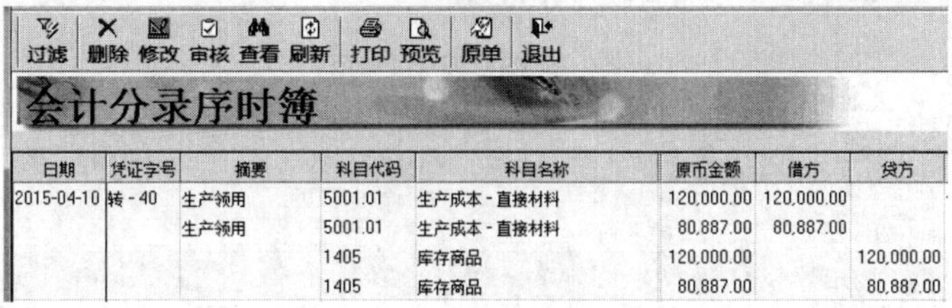
过滤 删除 修改 审核 查看 刷新 打印 预览 原单 退出

会计分录序时簿

日期	凭证字号	摘要	科目代码	科目名称	原币金额	借方	贷方
2015-04-10	转 - 40	生产领用	5001.01	生产成本 - 直接材料	120,000.00	120,000.00	
		生产领用	5001.01	生产成本 - 直接材料	80,887.00	80,887.00	
			1405	库存商品	120,000.00		120,000.00
			1405	库存商品	80,887.00		80,887.00

图 8—13　凭证查询

先选择凭证，然后单击“修改”，输入对应的核算项目。

8.1.4　出库追踪入库

案例资料

A 型加密卡是产品的关键部件，在库存管理时，需要对每一笔入库和出库情况做详细的统计，以严控其用途。

4 月 10 日，采购部向成都大成公司购进 80 块 A 型加密卡，单价为 300 元/块。物品入原料库。

收到上述入库的专用发票一张，款项未付。

4 月 12 日，一车间向原料库领用 80 块 A 型加密卡，用于生产税控Ⅱ号产品。

操作过程

1. 填制与审核采购入库单

选择“供应链”|“采购管理”|“外购入库”|“外购入库单—新增”，直接录入采购入库单，如图 8—14 所示。

先保存，然后审核。

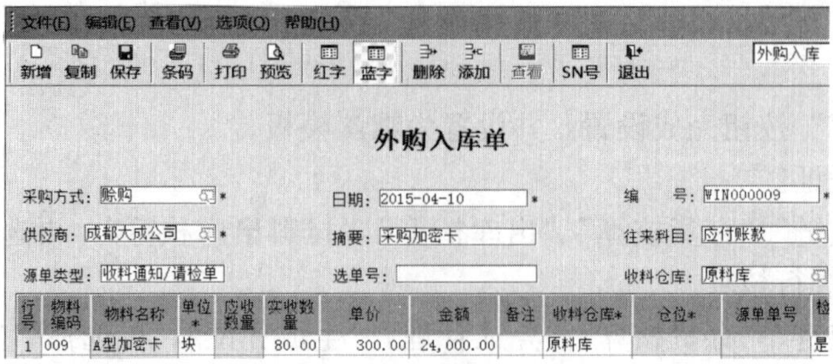

图 8—14 外购入库单

2. 填制与审核采购发票

(1) 录入与审核发票。

选择“供应链”|“采购管理”|“采购发票”|“采购发票—新增”，采用外购入库单的数据关联转入，发票的录入如图 8—15 所示。

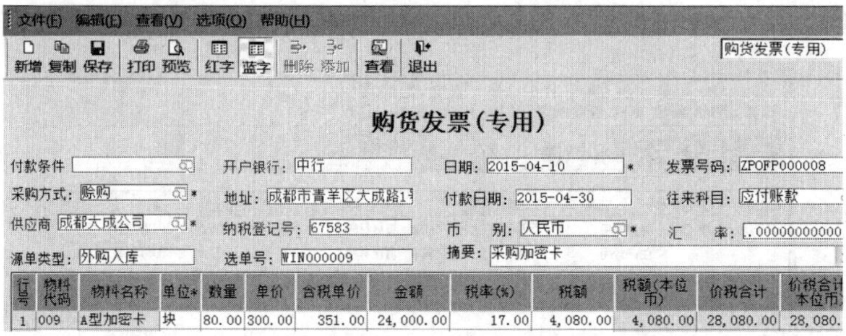

图 8—15 采购发票（专用）

先保存，然后审核。

(2) 发票与采购单钩稽。

选择“供应链”|“采购管理”|“采购发票”|“采购发票—维护”，单击进入采购发票过滤窗口，设置选择条件，进入采购发票序时簿。

选择待钩稽的发票，再选择“钩稽”功能。单击“钩稽”，完成钩稽。

3. 填制与审核生产领用单

选择“供应链”|“仓存管理”|“领料发货”|“生产领料—新增”，通过关联外购入库单传入数据，如图 8—16 所示。

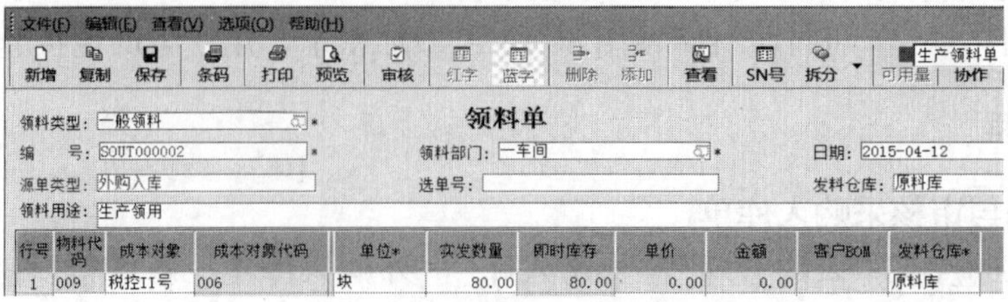

图 8—16 领料单

单击“保存”，然后审核。

4. 生成采购应付款凭证

选择“供应链”|“存货核算”|“凭证管理”|“生成凭证”，再选择“外购入库”，单击“重设”按钮，系统过滤出所有采购发票，选择需要生成凭证的记录（成都大成公司，A 型加密卡）。

单击“生成凭证”按钮，则根据凭证模板自动生成。

可以进行凭证查询，选择“供应链”|“存货核算”|“凭证管理”|“凭证查询”，如图 8—17 所示。

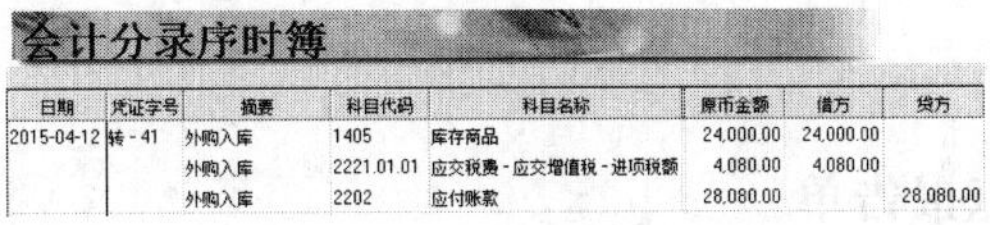
会计分录序时簿

日期	凭证字号	摘要	科目代码	科目名称	原币金额	借方	贷方
2015-04-12	转 - 41	外购入库	1405	库存商品	24,000.00	24,000.00	
		外购入库	2221.01.01	应交税费 - 应交增值税 - 进项税额	4,080.00	4,080.00	
		外购入库	2202	应付账款	28,080.00		28,080.00

图 8—17　凭证查询

5. 生成生产领用凭证

选择“供应链”|“存货核算”|“出库核算”|“材料出库核算”，再选择“结转本期所有材料”，然后进行核算。

选择“供应链”|“存货核算”|“凭证管理”|“生成凭证”，再选择“生产领用”，单击“重设”，系统过滤出单据，选择需要生成凭证的记录（A 型加密卡）。

单击“生成凭证”。

选择“供应链”|“存货核算”|“凭证管理”|“凭证查询”，如图 8—18 所示。

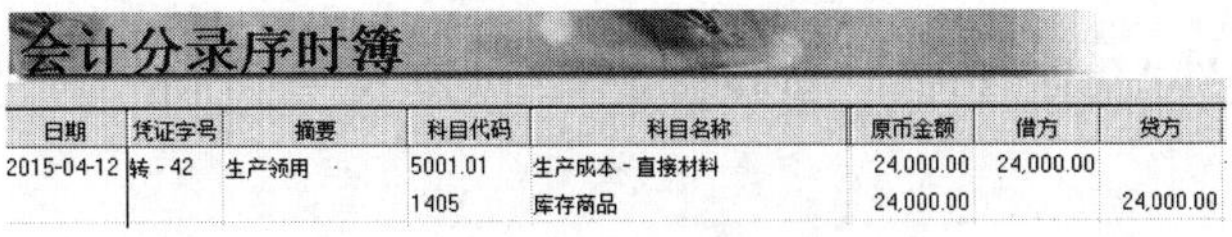
会计分录序时簿

日期	凭证字号	摘要	科目代码	科目名称	原币金额	借方	贷方
2015-04-12	转 - 42	生产领用	5001.01	生产成本 - 直接材料	24,000.00	24,000.00	
			1405	库存商品	24,000.00		24,000.00

图 8—18　凭证查询

先选择凭证，然后单击“修改”，输入对应的核算项目（税控Ⅱ号）。

8.1.5 调拨业务

案例资料

4 月 20 日，将原料库中的 50 盒 CN 双核处理器调拨到配套用品库。

操作过程

选择“供应链”|“仓存管理”|“仓库调拨”|“调拨单—新增”，输入调拨信息，如图 8—19 所示。

图 8—19　调拨单

选择“供应链”|“仓存管理”|“仓库调拨”|“调拨单—维护”，进行审核。

8.1.6 盘点业务

案例资料

4 月 25 日，对原料库的键盘进行盘点，盘点后发现键盘多 1 个。经确认，该键盘的成本为 95 元/个。

操作过程

1. 填制与审核盘点报告单

选择“供应链”|“仓存管理”|“盘点作业”|“盘盈入库—新增”，输入有关盘盈数据，如图 8—20 所示。

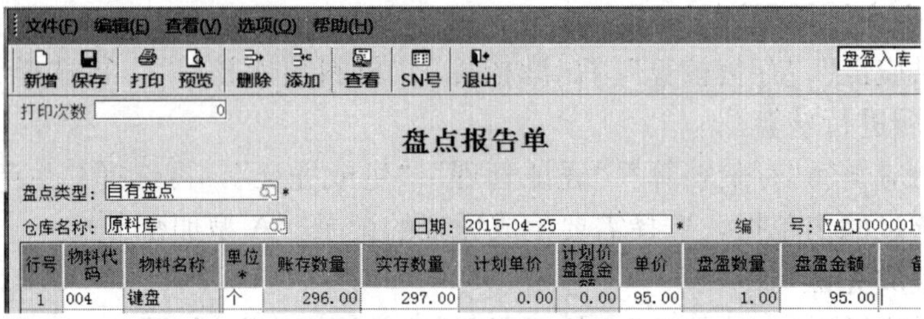

图 8—20 盘点报告单

选择“供应链”|“仓存管理”|“盘点作业”|“盘盈入库—维护”，进行审核。

2. 生成凭证

（1）设置凭证模板。

盘盈入库凭证类型为转账凭证，模板参数定义如表 8—3 所示。

表 8—3 盘盈入库凭证模板

科目来源	科目	方向	金额来源	摘要	核算项目
单据上物料的存货成本	库存商品	借	盘盈入库单实际成本		
凭证模板	待处理财产损溢—待处理流动资产损溢	贷	盘盈入库单实际成本		

选择“供应链”|“存货核算”|“凭证管理”|“凭证模板”，再选择“盘盈入库”。双击“盘盈入库”，设置有关的参数，如图 8—21 所示。

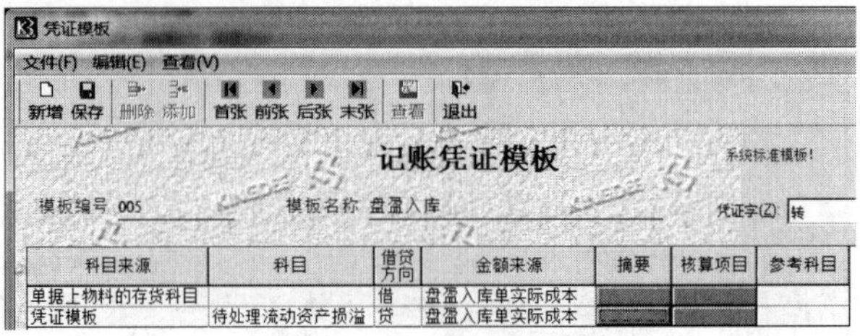

图 8—21 记账凭证模板

单击“保存”完成设置。

(2) 生成凭证。

选择“供应链”|“存货核算”|“凭证管理”|“生成凭证”，再选择“盘盈入库”凭证模板，单击“重设”，选择要盘盈单据。

单击“生成凭证”完成凭证生成。

通过选择“供应链”|“存货核算”|“凭证管理”|“凭证查询”，生成的凭证按照会计分录序时簿列示，如图 8—22 所示。

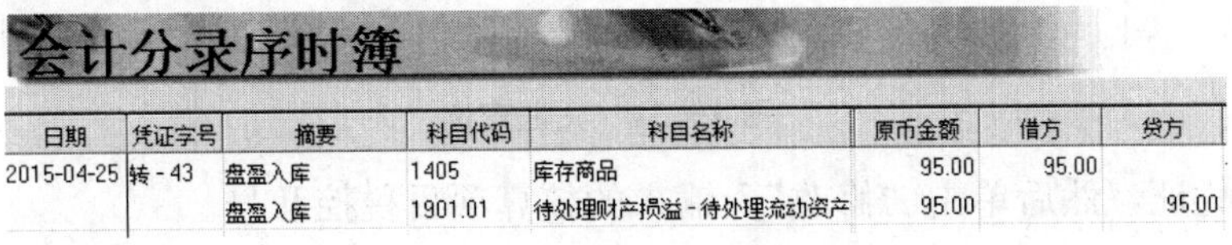

会计分录序时簿

日期	凭证字号	摘要	科目代码	科目名称	原币金额	借方	贷方
2015-04-25	转 - 43	盘盈入库	1405	库存商品	95.00	95.00	
		盘盈入库	1901.01	待处理财产损溢 - 待处理流动资产	95.00		95.00

图 8—22　会计分录序时簿

8.1.7　假退料

案例资料

4 月 28 日，根据生产部门的统计，一车间有 5 个 CN 双核处理器当月未用完。先做假退料处理，下个月再继续使用。

操作过程

1. 填制与审核红字生产领用单

金蝶 K/3 WISE 中，假退料不在供应链中反映，只有通过红字领料单变通处理。

选择“供应链”|“仓存管理”|“领料发货”|“生产领料—新增”，单击“红字”，通过关联原来的领料单传入数据，然后进行更改，如图 8—23 所示。

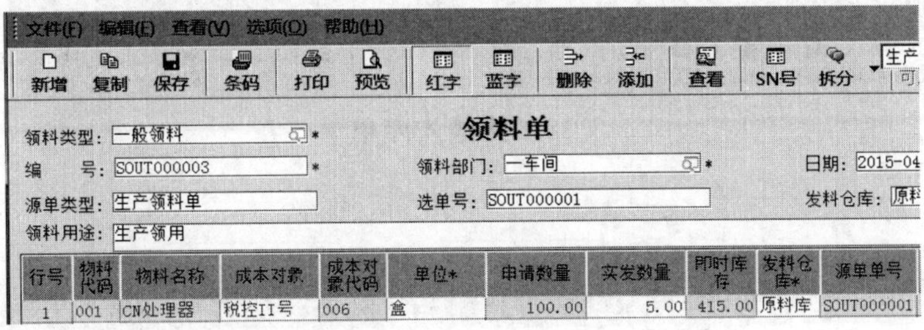

图 8—23　领料单（红字）

单击“保存”按钮完成。

选择“供应链”|“仓存管理”|“领料发货”|“生产领料—维护”，审核刚才录入的红字领料单。

2. 生成领料（假退料）凭证

选择“供应链”|“存货核算”|“出库核算”|“材料出库核算”，再选择“结转本期所有材料”，然后进行核算。

选择“供应链”|“存货核算”|“凭证管理”|“生成凭证”，再选择“生产领用”，单击“重设”，系统过滤出单据（注意选择红字单据），选择需要生成凭证的记录。

单击“生成凭证”。

选择“供应链”|“存货核算”|“凭证管理”|“凭证查询”，如图 8—24 所示。

会计分录序时簿

日期	凭证字号	摘要	科目代码	科目名称	原币金额	借方	贷方
2015-04-28	转 - 44	生产领用	5001.01	生产成本 - 直接材料	-6,000.00	-6,000.00	
			1405	库存商品	-6,000.00		-6,000.00

图 8—24　凭证查询

先选择凭证，然后单击“修改”，输入的核算项目税控Ⅱ号。

3. 下月月初处理

填制并审核生产领用单。

8.1.8 其他入库业务

案例资料

4 月 28 日，销售部收到赠品液晶显示器 3 台，单价 1 200 元，存入原料库。

操作过程

1. 填制与审核其他入库单

选择“供应链”|“仓存管理”|“验收入库”|“其他入库—新增”，输入赠品入库信息，如图 8—25 所示。

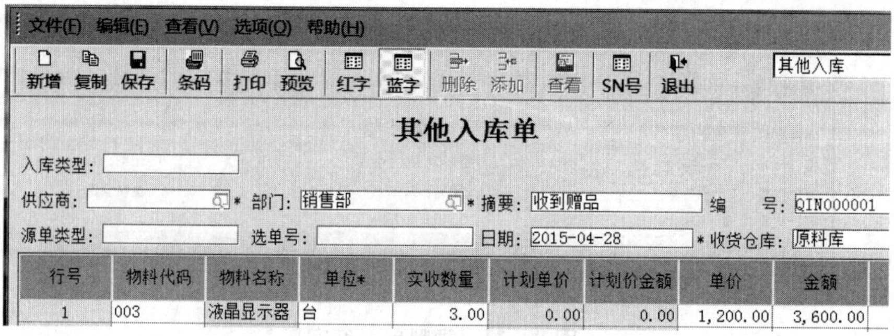

图 8—25　其他入库单

选择“供应链”|“仓存管理”|“验收入库”|“其他入库—维护”，再选择要审核的入库单，单击“审核”完成审核工作。

2. 生成其他入库凭证

（1）设置凭证模板。

其他入库凭证类型为转账凭证，凭证模板参数定义如表 8—4 所示。

表 8—4　　其他入库凭证模板

科目来源	科目	方向	金额来源	摘要	核算项目
单据上物料的存货科目	库存商品	借	其他入库单实际成本		
凭证模板	营业外收入	贷	其他入库单实际成本		

选择“供应链”|“存货核算”|“凭证管理”|“凭证模板”，再选择“其他入库”，双击“其他入库标准模板”，设置有关的参数，如图 8—26 所示。

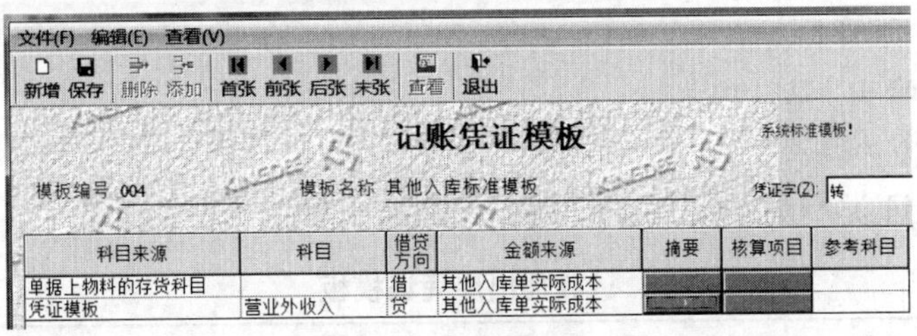

图 8—26　记账凭证模板

单击“保存”按钮完成设置。

（2）生成凭证。

选择“供应链”|“存货核算”|“凭证管理”|“生成凭证”，再选择“其他入库”凭证模板，单击“重设”按钮，选择要生成凭证的其他入库单。

单击“生成凭证”按钮完成生成凭证工作。

通过选择“供应链”|“存货核算”|“凭证管理”|“凭证查询”，生成的凭证按照会计分录序时簿列示，如图 8—27 所示。

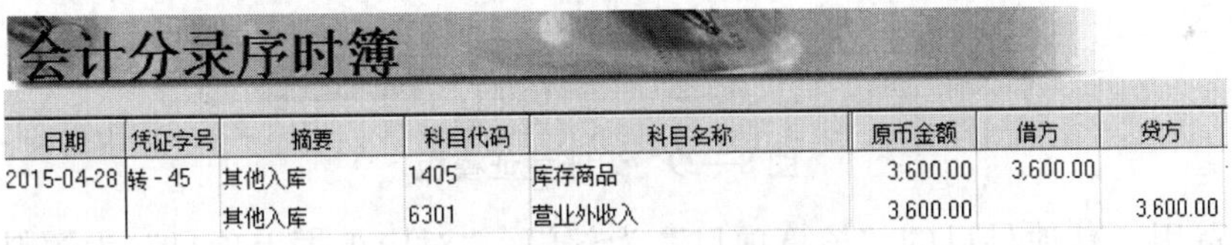

图 8—27　会计分录序时簿

8.1.9　其他出库业务

案例资料

4 月 30 日，销售部从成品库领取 5 台税控Ⅱ号样品，用于捐助西部贫困地区。

操作过程

1．填制与审核其他出库单

选择“供应链”|“仓存管理”|“领料发货”|“其他出库—新增”，输入产品出库信息，如图 8—28 所示。

选择“供应链”|“仓存管理”|“领料发货”|“其他出库—维护”，再选择要审核的出库单，单击“审核”完成审核工作。

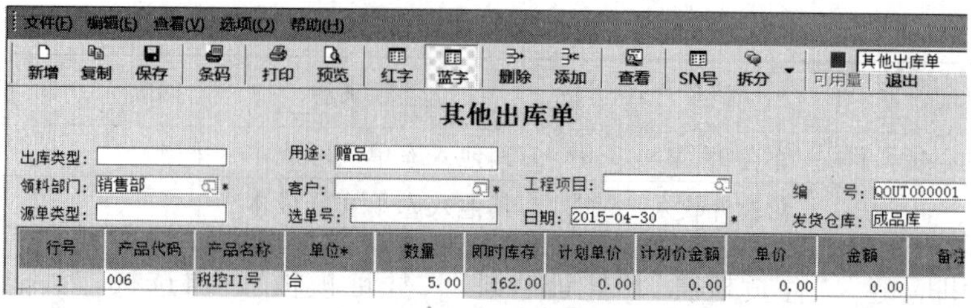

图 8—28 其他出库单

2. 生成凭证

（1）设置凭证模板。

其他出库凭证类型为转账凭证，模板参数定义如表 8—5 所示。

表 8—5 其他出库凭证模板

科目来源	科目	方向	金额来源	摘要	核算项目
凭证模板	销售费用—其他	借	其他出库单实际成本		
单据上物料的存货科目	库存商品	贷	其他出库单实际成本		

选择“供应链”|“存货核算”|“凭证管理”|“凭证模板”，再选择“其他出库”，双击“其他出库标准模板”，设置有关参数，如图 8—29 所示。

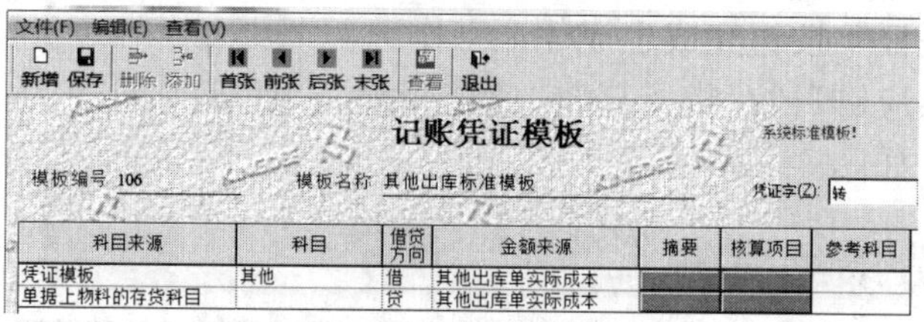

图 8—29 记账凭证模板

销售费用—其他科目的“核算项目”为部门，“对应单据上项目”为领料部门。

单击“保存”按钮完成设置。

（2）生成凭证。

选择“供应链”|“存货核算”|“出库核算”|“产成品出库核算”，再选择“结转本期所有材料”，然后进行核算。

选择“供应链”|“存货核算”|“凭证管理”|“生成凭证”，再选择“其他出库”，单击“重设”，系统过滤出单据，选择需要生成凭证的记录。

单击“生成凭证”。

选择“供应链”|“存货核算”|“凭证管理”|“凭证查询”，如图 8—30 所示。

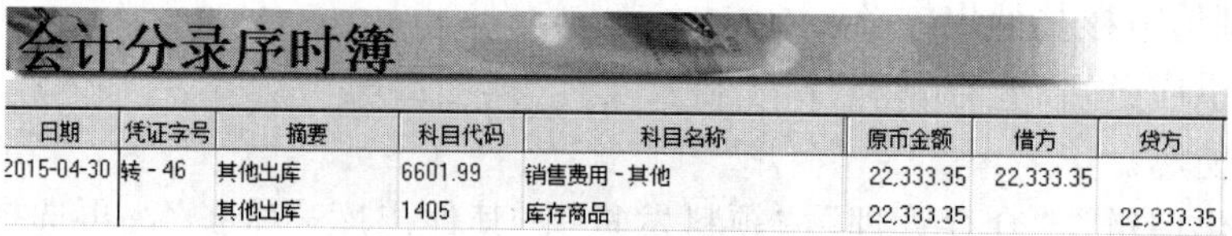

图 8—30 凭证查询

8.2　存货核算

8.2.1　基本功能

存货核算是业务系统与账务相连的一个重要环节，供应链系统中的各种单据都要在本系统中通过核算与结转来完成成本的确认。本系统一般由财务人员操作，为每一张业务进出的单据确定一个正确的成本金额。本系统实现了企业业务、财务一体化的完整管理，是账务处理和业务系统的接口。基本功能如图 8—31 所示。

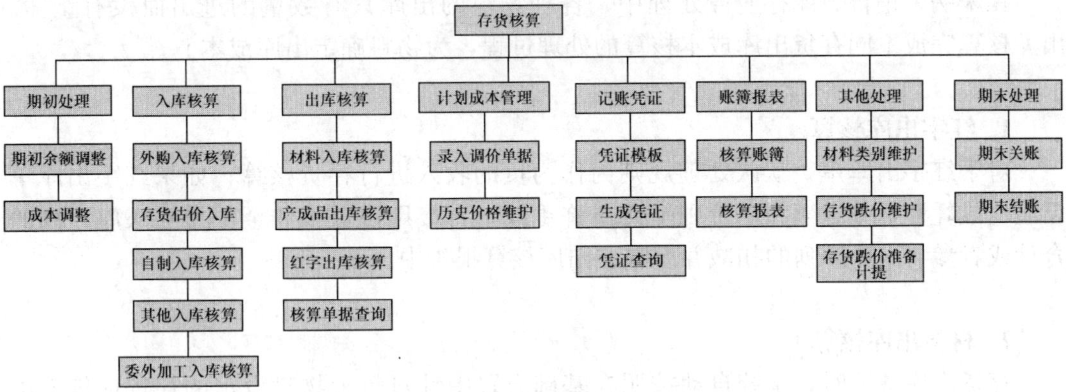

图 8—31　存货主要功能

存货核算的基本业务处理如图 8—32 所示。

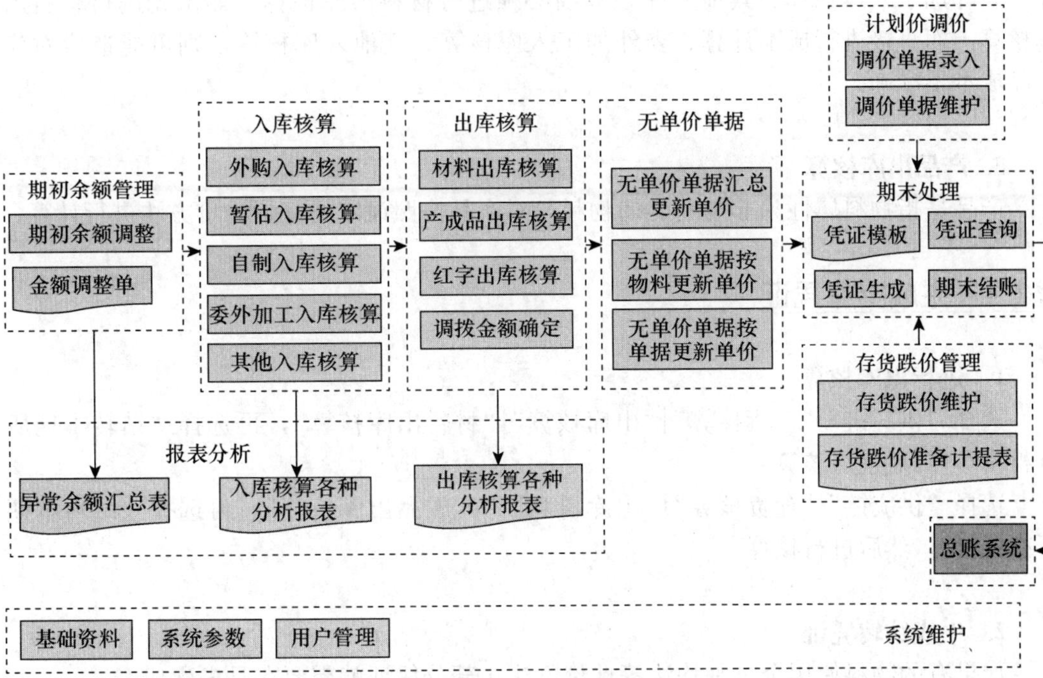

图 8—32　业务处理架构

8.2.2 外购入库核算

外购入库核算主要用来核算外购入库实际成本，包括买价和采购费用两个部分。买价由与外购入库单相钩稽的发票决定，采购费用通过采购费用发票完成，可按数量、金额或手工先分配到发票上每一种物料的金额栏，再通过核算功能，将买价与采购费用之和根据钩稽关系分配到对应的入库单上，作为外购入库的实际成本。

8.2.3 出库核算

在采购、销售、库存业务处理中，各种物料的出库只有数量的进出而没有金额。出库核算完成不同存货出库成本核算的处理过程，为物料确定出库成本。

1. 红字出库核算

对于红字出库单，默认处理规则为作为负的收入进行存货核算；如果红字出库单已经生成凭证，其金额和单价则一律不许更改，直接用该数量和金额参与入库序列的合计或者参与出库序列的扣减并反映在出库核算报告中。

2. 材料出库核算

存货出库核算时，系统自动按照在基础设置中针对每种物料设定的存货计价方法计算出每一张出库单上各物料的发出单价。

本功能主要用来核算材料（物料属性为外购类的物料）出库成本，一般在成本计算、委外加工入库核算、其他入库核算前必须进行材料出库核算，如未先进行材料出库核算，而直接进行成本计算、委外加工入库核算、其他入库核算，则可能造成对应产品成本不准确。

3. 产品出库核算

产品是指物料属性为非外购类的物料，对产品按照设定的存货计价方法进行计算。

8.2.4 生成出库凭证

1. 进行出库核算

选择“供应链”|“存货核算”|“出库核算”|“材料出库核算”，再选择“结转本期所有材料”，然后进行核算。

选择“供应链”|“存货核算”|“出库核算”|“产成品出库核算”，再选择“结转本期所有材料”，然后进行核算。

2. 生成结转凭证

如果有的物料使用全月平均法等计价方法，部分凭证就需要在月末生成。

选择“供应链”|“存货核算”|“凭证管理”|“生成凭证”完成。

8.2.5　销售出库凭证

销售出库的凭证是将“库存商品”转入“主营业务成本”的业务过程，设置好凭证模板即可生成凭证。

8.2.6　期末结账业务

期初、期末库存余额是进行存货核算以及仓库管理的重要依据。期末结账指将本期的所有数据计算处理后结转到下一期，包括结存数量、结存金额。

1. 关账

物流系统在期末结账前，往往需要对本期的出入库单据进行后续处理，如出入库核算、生成凭证、与财务系统对账等，但此时本期的核算单据录入尚未截止，可能会造成对账结果的不确定，而通过关账功能可截止本期的出入库单据的录入和其他处理，有利于为期末结账前的核算处理创造稳定的数据环境。

用户可根据企业实际情况选用此功能，是否关账并不影响期末结账。

若要使用本功能，选择“供应链”|“存货核算”|“期末处理”|“期末关账”。

2. 结账前的检查

系统在结账前会对核算单据进行检查，以确认本期的业务已处理完整。

（1）检查未审核的仓存单据。

检查本期是否有未审核的单据（包括调拨单、成本调整单等），若有，系统会给出相应提示，结账过程不能进行。这时应查看相关的序时簿，进行相应处理。

（2）检查金额为零的出入库单据。

检查本期是否有金额为零的库存单据，若有，系统会给出相应提示，结账过程不能进行。此时应进行相应的出入库核算再结账。

（3）检查是否还有未生成凭证的核算单据。

此检查根据核算选项进行，若选择期末结账时检查未记账的单据，则系统会检查所有的核算单据是否已生成凭证，包括成本调整单和调价单；若选择“同价调拨单生成凭证”选项，在期末结账时对同价调拨单是否生成凭证进行检查。

（4）检查未生成凭证的应收应付单据。

3. 结账过程

（1）计算本期收发数量、金额合计。

根据本期所有的出入库单据，计算本期各个仓库（位）中各种物料（批次）的本期收入数量、金额合计，发出数量、金额合计，并写入存货余额表中。

（2）计算本年累计收发数量、金额合计。

根据上期的本年累计收入数量、金额，发出数量、金额，以及本期收发数量、金额合计，计算截至本期的本年累计收发数量、金额。

（3）计算本期期末余额，结转到下一期。

根据本期期初余额和本期收发数量、金额合计，计算各个仓库（位）中各种物料（批次）的本期期末余额，并将它结转为下一期的期初余额。

注意：若物料需进行保质期管理，在处理余额表时，还会按生产日期和保质期汇总。

（4）更新即时库存数据。

若在期末结账界面，选中“核对即时库存”，则系统会重算即时库存数量。该选项并非必选，只有在出现即时库存由于某种异常情况与报表数据不一致时，才需要使用。

检查本期是否有未生成凭证的应收应付单据，若有，系统会给出相应提示，结账过程不能进行。这时应进行相应的单据处理再结账。

期末结账后，以前期间的数据不能再进行更改，因此一定要仔细进行，如果本期还有未处理的出入库单据，则结账会失败。

执行期末结账，选择“供应链”|“存货核算”|“期末处理”|“期末结账”完成。

若结账后发现有误，可选择“存货核算”|“反结账处理”|“反结账”进行反结账。

8.3 复习题

8.3.1 思考题

1. 简述仓存管理的主要业务处理流程。
2. 简述存货核算与仓存管理的关系。
3. 简述存货核算与购销存业务之间的关系。

8.3.2 判断题

1. 需要拆分的单据只有在未审核状态下，才能被拆分。（ ）
2. 在金蝶 K/3 WISE 中，只有钩稽过的发票才能参与外购入库核算。（ ）
3. 进行采购发票合并，合并条件必须是以前被拆分的子单。（ ）
4. 反钩稽可以在销售发票序时簿进行，也可以通过先查询钩稽日志，然后选择相应的钩稽日志进行反钩稽。（ ）
5. 单据必须生成凭证后才能被其他单据关联。（ ）
6. 存货核算中的业务凭证模板，只能在原来模板上修改，不能增加。（ ）

8.3.3 单项选择题

1. 在存货核算生成凭证中，如果凭证模板的科目中有核算项目，而单据中没有核算项目，应当（ ）。

A. 在生成过程中输入　　B. 在凭证模板中输入

C. 在原始单据中输入　　D. 忽略错误

2. 在 K/3 WISE 中确定入库单与发票进行关联、进行入库核算的操作是（　）。

A. 关联　　B. 钩稽

C. 核销　　D. 复制

3. 若从仓库领用 10 件自产的 A 产品赠送给客户，应做（　　）。

A. 销售出库单　　B. 其他出库单

C. 赠品出库单　　D. 委外加工出库单

4. 单据号的前缀在（　　）中设置。

A. 系统设置　　B. 新增单据的单据设置

C. 基础资料　　D. 备注资料

5. 在制作凭证模板的过程中，单据中与物料无关科目的科目来源应选择（　　）。

A. 单据上物料的存货科目　　B. 单据上物料的销售收入科目

C. 单据上物料的成本科目　　D. 凭证模板

8.3.4　多项选择题

1. 关于外购入库单的拆分和合并说法正确的是（　　）。

A. 进行拆分的采购入库单必须是尚未核销单据，包括与发票核销，与另一张业务信息相同、数据相反的外购入库单对等核销

B. 进行合并的采购入库单必须是尚未核销单据，包括与发票核销，与另一张业务信息相同、数据相反的外购入库单对等核销

C. 进行合并的外购入库单必须是已记账单据

D. 进行合并的外购入库单可以不是以前被拆分的子单

2. 以下情况入库单据不允许删除的是（　　）。

A. 单据已经审核　　B. 单据已生成凭证

C. 单据已与发票钩稽　　D. 以前期间单据

3. 在 K/3 WISE 中对暂估单到冲回的处理方式是（　　）。

A. 系统自动生成一张红字入库单，生成一张蓝字入库单

B. 红蓝字单据自动与发票钩稽

C. 本期生成的两张入库单均要生成凭证

D. 以上说法都对

4. 如果库存更新选择“单据保存后立即更新”，库存类单据进行下列（　　）操作时，该单据的库存数量会更新到即时库存中。

A. 保存　　B. 修改

C. 删除　　D. 作废

第 9 章 固定资产业务处理

Chapter 9

9.1 基本功能与参数设置

9.1.1 基本功能

固定资产管理以固定资产卡片管理为基础，帮助企业实现对固定资产的全面管理，包括固定资产的新增、清理、变动，按会计准则的要求进行计提折旧工作。固定资产业务处理流程如图 9—1 所示。

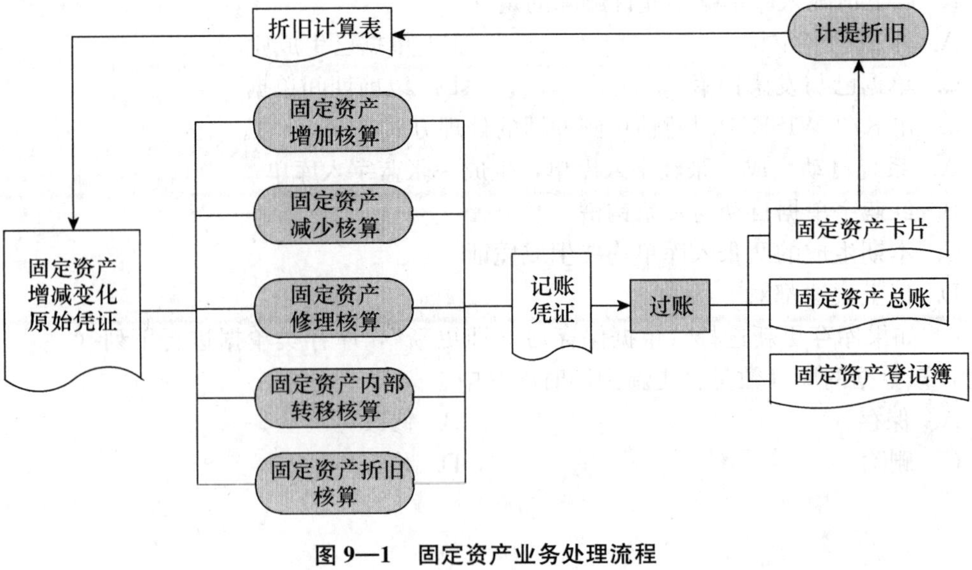

图 9—1 固定资产业务处理流程

9.1.2 参数设置

选择“系统设置”|“系统设置”|“资产管理”|“固定资产—系统参数”，对固定资产

的初始参数进行设置，如图 9—2 所示。

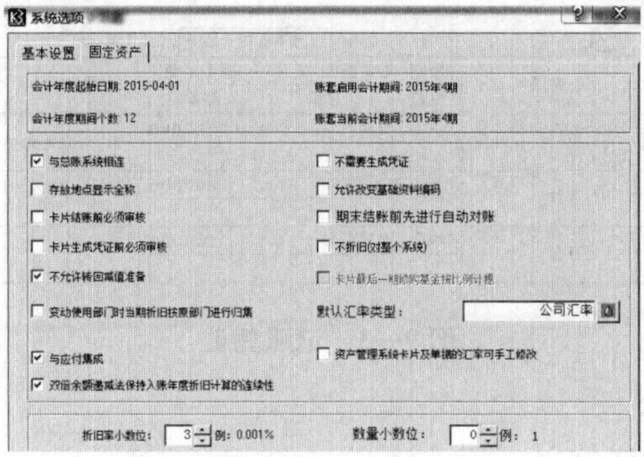

图 9—2　系统参数设置

9.1.3　完成固定资产初始化

在进行固定资产业务之前，需要先结束固定资产的初始化。

选择“系统设置”|“初始化”|“固定资产”|“初始化”，选择“结束初始化”，再选择“开始”完成初始化工作。也可以用本功能实现反初始化。

9.2　固定资产日常业务处理

9.2.1　增加固定资产

案例资料

4 月 6 日，用中行美元账户存款购买 HP 计算机服务器一台，价格 3 000 美元，当天汇率为 1 美元＝6.22 元人民币，运费 1 500 元，工行转账支票号 ZZ456325，中行转账支票号 ZZ151521。

发生厂商安装调试费 3 000 元，用工行转账支票支付，支票号 ZZ12058。

4 月 10 日，该服务器由财务部领用。

折旧按原值和预计使用期间计提，预计使用年限 3 年。详细资料如表 9—1 所示。

表 9—1　　**固定资产信息表**

卡片编号	固定资产名称	固定资产类别	原值	使用状态	增加方式	使用部门
10	HP 服务器	通用设备	23 160 元	使用中	购入	财务部

操作过程

1. 购买 HP 服务器时制作凭证

选择“财务会计”|“总账”|“凭证处理”|“凭证录入”，单击“外币”转换为外币凭证，录入凭证。核算项目选择“HP 服务器项目”，如图 9—3 所示。

记账凭证

凭证字：付
凭证号：11
附件数：
序号：

参考信息：
业务日期：2015年4月6日　　日期：2015年4月6日　2015年第4期

	摘要	科目	币别 / 单位	汇率类型 / 单价	汇率	原币金额 / 数量	借方	贷方
1	购买HP服务器	1604.02 - 在建工程 - 材料费/03 - HP服务器项目	人民币	公司汇率	1	2016000	2016000	
2	购买HP服务器	1002.02 - 银行存款 - 中行存款	美元	公司汇率	6.22	300000		1866000
3	购买HP服务器	1002.01 - 银行存款 - 工行存款	人民币	公司汇率	1	150000		150000

图 9—3　记账凭证

2. 制作安装调试费凭证

输入安装调试费凭证，保存后可选择“财务会计”|“总账”|“凭证处理”|“凭证查询”查看，如图 9—4 所示。

会计分录序时簿

日期	凭证字号	分录号	摘要	科目代码	科目名称	原币金额	借方	贷方
2015-04-06	付 - 12	1	惠普服务器安装调试费	1604.99	在建工程 - 其他	3,000.00	3,000.00	0.00
		2	惠普服务器安装调试费	1002.01	银行存款 - 工行存款	3,000.00	0.00	3,000.00

图 9—4　记账凭证

3. 输入固定资产卡片

选择“财务会计”|“固定资产管理”|“业务处理”|“新增卡片”，首先是录入基本信息，如图 9—5 所示。

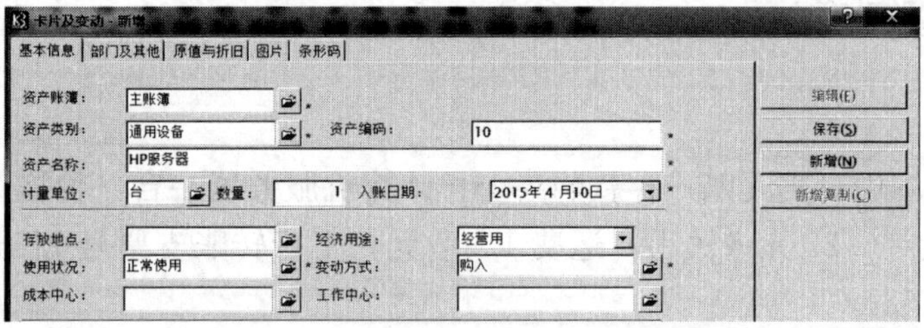

图 9—5　固定资产卡片（基本信息）

“部门及其他”信息如图 9—6 所示。

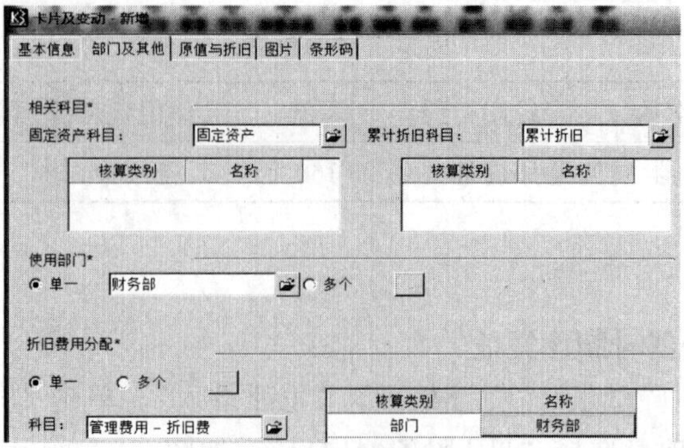

图 9—6　部门及其他

“原值与折旧”信息如图 9—7 所示。

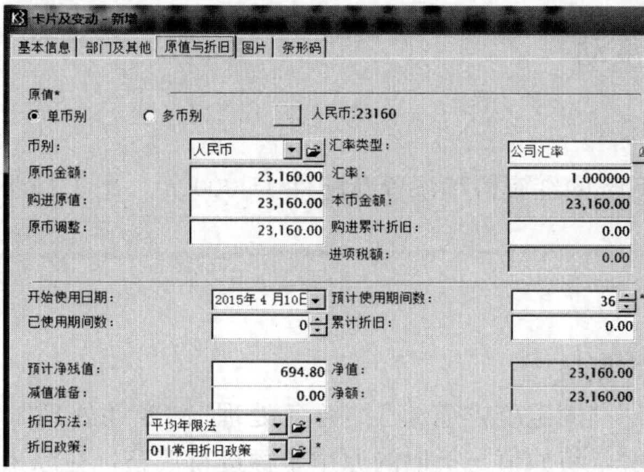

图 9—7　原值与折旧

输入后单击“保存”完成。

选择“财务会计”|“固定资产管理”|“业务处理”|“卡片查询”，可查看全部固定资产卡片。

4. 生成凭证

选择并单击“财务会计”|“固定资产管理”|“凭证管理”|“卡片凭证管理”，进行过滤条件设置（默认条件）后，在选择的卡片上，单击右键选择“按单生成凭证”。

选择“按单生成凭证”后，单击“开始”按钮，进行生成凭证。由于在建工程科目有二级科目，在生成的时候会提示“数据错误或数据不完整，是否手工调整?”，单击“是”按钮，对凭证进行直接调整。调整后的凭证如图 9—8 所示。

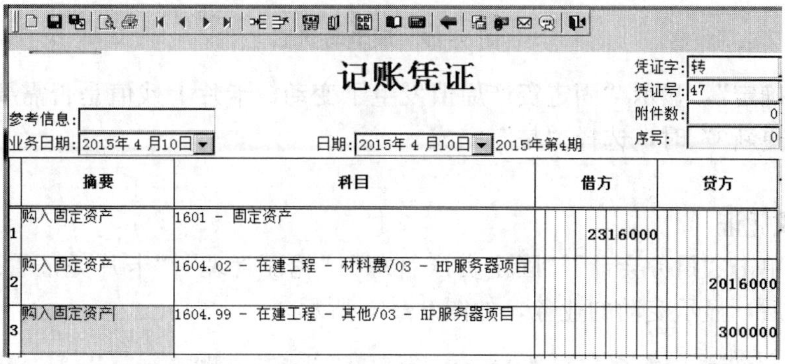

图 9—8　记账凭证

即完成凭证生成。

在固定资产模块生成的凭证，在总账系统中不能删除，只能查看、审核，如果需要删除，要回到固定资产模块来处理。

选择“系统设置”|“系统设置”|“总账”|“系统参数”|“总账”，再选择“凭证”页签，如果勾选了“不允许修改/删除业务系统凭证”，则不允许在总账中修改和删除固定资产凭证。

生成的凭证，在总账系统中还需要进行审核、过账等工作。

9.2.2 资产原值变动

案例资料

4 月 15 日，行政部的红旗轿车添置新配件 15 000 元。用工行账户支付，转账支票号 ZZ12112。

操作过程

1. 调整固定资产原值

选择“财务会计”|“固定资产管理”|“业务处理”|“变动处理”，选择红旗牌轿车，单击右键选择“变动”，将原值与折旧的原币金额进行调整，在原来的金额上增加新部件的金额，变动方式为购入（在“基本信息”页输入），如图 9—9 所示。

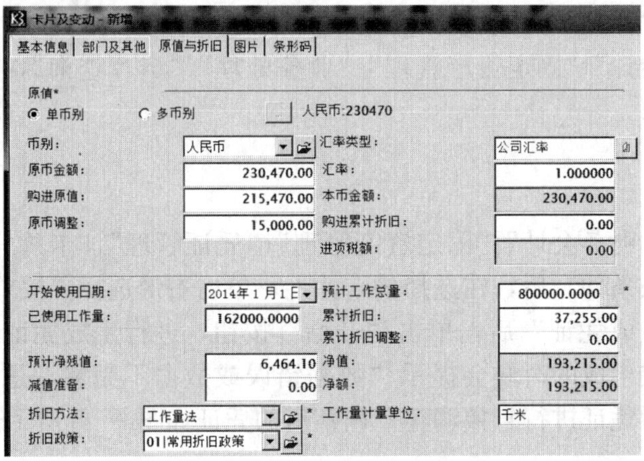

图 9—9 原值与折旧

单击“确定”，显示“固定资产原值发生了变动，卡片上残值是否需要按预设的净残率值同步更新?”时，选择“是”完成。

2. 生成凭证

选择并单击“财务会计”|“固定资产管理”|“凭证管理”|“卡片凭证管理”，进行过滤条件设置后，显示变动的业务，如图 9—10 所示。

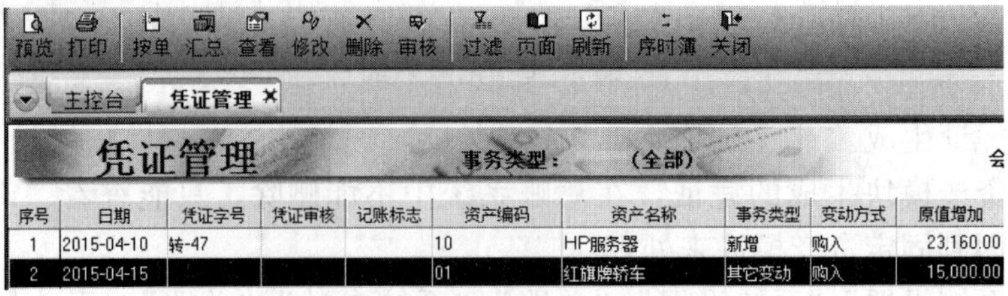

图 9—10 凭证管理

选择红旗牌轿车所在行。

单击“按单”按钮，生成凭证，然后按照图 9—11 所示进行调整。

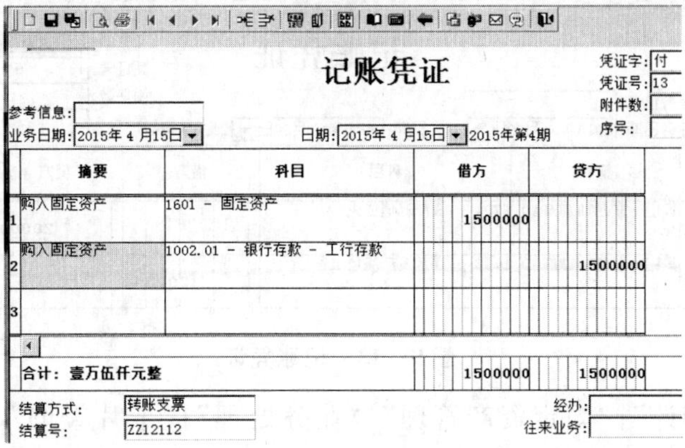

图 9—11　记账凭证

9.2.3　提取减值准备

案例资料

4 月 30 日，因技术进步影响，经评估对联想 THINKPAD 笔记本电脑计提 2 000 元减值准备。

操作过程

选择“财务会计”|“固定资产管理”|“业务处理”|“变动处理”，再选择联想 THINKPAD，单击右键选择“减值准备”命令，变动方式为“其它”，输入减值准备金额，然后单击“应用”按钮，如图 9—12 所示。

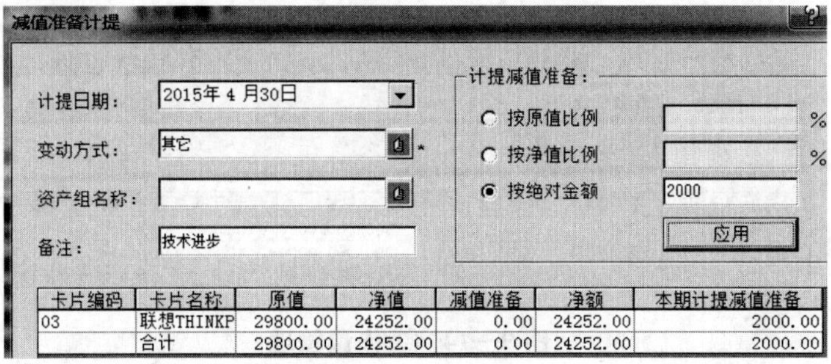

图 9—12　计提减值准备

选择并单击“财务会计”|“固定资产管理”|“凭证管理”|“卡片凭证管理”，进行过滤条件设置后，显示变动的业务。

选择联想 THINKPAD。

单击“按单”按钮，生成凭证，然后按照图 9—13 所示进行调整。

如果发现生成有误，需要取消本业务处理，按照以下步骤：

生成的凭证如果已经审核，需要取消审核。

选择“财务会计”|“固定资产管理”|“凭证管理”|“卡片凭证管理”，将凭证删除。

图 9—13　记账凭证

选择“财务会计”|“固定资产管理”|“业务处理”|“卡片查询”，删除生成的卡片记录。

其他的变动方式与取消方法相同。

9.2.4　计提折旧

案例资料

4 月 30 日，计提本月折旧费用。其中红旗牌轿车本月工作量为 15 000 千米，长安面包车本月工作量为 10 000 千米。

操作过程

1. 录入工作量

选择“财务会计”|“固定资产管理”|“期末处理”|“工作量管理”，输入本期工作量，如图 9—14 所示。

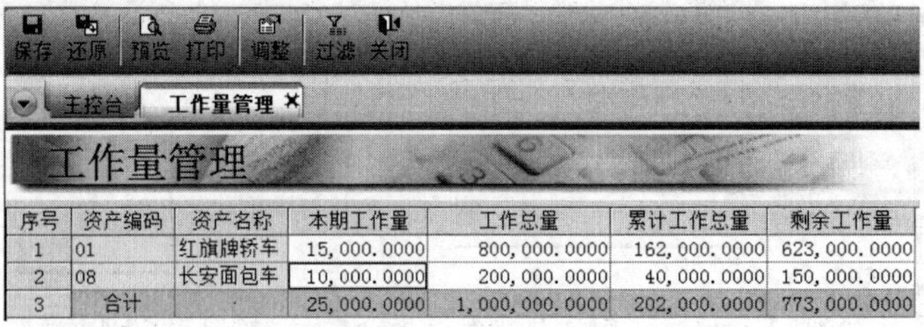

图 9—14　工作量管理

2. 计提折旧

选择“财务会计”|“固定资产管理”|“期末处理”|“计提折旧”，将主账簿从左边选入右边。

单击“下一步”按钮，在后续的凭证类型中，选择转账凭证，最后系统自动完成凭证的生成。如果折旧凭证生成有错误，可以修改相关数据后再重新生成。

选择“财务会计”|“总账”|“凭证处理”|“凭证查询”，可以查看生成的折旧凭证，如图 9—15 所示。

会计分录序时簿

日期	凭证字号	分录号	摘要	科目代码	科目名称	原币金额	借方	贷方
2015-04-30	转 - 49	1	结转折旧费用	5101.02	制造费用 - 折旧费	8,048.39	8,048.39	0.00
		2		6601.06	销售费用 - 折旧费	3,233.08	3,233.08	0.00
		3		6601.06	销售费用 - 折旧费	982.18	982.18	0.00
		4		6601.06	销售费用 - 折旧费	808.08	808.08	0.00
		5		6601.06	销售费用 - 折旧费	808.08	808.08	0.00
		6		6602.06	管理费用 - 折旧费	6,411.78	6,411.78	0.00
		7		6602.06	管理费用 - 折旧费	1,586.57	1,586.57	0.00
		8	结转折旧费用	1602	累计折旧	21,878.16	0.00	21,878.16

图 9—15　折旧凭证

固定资产初始数据的调整方法：

当启用账套进行业务处理后，若发现固定资产的初始化数据有误，就需要返回调整。其方法是：

用原来的做凭证审核的人员进行登录，进入财务会计的总账模块取消已经审核的凭证。

用具有初始化权限的人员进行登录，使用“系统设置”|“初始化”|“总账”|“反初始化”。

如果需要调整总账初始化余额数据录入，才需要将总账反初始化，否则只执行固定资产系统反初始化即可。

返回到初始化时的状态。

选择“系统设置”|“初始化”|“固定资产”|“初始化”，执行“反初始化”功能，这样就可以更改初始化时输入的卡片数据。

选择“财务会计”|“固定资产管理”|“业务处理”|“新增卡片”，进入后单击“取消”，退出“卡片及变动—新增”状态。然后选择“视图”|“刷新”功能，这时会显示初始化的卡片。双击需要修改的卡片，卡片调入后，单击卡片右上角的“编辑”按钮，然后就可以像输入卡片那样修改卡片了。

卡片全部修改完成后，退出卡片修改功能。使用“系统设置”|“初始化”|“总账”|“结束初始化”。

初始化卡片数据修改完成后，如果涉及金额调整，则需要将总账初始化数据录入进行调整，以保证固定资产系统期初余额与总账相关科目对账时相同。

选择“系统设置”|“初始化”|“固定资产”|“初始化”，执行“结束初始化”。

3. 折旧信息查询

选择“财务会计”|“固定资产管理”|“期末处理”|“折旧管理”，查看折旧情况，如图 9—16 所示。

折旧管理

	资产编码	资产名称	本期折旧额	本期应提折旧额	未提折旧额
1	01	红旗牌轿车	3,918.8600	3,918.8600	167,832.0400
2	02	传真机	68.6800	68.6800	1,511.0200
3	03	联想THINKPAD	778.4900	778.4900	22,579.5100
4	04	HP计算机	174.1000	174.1000	4,875.2000
5	05	装配机A型	3,293.7500	3,293.7500	184,456.2500
6	06	联想计算机	174.1000	174.1000	4,875.2000
7	07	装配机B型	2,964.3800	2,964.3800	166,010.6200
8	08	长安面包车	2,425.0000	2,425.0000	36,075.0000
9	09	办公楼	8,080.8000	8,080.8000	2,861,919.2000
10	合计		21,878.1600	21,878.1600	3,450,134.0400

图 9—16　折旧管理

4. 折旧计算验证举例

（1）工作量折旧计算方法。

单位工作量折旧额＝固定资产原价×(1－预计净残值率)/预计总工作量

某项固定资产月折旧额＝该项固定资产当月工作量×单位工作量折旧额

红旗牌轿车：

单位工作量折旧额＝215 470×(1－3%)/800 000＝0.261 257 375(元)

月折旧额＝15 000×0.261 257 375＝3 918.86(元)

长安面包车：

单位工作量折旧额＝50 000×(1－3%)/200 000＝0.242 5(元)

月折旧额＝10 000×0.242 5＝2 425.00(元)

（2）平均年限法折旧计算方法。

传真机：

剩余应计提折旧原值＝3 510.00(期初原值)－1 825.00(期初累计折旧)
－105.30(预计净残值)＝1 579.70(元)

剩余折旧计提期间＝36(预计使用期间)－13(已经折旧期间)＝23

每期应计提折旧额＝1 579.70÷23＝68.68(元)

系统计算的结果可能与上面的计算有误差，系统是按照折旧率的方法计算的，由于折旧率小数的原因，导致出现小的误差，这是正常的。

9.2.5 减少固定资产

案例资料

4 月 30 日，二车间毁损联想计算机一台，作毁损处理。

操作过程

选择“财务会计”|“固定资产管理”|“业务处理”|“变动处理”，先选择二车间的联想计算机，单击鼠标右键，选择“清理”，变动方式选择减少中的“毁损”，如图 9—17 所示。

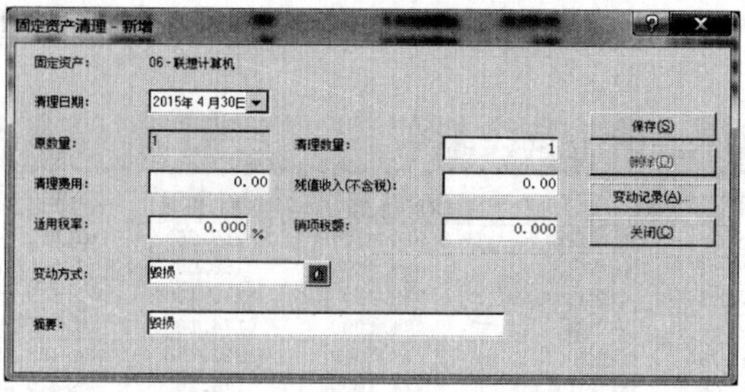

图 9—17 固定资产清理

单击“保存”，再选择“确定”生成变动记录。

选择并单击“财务会计”|“固定资产管理”|“凭证管理”|“卡片凭证管理”，进行过

滤条件设置后，显示变动的业务，如图 9—18 所示。

凭证管理　事务类型：　（全部）　会计期间：　2015年4期

序号	日期	凭证字号	凭证审核	记账标志	资产编码	资产名称	事务类型	变动方式	原值增加	原值减少	累计折旧增加	累计折旧减少	减值准备增加
1	2015-04-10	转-47			10	HP服务器	新增	购入	23,160.00				
2	2015-04-15	付-13			01	红旗牌轿车	其它变动	购入	15,000.00				
3	2015-04-30	转-48			03	联想THINKPAD	其它变动	其它					2,000.00
4	2015-04-30				06	联想计算机	清理	毁损		6,490.00		1,420.10	

图 9—18　凭证管理

单击“按单”按钮，生成凭证。

选择并单击“财务会计”|“固定资产管理”|“凭证管理”|“凭证查询”，固定资产的凭证这里都可以查询，如图 9—19 所示。

会计分录序时簿

日期	凭证字号	摘要	科目代码	科目名称	原币金额	借方	贷方	
2015-04-10	转 - 47	购入固定资产	1601	固定资产	23,160.00	23,160.00		1
		购入固定资产	1604.02	在建工程 - 材料费	20,160.00		20,160.00	
		购入固定资产	1604.99	在建工程 - 其他	3,000.00		3,000.00	
2015-04-15	付 - 13	购入固定资产	1601	固定资产	15,000.00	15,000.00		1
		购入固定资产	1002.01	银行存款 - 工行存款	15,000.00		15,000.00	
2015-04-30	转 - 48	其它—联想THINKF	6701	资产减值损失	2,000.00		2,000.00	1
		其它—联想THINKF	1603	固定资产减值准备	2,000.00	2,000.00		
2015-04-30	转 - 49	结转折旧费用	5101.02	制造费用 - 折旧费	8,048.39	8,048.39		1
			6601.06	销售费用 - 折旧费	3,233.08	3,233.08		
			6601.06	销售费用 - 折旧费	982.18	982.18		
			6601.06	销售费用 - 折旧费	808.08	808.08		
			6601.06	销售费用 - 折旧费	808.08	808.08		
			6602.06	管理费用 - 折旧费	6,411.78	6,411.78		
			6602.06	管理费用 - 折旧费	1,586.57	1,586.57		
		结转折旧费用	1602	累计折旧	21,878.16		21,878.16	
2015-04-30	转 - 50	毁损	1602	累计折旧	1,420.10	1,420.10		1
		毁损	1601	固定资产	6,490.00		6,490.00	
		毁损	1606	固定资产清理	5,069.90	5,069.90		

图 9—19　记账凭证

固定资产业务完成后，应将凭证审核记账。

9.3　固定资产查询

1. 折旧费用分配表

选择“财务会计”|“固定资产管理”|“管理报表”|“折旧费用分配表”，查看分配情况，如图 9—20 所示。

固定资产折旧费用分配表

类别	费用科目代码	费用科目名称	金额
电气设备	5101.02	制造费用 - 折旧费	6,258.13
	小计		6,258.13
房屋及建筑物	5101.02	制造费用 - 折旧费	1,616.16
	6601.06	销售费用 - 折旧费	3,232.32
	6602.06	管理费用 - 折旧费	3,232.32
	小计		8,080.80
交通运输设备	6601.06	销售费用 - 折旧费	2,425.00
	6602.06	管理费用 - 折旧费	3,918.86
	小计		6,343.86
通用设备	5101.02	制造费用 - 折旧费	174.10
	6601.06	销售费用 - 折旧费	174.10
	6602.06	管理费用 - 折旧费	847.17
	小计		1,195.37
合计			21,878.16

图 9—20　折旧费用分配表（一）

在过滤条件设置中，选择核算项目，再勾选“显示核算项目”类别，单击“确定”按钮，可以看到每个单位的折旧计算情况，如图 9—21 所示。

固定资产折旧费用分配表

类别	费用科目代码	费用科目名称	核算项目	金额
电气设备	5101.02	制造费用 - 折旧费		6,258.13
	小计			6,258.13
房屋及建筑物	5101.02	制造费用 - 折旧费		1,616.16
	6601.06	销售费用 - 折旧费	销售部	808.08
	6601.06	销售费用 - 折旧费	采购部	808.08
	6601.06	销售费用 - 折旧费	仓储部	808.08
	6601.06	销售费用 - 折旧费	运输部	808.08
	6602.06	管理费用 - 折旧费	行政部	2,424.24
	6602.06	管理费用 - 折旧费	财务部	808.08
	小计			8,080.80
交通运输设备	6601.06	销售费用 - 折旧费	销售部	2,425.00
	6602.06	管理费用 - 折旧费	行政部	3,918.86
	小计			6,343.86
通用设备	5101.02	制造费用 - 折旧费		174.10
	6601.06	销售费用 - 折旧费	采购部	174.10
	6602.06	管理费用 - 折旧费	行政部	68.68
	6602.06	管理费用 - 折旧费	财务部	778.49
	小计			1,195.37
合计				21,878.16

图 9—21 折旧费用分配表（二）

还可以在设置条件中取消汇总设置的“类别”，选择核算项目设置中的“显示核算项目”，如图 9—22 所示。

固定资产折旧费用分配表

费用科目代码	费用科目名称	核算项目	金额
5101.02	制造费用 - 折旧费		8,048.39
6601.06	销售费用 - 折旧费	销售部	3,233.08
6601.06	销售费用 - 折旧费	采购部	982.18
6601.06	销售费用 - 折旧费	仓储部	808.08
6601.06	销售费用 - 折旧费	运输部	808.08
6602.06	管理费用 - 折旧费	行政部	6,411.78
6602.06	管理费用 - 折旧费	财务部	1,586.57
合计			21,878.16

图 9—22 折旧费用分配表（三）

2. 折旧汇总表

选择“财务会计”|“固定资产”|“管理报表”|“折旧汇总表”，如图 9—23 所示。

固定资产折旧汇总表　资产账簿：主账簿　会计期间：2015年4期

类别	期初原值	期初累计折旧	期初净值	期初净额	原值增加	原值减少	折旧调减	减值准备调增	本期折旧额
电气设备	380,000.00	11,875.00	368,125.00	368,125.00	0.00	0.00	0.00	0.00	6,258.13
房屋及建筑物	3,000,000.00	40,000.00	2,960,000.00	2,960,000.00	0.00	0.00	0.00	0.00	8,080.80
交通运输设备	265,470.00	47,255.00	218,215.00	218,215.00	15,000.00	0.00	0.00	0.00	6,343.86
通用设备	46,290.00	9,865.00	36,425.00	36,425.00	0.00	6,490.00	1,420.10	2,000.00	1,195.37
合计	3,691,760.00	108,995.00	3,582,765.00	3,582,765.00	15,000.00	6,490.00	1,420.10	2,000.00	21,878.16

图 9—23 折旧汇总表

9.4 复习题

9.4.1 思考题

1. 简述固定资产的业务处理流程。
2. 固定资产计提折旧过程中应当注意哪些问题?
3. 简述固定资产与其他业务系统的关系。

9.4.2 判断题

1. 固定资产业务可以生成凭证到总账处理。 ( )
2. 固定资产每张卡片一个月只能变动两次。 ( )
3. 固定资产变动数据录入，支持批量变动，批量清理，批量审核。 ( )
4. 固定资产卡片的录入，购买时间可以随意输入，只要累计折旧对就行了。 ( )

5. 在 K/3 WISE 中固定资产初始化数据录入完成后，可以直接传递到总账作为科目的初始化数据。 ( )

9.4.3 单项选择题

1. 固定资产模块下的“固定资产变动情况表”是查询（ ）单据。

A. 固定资产增加卡片　　B. 固定资产减少卡片

C. 固定资产所有变动审核后的卡片　　D. 固定资产所有变动过账后的卡片

2. 在 K/3 WISE 中，固定资产折旧应该（ ）计提。

A. 每月月初　　B. 在进行固定资产清理之前

C. 在当月所有固定资产业务处理完成后　　D. 新增卡片之前

3. 下列关于固定资产折旧管理的说法错误的是（ ）。

A. 固定资产折旧是指在固定资产使用寿命内，按照确定的方法对应计折旧额进行的系统分摊

B. 当月新增固定资产需要计提折旧

C. 固定资产结账与总账同步

D. 固定资产计提折旧后，系统自动生成折旧凭证

4. 固定资产基础资料不包括（ ）。

A. 资产类别　　B. 变动方式

C. 使用状态　　D. 工作量管理

5. 在 K/3 WISE 的固定资产系统中，以下信息不会影响到系统折旧金额的计算的是（ ）。

A. 固定资产类别　　B. 使用状态

C. 变动方式　　D. 折旧方法

9.4.4 多项选择题

1. 在 K/3 WISE 中固定资产与总账对账不平的原因有（　　）。
A. 存在卡片没有生成凭证
B. 存在总账凭证没有过账
C. 人为修改了卡片生成凭证上的金额数据
D. 卡片上的固定资产科目、累计折旧科目、减值准备科目有错误
2. 固定资产卡片新增处理主要包括（　　）。
A. 卡片的录入　　B. 卡片的修改
C. 卡片审核　　D. 卡片查询
3. 常用固定资产折旧方法包括（　　）。
A. 平均年限法　　B. 工作量法
C. 动态平均年限法　　D. 双倍余额递减法
4. 固定资产卡片中必须要录入的信息有（　　）。
A. 原值　　B. 折旧方法
C. 预计使用期间数　　D. 规格型号

第 10 章 工资业务处理

Chapter 10

10.1 基本功能和流程

工资管理的基本功能就是完成工资结构的建立、计算公式定义、工资数据录入和计算、工资数据汇总和凭证生成等业务。工资业务的总体处理流程如图 10—1 所示。

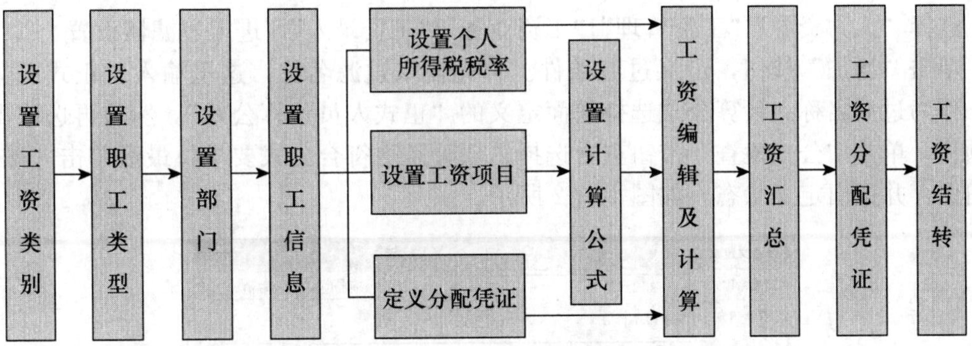

图 10—1 工资处理流程

10.2 工资录入

10.2.1 正式人员工资数据录入

案例资料

正式人员 4 月初工资情况如表 10—1 所示。

表 10—1　　正式人员工资资料　　单位：元

人员编码	姓名	基本工资	岗位补贴	事假天数
101	孙正	9 000	1 000	
102	宋嘉	5 000	500	2
201	何沙	4 000	500	
202	赵小兵	3 000	500	
203	孙胜业	3 500	500	
301	刘一江	3 000	400	
302	朱小明	5 000	400	
401	李天华	4 000	400	
402	杨真	4 000	400	1
501	陈瓜瓜	4 000	400	
601	罗忠	4 000	400	
701	湘路宇	6 000	400	
702	秦地久	5 000	400	
801	万思维	5 500	400	3
802	东方魂	4 000	400	

操作过程

1. 定义过滤条件

选择“人力资源”|“工资管理”|“类别管理”|“选择类别”，再选择“正式人员”，先打开工资类别。

选择“人力资源”|“工资管理”|“工资业务”|“工资录入”，进入过滤器设置。

单击“增加”按钮，定义过滤条件。首先输入过滤名称，这里输入“正式人员类别”作为过滤名称。计算公式选择前面定义的“正式人员计算公式”。然后再选取需要的项目，单击“公式检查”按钮查看选择的项目是否符合公式要求，最后单击“确定”按钮保存并退出定义状态，如图 10—2 所示。

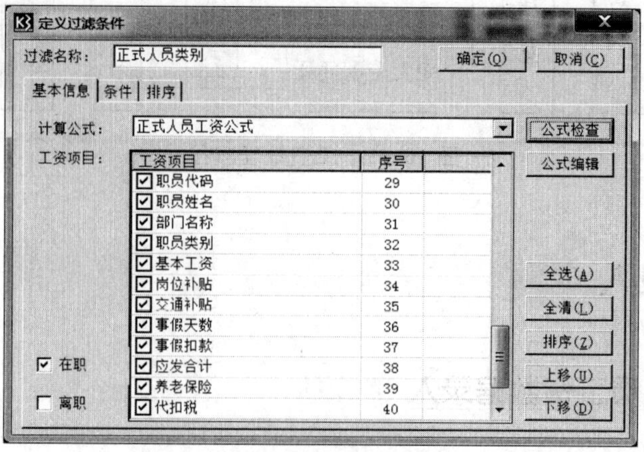

图 10—2　定义过滤条件

项目的顺序可通过“上移”、“下移”按钮进行移动，以符合实际需要。

2. 工资数据录入

选择“人力资源”|“工资管理”|“工资业务”|“工资录入”，然后选择过滤条件。

单击“确定”按钮后进入工资编辑状态。凡是从职员中引入的数据和通过计算的数据，不能更改。只需要输入基本数据，输入后单击“保存”完成，如图 10—3 所示。

职员代码	职员姓名	职员类别	基本工资	岗位补贴	交通补贴	事假天数
101	孙正	管理人员	9,000.00	1,000.00		
102	陈东方	管理人员	5,000.00	500.00		2.00
201	何沙	管理人员	4,000.00	500.00		
202	赵小兵	管理人员	3,000.00	500.00		
203	孙胜业	管理人员	3,500.00	500.00		
301	刘一江	经营人员	3,000.00	400.00		
302	朱小明	经营人员	5,000.00	400.00		
401	李天华	经营人员	4,000.00	400.00		
402	杨真	经营人员	4,000.00	400.00		1.00
501	陈瓜瓜	经营人员	4,000.00	400.00		
601	罗忠	经营人员	4,000.00	400.00		
701	湘路宇	车间管理人员	6,000.00	400.00		
702	秦地久	车间工人	5,000.00	400.00		
801	万思维	车间管理人员	5,500.00	400.00		3.00
802	东方魂	车间工人	4,000.00	400.00		
合计			69,000.00	7,000.00	0.00	6.00

图 10—3　输入数据

职员的排列顺序，可以单击“过滤”按钮，然后单击“编辑”按钮，再选择“排序”，设置过滤条件。

选择“人力资源”|“工资管理”|“工资业务”|“工资计算”，在选择计算方案（这里选择“正式人员类别”）后，单击“下一步”按钮，直至计算完成。

选择“人力资源”|“工资管理”|“工资业务”|“所得税计算”，进入个人所得税数据录入后先单击“方法”，选择“按工资发放期间计算”单选按钮，如图 10—4 所示。

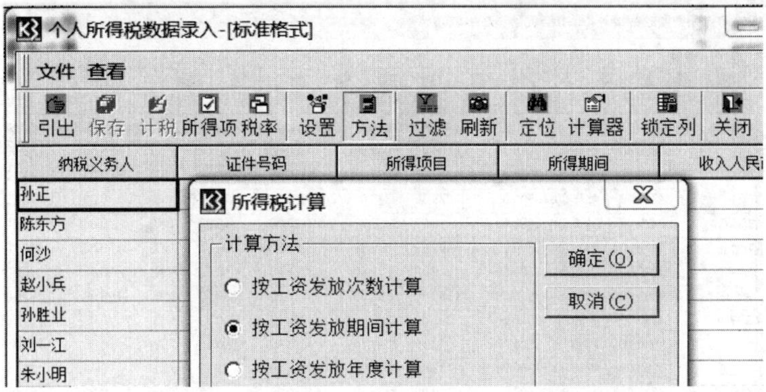

图 10—4　所得税计算

单击“设置”功能，在个人所得税初始设置中选择“编辑”选项卡，如图 10—5 所示。

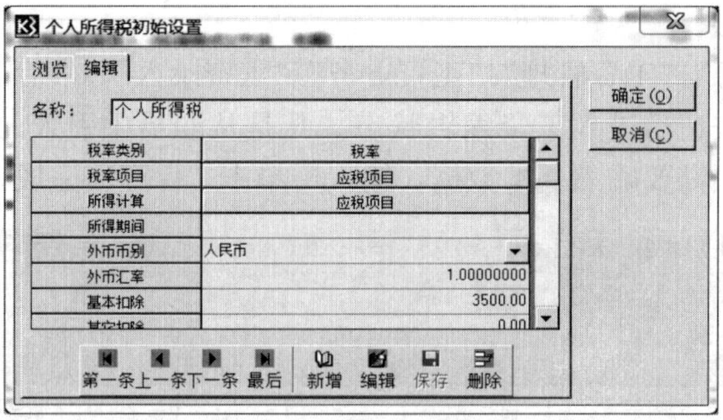

图 10—5 个人所得税初始设置

先单击下面的“编辑”按钮，然后在“所得期间”中输入“2015.04”，如图 10—6 所示。

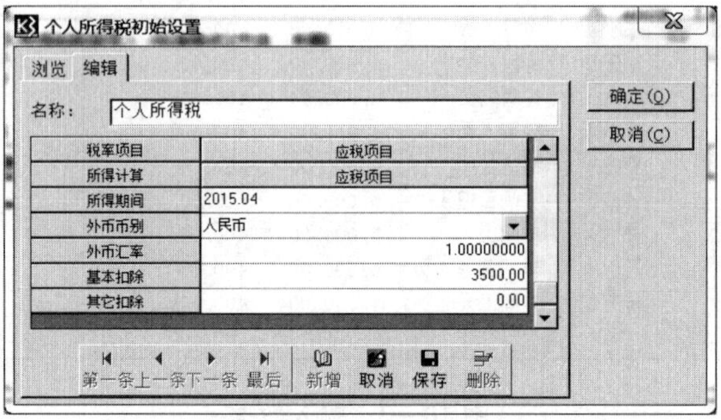

图 10—6 个人所得税设置

如果工资数据进行了变动，需要选择“设置”，重新设置一下所得期间，再重新计算。

单击“保存”，再单击“确定”按钮，这时提示“用选定的初始设置重新计算工资数据吗?”单击“确定”按钮进行计算，提示“重新计算税率及纳税额吗?”时单击“确定”按钮。计算后的所得税如图 10—7 所示。

纳税义务人	收入人民币	人民币合计	减费用额	应纳税所得额	税率项目	税率项目合计	税率计算值	税率	速算扣除数	扣缴所得税额
孙正	9600.00	9600.00	3500.00	6100.00	9600.00	9600.00	6100.00	0.20	555.00	665.00
陈东方	4870.45	4870.45	3500.00	1370.45	4870.45	4870.45	1370.45	0.03	0.00	41.11
何沙	4375.00	4375.00	3500.00	875.00	4375.00	4375.00	875.00	0.03	0.00	26.25
赵小兵	3425.00	3425.00	3500.00	0.00	3425.00	3425.00	0.00	0.00	0.00	0.00
孙胜业	3900.00	3900.00	3500.00	400.00	3900.00	3900.00	400.00	0.03	0.00	12.00
刘一江	3280.00	3280.00	3500.00	0.00	3280.00	3280.00	0.00	0.00	0.00	0.00
朱小明	5180.00	5180.00	3500.00	1680.00	5180.00	5180.00	1680.00	0.10	105.00	63.00
李天华	4230.00	4230.00	3500.00	730.00	4230.00	4230.00	730.00	0.03	0.00	21.90
杨真	4048.18	4048.18	3500.00	548.18	4048.18	4048.18	548.18	0.03	0.00	16.45
陈瓜瓜	4230.00	4230.00	3500.00	730.00	4230.00	4230.00	730.00	0.03	0.00	21.90
罗忠	4230.00	4230.00	3500.00	730.00	4230.00	4230.00	730.00	0.03	0.00	21.90
湘路宇	6180.00	6180.00	3500.00	2680.00	6180.00	6180.00	2680.00	0.10	105.00	163.00
秦地久	5180.00	5180.00	3500.00	1680.00	5180.00	5180.00	1680.00	0.10	105.00	63.00
万思维	4955.00	4955.00	3500.00	1455.00	4955.00	4955.00	1455.00	0.03	0.00	43.65
东方魂	4230.00	4230.00	3500.00	730.00	4230.00	4230.00	730.00	0.03	0.00	21.90

图 10—7 所得税计算

单击“保存”按钮，然后退出。

选择“人力资源”|“工资管理”|“工资业务”|“工资录入”，进入后选择“代扣税”栏（单击列标题“代扣税”），再单击“所得税”按钮，出现提示，如图 10—8 所示。

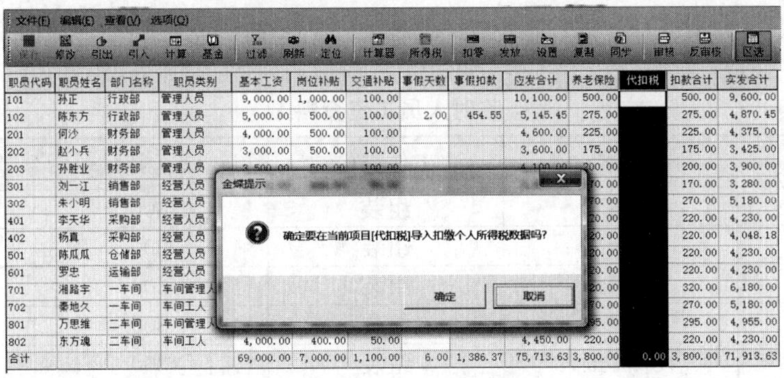

图 10—8 导入提示

单击“确定”按钮后，显示引入所得税的提示，选择“引入本期所得税”。

三个选择项说明：

引入本次所得税：所得税计算模块中按本次方法所计算出来的所得税数据。

引入本期所得税：所得税计算模块中按本月方法所计算出来的所得税数据。

引入本年所得税：所得税计算模块中按本年方法所计算出来的所得税数据。

引入后的“代扣税”栏已经将个人所得税转入。

导入后，要选择“编辑”|“重新计算”命令，进行工资的计算。计算后工资表如图 10—9 所示。

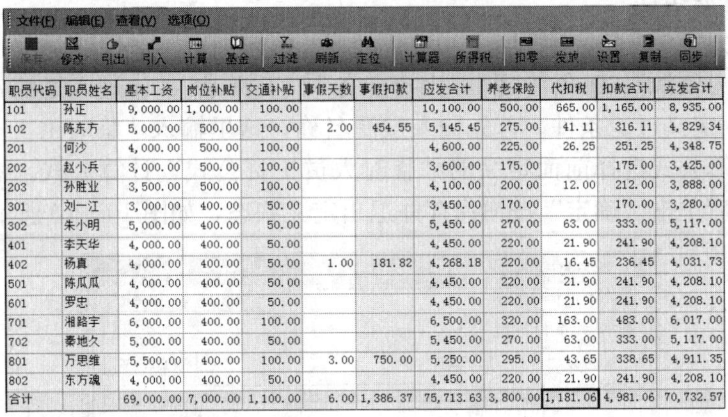

职员代码	职员姓名	基本工资	岗位补贴	交通补贴	事假天数	事假扣款	应发合计	养老保险	代扣税	扣款合计	实发合计
101	孙正	9,000.00	1,000.00	100.00			10,100.00	500.00	665.00	1,165.00	8,935.00
102	陈东方	5,000.00	500.00	100.00	2.00	454.55	5,145.45	275.00	41.11	316.11	4,829.34
201	何沙	4,000.00	500.00	100.00			4,600.00	225.00	26.25	251.25	4,348.75
202	赵小兵	3,000.00	500.00	100.00			3,600.00	175.00		175.00	3,425.00
203	孙胜业	3,500.00	500.00	100.00			4,100.00	200.00	12.00	212.00	3,888.00
301	刘一江	3,000.00	400.00	50.00			3,450.00	170.00		170.00	3,280.00
302	朱小明	5,000.00	400.00	50.00			5,450.00	270.00	63.00	333.00	5,117.00
401	李天华	4,000.00	400.00	50.00			4,450.00	220.00	21.90	241.90	4,208.10
402	杨真	4,000.00	400.00	50.00	1.00	181.82	4,268.18	220.00	16.45	236.45	4,031.73
501	陈瓜瓜	4,000.00	400.00	50.00			4,450.00	220.00	21.90	241.90	4,208.10
601	罗忠	4,000.00	400.00	50.00			4,450.00	220.00	21.90	241.90	4,208.10
701	湘路宇	6,000.00	400.00	100.00			6,500.00	320.00	163.00	483.00	6,017.00
702	秦地久	5,000.00	400.00	50.00			5,450.00	270.00	63.00	333.00	5,117.00
801	万思维	5,500.00	400.00	100.00	3.00	750.00	5,250.00	295.00	43.65	338.65	4,911.35
802	东方魂	4,000.00	400.00	50.00			4,450.00	220.00	21.90	241.90	4,208.10
合计		69,000.00	7,000.00	1,100.00	6.00	1,386.37	75,713.63	3,800.00	1,181.06	4,981.06	70,732.57

图 10—9 工资表数据

3. 审核

如果数据录入内容正确无误，则开始工资数据的审核工作。先单击“区选”按钮，然后单击“职员代码”列标题，则“职员代码”列所有单元格底色变黑，表明被选择。单击工具栏中的“审核”按钮，则窗口中所有单元格底色变为苹果绿，表明已审核，无法再进行修改（提示：必须反审核后才可以修改，单击“反审核”按钮即可）。审核完成后，单击工具栏上的“关闭”按钮，完成工资数据的审核工作。

10.2.2 临时人员工资数据录入

案例资料

临时人员工资资料如表 10—2 所示。

表 10—2 **临时人员工资资料**

编码	姓名	工作岗位	岗位补贴	本月工时
720	天河飞	组装	300	180
721	秦半岛	组装	300	190
820	椰海甸	组装	300	200
821	万银大	组装	300	250
822	朱海玉	组装	300	210
823	温琼海	测试	200	220

计件工资标准：工时，有“组装工时”和“测试工时”两项；计件工资单价是组装工时 20.00 元，测试工时 15.00 元。

计算个人所得税的扣税项目为“应发合计”。

操作过程

计件工资还可以通过使用生产系统进行统计、计算，然后导入到工资管理中。这里简化操作，直接在工资管理中完成。

1. 定义过滤条件

选择“人力资源”|“工资管理”|“类别管理”|“选择类别”，打开临时人员工资类别。

选择“人力资源”|“工资管理”|“工资业务”|“工资录入”，进入过滤器设置。单击“增加”按钮，定义过滤条件。首先输入过滤名称，这里输入“临时工工资类别”作为过滤名称。计算公式选择前面定义的“临时人员工资公式”计算公式。然后再选取需要的项目，最后单击“确定”按钮保存并退出定义状态，如图 10—10 所示。

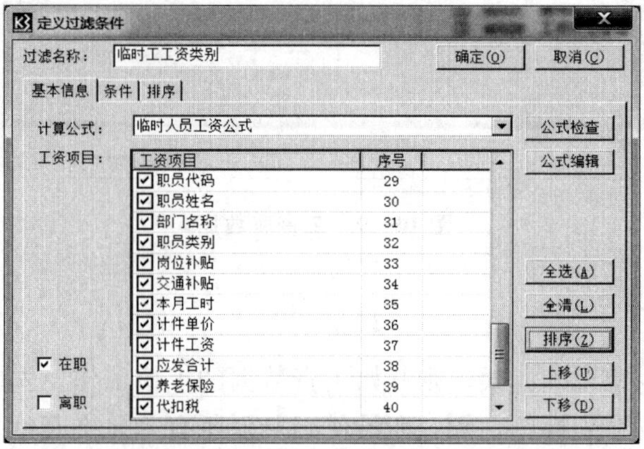

图 10—10 定义过滤条件

在单击“确定”前，应单击“公式检查”按钮，以检查公式与本类工资的项目是否符合。

项目的顺序可通过“上移”、“下移”按钮进行移动，以符合实际需要。

单击“确定”完成设置。

2. 工资数据录入

选择“人力资源”|“工资管理”|“工资业务”|“工资录入”，然后选择过滤条件。

单击“确定”按钮后进入工资编辑状态。凡是从职员中引入的数据和通过计算的数据，不能更改。输入相关的数据。

选择“编辑”|“重新计算”命令，完成计算项目的计算，如图 10—11 所示。

图 10—11　输入数据计算后的工资数据

选择“人力资源”|“工资管理”|“工资业务”|“所得税计算”，进入后先单击“方法”，选择“按工资发放期间计算”。

单击“设置”按钮，在个人所得税初始设置中单击“编辑”按钮，再单击下面的“新增”，输入“临时人员个人所得税”作为名称。双击有关项目进行设置，在“所得期间”栏输入“2015.04”，如图 10—12 所示。

图 10—12　个人所得税设置

单击“保存”按钮，再单击“确定”按钮，这时提示“用选定的初始设置重新计算工资数据吗?”单击“确定”按钮进行计算，提示“重新计算税率及纳税额吗?”时单击“确定”按钮。计算后的所得税如图 10—13 所示。

单击“保存”按钮，然后退出。

选择“人力资源”|“工资管理”|“工资业务”|“工资录入”，进入后选择“代扣税”栏，再单击“所得税”按钮。引入本期所得税后的“代扣税”栏已经将个人所得税转

文件 查看

引出 保存 计税 所得项 税率 设置 方法 过滤 刷新 定位 计算器 锁定列 关闭

纳税义务人	收入人民币	减费用额	应纳税所得额	税率项目	税率项目合计	税率计算值	税率	速算扣除数	扣缴所得税额
天河飞	3810.00	3500.00	310.00	3810.00	3810.00	310.00	0.03	0.00	9.30
秦半岛	4010.00	3500.00	510.00	4010.00	4010.00	510.00	0.03	0.00	15.30
椰海甸	4210.00	3500.00	710.00	4210.00	4210.00	710.00	0.03	0.00	21.30
万银大	5210.00	3500.00	1710.00	5210.00	5210.00	1710.00	0.10	105.00	66.00
朱海玉	4410.00	3500.00	910.00	4410.00	4410.00	910.00	0.03	0.00	27.30
温琼海	3415.00	3500.00	0.00	3415.00	3415.00	0.00	0.00	0.00	0.00

图 10—13　所得税计算

入，然后进行重新计算，结果如图 10—14 所示。

职员代码	职员姓名	岗位补贴	交通补贴	本月工时	计件单价	计件工资	应发合计	养老保险	代扣税	扣款合计	实发合计
720	天河飞	300.00	50.00	180.00	20.00	3,600.00	3,950.00	140.00	9.30	149.30	3,800.70
721	秦半岛	300.00	50.00	190.00	20.00	3,800.00	4,150.00	140.00	15.30	155.30	3,994.70
820	椰海甸	300.00	50.00	200.00	20.00	4,000.00	4,350.00	140.00	21.30	161.30	4,188.70
821	万银大	300.00	50.00	250.00	20.00	5,000.00	5,350.00	140.00	66.00	206.00	5,144.00
822	朱海玉	300.00	50.00	210.00	20.00	4,200.00	4,550.00	140.00	27.30	167.30	4,382.70
823	温琼海	200.00	50.00	220.00	15.00	3,300.00	3,550.00	135.00		135.00	3,415.00
合计		1,700.00	300.00	1,250.00	115.00	23,900.00	25,900.00	835.00	139.20	974.20	24,925.80

图 10—14　导入个人所得税后的代扣税

3. 审核

如果数据录入内容正确无误，则开始工资数据审核工作。先单击“区选”按钮，然后单击“职员代码”列标题，再单击工具栏中的“审核”完成审核工作。

10.3　工资报表

这里以工资汇总表为例说明报表的应用方法。

选择“人力资源”|“工资管理”|“类别管理”|“选择类别”，进行类别选择。这里以正式人员工资为例。

选择“人力资源”|“工资管理”|“工资报表”|“工资汇总表”，首先进入过滤条件设置，选择“当期查询”，如图 10—15 所示。

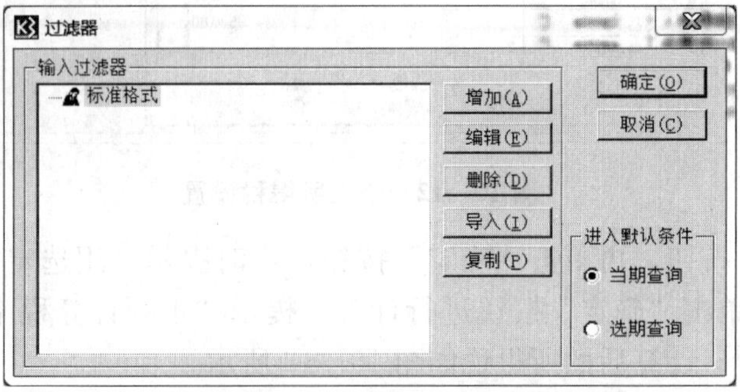

图 10—15　过滤条件设置

可以设置多个过滤条件方案，单击“增加”按钮就可增加过滤条件方案。这里单击“编辑”按钮，对当前过滤方案进行项目等相关设置，如图 10—16 所示。

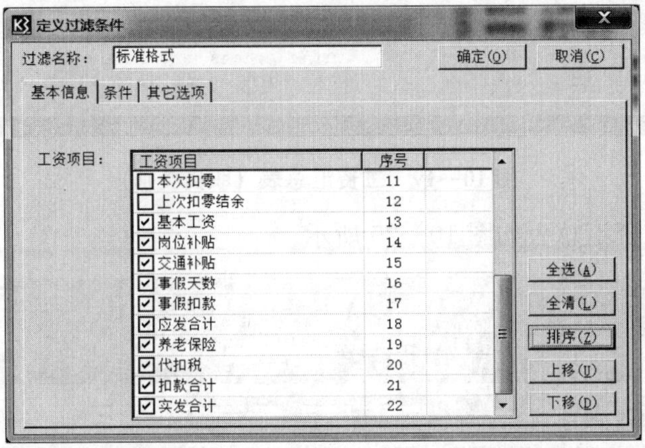

图 10—16　定义过滤条件（基本信息）

在“其它选项”选项卡中，选择“部门”作为汇总的关键字。也可以选择其他项目，如图 10—17 所示。

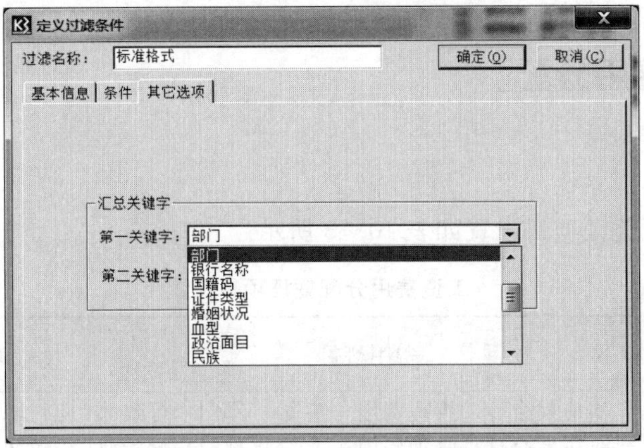

图 10—17　定义过滤条件（其他选项）

设置过滤条件后显示的汇总结果如图 10—18 所示。

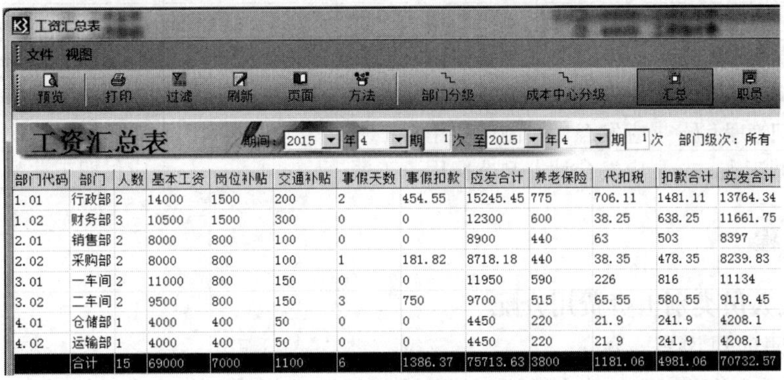

部门代码	部门	人数	基本工资	岗位补贴	交通补贴	事假天数	事假扣款	应发合计	养老保险	代扣税	扣款合计	实发合计
1.01	行政部	2	14000	1500	200	2	454.55	15245.45	775	706.11	1481.11	13764.34
1.02	财务部	3	10500	1500	300	0	0	12300	600	38.25	638.25	11661.75
2.01	销售部	2	8000	800	100	0	0	8900	440	63	503	8397
2.02	采购部	2	8000	800	100	1	181.82	8718.18	440	38.35	478.35	8239.83
3.01	一车间	2	11000	800	150	0	0	11950	590	226	816	11134
3.02	二车间	2	9500	800	150	3	750	9700	515	65.55	580.55	9119.45
4.01	仓储部	1	4000	400	50	0	0	4450	220	21.9	241.9	4208.1
4.02	运输部	1	4000	400	50	0	0	4450	220	21.9	241.9	4208.1
	合计	15	69000	7000	1100	6	1386.37	75713.63	3800	1181.06	4981.06	70732.57

图 10—18　工资汇总表（部门）

按职员类别的工资汇总表如图 10—19 所示。

工资汇总表 期间：2015 年 4 期 1 次 至 2015 年 4 期 1 次 部门级次

职员类别	人数	基本工资	岗位补贴	交通补贴	事假天数	事假扣款	应发合计	养老保险	代扣税	扣款合计	实发合计
管理人员	5	24500	3000	500	2	454.55	27545.45	1375	744.36	2119.36	25426.09
经营人员	6	24000	2400	300	1	181.82	26518.18	1320	145.15	1465.15	25053.03
车间管理人员	2	11500	800	200	3	750	11750	615	206.65	821.65	10928.35
车间工人	2	9000	800	100	0	0	9900	490	84.9	574.9	9325.1
合计	15	69000	7000	1100	6	1386.37	75713.63	3800	1181.06	4981.06	70732.57

图 10—19　工资汇总表（职员类别）

临时人员的工资汇总表如图 10—20 所示。

工资汇总表 期间：2015 年 4 期 1 次 至 2015 年 4 期 1 次 部门级次：所有

部门代码	部门	人数	岗位补贴	交通补贴	本月工时	计件单价	计件工资	应发合计	养老保险	代扣税	扣款合计	实发合计
3.01	一车间	2	600	100	370	40	7400	8100	280	24.6	304.6	7795.4
3.02	二车间	4	1100	200	880	75	16500	17800	555	114.6	669.6	17130.4
	合计	6	1700	300	1250	115	23900	25900	835	139.2	974.2	24925.8

图 10—20　临时人员的工资汇总表

10.4　工资费用分配

案例资料

工资费用分配凭证项目设置如表 10—3 所示。

表 10—3　　　　工资费用分配凭证项目设置

部门	职员类别	工资项目	费用科目	核算项目类别及明细	工资科目	核算项目
行政部	管理人员	应发合计	管理费用—工资	（部门）行政部	应付职工薪酬—工资	无
财务部	管理人员	应发合计	管理费用—工资	（部门）财务部	应付职工薪酬—工资	无
销售部	经营人员	应发合计	销售费用—工资	（部门）销售部	应付职工薪酬—工资	无
采购部	经营人员	应发合计	销售费用—工资	（部门）采购部	应付职工薪酬—工资	无
仓储部	经营人员	应发合计	销售费用—工资	（部门）仓储部	应付职工薪酬—工资	无
运输部	经营人员	应发合计	销售费用—工资	（部门）运输部	应付职工薪酬—工资	无
一车间	车间管理人员	应发合计	制造费用—工资		应付职工薪酬—工资	无
一车间	车间工人	应发合计	制造费用—工资		应付职工薪酬—工资	无
二车间	车间管理人员	应发合计	制造费用—工资		应付职工薪酬—工资	无
二车间	车间工人	应发合计	制造费用—工资		应付职工薪酬—工资	无

操作过程

1. 正式人员类别工资费用分配

(1) 凭证项目设置。

选择“人力资源”|“工资管理”|“类别管理”|“选择类别”，再选择“正式人员”。

选择“人力资源”|“工资管理”|“工资业务”|“费用分配”，再选择“编辑”选项卡，单击“新增”按钮进入设置。输入有关设置数据，如图 10—21 所示。在设置时，核算

项目需要选择部门。

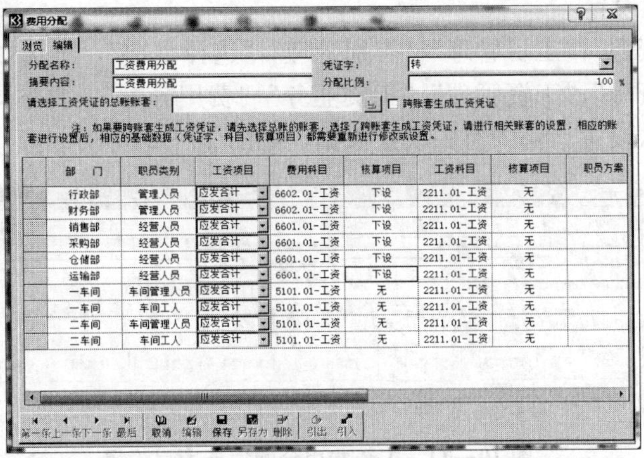

图 10—21　工资费用分配凭证项目设置

可以单击鼠标右键，进行删除一行或插入一行的操作。

设置完毕，单击“保存”按钮后再退出。

(2) 生成凭证。

选择“人力资源”|“工资管理”|“工资业务”|“费用分配”，然后选择费用分配名称，单击“生成凭证”按钮，进行凭证生成。还可以设置有关选项，如图 10—22 所示。

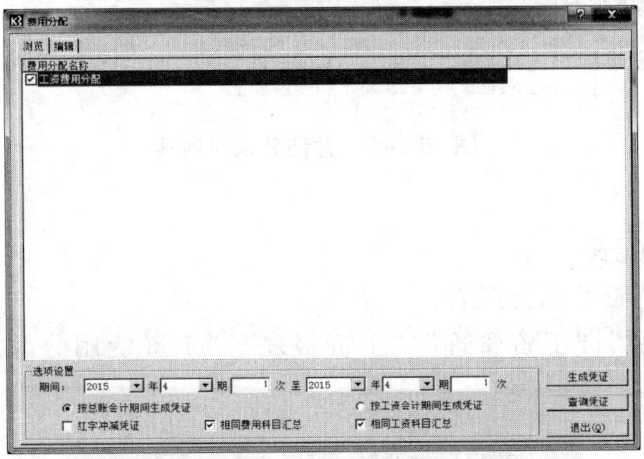

图 10—22　选择工资费用分配名称

生成凭证结束后，可以单击“查询凭证”按钮查看生成的凭证。

凭证的分录如图 10—23 所示。

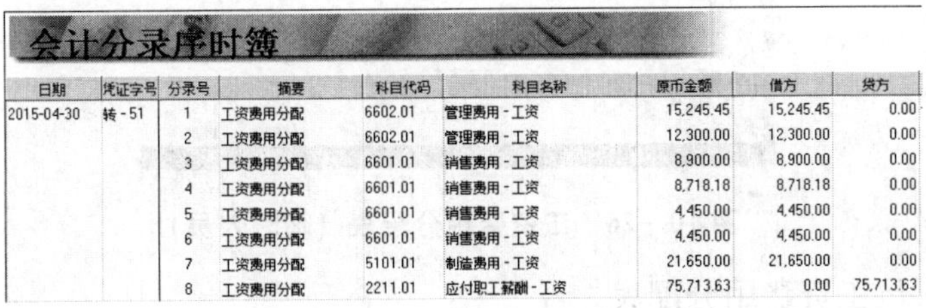

会计分录序时簿

日期	凭证字号	分录号	摘要	科目代码	科目名称	原币金额	借方	贷方
2015-04-30	转 - 51	1	工资费用分配	6602.01	管理费用 - 工资	15,245.45	15,245.45	0.00
		2	工资费用分配	6602.01	管理费用 - 工资	12,300.00	12,300.00	0.00
		3	工资费用分配	6601.01	销售费用 - 工资	8,900.00	8,900.00	0.00
		4	工资费用分配	6601.01	销售费用 - 工资	8,718.18	8,718.18	0.00
		5	工资费用分配	6601.01	销售费用 - 工资	4,450.00	4,450.00	0.00
		6	工资费用分配	6601.01	销售费用 - 工资	4,450.00	4,450.00	0.00
		7	工资费用分配	5101.01	制造费用 - 工资	21,650.00	21,650.00	0.00
		8	工资费用分配	2211.01	应付职工薪酬 - 工资	75,713.63	0.00	75,713.63

图 10—23　凭证分录序时簿

2. 临时人员类别工资费用分配

（1）凭证项目设置。

选择“人力资源”|“工资管理”|“类别管理”|“选择类别”，再选择“临时人员”。

选择“人力资源”|“工资管理”|“工资业务”|“费用分配”，再选择“编辑”选项卡，单击“新增”进入设置。输入有关设置数据，如图 10—24 所示。

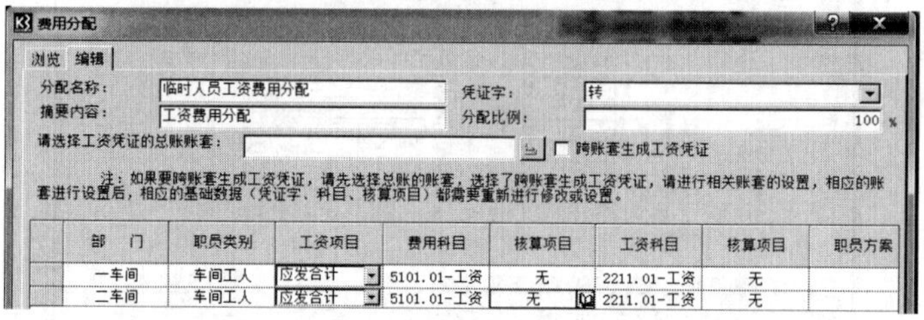

部门	职员类别	工资项目	费用科目	核算项目	工资科目	核算项目	职员方案
一车间	车间工人	应发合计	5101.01-工资	无	2211.01-工资	无	
二车间	车间工人	应发合计	5101.01-工资	无	2211.01-工资	无	

图 10—24 工资费用分配凭证项目设置

设置完毕，单击“保存”后再退出。

（2）生成凭证。

选择“人力资源”|“工资管理”|“工资业务”|“费用分配”，然后选择工资费用分配的名称，单击“生成凭证”按钮，进行凭证生成。

凭证的分录如图 10—25 所示。

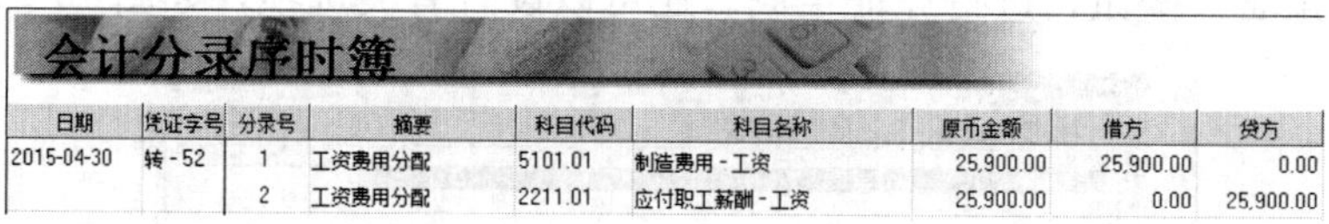

日期	凭证字号	分录号	摘要	科目代码	科目名称	原币金额	借方	贷方
2015-04-30	转-52	1	工资费用分配	5101.01	制造费用-工资	25,900.00	25,900.00	0.00
		2	工资费用分配	2211.01	应付职工薪酬-工资	25,900.00	0.00	25,900.00

图 10—25 凭证分录序时簿

3. 工资费用分配表

（1）临时人员工资费用分配表。

选择“人力资源”|“工资管理”|“工资报表”|“工资费用分配表”，显示结果如图 10—26 所示。

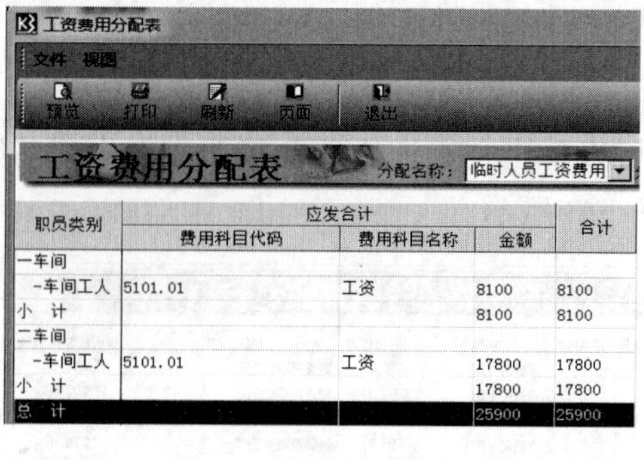

职员类别	应发合计			合计
	费用科目代码	费用科目名称	金额	
一车间				
-车间工人	5101.01	工资	8100	8100
小 计			8100	8100
二车间				
-车间工人	5101.01	工资	17800	17800
小 计			17800	17800
总 计			25900	25900

图 10—26 工资费用分配表（临时人员）

（2）正式人员工资费用分配表。

选择“人力资源”|“工资管理”|“工资报表”|“工资费用分配表”，显示结果如图 10—27 所示。

工资费用分配表　分配名称：工资费用分配

职员类别	应发合计			合计
	费用科目代码	费用科目名称	金额	
行政部				
-管理人员	6602.01	工资	15245.45	15245.45
小　计			15245.45	15245.45
财务部				
-管理人员	6602.01	工资	12300	12300
小　计			12300	12300
销售部				
-经营人员	6601.01	工资	8900	8900
小　计			8900	8900
采购部				
-经营人员	6601.01	工资	8718.18	8718.18
小　计			8718.18	8718.18
一车间				
-车间管理人	5101.01	工资	6500	6500
-车间工人	5101.01	工资	5450	5450
小　计			11950	11950
二车间				
-车间管理人	5101.01	工资	5250	5250
-车间工人	5101.01	工资	4450	4450
小　计			9700	9700
仓储部				
-经营人员	6601.01	工资	4450	4450
小　计			4450	4450
运输部				
-经营人员	6601.01	工资	4450	4450
小　计			4450	4450
总　计			75713.63	75713.63

图 10—27　工资费用分配表（正式人员）

10.5　银行代发表

案例资料

银行代发表的构成包括：职员代码、职员姓名、个人账号、实发合计。按照职员代码排序。

操作过程

选择“人力资源”|“工资管理”|“类别管理”|“选择类别”，再选择“正式人员”。

选择“人力资源”|“工资管理”|“工资报表”|“银行代发表”，单击“编辑”按钮，选择所需项目，如图 10—28 所示。

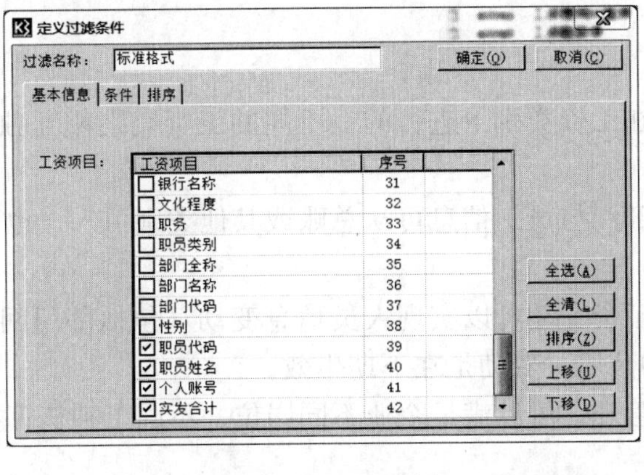

图 10—28　项目选择

单击“排序”按钮，设置排序项目，选择“代码”作为排序项目，然后单击“确定”按钮完成设置。

在设置条件窗口，选择“确定”生成的银行代发表如图 10—29 所示。

行次	职员代码	职员姓名	个人账号	实发合计	行次
1	101	孙正	1111	8935	1
2	102	陈东方	1112	4829.34	2
3	201	何沙	1113	4348.75	3
4	202	赵小兵	1114	3425	4
5	203	孙胜业	1115	3888	5
6	301	刘一江	1116	3280	6
7	302	朱小明	1117	5117	7
8	401	李天华	1118	4208.1	8
9	402	杨真	1119	4031.73	9
10	501	陈瓜瓜	1120	4208.1	10
11	601	罗忠	1121	4208.1	11
12	701	湘路宇	1180	6017	12
13	702	秦地久	1181	5117	13
14	801	万思维	1182	4911.35	14
15	802	东方魂	1183	4208.1	15
16	合计			70732.57	16

图 10—29　银行代发表

临时人员类别的工资代发表生成方法类似。

在实际工作中，需要与具体的银行联系，确定具体格式和内容。

10.6 复习题

10.6.1 思考题

1. 简述工资与总账的数据关系。
2. 简述工资类别的作用与工资基础数据的关系。
3. 简述工资的处理流程。

10.6.2 判断题

1. 工资管理是在工资类别下进行的，不同的工资类别相互独立，工资项目、公式等信息可共用。（　）

2. 工资管理的部门与员工信息可从总账或其他类别引入，也可以引出到总账。（　）

3. 工资管理的工资变动可以实现人员信息变动（包括部门间流动、职称变动、职位异动等）和职员的禁用，变动是在下期生效。（　）

4. 多工资类别管理，可以满足企业不同岗位、不同工种核算方法不同的需要。（　）

5. 工资管理中，已经发生业务的职员不能删除，职员资料不允许直接修改，必须通过变动处理完成。

6. 工资管理中的职员等具体信息不能从总账中引入。（　）

7. 在工资项目定义中，文字型的工资项目不能参与工资计算。（　）

8. 工资类别可以实现分类发放工资或分次发放工资，并可以进行汇总。（　）

9. 工资管理中部门必须要求与基础设置中的部门完全一致。（　）

10. 工资管理中的职员信息可以独立于其他模板单独设置。（　）

10.6.3　单项选择题

1. 在 K/3 WISE 的工资系统中，在结账后能把本期的数据带到下期的工资项目是（　　）。

A. 固定项目　　B. 所有工资项目

C. 变动项目　　D. 个人所得税项目

2. 在工资管理中，允许新增工资项目，新增实数类型的工资项目的数据长度最大是（　　）。

A. 8 位　　B. 12 位

C. 16 位　　D. 18 位

3. 要生成银行代发工资文件，职员信息必须录入（　　）项目。

A. 银行名称　　B. 银行账号

C. 个人身份证　　D. 开户地址

4. 在处理工资相关业务时，需要先（　　）。

A. 选择类别　　B. 选择部门

C. 选择人员　　D. 选择银行

5. 在公式设置中，公式是（　　）的。

A. 按工资类别分别设置　　B. 各工资类别公用

A. 与职员类别相关　　D. 与部门相关

6. 一个职工（　　）。

A. 可以在多个工资类别中计算工资　　B. 只能在一个工资类别中计算工资

C. 每月只能算一次工资　　D. 每月只能发一次工资

7. 银行代发表（　　）。

A. 必须提供全部项目　　B. 只提供必需项目

C. 只给银行提供数据文件就可以　　D. 数据文件格式各银行是通用的

10.6.4　多项选择题

1. 设置工资计算方法的语句有（　　）。

A. 报警语句　　B. 判断语句

C. 循环语句　　D. 注释语句

2. 工资管理模块可实现（　　）。

A. 工资多类别管理

B. 可计提个人所得税

C. 简单管理人事资料

D. 工资数据根据企业需要对数据分配，生成工资凭证

3. 工资管理中的部门，可以（ ）。

A. 直接输入

B. 从基础设置中的部门引入

C. 引入后可以增删改

D. 要么直接输入，要么引入后不变，只能选择一种

4. 在工资管理中的职员信息，可以（ ）。

A. 引入　　B. 直接输入

C. 引入后可以增删改　　D. 只能引入

第11章 期末业务与报表

Chapter 11

11.1 期末业务

11.1.1 期末结账前处理

在期末结账前，应当把全部凭证审核、记账。

在审核过程中，如果凭证有误将通不过审核，这时就需要分析原因，进行修改。

对于在总账中录入的凭证，由原来的制单人调出修改即可。

对于生成的凭证，则需要先删除，更正相关数据后再生成。在删除前要记下凭证字号，以便后面生成时直接填写原来的号。

生成的凭证有误，多数是核算项目没有设置所致，凭证生成后要注意补充填上。

通过“供应链”|“存货核算”|“凭证管理”|“生成凭证”生成的凭证，可以在其“凭证查询”功能中进行修改。

通过“财务会计”|“固定资产管理”|“凭证管理”|“凭证生成”生成的凭证，可以在其“凭证查询”中进行修改。

通过类似的方法进行修改，或者删除后再生成。这时需要以原凭证的操作员登录，是业务系统生成的，就到业务系统修改。如选择“供应链”|“存货核算”|“凭证管理”|“凭证查询”，进入后可以看到未能通过审核的凭证，先选择要修改的凭证，单击工具栏的“修改”，再补充缺少的核算项目信息。

对于类似错误，应该在生成凭证后，就进行复核，这样可以提前发现。在月末，是最后的检查环节。

凭证完成审核后，对全部凭证要进行过账。

11.1.2 期末结账内容

期末业务主要内容有三个方面，首先需要将本会计期间的已经审核过还未记账的凭证记账；然后自动生成已经定义好的期末结转凭证并记账；最后将本会计期间各会计科目的余额及余额方向、业务模块的有关数据转入下一个会计期间，作为其期初的余额和余额方向，以便开始下一个会计期间的账务与业务处理工作。

结账后软件可自动生成下期的期初数，不需要人为操作。

某个会计期间结账意味着该会计期间有关凭证、业务单据均已全部输入完毕，并全部记账。某个会计期间结账后，该会计期间就不能再输入凭证和业务单据，该会计期间的数据只能进行查询和分析。

期末结账功能使用时必须慎重，一般将该权限授予系统管理人员。

一般来说，期末处理的主要工作有期末调汇、各种摊销预提、结转损益、期末结账等。

（1）期末调汇。

期末调汇主要用于对外币核算的账户在期末自动计算汇兑损益，生成汇兑损益转账凭证及期末汇率调整表。

（2）摊销处理。

摊销是用来处理对已经计入待摊费用的数据进行每一期的摊销，将其转入费用类科目，如预付保险费、固定资产修理费用。当然，也可以用于一些长期资产的摊销，如低值易耗品摊销、无形资产摊销、递延资产摊销等。

通过系统的处理，可以减少每个期间都需要手工录入类似凭证的工作量。

（3）预提处理。

预提是处理每期对租金、保险费、借款利息、固定资产修理费等的预提，将其按一定金额计入预提费用。

通过系统的处理，可以减少每个期间都需要手工录入类似凭证的工作量。

（4）结转损益。

期末时，应将各损益类科目的余额转入“本年利润”科目，以反映企业在一个会计期间内实现的利润或亏损总额。系统提供的结转损益功能就是将所有损益类科目的本期余额全部自动转入本年利润科目，并生成一张结转损益记账凭证。

（5）期末结账。

本期所有的会计业务全部处理完毕之后，就可以进行期末结账了。系统的数据处理都是针对本期的，要进行下一期间的处理，必须将本期的账务全部进行结账处理，系统才能进入下一期间。

11.1.3 期末业务

案例资料

4 月 30 日，按短期借款期末余额的 0.2%提取短期借款利息（短期借款期末余额为 200 000 元）。

借：财务费用—利息支出（6 603.01）　　400

　　贷：应付利息—借款利息（2 231.01）　　400

操作过程

每月末，都有一些期末特定要填制的凭证，需要逐一清理。

对于类似业务，可以直接计算后输入凭证，如果是每月都要制作的，还可以通过设置自动转账凭证来生成。

选择“财务会计”|“总账”|“凭证处理”|“凭证录入”，录入后的凭证如图 11—1 所示。

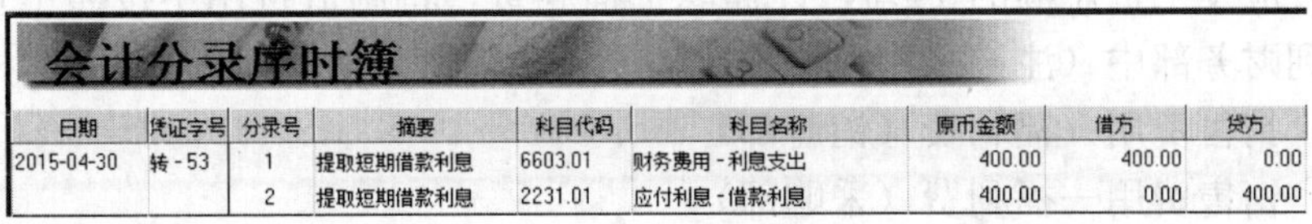

会计分录序时簿

日期	凭证字号	分录号	摘要	科目代码	科目名称	原币金额	借方	贷方
2015-04-30	转-53	1	提取短期借款利息	6603.01	财务费用-利息支出	400.00	400.00	0.00
		2	提取短期借款利息	2231.01	应付利息-借款利息	400.00	0.00	400.00

图 11—1　凭证分录

11.1.4　计提坏账准备

案例资料

4 月末，计提坏账准备。

操作过程

在计提坏账前，应将当前未记账的凭证记账。

选择“财务会计”|“应收款管理”|“坏账处理”|“坏账准备”，如图 11—2 所示。

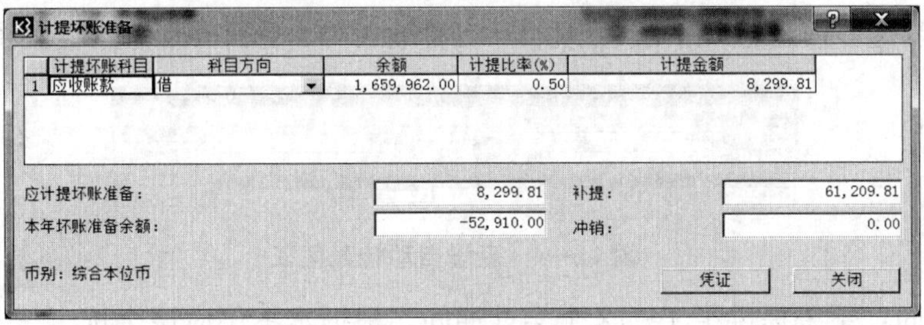

图 11—2　计提坏账准备

单击“凭证”按钮生成计提凭证，核算项目选择财务部，调整后的凭证如图 11—3 所示。

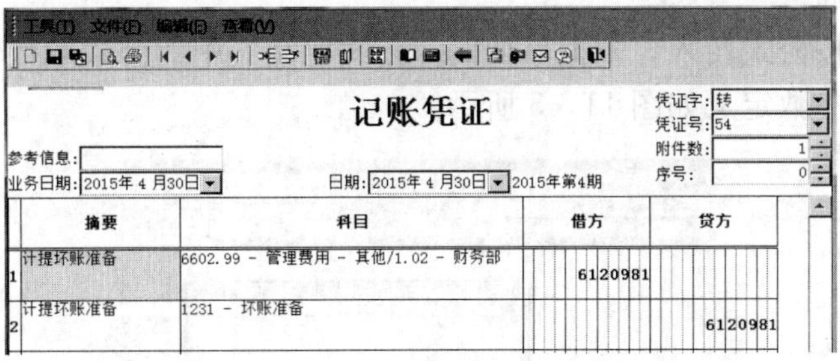

图 11—3　计提坏账凭证

单击“保存”按钮完成。

11.1.5 自动转账

案例资料

按当月应发工资总额的14%，计提职工福利费，将制造费用中按照工资提取的福利费合并到财务部中（注：采用总账模块的“自动转账”功能完成）。

借：销售费用—福利费（销售部）

销售费用—福利费（采购部）

销售费用—福利费（仓储部）

销售费用—福利费（运输部）

管理费用—福利费（行政部）

管理费用—福利费（财务部）

贷：应付职工薪酬—职工福利

操作过程

自动转账功能可将一些有特定规律并且较为复杂的转账凭证预先定义出一个凭证模板，以后的凭证就可以根据模板由系统自动生成。这样可以提高凭证的生成效率，也避免了手工计算和录入可能产生的错误。

选择“财务会计”|“总账”|“结账”|“自动转账”，进入后选择“编辑”选项卡。

单击“新增”按钮定义自动转账凭证，名称输入“计提职工福利费”，如图11—4所示。

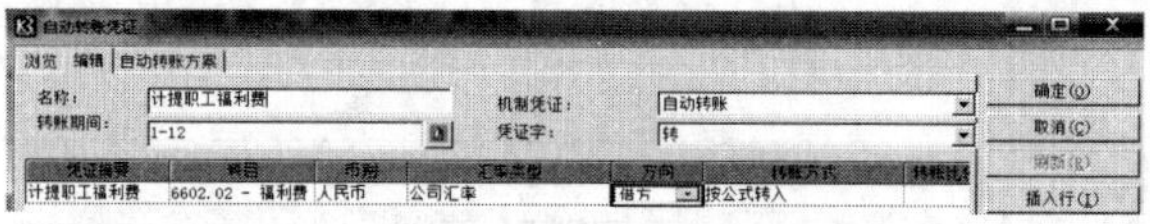

图11—4 新增自动转账凭证

转账期间：系统提供了1～12个会计期间，根据本案例应该全选。

机制凭证：选择自动转账。

凭证字：选择生成凭证的凭证字，本案例是转账凭证。

凭证摘要：业务内容描述。

方向：会计分录的借贷方向，可以根据转账方式“自动判断”，除非确定，否则建议选择“自动判断”。

转账方式：按公式转入。根据后面的“公式定义”中的公式取数转入。

其余部分的参数定义如图11—5所示。

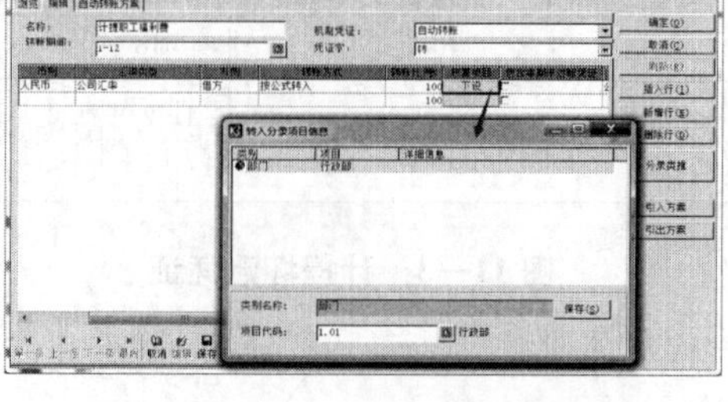

图11—5 自动转账凭证参数设置

转账比例：用于选择了比例转入（出）的转账方式，直接录入百分比例。

核算项目：如果会计科目下还下挂核算项目，则在此选择相应的核算项目。单击“核算项目”的“下设”，选择相应的项目。

包含本期未过账凭证：选择“包含”和“不包含”二者之一。

公式定义：单击公式定义下的“下设”，则在此定义公式，可以设置原币取数公式、本位币取数公式、数量取数公式。公式的语法与自定义报表完全相同，通过取数公式可取到账务等的数据。另外，在公式中还可录入常数。

单击“公式定义”栏下的“下设”，如图 11—6 所示。

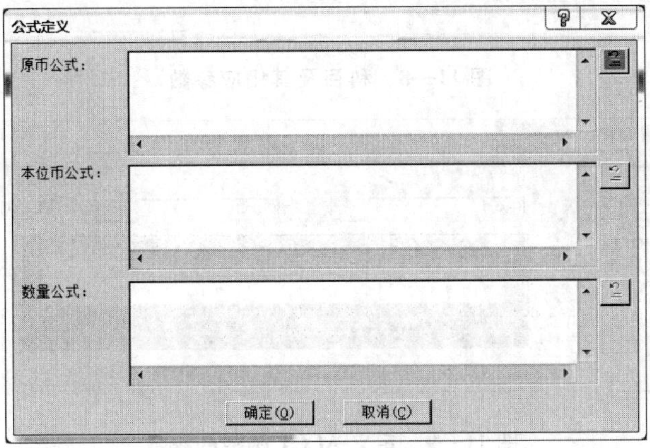

图 11—6　公式定义

单击公式的函数按钮，选择 ACCT 函数（总账科目取数公式，具体可看选择公式后下面的说明），如图 11—7 所示。

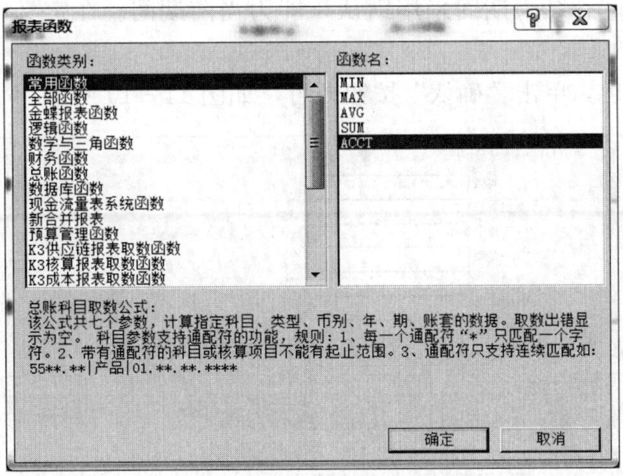

图 11—7　函数

单击“确定”按钮，定义科目及其相应参数，如图 11—8 所示。

在“科目”处按 F7 键调出“取数科目向导”。在“科目代码”文本框中输入科目代码，然后选择核算类别和核算代码。

输入完成后，单击“填入公式”按钮，则将公式填入到“科目参数”文本框中，如图 11—9 所示。

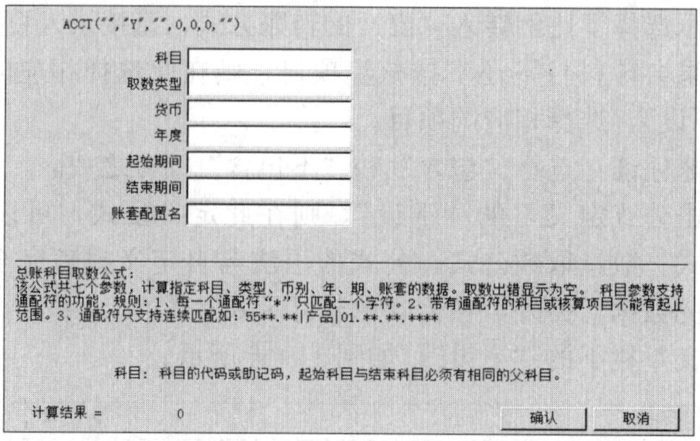

图 11—8 科目及其相应参数

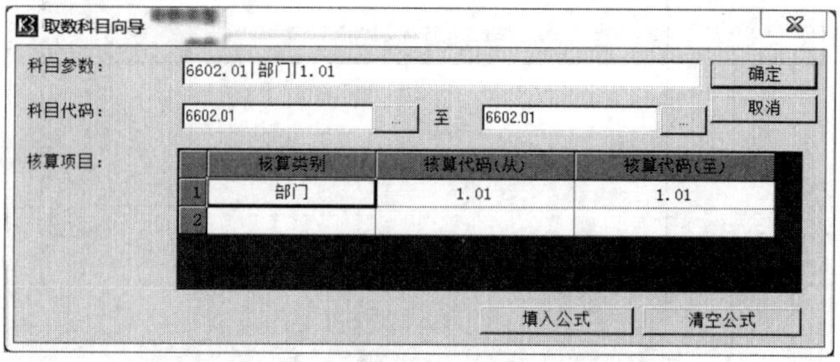

图 11—9 定义 ACCT 函数的参数

科目参数设定完成后单击“确定”按钮，科目参数填入到“科目”中。

取数类型为借方发生额，在取数类型项目中，按 F7 键后进行选择，“货币”项目也如此。

年度、起始期间、结束期间采用默认，即为当前期间。在定义中要注意了解每个参数的说明。

参数设置完成后，单击“确认”按钮即可，如图 11—10 所示。

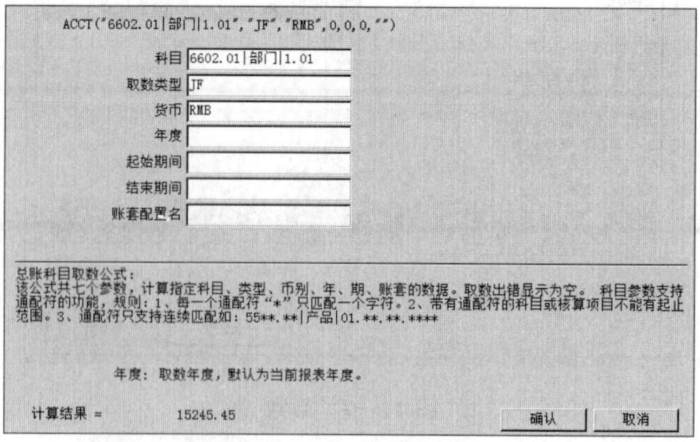

图 11—10 公式定义

定义完成的公式为：ACCT("6602.01|部门|1.01","JF","RMB",0, 0, 0,"")，再乘以参数 0.14（直接在公式定义处输入），单击“确定”按钮完成公式定义，如图 11—11 所示。

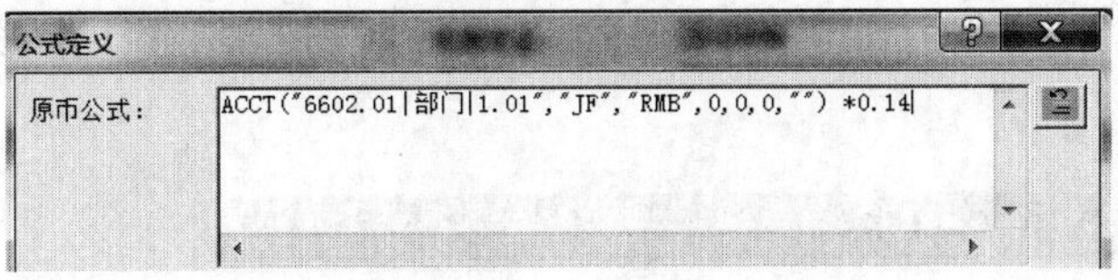

图 11—11　公式定义

然后接着定义其他公式，对于相近的公式，可以把前面定义的公式复制过来修改。定义完成的自动转账凭证如图 11—12 所示。

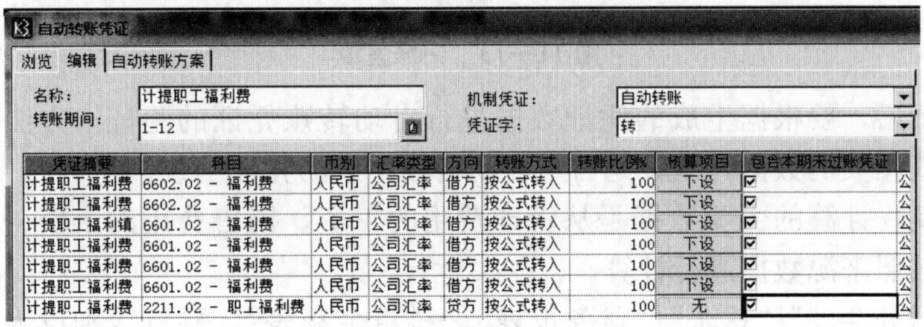

图 11—12　凭证定义

凭证定义的相关参数如表 11—1 所示。

表 11—1　　凭证参数

科目	方向	核算项目	公式
管理费用—福利费	借	部门—行政部	ACCT("6602.01|部门|1.01","JF","RMB", 0, 0, 0,"") *0.14
管理费用—福利费	借	部门—财务部	ACCT("6602.01|部门|1.02","JF","RMB", 0, 0, 0,"") *0.14 +ACCT ("5101.01","JF","RMB", 0, 0, 0,"") *0.14
销售费用—福利费	借	部门—销售部	ACCT("6601.01|部门|2.01","JF","RMB", 0, 0, 0,"") *0.14
销售费用—福利费	借	部门—采购部	ACCT("6601.01|部门|2.02","JF","RMB", 0, 0, 0,"") *0.14
销售费用—福利费	借	部门—仓储部	ACCT("6601.01|部门|4.01","JF","RMB", 0, 0, 0,"") *0.14
销售费用—福利费	借	部门—运输部	ACCT("6601.01|部门|4.02","JF","RMB", 0, 0, 0,"") *0.14
应付职工薪酬—职工福利	贷		ACCT("6601.01","JF","RMB", 0, 0, 0,"") *0.14 +ACCT("6602.01","JF","RMB", 0, 0, 0,"") *0.14 + ACCT("5101.01","JF","RMB", 0, 0, 0,"") *0.14

定义完成后，就可以生成自动转账凭证。

选择“财务会计”|“总账”|“结账”|“自动转账”，打开“浏览”选项卡，先选择要生成的自动转账凭证模板（本案例为“计提职工福利费”），然后单击“生成凭证”，如果提示有误，就要去检查相关的错误后再生成凭证。

生成的自动转账凭证可以通过总账的“凭证查询”查看、审核等，如图 11—13 所示。

会计分录序时簿

日期	凭证字号	分录号	摘要	科目代码	科目名称	原币金额	借方	贷方
2015-04-30	转-55	1	计提职工福利镇	6601.02	销售费用-福利费	1,246.00	1,246.00	0.00
		2	计提职工福利费	6601.02	销售费用-福利费	1,220.55	1,220.55	0.00
		3	计提职工福利费	6601.02	销售费用-福利费	623.00	623.00	0.00
		4	计提职工福利费	6601.02	销售费用-福利费	623.00	623.00	0.00
		5	计提职工福利费	6602.02	管理费用-福利费	2,134.36	2,134.36	0.00
		6	计提职工福利费	6602.02	管理费用-福利费	8,379.00	8,379.00	0.00
		7	计提职工福利费	2211.02	应付职工薪酬-职工福利费	14,225.91	0.00	14,225.91

图 11—13 记账凭证

生成凭证后，要根据生成的凭证数据进行自动转账凭证的验证。方法是按照取数公式，去查找相关的数据，验证是否与自动转账生成的凭证一致。

如本案例，计算的主要数据是从管理费用的工资、销售费用的工资、制造费用的工资而来，按照来源数据进行计算。

选择“财务会计”|“总账”|“财务报表”|“科目余额表”，科目级别设为 2 级，选择显示核算项目明细。具体显示的科目余额表如图 11—14 所示。

科目余额表

科目代码	科目名称	期初余额		本期发生	
		借方	贷方	借方	贷方
5101	制造费用			75,598.39	
5101.01	工资			47,550.00	
5101.02	折旧费			8,048.39	
5101.03	租赁费			20,000.00	
6001	主营业务收入				1,682,100.00
6051	其他业务收入				
6301	营业外收入				4,344.00
6401	主营业务成本			1,239,900.00	
6402	其他业务成本				
6403	营业税金及附加				
6601	销售费用			54,682.95	
6601.01	工资			26,518.18	
6601.01	销售部			8,900.00	
6601.01	采购部			8,718.18	
6601.01	仓储部			4,450.00	
6601.01	运输部			4,450.00	
6601.06	折旧费			5,831.42	
6601.06	销售部			3,233.08	
6601.06	采购部			982.18	
6601.06	仓储部			808.08	
6601.06	运输部			808.08	
6601.99	其他			22,333.35	
6601.99	销售部			22,333.35	
6602	管理费用			39,193.80	
6602.01	工资			27,545.45	
6602.01	行政部			15,245.45	
6602.01	财务部			12,300.00	

图 11—14 科目余额表

对每一个数据都要进行验证，验证正确后，以后每次需要生成凭证时，直接生成即可。

11.1.6 期末调汇

案例资料

4 月 30 日，期末汇率为 1 美元＝6.20 元人民币，进行期末调汇（使用账务处理的“期末调汇”功能生成）。

借：财务费用—汇兑损益

　贷：银行存款—中行存款

操作过程

本功能主要用于对外币核算账户在期末自动计算汇兑损益，生成汇兑损益转账凭证及期末汇率调整表。

只有在“会计科目”中设定为“期末调汇”的科目，才会进行期末调汇处理。

所有涉及外币业务的凭证要全部录入完毕并审核过账。

选择“系统设置”|“基础资料”|“公共资料”|“汇率体系”，增加公司汇率月底的汇率，如图 11—15 所示。

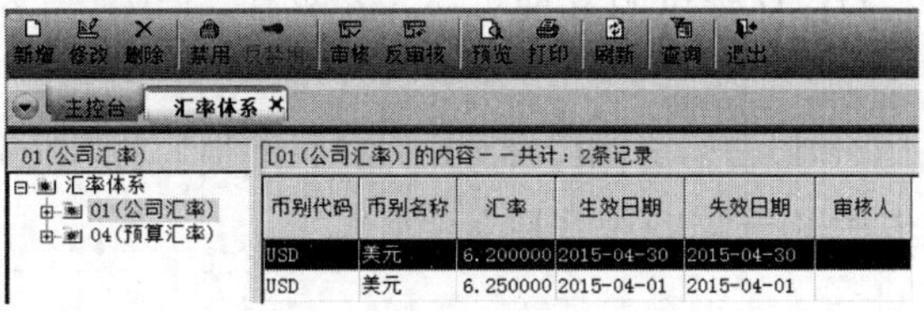

图 11—15　设置月末汇率

选择“财务会计”|“总账”|“结账”|“期末调汇”，系统自动调用月末汇率，如图 11—16 所示。

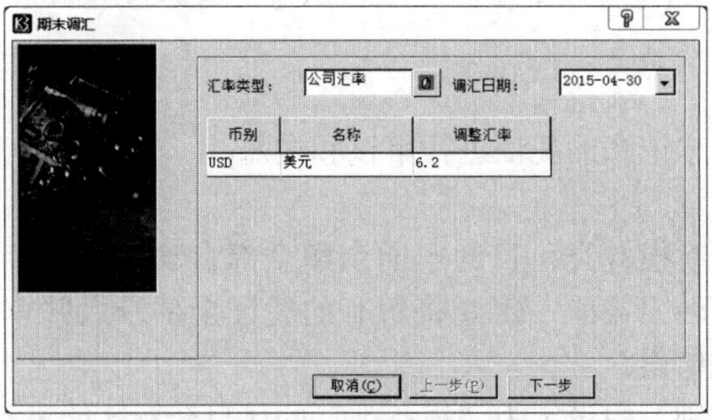

图 11—16　期末调汇（调整汇率）

进入下一步，输入“汇兑损益科目”，并对其他需要调整的参数进行调整，单击“完成”按钮，系统自动生成汇兑损益凭证，如图 11—17 所示。

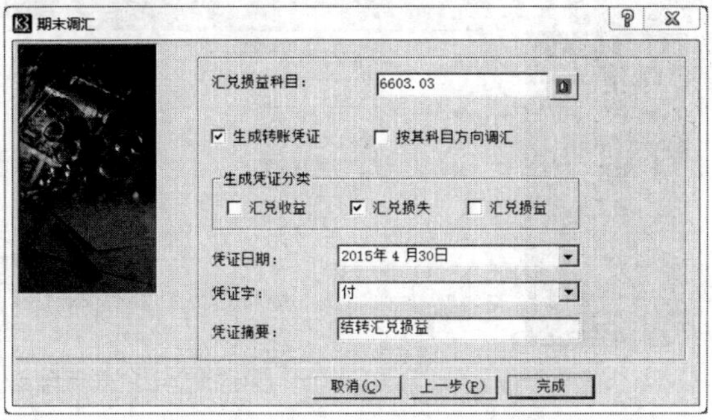

图 11—17　期末调汇（完成）

选择“财务会计”|“总账”|“凭证处理”|“凭证查询”，可以查看到输入的凭证，如图 11—18 所示。

会计分录序时簿

日期	凭证字号	分录号	摘要	科目代码	科目名称	原币金额	借方	贷方
2015-04-30	付-14	1	结转汇兑损益	1002.02	银行存款-中行存款		0.00	5,440.00
		2		6603.03	财务费用-汇兑损益	5,440.00	5,440.00	0.00

图 11—18 汇兑损益凭证

凭证数据验证：

期初外币（美元）：100 000；汇率：6.25。

收到投资：10 000；汇率：6.25。

固定资产购买中（HP 计算机服务器）：3 000 美元；汇率：6.22。汇兑损失：3 000×0.03=90（元）。

月末结存美元：107 000 元；汇率：6.20。汇兑损失：107 000×0.05=5 350（元）。

合计汇率变动损失=90+5 350=5 440（元）。

11.1.7 结转损益

案例资料

4 月 30 日，结转损益（由总账的“结转损益”功能自动生成）。

操作过程

（1）对未审核、未记账的凭证进行审核和过账。

（2）结转损益。

使用此功能将所有损益类科目的本期余额全部自动转入本年利润科目，生成结转损益记账凭证。在结转损益前一定要将所有的凭证全部录入并审核过账，否则结转损益的数据就可能出现错误。

只有在“科目类别”中设定为“损益类”的科目余额才能进行自动结转。

选择“财务会计”|“总账”|“结账”|“结转损益”，显示结转损益的操作向导，单击“下一步”按钮，系统显示出所有损益类科目及各自对应的预设科目。

进入下一步，设置有关数据如图 11—19 所示。

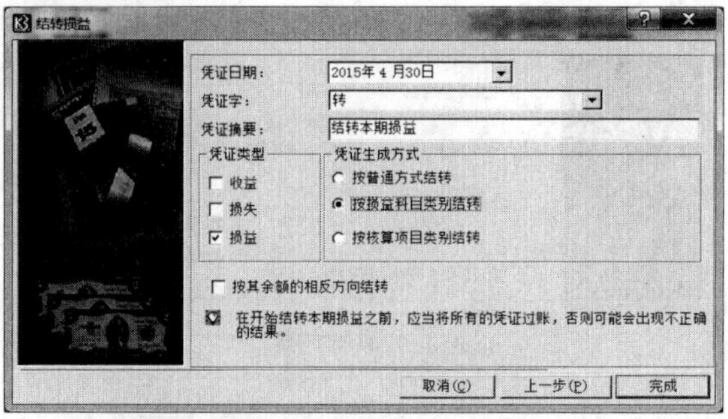

图 11—19 完成凭证生成

凭证生成后，可以用“凭证管理”功能查看。生成的会计分录如图 11—20 所示。

会计分录序时簿

日期	凭证字号	分录号	摘要	科目代码	科目名称	原币金额	借方	贷方
2015-04-30	转-56	1	结转本期损益	6001	主营业务收入	1,682,100.00	1,682,100.00	0.00
		2		4103	本年利润	1,682,100.00	0.00	1,682,100.00
2015-04-30	转-57	1	结转本期损益	4103	本年利润	1,239,900.00	1,239,900.00	0.00
		2		6401	主营业务成本	1,239,900.00	0.00	1,239,900.00
2015-04-30	转-58	1	结转本期损益	4103	本年利润	177,152.47	177,152.47	0.00
		2		6601.01	销售费用-工资	8,900.00	0.00	8,900.00
		3		6601.01	销售费用-工资	8,718.18	0.00	8,718.18
		4		6601.01	销售费用-工资	4,450.00	0.00	4,450.00
		5		6601.01	销售费用-工资	4,450.00	0.00	4,450.00
		6		6601.02	销售费用-福利费	1,246.00	0.00	1,246.00
		7		6601.02	销售费用-福利费	1,220.55	0.00	1,220.55
		8		6601.02	销售费用-福利费	623.00	0.00	623.00
		9		6601.02	销售费用-福利费	623.00	0.00	623.00
		10		6601.06	销售费用-折旧费	3,233.08	0.00	3,233.08
		11		6601.06	销售费用-折旧费	982.18	0.00	982.18
		12		6601.06	销售费用-折旧费	808.08	0.00	808.08
		13		6601.06	销售费用-折旧费	808.08	0.00	808.08
		14		6601.99	销售费用-其他	22,333.35	0.00	22,333.35
		15		6602.01	管理费用-工资	15,245.45	0.00	15,245.45
		16		6602.01	管理费用-工资	12,300.00	0.00	12,300.00
		17		6602.02	管理费用-福利费	2,134.36	0.00	2,134.36
		18		6602.02	管理费用-福利费	8,379.00	0.00	8,379.00
		19		6602.03	管理费用-办公费	350.00	0.00	350.00
		20		6602.04	管理费用-差旅费	1,800.00	0.00	1,800.00
		21		6602.05	管理费用-招待费	1,500.00	0.00	1,500.00
		22		6602.06	管理费用-折旧费	6,411.78	0.00	6,411.78
		23		6602.06	管理费用-折旧费	1,586.57	0.00	1,586.57
		24		6602.99	管理费用-其他	61,209.81	0.00	61,209.81
		25		6603.01	财务费用-利息支出	2,400.00	0.00	2,400.00
		26		6603.03	财务费用-汇兑损益	5,440.00	0.00	5,440.00
2015-04-30	转-59	1	结转本期损益	6301	营业外收入	4,344.00	4,344.00	0.00
		2		4103	本年利润	4,344.00	0.00	4,344.00
2015-04-30	转-60	1	结转本期损益	4103	本年利润	-2,000.00	-2,000.00	0.00
		2		6701	资产减值损失	-2,000.00	0.00	-2,000.00
			合计				3,101,496.47	3,101,496.47

图 11—20　结转损益会计分录

结转损益凭证会对报表编制产生影响，在报表编制中要使用取损益类科目的“实际发生额”公式，就是指损益类科目的发生额减去抵减之后的部分，即损益的实际发生净额。因此在期末结转损益时务必采用系统提供的自动结转功能，如果进行了手工结转，系统会将手工结转额误认为损益的抵减事项，从而导致计算结果错误。

11.1.8　财务期末结账

在本期所有的会计业务全部处理完毕之后，就可以进行财务的期末结账。系统的数据处理都是针对本期的，要进行下一期间的处理，必须将本期的业务全部进行结账处理，系统才能进入下一期间。

选择“财务会计”|“总账”|“结账”|“期末结账”，弹出“期末结账”对话框，单击“开始”按钮完成结账工作。

11.2　报表编制

11.2.1　主要功能

报表与分析的功能主要有自定义报表、报表分析、T 形账户、现金流量表等。

11.2.2 自定义报表编制

案例资料

自定义报表具体格式如表 11—2 所示。

表 11—2　　费用统计表

单位名称：重庆星月科贸公司　　日期：　　单位：元

行次	项目	本期金额
1	差旅费	
2	工资	
3	福利费	
4	折旧费	
5	业务招待费	
6	办公费	
7	其他	
	合计	

编制人：

编制说明：按照销售费用、管理费用、制造费用对应明细科目进行汇总计算。

操作过程

1. 自定义报表的操作流程

建立一个新的报表，要完成报表格式的设置和公式定义等一系列工作。其操作流程如图 11—21 所示。

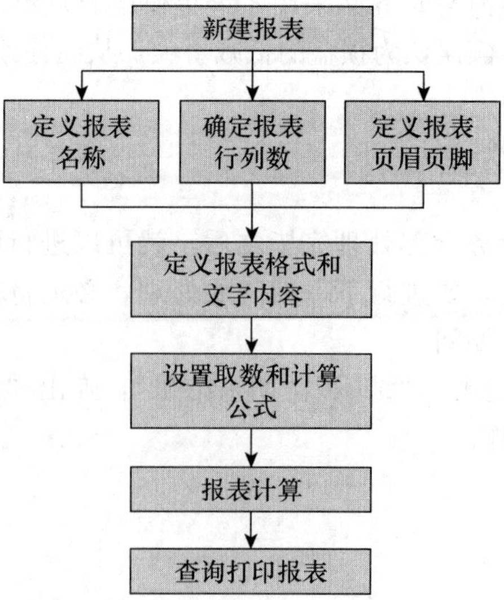

图 11—21　新建报表操作流程

报表建立过程中，设置取数和计算公式是关键环节，要特别注意本身报表单元的含义和取数公式。

2. 建立报表

选择“财务会计”|“报表”|“新建报表”|“新建报表文件”功能，然后设置报表的属性，如图 11—22 所示。

图 11—22　新建报表

选择“格式”|“表属性”命令，根据案例要求定义报表的名称和行列数，如图 11—23 所示。

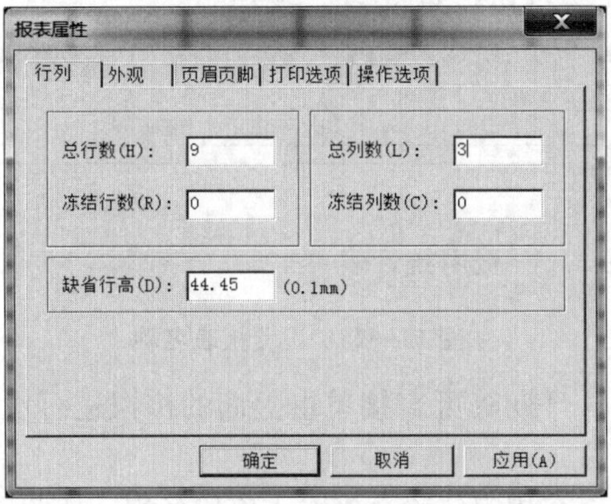

图 11—23　行列定义

单击“应用”按钮，然后单击“确定”按钮完成表格的行列定义。

选择“文件”|“保存”命令，输入报表名称“费用统计表”后，单击“保存”按钮完成表格文件的保存。

按照案例定义报表的格式，如图 11—24 所示。

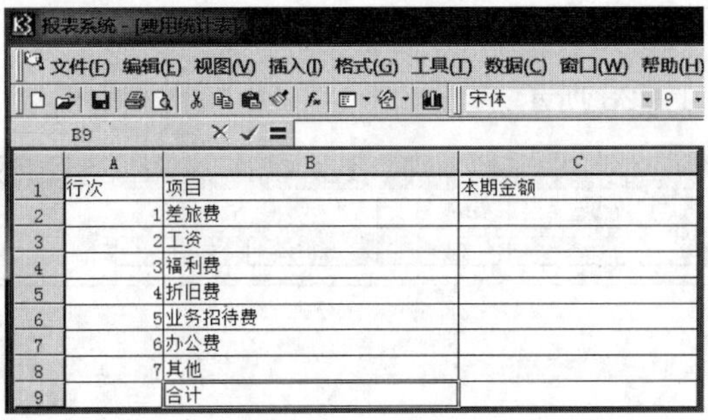

图 11—24　报表格式

选择“格式”|“表属性”命令，再选择“页眉页脚”选项卡定义报表的页眉页脚，如图 11—25 所示。

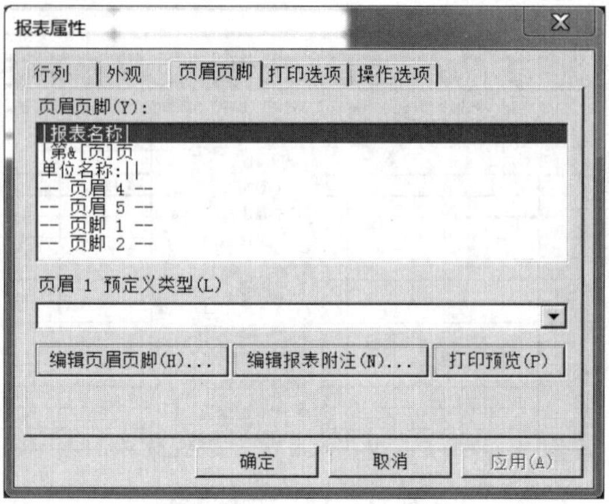

图 11—25 页眉页脚

先选择“报表名称”，再单击“编辑页眉页脚”按钮。输入报表名称“费用统计表”，完成后单击“确定”按钮，如图 11—26 所示。

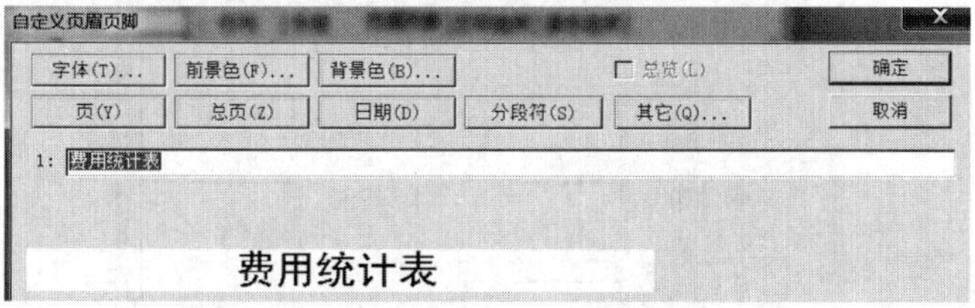

图 11—26 设置报表名称

对于报表名、页数、日期等可直接单击上面的按钮进行设置，分段符起项目间的分隔作用。

单位名称自行设定。在相应位置直接输入单位名称，如图 11—27 所示。

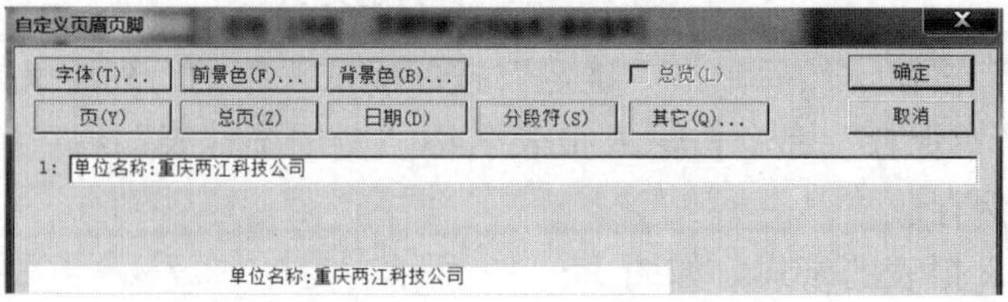

图 11—27 设定单位名称

页脚的定义如图 11—28 所示。

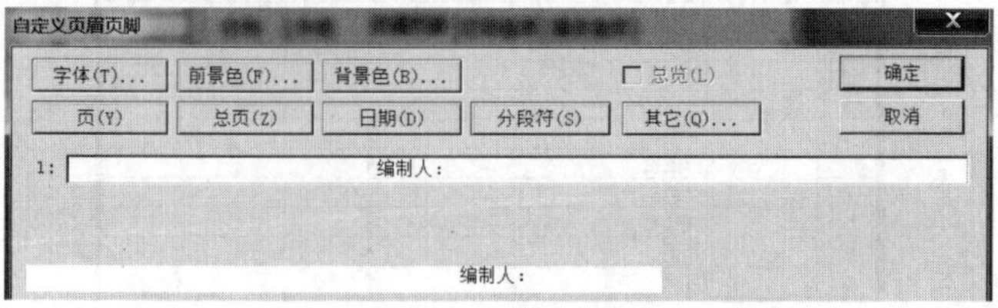

图 11—28 定义页脚

页脚定义中的有关项目说明如下。

页：取纵向报表的当前页码。

总页：取纵向报表的总页码。

日期：取计算机当前的系统时间。

分段符：表示对当前页眉或页脚平均分段。|…表示向右对齐，…|表示向左对齐。

定义后的打印预览效果如图 11—29 所示。

演示版

报表名称

第1页

单位名称：

行次	项目	本期金额
1	差旅费	
2	工资	
3	福利费	
4	折旧费	
5	业务招待费	
6	办公费	
7	其他	
	合计	

图 11—29　打印预览

3. 表格绘制

在某一单元处，单击鼠标右键，可设置单元格属性。

选择“单元属性”命令，设置字体、颜色，如图 11—30 所示。

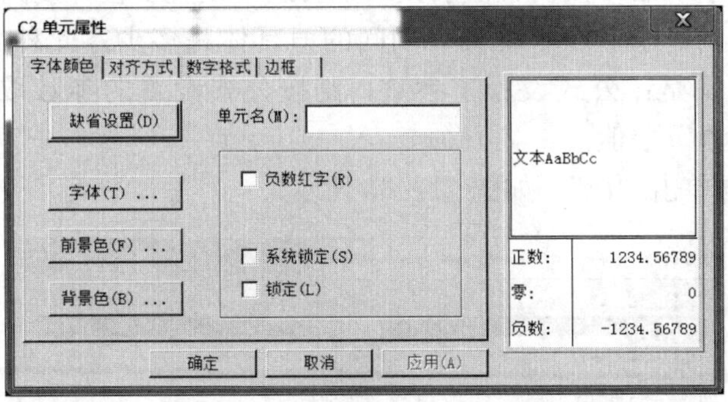

图 11—30　设置字体、颜色

数字格式设置如图 11—31 所示。

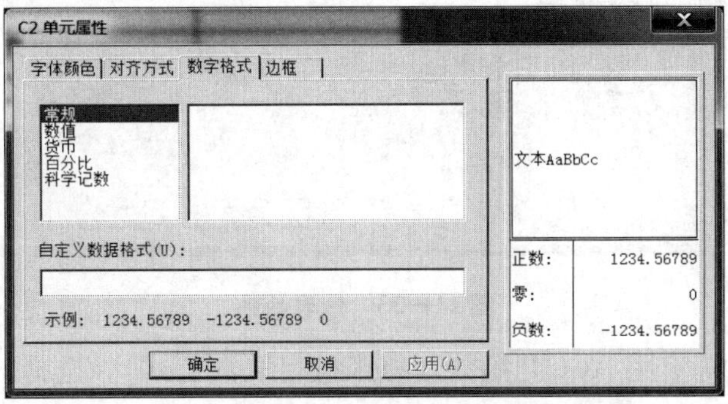

图 11—31　设置数字格式

边框设置如图 11—32 所示。

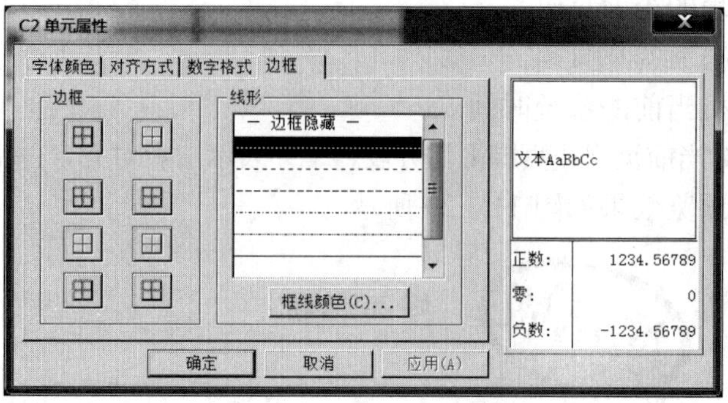

图 11—32 设置边框

4. 设置计算公式

单击需设置公式的单元格，选择"插入"|"函数"命令或单击快捷功能按钮"fx"。系统将函数进行了分类，函数类别和函数的名称分别显示，用鼠标选择不同的函数类别时，系统会列出该函数类别下的函数名称。当选择具体的函数名时，在报表函数界面的下方会出现该函数的具体含义。系统设置了全部函数与常用函数：全部函数即全部列出的函数的集合，而经常使用的函数系统将会自动将其放置在常用函数中。

一般情况下，取数公式的取数账套、年度、期间参数均采用默认值，如果在公式中设置了参数，则系统始终按设置值取数，如公式中设置了会计期间为 4，则该单元格的数据一直按第 4 期显示，而不管报表期间的值具体是多少。此种做法仅适用于需定基分析等情况。原则是：公式设置了参数，则按公式设置的参数取值；公式未设置，则按"报表期间设置"取值。

先选择 C2，再单击"fx"，如图 11—33 所示。

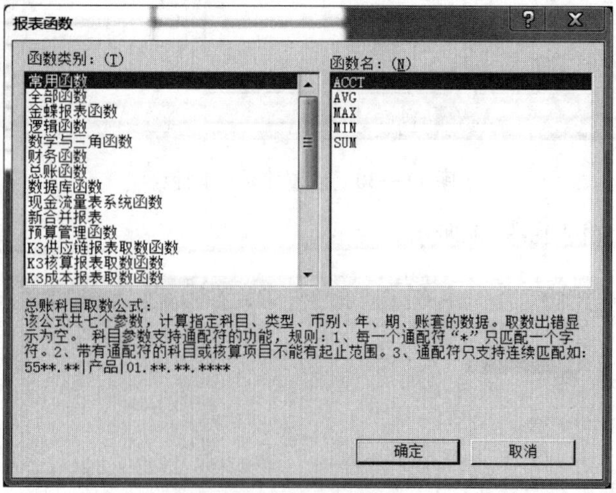

图 11—33 报表函数

在本案例中，需使用 ACCT 函数（总账科目取数公式）。选择 ACCT 函数，单击"确定"按钮，如图 11—34 所示。

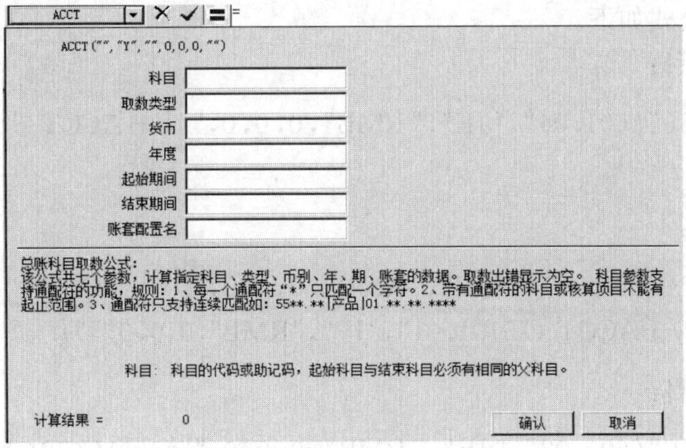

图 11—34　定义函数参数

在“科目”位置按 F7 键，调出科目设置界面。首先输入科目代码，单击“填入公式”按钮，如图 11—35 所示。

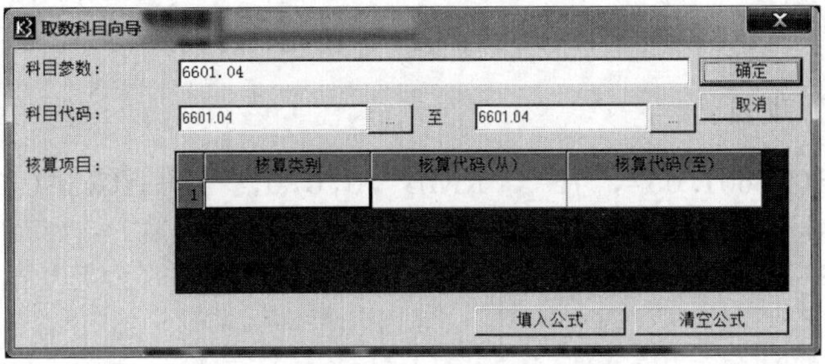

图 11—35　取数科目设置

在“取数类型”处按 F7 键后显示全部取数类型，根据需要选择取数类型。

取数类型为 JF，即借方发生额。货币选择“人民币”，其他选择默认值。如图 11—36 所示。

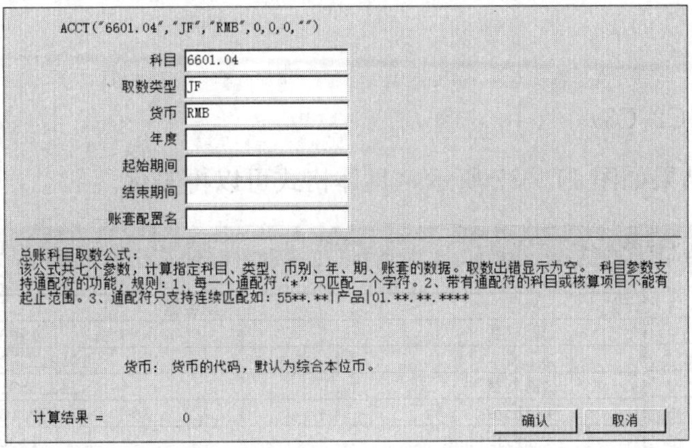

图 11—36　取数公式

单击“确认”按钮完成本公式的定义。

可以在前面定义的公式后面增加运算符，如“+”，管理费用的公式按照同样方法定义。也可以通过前一公式修改，这样会更加快捷。

定义完成的公式如下。

“差旅费”项目：

=ACCT("6601.04","JF","RMB",0,0,0,"")+ACCT("6602.04","JF","RMB",0,0,0,"")

“工资”项目：

=ACCT("6601.01","JF","RMB",0,0,0,"")+ACCT("6602.01","JF","RMB",0,0,0,"")+ACCT("5101.01","JF","RMB",0,0,0,"")

“福利费”项目：

=ACCT("6601.02","JF","RMB",0,0,0,"")+ACCT("6602.02","JF","RMB",0,0,0,"")

“折旧费”项目：

=ACCT("6601.06","JF","RMB",0,0,0,"")+ACCT("6602.06","JF","RMB",0,0,0,"")+ACCT("5101.02","JF","RMB",0,0,0,"")

“业务招待费”项目：

=ACCT("6601.05","JF","RMB",0,0,0,"")+ACCT("6602.05","JF","RMB",0,0,0,"")

“办公费”项目：

=ACCT("6601.03","JF","RMB",0,0,0,"")+ACCT("6602.03","JF","RMB",0,0,0,"")

“其他”项目：

=ACCT("6601.99","JF","RMB",0,0,0,"")+ACCT("6602.99","JF","RMB",0,0,0,"")

“合计”项目：

=SUM(C2:C8)

取数和计算结果如图 11—37 所示，具体格式可以再美化。

费用统计表

	A	B	C
1	行次	项目	本期金额
2	1	差旅费	1800
3	2	工资	101613.63
4	3	福利费	14225.91
5	4	折旧费	21878.16
6	5	业务招待费	1500
7	6	办公费	350
8	7	其他	83543.16
9		合计	224910.86

图 11—37 取数和计算结果

在设置公式时，如出现科目错误等提示信息，就要到会计科目中查询是否有该科目，没有就需要增加公式中所涉及的科目。

在设置公式后，对取出的数据，要与账务的科目余额表等进行核对校验，确保数据的正确性。

要特别注意当前的时间，在运算时是取当前的默认期间。

对于自定义报表，在设计时都要对数据进行核对。所生成报表的数据，可以通过科目余额表的数据进行核对，如图 11—38 所示。

科目余额表

科目代码	科目名称	期初余额		本期发生	
		借方	贷方	借方	贷方
5101	制造费用			75,598.39	
5101.01	工资			47,550.00	
5101.02	折旧费			8,048.39	
5101.03	租赁费			20,000.00	
6001	主营业务收入			1,682,100.00	1,682,100.00
6051	其他业务收入				
6301	营业外收入			4,344.00	4,344.00
6401	主营业务成本			1,239,900.00	1,239,900.00
6402	其他业务成本				
6403	营业税金及附加				
6601	销售费用			58,395.50	58,395.50
6601.01	工资			26,518.18	26,518.18
6601.02	福利费			3,712.55	3,712.55
6601.06	折旧费			5,831.42	5,831.42
6601.99	其他			22,333.35	22,333.35
6602	管理费用			110,916.97	110,916.97
6602.01	工资			27,545.45	27,545.45
6602.02	福利费			10,513.36	10,513.36
6602.03	办公费			350.00	350.00
6602.04	差旅费			1,800.00	1,800.00
6602.05	招待费			1,500.00	1,500.00
6602.06	折旧费			7,998.35	7,998.35
6602.99	其他			61,209.81	61,209.81
6603	财务费用			7,840.00	7,840.00
6603.01	利息支出			2,400.00	2,400.00
6603.03	汇兑损益			5,440.00	5,440.00

图 11—38 科目余额表

需要重算时，选择“数据”|“报表重算”命令。

选择“视图”|“显示公式”命令，可以查看定义的公式，如图 11—39 所示。

C
=ACCT("6601.04","JF","RMB",0,0,0,"")+ACCT("6602.04","JF","RMB",0,0,0,"")
=ACCT("6601.01","JF","RMB",0,0,0,"")+ACCT("6602.01","JF","RMB",0,0,0,"")+ACCT ("5101.01","JF","RMB",0,0,0,"")
=ACCT("6601.02","JF","RMB",0,0,0,"")+ACCT("6602.02","JF","RMB",0,0,0,"")
=ACCT("6601.06","JF","RMB",0,0,0,"")+ACCT("6602.06","JF","RMB",0,0,0,"") +ACCT("5101.02","JF","RMB",0,0,0,"")
=ACCT("6601.05","JF","RMB",0,0,0,"")+ACCT("6602.05","JF","RMB",0,0,0,"")
=ACCT("6601.03","JF","RMB",0,0,0,"")+ACCT("6602.03","JF","RMB",0,0,0,"")
=ACCT("6601.99","JF","RMB",0,0,0,"")+ACCT("6602.99","JF","RMB",0,0,0,"")
=SUM(C2:C8)

图 11—39 公式

选择“视图”|“显示数据”命令，就显示报表数据。

5. 取数公式说明

在定义报表中，报表的取数公式是关键，需要仔细分析每个公式的作用，然后才能在具体定义报表中应用自如。常用的取数公式如表 11—3 所示。

表 11—3 常用取数公式

公式	说明
ACCT	总账科目取数公式
AVG	求平均数取数公式
COMPUTERTIME	返回计算机当前时间
COUNT	统计数量取数公式，计算所有非空格单元格的个数
DATE	返回计算机当前日期
DATEDIFF	求指定日期参数 2 与参数 1 之间的天数差
ITEMINFO	返回指定核算项目的属性值
KEYWORD	取表页的关键字的取数公式
MAX	求最大值取数公式
MIN	求最小值取数公式
PAGENAME	取表页名称取数公式
PAGENO	返回当前表页的值
REF	返回指定表页、指定单元格的值
REF_F	返回指定账套、指定报表、指定表页、指定单元格的值
RPRDATA	返回指定格式的当前报表日期
RPTQUARTER	季度取数公式
RPTSHEETDATE	获取当前报表指定表页的开始日期或结束日期，并以指定日期格式返回
SUM	求和取数公式
SYSINFO	返回指定关键字的系统信息

取数类型：取数公式涉及一些参数，其取数类型如表 11—4 所示。

表 11—4 取数类型

取数类型	说明
C	期初余额
JC	借方期初余额
DC	贷方期初余额
AC	期初绝对余额
Y	期末余额
JY	借方期末余额
DY	贷方期末余额
AY	期末绝对余额
JF	借方发生额
DF	贷方发生额
JL	借方本年累计发生额
DL	贷方本年累计发生额
SY	损益表本期实际发生额
SL	损益表本年实际发生额
BG	取科目本年最高预算余额
BD	取科目本年最低预算余额
BJG	本期最高预算借方发生额
BDG	本期最高预算贷方发生额
TC	折合本位币期初余额

续前表

取数类型	说明
TJC	折合本位币借方期初余额
TDC	折合本位币贷方期初余额
TAC	折合本位币期初绝对余额
TY	折合本位币期末余额
TJY	折合本位币借方期末余额
TDY	折合本位币贷方期末余额
TAY	折合本位币期初绝对余额
TJF	折合本位币借方发生额
TDF	折合本位币贷方发生额
TJL	折合本位币借方本年累计发生额
TDL	折合本位币贷方本年累计发生额
TSY	折合本位币损益表本期实际发生额
TSL	折合本位币损益表本年实际发生额

会计期间：可直接指定期间数，分别录入＜起始期间＞和＜结束期间＞，若不选，则系统默认为本期。若写入数值，表示的意义如下，0：本期，－1：上一期，－2：上两期，如此类推。

会计年度：可直接指定年度，如 2015，若不选，则系统默认为当前年。若写入数值，表示的意义如下，0：本年，－1：前一年，－2：前两年，如此类推。

6. 报表授权

针对具体的报表，在报表与分析中需要重新授权。授权的方法是，打开“费用统计表”，报表授权通过“工具”|“报表权限控制”进行。

选择“报表权限控制”命令，进入具体权限的设置。先选择待授权的用户，然后选取“访问类型”（选择拒绝访问、读取、打印、修改、更改权限、完全控制之一），单击“添加”按钮，然后单击“确定”按钮完成授权，如图 11—40 所示。

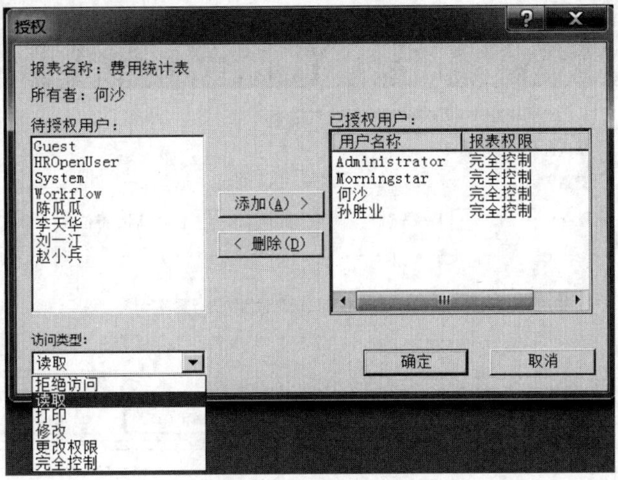

图 11—40　执行授权

管理员需要对每一张报表进行授权，以保证报表信息的安全性。

11.2.3 常规报表编制

1. 资产负债表

选择“财务会计”|“报表”|“(行业)—新企业会计准则”|“新会计准则资产负债表”，第一次打开后显示如图 11—41 所示。

图 11—41 资产负债表模板

(1) 显示公式或显示数据。

选择“视图”|“显示数据”命令，可转换为数据显示方式。

(2) 修改公式取数参数。

选择“工具”|“公式取数参数”命令，然后输入相应年月期间，取数公式取数时，将按照指定年份和期间取数，如图 11—42 所示。

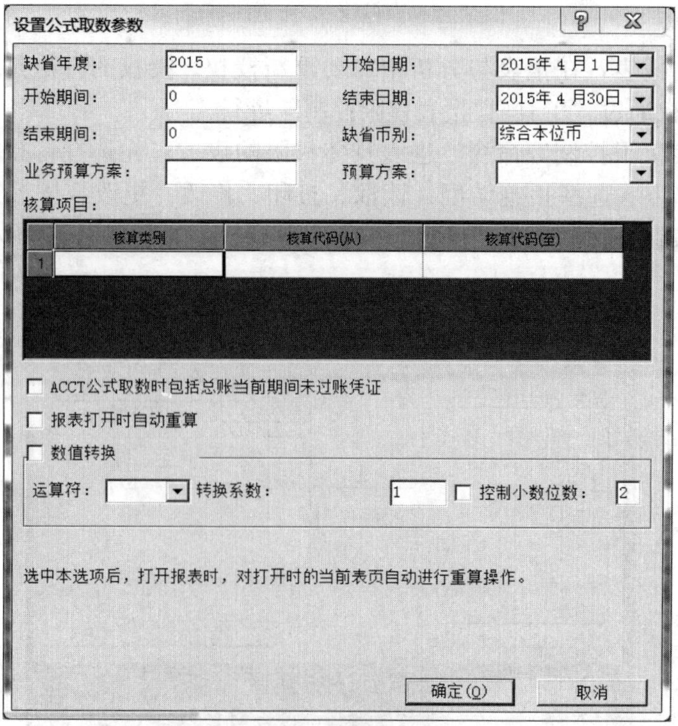

图 11—42 公式取数参数

(3) 报表重算。

选择“数据”|“报表重算”命令，报表将按照公式重新取数和计算。注意检查并修改其中一些不符合要求的公式，计算出资产负债表。注意借贷平衡，如果有不平衡的，可能是其他区域公式不正确，需要注意检查，如图 11—43 所示。

	A	B	C	D	E	F
1	资　　产	期末余额	年初余	负债和所有者权益（或股东权益）	期末余额	年初余
2	流动资产：			流动负债：		
3	货币资金	1234042	1075032	短期借款	200000	0
4	交易性金融资产	0	0	交易性金融负债	0	0
5	应收票据	0	0	应付票据	0	0
6	应收账款	1659962	297600	应付账款	619495.4	367407
7	预付款项	90000	0	预收款项	25000	0
8	应收利息	0	0	应付职工薪酬	129039.54	9800
9	应收股利	0	0	应交税费	197410.6	4400
10	其他应收款	2600	2100	应付利息	400	0
11	存货	3554252.65	4229678	应付股利	0	0
12	一年内到期的非流动资产			其他应付款	2100	0
13	其他流动资产			一年内到期的非流动负债		
14	流动资产合计	6590856.65	5604410	其他流动负债		
15	非流动资产：			流动负债合计	1173445.54	381607
16	可供出售金融资产	0	0	非流动负债：		
17	持有至到期投资	0	0	长期借款	0	0
18	长期应收款	0	0	应付债券	0	0
19	长期股权投资	0	0	长期应付款	0	0
20	投资性房地产	0	0	专项应付款	0	0
21	固定资产	3595076.94	3621376	预计负债	0	0
22	在建工程	0	0	递延所得税负债	0	0
23	工程物资	0	0	其他非流动负债		
24	固定资产清理	5069.9	0	非流动负债合计	0	0
25	生产性生物资产			负债合计	1173445.54	381607
26	油气资产			所有者权益（或股东权益）：		
27	无形资产	58500	117000	实收资本（或股本）	7677944	7615444
28	开发支出	0	0	资本公积	0	0
29	商誉	0	0	减：库存股	0	0
30	长摊待摊费用	0	0	盈余公积	0	0
31	递延所得税资产	0	0	未分配利润	1630369.53	1362820
32	其他非流动资产			所有者权益（或股东权益）合计	9308313.53	8978264
33	非流动资产合计	3658646.84	3738376			
34	资产总计	10249503.49	9342786	负债和所有者权益（或股东权益）总计	10481759.07	9359871

图 11—43　资产负债表

生成后选择“文件”|“另存为”命令，保存生成的报表。

(4) 调整报表。

在首次使用时，要对报表的单元数据，按照科目余额表和其他有关数据，进行验证，以确保数据的正确性。

在具体的单位处理业务时，往往都有所差异，有时也因为忘记某些月末应该处理的业务，而导致报表数据不准确或者错误。

1) 期末余额调整。在本案例生成的资产负债表中，期末是不平衡的。

资产总计－负债和所有者权益总计

＝10 249 503.49－10 481 759.07＝－232 255.58(元)

查找造成数据不平衡的原因：选择“业务工作”|“财务会计”|“总账”|“财务报表”|“科目余额表”，可以对照有关数据。

坏账准备期末贷方余额 8 299.81 元，未在报表中体现。

制造费用期末借方余额 75 598.39 元，未在报表中体现。

生产成本期末借方余额 165 052.00 元，未在报表中体现。

待处理财产损溢期末贷方余额 95 元，未在报表中体现。

所以，75 598.39＋165 052.00－95－8 299.81＝232 255.58（元），这就是差额。

解决方法：如果期末还没有结账，就可以制作相关月末处理凭证，然后再生成报表。如果月末已经结账，则可以直接调整报表公式，使报表数据正确，下月再处理相关调整业务。

因此，在报表未完成之前，一般不予结账，以便进行有关调整。

2）年初数据调整。

在本案例生成的资产负债表中，年初数据是不平衡的。

资产总计－负债和所有者权益总计＝9 342 786.00－9 359 871.00
＝－17 085.00(元)

核对年初余额，可以将科目余额表设为 2015 年 1 期，就能查询年初余额。

造成数据不平衡的原因是：

生产成本年初借方余额 18 575.00 元，未在报表上反映。

坏账准备贷方年初余额 1 490.00 元，未在报表上反映。

所以，18 575.00－1 490.00＝17 085.00（元），这就是差额。

解决方法：调整有关取数公式。

2. 利润表

选择“财务会计”|“报表”|“(行业)—新企业会计准则”|“新会计准则利润表”，具体设置和修改方法与资产负债表相同。利润表公式如图 11—44 所示。

新会计准则利润表

	A	B	C
1	项目	本期金额	上期金额
2	一、营业收入	=ACCT("6001","SY","",0,0,0,"")+ACCT("6051","SY","",0,0,0,"")	
3	减：营业成本	=ACCT("6401","SY","",0,0,0,"")+ACCT("6402","SY","",0,0,0,"")	
4	营业税金及附加	=ACCT("6405","SY","",0,0,0,"")	
5	销售费用	=ACCT("6601","SY","",0,0,0,"")	
6	管理费用	=ACCT("6602","SY","",0,0,0,"")	
7	财务费用	=ACCT("6603","SY","",0,0,0,"")	
8	资产减值损失	=ACCT("6701","SY","",0,0,0,"")	
9	加：公允价值变动收益（损失以“-”号填列）	=ACCT("6101","SY","",0,0,0,"")	
10	投资收益（损失以“-”号填列）	=ACCT("6111","SY","",0,0,0,"")	
11	其中：对联营企业和合营企业的投资收益		
12	二、营业利润（亏损以“-”号填列）	=B2-SUM(B3:B8)+B9+B10	=C2-SUM(C3:C8)+C9+C10
13	加：营业外收入	=ACCT("6301","SY","",0,0,0,"")	
14	减：营业外支出	=ACCT("6711","SY","",0,0,0,"")	
15	其中：非流动资产处置损失		
16	三、利润总额（亏损总额以“-”号填列）	=B12+B13-B14	=C12+C13-C14
17	减：所得税费用	=ACCT("6801","SY","",0,0,0,"")	
18	四、净利润（净亏损以“-”号填列）	=B16-B17	=C16-C17
19	五、每股收益：		
20	（一）基本每股收益		
21	（二）稀释每股收益		

图 11—44　利润表公式

将单元格 B4 的公式改为“＝ACCT("6403","SY","", 0, 0, 0,"")”，以与前面设置的会计科目一样。

选择“工具”|“设置公式取数参数”命令，同资产负债表。

进行数据重算后如图 11—45 所示。

对于生成的数据，需要逐一检查验证。同时要检查相关业务，如是否将有关费用进行了结转，否则就会出现虚增或者虚减利润。

新会计准则利润表

	A	B	C
1	项目	本期金额	上期金额
2	一、营业收入	1682100	
3	减：营业成本	1239300	
4	营业税金及附加	0	
5	销售费用	58395.5	
6	管理费用	110916.97	
7	财务费用	7340	
8	资产减值损失	-2000	
9	加：公允价值变动收益（损失以“-”号填列）	0	
10	投资收益（损失以“-”号填列）	0	
11	其中：对联营企业和合营企业的投资收益		
12	二、营业利润（亏损以“-”号填列）	267047.53	0
13	加：营业外收入	4344	
14	减：营业外支出	0	
15	其中：非流动资产处置损失		
16	三、利润总额（亏损总额以“-”号填列）	271391.53	0
17	减：所得税费用	0	
18	四、净利润（净亏损以“-”号填列）	271391.53	0
19	五、每股收益：		
20	（一）基本每股收益		
21	（二）稀释每股收益		

图 11—45 利润表

11.3 复习题

11.3.1 思考题

1. 金蝶账套文件怎样备份和恢复？
2. 期末业务处理主要包含哪些内容？
3. 自定义报表的操作流程有哪些步骤？

11.3.2 判断题

1. 在 K/3 WISE 中资产负债表可引出为 Excel 格式。（　　）
2. 在 K/3 WISE 自定义报表中，不能设置表间取数。（　　）
3. 系统预置报表的取数和计算公式是标准的，在实际中不用检查和调整。（　　）
4. 在结转损益前，以前的凭证必须先审核记账。（　　）
5. 没有记账的凭证数据，通过报表的取数公式也能取到。（　　）
6. 资产负债表也可以由用户自己定义。（　　）
7. 在报表重算前，应当首先检查公式取数参数是否设置正确。（　　）
8. 对报表的管理通过报表权限控制设置实现。（　　）
9. 报表中的数据，可以通过总账和业务系统中的数据进行核对验证。（　　）
10. 自动转账生成的凭证，一旦生成就不能删除。（　　）

11.3.3 单项选择题

1. 系统对期末结账的操作员有（　　）的规定。

A. 不能与制单人是同一人　　B. 不能与审核人是同一人
C. 只能是系统管理员　　D. 没有具体要求，只要有过账权限即可

2. 自动转账时，必须注意（　　）。
A. 所涉及科目凭证必须审核
B. 所涉及科目凭证必须过账
C. 涉及的制单人不能与自动转账制单人是同一人
D. 以上都不对

3. 设置资产负债表中的年初数时，取数的期间应定为当年的（　　）。
A. 当期　　B. 第一期
C. 最后一期　　D. 任意一期

4. 企业业务特殊需要的报表，可以通过（　　）制作。
A. 自定义报表　　B. 系统预置的报表
C. 拷贝其他报表　　D. 打开其他报表

5. 自动转账凭证模板可以定义（　　）。
A. 共 1 个　　B. 每月 1 个
C. 与科目数量相同　　D. 没限制

6. 在“结转损益”处理前，应将所有凭证进行（　　）处理。
A. 过账　　B. 审核
C. 检查　　D. 汇总

11.3.4 多项选择题

1. 下列会计平衡等式正确的是（　　）。
A. 资产＝负债＋所有者权益
B. 资产＋成本＝负债＋所有者权益＋收入－费用
C. 资产＋成本负债＋所有者权益＝收入＋费用
D. 收入－费用＝利润

2. 在 K/3 WISE 中，期末处理主要包括（　　）。
A. 期末调汇　　B. 结转损益
C. 自动转账　　D. 期末结账

3. 利润表不正确，可能是因为（　　）。
A. 手工结转本期损益　　B. 结转本期损益时，还有未过账的凭证
C. 没有进行期末调汇　　D. 没有设置损益类科目

4. 资产负债表中“未分配利润”项目应根据（　　）等科目的余额填列。
A. 本年利润　　B. 实收资本
C. 资本公积　　D. 利润分配

5. 下列关于报表取数公式的说法正确的是（　　）。
A. 可以从其他报表取数　　B. 可以从账上取数
C. 可以用函数取数　　D. 不可以从本表内取数

参考文献

1. 毛华扬，张志恒编著. 金蝶 K/3 WISE 管理软件应用指南. 北京：清华大学出版社，2013.

2. 杨周南主编. 会计信息系统. 北京：电子工业出版社，2006.

3. 毛华扬，李帅编著. 会计电算化原理与实务——基于金蝶 KIS（第二版）. 北京：中国人民大学出版社，2015.

4. 毛华扬，陈丰等编著. 会计电算化（金蝶 KIS 专业版）. 北京：清华大学出版社，2014.

图书在版编目（CIP）数据

会计信息系统原理与应用：基于金蝶 K/3 WISE/毛华扬编著. —北京：中国人民大学出版社，2016.4
21 世纪会计系列教材
ISBN 978-7-300-22804-4

Ⅰ.①会… Ⅱ.①毛… Ⅲ.①会计信息-财务管理系统-高等学校-教材②财务软件-高等学校-教材 Ⅳ.①F232

中国版本图书馆 CIP 数据核字（2016）第 074630 号

21 世纪会计系列教材
会计信息系统原理与应用
——基于金蝶 K/3 WISE
毛华扬 编著
Kuaiji Xinxi Xitong Yuanli yu Yingyong

出版发行	中国人民大学出版社		
社　　址	北京中关村大街 31 号	**邮政编码**	100080
电　　话	010－62511242（总编室）		010－62511770（质管部）
	010－82501766（邮购部）		010－62514148（门市部）
	010－62515195（发行公司）		010－62515275（盗版举报）
网　　址	http://www.crup.com.cn		
经　　销	新华书店		
印　　刷	北京溢漾印刷有限公司		
规　　格	185 mm×260 mm　16 开本	**版　　次**	2016 年 5 月第 1 版
印　　张	23.75 插页 1	**印　　次**	2021 年 11 月第 4 次印刷
字　　数	550 000	**定　　价**	45.00 元

教师教学服务说明

中国人民大学出版社财会出版分社以出版经典、高品质的会计、财务管理、审计等领域各层次教材为宗旨。

为了更好地为一线教师服务，近年来财会出版分社着力建设了一批数字化、立体化的网络教学资源。教师可以通过以下方式获得免费下载教学资源的权限：

在中国人民大学出版社网站 www. crup. com. cn 进行注册，注册后进入“会员中心”，在左侧点击“我的教师认证”，填写相关信息，提交后等待审核。我们将在一个工作日内为您开通相关资源的下载权限。

如您急需教学资源或需要其他帮助，请在工作时间与我们联络：

中国人民大学出版社　财会出版分社

联系电话：010-62515987，62511076

电子邮箱：ckcbfs@crup. com. cn

通讯地址：北京市海淀区中关村大街甲 59 号文化大厦 1501 室（100872）